Womo & weg

Italien

Die schönsten Touren von den Alpen bis Sizilien

AF640157

STELLPLATZSYMBOLE

- Stromanschluss
- Wasserversorgung
- Grauwasser-Entsorgung
- Chemie-WC-Entsorgung
- WLAN
- Haustiere erlaubt

PREISKATEGORIEN DER STELLPLÄTZE

Die angegebenen Preise beziehen sich auf eine Übernachtung mit Wohnmobil inkl. zwei Personen. Strom, Wasser, eventuelle Hundegebühren oder Kurtaxe sind nicht immer in den Preisen enthalten.

€	bis 10 €
€€	10 bis 20 €
€€€	20 bis 30 €
€€€€	ab 30 €

Inhalt

Vorwort

Liebe Leserinnen und Leser,

Ihr nächster Roadtrip soll nach Italien führen – eine gute Wahl! Nicht zufällig ist „Bella Italia“ unter den deutschen Wohnmobilisten das beliebteste ausländische Reiseziel. Die Vielfalt der Landschaften von den Gipfeln der Alpen bis zu den sizilianischen Traumstränden, der unermessliche Reichtum an historischen Kunst- und Kulturschätzen und das vielgepriesene mediterrane Flair ziehen jeden fünften Wohnmobil-Urlauber an den „Stiefel“.

Doch wohin konkret? Bevorzugen Sie eher einen Klassiker wie die Toskana oder möchten Sie sich mal auf eine seltener bereiste Region wie Apulien oder Kalabrien einlassen? Egal, dieses Buch stellt 20 der schönsten Regionen Italiens vor und gibt Ihnen konkrete Empfehlungen, wie Sie die Höhepunkte der Region am besten erfahren.

Die vorgestellten Touren führen Sie zu majestätischen Höhen der Dolomiten, zu den mondänen Kurorten im Vinschgau und an die Ufer der oberitalienischen Seen wie Gardasee, Comer See und Lago Maggiore. Beobachten Sie die Vogelwelt in den Lagunen des Po-Deltas und begeben Sie sich auf Städtetour entlang der Via Emilia mit Höhepunkten wie Modena und Bologna. Im Aostatal lädt eine Wanderung zum Mont Blanc ein und an der ligurischen Küste schlendern Sie durch verschlungene Gassen pittoresker Hafenstädte. In toskanischen Renaissanceperlen wie Pisa und Lucca verzaubern grandiose Kunstschätze und Bauwerke die Besucher und im Chianti-Gebiet oder in Montalcino verwöhnen regionale Weine den Gaumen.

Die südliche Adriaküste Apuliens bietet Erholung an sanft ins Meer fallenden Traumstränden, während in der dünnbesiedelten Basilikata die wilde Natur und das Labyrinth der Höhlenwohnungen von Matera erkundet werden wollen.

Urige Altstädte und das azurblaue Ionische Meer sind Markenzeichen Kalabriens. Auf Sizilien sollten eine Bergfahrt durch bizarr erstarrte Lavakurven zum Ätna und der Besuch von Barockstädten wie Noto auf keinem Reiseplan fehlen, ebenso wie auf Sardinien die pinienbestandenen Strände der Baronie, die einzigartigen Reiskornstrände auf der Halbinsel Sinis oder die Ruinenstadt Tharros.

Für alle diese Touren beschreiben unsere Autorinnen und Autoren ausgewählte Camping- und Stellplätze, häufig sogenannte „Agricampeggi“ bei Winzern und Landwirten, die sich durch einen hohen Wohlfühlfaktor und eine gute Lage auszeichnen.

Tipps zu Aktivitäten wie Wandern, Radfahren oder Schiffstouren, zur regionalen Küche oder lokalen Versorgern runden jede Tourbeschreibung ab. Probieren Sie regionale Weine in einer Enothek und genießen Sie örtliche Käsesorten und Speisen in einer Trattoria.

Im Namen der Autorinnen und Autoren wünsche ich Ihnen eine wunderschöne Zeit in „Bella Italia“ mit spannenden Erlebnissen, vielfältigen Genüssen und Entspannung pur.

Klaus Werner

Klaus Werner
Herausgeber

Unsere Autorinnen und Autoren

Für **Gaby Gölz** ist Reisen Beruf und Berufung zugleich. Sie bereiste Indien, China, Südamerika, den Süden und Norden Afrikas, Usbekistan und den Inselstaat Sao Tomé e Principe. Doch nicht nur in die Ferne zieht es sie, auch in ganz Europa ist sie mit dem Wohnmobil unterwegs. Aus diesem jahrzehntelangen Erfahrungsschatz entstanden zahlreiche Wohnmobil-Tourguides im Reise Know-How Verlag über die Deutsche Nordseeküste, den Süden Baden-Württembergs, die Niederlande, die Normandie, die Toskana und Sizilien. In der Womo-&-weg-Reihe wirkte sie an den Bänden zu Deutschlands Norden und Süden sowie Frankreich mit und die Liebe zum Wein will sie im Womo-&-weg-Band „Deutsche Weinstraßen" mit ihren Lesern teilen. Ihre Freude an Italien fließt in diesen Band ein. Mit Ehemann Hans ist sie neun Monate im Jahr unterwegs, auch um neue Regionen wie das Baltikum, Island, Osteuropa, Marokko, Georgien und Lappland im Winter mit dem Wohnmobil zu entdecken.

Der Reisebuchautor **Michael Moll** hat mittlerweile über 100 Reiseführer geschrieben, unter anderem stammen von ihm die im Reise Know-How Verlag veröffentlichten Wohnmobil-Tourguides über Oberitalien, Südtirol, Dänemark und Südschweden. Dass er aus Flugangst generell nicht fliegt, hat er zu seinem Markenzeichen gemacht. In Europa ist er überwiegend mit dem Wohnmobil unterwegs, nach Asien fährt er mit dem Zug und die anderen Kontinente bereist er mit dem Schiff. Darüber hinaus betreibt er zusammen mit seiner Frau einen eigenen Wohnmobilstellplatz am Barockschloss Nordkirchen im südlichen Münsterland, den er selbst gebaut hat. Dort begrüßt er natürlich auch gerne seine Leser. Italien war für ihn außerdem Ausgangspunkt für einen erfolgreichen Fahrradweltrekord für das Guinnessbuch der Rekorde. Dabei legte er 335 km zurück, um innerhalb von 24 Stunden durch sechs Länder zu radeln. Über seinen Wohnmobilstellplatz, seine Bücher und seine Touren berichtet er unter www.dieweltenbummler.de.

Nach dem Studium der Publizistik und Informationswissenschaften an der FU Berlin veröffentlichte **Peter Höh,** geboren im Süden der Republik, seine ersten Bücher im Reise Know-How Verlag. Ihnen folgten zahlreiche weitere Veröffentlichungen in verschiedenen Verlagen, Zeitungen und Zeitschriften rund um die Themen Reisen und speziell Wohnmobil-Reisen. Mittlerweile gilt Peter Höh als ausgewiesener Experte für Sardinien. Das italienische Fremdenverkehrsamt ENIT zeichnete ihn mit einem Preis aus. Sein Reiseführer „Sardinien" und der gleichnamige Wohnmobil-Tourguide im Reise Know-How Verlag haben sich schnell zu Standardwerken über die Insel entwickelt. Seine vielen Recherchetouren kreuz und quer über die Insel absolviert der Autor seit Jahren meist mit dem Wohnmobil und hat auf diese Weise beinahe jeden Stellplatz, jede Campinganlage und Quelle persönlich erkundet und getestet. Daneben ist er noch „Ostsee-Experte" mit Reiseführern über die Ostseeküste Mecklenburg Vorpommerns und Rügen.

Hinweise zur Benutzung

Auswahl der Stell- und Campingplätze

In diesem Buch wird eine breite Auswahl der in den Regionen verfügbaren Stell- und Campingplätze beschrieben. Darüber hinaus listen einschlägige Apps und Stellplatzführer weitere Übernachtungsstellen auf. Die Nichterwähnung in unserem Buch sagt nichts über die Existenz oder Qualität eines Stellplatzes aus.

Schreibweise der GPS-Koordinaten

Alle GPS-Daten sind als geografische Koordinaten (Breite/Länge; Lat./Lon.) in Dezimalgrad (hddd.dddd) angegeben, also z. B. 43.93908, 10.80647. Die erste Angabe ist der Wert für die nördliche Breite (°N), der zweite der für die östliche Länge (°E). Kartendatum ist WGS84.

Umrechnung von GPS-Koordinaten

Wenn Sie die GPS-Angaben von Dezimalgrad in Dezimalminuten (dd°mm,mmm') umrechnen müssen, empfehlen wir einen Datenkonverter wie z. B. www.geoplaner.de.

Koordinaten zum Download

Die GPS-Koordinaten der Stell- und Campingplätze können auf der Verlags-Homepage www.reise-know-how.de von der Artikelseite dieses Buches als Waypoint-Liste heruntergeladen werden. Benötigt Ihr Gerät ein anderes Datenformat als kml oder gpx, kann die Umrechnung beispielsweise unter www.routeconverter.de oder www.gpsvisualizer.com erfolgen.

Service für Mobilgeräte

Durch Einscannen des QR-Codes auf der Umschlagrückseite beziehungsweise über die Webadresse **www.reise-know-how.de/womo/italien23** wird ein für den mobilen Einsatz optimierter Internetdienst aufgerufen. Damit kann die Lage aller im Buch aufgeführten Camping- und Stellplätze auf einer Karte und die Route dorthin angezeigt werden. Außerdem können darüber Updates nach Redaktionsschluss aufgerufen werden. Voraussetzung, um diese Funktion nutzen zu können, ist eine Datenverbindung über das Mobilfunknetz oder WLAN.

Die Information über und die Bereitstellung von **digitalen Zusatzinhalten** (z. B. Web-App, Links, GPS-Tracks o. Ä.) ist eine freiwillige Zusatzleistung des Verlages, auf die kein Anspruch besteht und für deren Richtigkeit aufgrund der Veränderlichkeit solcher Informationen auch nicht gehaftet werden kann. Insbesondere behält sich der Verlag deshalb vor, die Bereitstellung und die Zugriffsmöglichkeit zeitlich zu befristen und den Zugriff hierauf auch vorfristig abzuschalten.

Michael Moll

Durch die Täler rund um Bozen

Eine Stadt ist schöner als die andere, ein Tal spannender als das nächste und immer wieder weicht der Blick von der Straße ab auf die majestätischen Berggipfel Südtirols. Um die traumhafte Umgebung genießen zu können, sollte man das Womo abstellen und Wanderungen unternehmen. Die legendären Drei Zinnen, die als das Wahrzeichen der Dolomiten gelten, lassen sich relativ leicht zu Fuß umrunden und die Wanderung um den Pragser Wildsee ist beinahe ein Spaziergang. Weiter geht es durch die malerischen Innenstädte von Bruneck, Brixen und Bozen, die größte Stadt Südtirols und Ausgangspunkt für Touren zwischen den Bergen. Eine davon könnte Richtung Vinschgau führen, wo der mondäne Kurort Meran zu einem Spaziergang einlädt.

TOUREN-ÜBERBLICK

Routenempfehlung: Drei Zinnen – Pragser Wildsee – Bruneck – Brixen – Bozen – Meran

Länge gesamt: 177 km

Dauer: ca. 4–5 Tage

Reisezeit: April–September

Imposant ragen die Drei Zinnen als Wahrzeichen in die Höhe

TOUR WANDERUNG RUND UM DIE DREI ZINNEN

Am Misurinasee führt die **Panoramastraße** „Strada Panoramica Delle Tre Cime" hinauf bis zur **Berghütte Auronzo** (Refugie Auronzo). Allerdings wird für die Benutzung der Straße eine üppige Mautgebühr fällig. Zahlt man sie, hat man die Gelegenheit, die Drei Zinnen bequem zu Fuß zu umrunden, denn wenn man einmal oben parkt, ist der Wanderweg bis auf ein paar kleine Ausnahmen relativ flach. Ein Verlaufen ist kaum möglich, da man die Drei Zinnen immer im Blick hat. Der Weg ist gut ausgeschildert und auch gut erkennbar. Für die Wanderung sollte man rund vier Stunden Gehzeit veranschlagen. Natürlich kann man sie auch ausweiten und bei der Umrundung dem **Paternkofel,** der **Dreizinnenhütte** und der **Langalm** einen Besuch abstatten. Es lohnt sich übrigens, für die Wanderung sehr früh aufzustehen. So entgeht man einerseits dem großen Andrang und andererseits gelangt man in den Genuss eines wunderbaren Sonnenaufgangs, vorausgesetzt das Wetter spielt mit (Parkplatz Auronzohütte, Localita' Forcella Longeres, 32041 Auronzo di Cadore BL, www.rifugioauronzo.it, geduldete Übernachtungsmöglichkeit mit fantastischem Ausblick).

Drei Zinnen (Tre Cime di Lavaredo)

Die Drei Zinnen gelten als das **Wahrzeichen der Dolomiten,** was weniger an ihrer Höhe als an dem markanten Äußeren liegt. Der höchste Gipfel ist die Große Zinne mit 2999 m. Die beiden anderen werden Westliche Zinne (2973 m) und Kleine Zinne (2857 m) genannt. Die Große Zinne wurde 1869 zum ersten Mal bestiegen, die Besteigung der kleineren Gipfel folgte erst einige Jahre später. Aufgrund ihrer steil in die Höhe ragenden, markanten Felsform und der gleichzeitig guten Erreichbarkeit sind die Drei Zinnen ein äußerst beliebtes Reiseziel. Dass man auf den Wanderwegen ganz allein mit der Natur ist, kommt selten vor. 2009 wurde ein Teil der Dolomiten, unter anderem auch der Bereich der Drei Zinnen, als Weltnaturerbe in die Liste der UNESCO eingetragen.

Auf dem Rundweg um den Pragser Wildsee gibt es jede Menge Rastplätze

Pragser Wildsee (Lago di Braies)

Auf dem Weg von den Drei Zinnen nach Bruneck sollte man unbedingt einen kleinen Abstecher in das Pragser Tal machen. Nach rund 6 km sanfter, aber stetiger Bergauffahrt endet die Straße an kostenpflichtigen Parkplätzen, von denen idyllische Wanderwege zum Pragser Wildsee führen. Der See gilt als einer der schönsten Südtirols, und das nicht zu Unrecht. Umgeben von hohen Bergen erstreckt sich das Gewässer auf einer Höhe von fast 1500 m über dem Meer. Auf der Wasseroberfläche spiegelt sich der 2810 Meter hohe und zu den Dolomiten gehörende **Seekofel.** Ein vier Kilometer langer, wenig anspruchsvoller Rundweg führt direkt am Ufer des Sees entlang und sollte nicht ausgelassen werden. Teilweise führt der Weg am Felshang entlang. Picknickplätze laden unterwegs zu kleinen Pausen ein.

INFO HOTEL PRAGSER WILDSEE
Zwischen den Parkplätzen und dem Seeufer befindet sich, nicht zu übersehen, das Hotel Pragser Wildsee, das in den letzten Tagen des Zweiten Weltkriegs eine wichtige Rolle spielte. 139 Gefangene der SS aus verschiedenen Konzentrationslagern wurden damals zunächst nach Dachau und von dort nach Südtirol gebracht und sollten nun exekutiert werden. Unter ihnen befanden sich prominente Persönlichkeiten wie der ehemalige Premierminister von Frankreich Léon Blum, der einstige Bundeskanzler Österreichs Kurt von Schuschnigg, der Premierminister von Ungarn Miklós Kállay sowie Familienangehörige der Attentäter vom 20. Juli 1944. Als sich der Gefangenentransport am 30. April 1945 in der nahe gelegenen Ortschaft Niederdorf (Villabassa) befand, wurden die zum Tode Verurteilten durch das tatkräftige Einschreiten des Wehrmachtsoffiziers Wichard von Alvensleben befreit. Die Hotelbesitzerin am Pragser Wildsee nahm die Menschen auf und versorgte sie, bis die amerikanischen Truppen am 4. Mai eintrafen und sie vorerst in Gefangenschaft nahmen. Im Hotel ist seit 2006 das nicht öffentliche **Zeitgeschichtsarchiv Pragser Wildsee** (www.archivpragserwildsee.com) untergebracht, das sich zum Ziel gesetzt hat, Dokumente über dieses Ereignis an einem Ort zusammenzutragen und der Wissenschaft zugänglich zu machen.

In malerischer Lage befindet sich die Kapelle am Seeufer

Touristinfo Pragser Tal, Außerprags 78, 39030 Prags (Braies), www.pragsertal.info

Bruneck (Brunico)

Der Ort Bruneck wirkt größer als er ist, was sicherlich auch daran liegen mag, dass er eine eigene geräumige Ortsumfahrung besitzt. Bei genauerer Betrachtung ist Bruneck jedoch recht überschaubar und kann bequem an einem Tag besichtigt werden.

Auf der Nordseite des Bahnhofs (Stegener Markplatz) befindet sich ein Parkstreifen, der zuweilen auch zum Übernachten genutzt wird. Gleich gegenüber erreicht man durch eine Unterführung den Bahnhofsvorplatz. Unterwegs über die Marconistraße und die Michael-Pachler-Straße sieht man schon den Turm der **Ursulinenkirche** (Stadtgasse). Dieses Gotteshaus stammt aus der ersten Hälfte des 15. Jahrhunderts und beherbergt sehenswerte Fresken. Direkt rechts neben der Kirche

TIPP AUSFLUG AUF DEN HAUSBERG

Lohnenswert ist auch eine Wanderung oder eine Fahrt auf den südlich gelegenen Hausberg, den **Kronplatz** (www.kronplatz.com). Der 2275 m hohe Berg ist Namensgeber für die Tourismusvereinigung in der Region, wie schon die Straßenschilder verraten. Eine Besonderheit auf dem Gipfel ist die Friedensglocke **Concordia2000.** Auf einem Fundament von 11 m Durchmesser wurde sie 2003 errichtet. Mit über 18 t Gewicht ist sie eine der schwersten Glocken im alpenländischen Raum. Allein der Klöppel wiegt eine halbe Tonne und lässt in der Glocke mit ihren 3 m Durchmesser die Note „Cis" erklingen. Mittwochs und von Freitag bis Sonntag sollte man zur Mittagszeit daher ein wenig Abstand zur Glocke wahren. 2015 wurde auf dem Kronplatz ein **Messner Mountain Museum** (s. S. 13) eröffnet. Unter dem Namen **Corones** befasst es sich mit den Themen „Klettern und Bergsteigen" (Plan de Corones, 39030 Marebbe BZ, www.messner-mountain-museum.it/it/corones/museo).

❶ Camping Wildberg, St. Lorenzen

GPS 46.781651, 11.899116

Schöner Campingplatz in Waldrandlage mit rustikal eingerichteter Rezeption, allerdings auch neben einem Eisenbahngleis. Der Swimmingpool kann von den Campinggästen kostenlos genutzt werden. **Lage/Anfahrt:** Die SS49 bei Bruneck-West verlassen, über die Josef-Renzler-Straße bis zur Dorfstraße. Am Ende werden die Gleise überquert, der Platz liegt dahinter; **Platzanzahl:** 90; **Untergrund:** Wiese; **Service:** Strom, Trinkwasser, Abwasser, Chemie-WC, WLAN, Hunde erlaubt, Gasversorgung; **Sicherheit:** bewacht, beleuchtet; **Preiskat.:** €€€; **Geöffnet:** Mai–Anfang Nov. und Anfang Dez.–Mitte April; **Kontakt:** Dorfstr. 9, 39030 St. Lorenzen, Tel. 0474474080, www.campingwildberg.com

erreicht man durch das **Ursulinentor** – das westliche von vier mittelalterlichen Stadttoren – die **mittelalterliche Stadtgasse.** In der Einkaufsstraße sind noch einige reich verzierte Hausfassaden und interessante Giebelkonstruktionen an den Dächern zu sehen. Besonders am Ende der Gasse, am östlichen Stadttor, sind zahlreiche Fresken erhalten. Gleich hinter dem schmalen Durchgang geht es rechts ein wenig hinauf zur **Rainkirche** (Raingasse 51). Dieses im 17. Jahrhundert barockisierte Gotteshaus ist der Hl. Katharina gewidmet und besticht mit einem Zwiebelturm. Sowohl an der Außenfassade als auch im Innern der Kirche wird die Lebensgeschichte der Hl. Katharina mit zahlreichen Fresken dargestellt. Von der Kirche aus erreicht man auf einem kleinen, bergauf führenden Waldweg **Schloss Bruneck** (Vicolo Castello 2, www.messner-mountain-museum.it). Früher war das Hauptportal auf der Südseite stilecht nur über eine Zugbrücke erreichbar. Damit war die über 750 Jahre alte Burg gut befestigt. Sie erhielt im Lauf der Zeit mehrere Um- und Anbauten. Auch im 21. Jh. wurde wieder gebaut, denn im Innern

Bruneck lockt mit seinem Stadtbild zu einem gemütlichen Spaziergang

wurde 2011 mit dem **MMM Ripa** (www.messner-mountain-museum.it/it/ripa/museo) das fünfte von insgesamt sechs Messner Mountain Museen (s. u.) eröffnet. Es stellt Bergvölker aus Asien, Afrika, Südamerika und Europa sowie ihre Religionen und ihre Kultur vor.

Vom Kapuzinerplatz gelangt man zur Straße Am Graben (Bastioni), die mit einem breiten Bürgersteig und einigen Cafés aufwartet. Dort ist das letzte Stadttor, das **Florianitor,** zu sehen. An seiner Fassade befinden sich eine Zeichnung des Brunecker Stadtwappens sowie Abbildungen des Hl. Florian und des Stadtgründers Bischof Bruno. Im Übrigen kann in der dahinterliegenden Florianigasse, kurz vor der Stadtgasse, eine **Statue des Hl. Florian** besichtigt werden, die sich an einer Hauswand befindet. Über die Straße Am Graben gelangt man schließlich wieder zur Ursulinenkirche zurück.

Touristinfo Bruneck,
Rathausplatz 7

Schloss Bruneck ist Teil der Messner Mountain Museen

Ein gemütliches Lokal im Stil einer urigen Bauernstube findet man mit dem **Restaurant und Steakhouse Hardimitz'n** (Seilbahnstraße 7, www.hardimitzn.com).

INFO MESSNER MOUNTAIN MUSEUM (MMM)

Das MMM ist ein vom international bekannten Bergsteiger Reinhold Messner ins Leben gerufenes Museumsprojekt mit fünf Standorten in Südtirol.

Das Herzstück der Museumsgruppe befindet sich auf Schloss Sigmundskron (s. S. 17) bei Bozen. Messner erwarb die Burg und ließ in dreijähriger Bauzeit ein Museum einrichten. Außerdem gehören das Schloss Ripa (s. oben) in Bruneck, das MMM Corones (s. S. 11) auf dem Kronplatz und Schloss Juval in Naturns, in dem sich die Ausstellung um den Mythos Berg dreht, dazu. In Sulden im Vinschgau befinden sich eine unterirdische Ausstellung unter dem Motto „Ewiges Eis" und eine kleine Berghütte, in der kuriose Bergsteigergeschichten präsentiert werden. Lediglich die Ausstellung „Dolomites" befindet sich nicht in Südtirol, sondern in den Dolomiten. Thema ist hier das italienische Gebirge. Diese Ausstellung ist in einem Fort aus dem Ersten Weltkrieg auf dem Monte Rite untergebracht.

Mit Eröffnung des sechsten Standorts auf dem Kronplatz ist laut Messner das Museumsprojekt, dessen Realisierung er als seinen „15. Achttausender" betrachtet, abgeschlossen (www.messner-mountain-museum.it).

In Brixen schlendert man über den Domplatz

Brixen (Bressanone)

Die Geschichte der Stadt Brixen nahm im Jahr 901 ihren Anfang, womit sie zu den ältesten Gemeinden Südtirols zählt.
Der letzte karolingische Herrscher, König Ludwig das Kind, überließ den Königshof Prihsna dem Bischof Zacharias von Säben. Diese Schenkung wird als Gründungsdatum der Stadt angesehen. Der Bischof ließ ein Münster errichten und noch im selben Jahrhundert wurde der Bischofssitz in das heutige Brixen verlegt. Der Ort war damit jahrhundertelang sehr einflussreich, was aber durch die Säkularisation zu Beginn des 19. Jahrhunderts abrupt endete. Erst mit dem Aufkommen des Tourismus kam es zu einem erneuten Aufschwung in der Stadt, die dem Besucher zahlreiche Kunstdenkmäler bietet.
Beim Schlendern durch die **Altstadt** durchquert man üblicherweise die Straße Kleine Lauben (Via Portici Minori) und direkt dahinter ihr Pendant, Grosse Lauben (Via Portici Maggiori). Die **Bürgerhäuser** dieser Einkaufsstraße bieten auf der gesamten Strecke schöne **Arkadengänge** und begleiten einen bis zum Pfarrplatz. Besonders das vorletzte Gebäude auf der linken Seite ist hervorzuheben. Es handelt sich um das sogenannte **Pfaundlerhaus** (Laubendurchgang) und stammt mit seinen schmiedeeisernen Gittern aus der Zeit der Renaissance. Am **Pfarrplatz** ist der 72 m hohe „Weiße Turm" der **St.-Michaels-Pfarrkirche** nicht zu übersehen. Ein Blick auf das helle Dach verrät schon, woher der Turm aus der Mitte des 15. Jahrhunderts seinen Spitznamen hat. Auf der rechten Seite erhebt sich die dazugehörige romanische Pfarrkirche aus dem 11. Jahrhundert, die im Innern mit barockem Stil und zahlreichen Deckenfresken bestiht.
Die Hauptsehenswürdigkeit von Brixen ist jedoch der **Dom** (Hofburgplatz 1, www.bz-bx.net) gleich nebenan. Der erste Dom an dieser Stelle wurde aus Anlass der Verlegung des Bischofssitzes nach Brixen Ende des 10. Jahrhunderts errichtet. Ihr heutiges Aussehen er-

Die Türme des Brixener Doms sind weithin sichtbar

hielt die Kirche jedoch nach mehreren Bränden und einem Neubau im 18. Jahrhundert. Im Innern befinden sich ein ca. 200 m² großes **Deckengemälde** des Barockmalers Paul Troger und eine **Orgel** mit über 3000 Pfeifen. Vom Dom und auch vom Domplatz aus gelangt man zum romanischen **Kreuzgang,** dessen künstlerische Ausarbeitung noch sehenswerter ist als die des noch verhältnismäßig jungen Doms. Der Kreuzgang selbst stammt aus dem 13. Jahrhundert, die Deckenfresken in den Gewölben aus den zwei darauffolgenden Jahrhunderten. Den Innenhof ziert ein kleiner Garten, während sich an der Wand das Grab eines der Bischöfe von Brixen befindet. Weitere Bischofsgräber findet man am Domportal sowie im Inneren des Gotteshauses. Zwischen Pfarrkirche und Dom befindet sich ein weiterer kleiner Garten, an dessen Mauer ein Denkmal zur Erinnerung an die Toten des Zweiten Weltkriegs errichtet wurde.

Das **Diözesanmuseum** (Hofburgplatz 2, www.hofburg.it) befindet sich in einem der **schöns-**

2 Löwenhof, Vahrn-Neustift/Brixen

GPS 46.734261, 11.647267

Hotelanlage mit Campingplatz und Wellnessanlage, zum Hotel gehören ein Restaurant und ein Freibad, letzteres darf kostenfrei benutzt werden. Ausflugsmöglichkeit zum Kloster Neustift (www.kloster-neustift.it). **Lage/Anfahrt:** am Ortseingang von Vahrn auf der linken Seite, ins Zentrum von Brixen sind es gut zwei Kilometer; **Platzanzahl:** 50; **Untergrund:** Wiese; **Service:** Strom, Trinkwasser, Abwasser, Chemie-WC, WLAN, Hunde erlaubt, Gasversorgung; **Sicherheit:** umzäunt, beleuchtet, bewacht; **Preiskat.:** €€€; **Geöffnet:** ganzjährig; **Kontakt:** Brennerstr. 60, 39040 Vahrn-Neustift/Brixen, Tel. 0472836216, www.loewenhof.it

ten Schlosshöfe Südtirols. Der rechtwinklige Innenhof ist geprägt von den Loggien aus der Zeit der Renaissance. Sie umfassen alle drei Etagen auf der Süd- und der Nordseite der Brixener Hofburg. Die beiden anderen, sich gegenüberliegenden Gebäudefassaden lassen ebenso wie die **Hofkapelle** einen Barockstil erkennen. Nicht minder sehenswert ist das **Innere der Hofburg,** insbesondere der Kaisertrakt im Westflügel, den Fürstbischof Graf Künigl zu Beginn des 18. Jahrhunderts umbauen ließ. Neben verschiedenen temporären Ausstellungen zeigt das Diözesanmuseum Sammlungen mittelalterlicher sowie auch neuzeitlicher Kunst, u. a. von Paul Troger und Jan Mabuse.

Das **Wirtshaus Kutscherhof** ist ein nettes Restaurant in den historischen Mauern der ehemaligen Kutschenremise am Hofburgplatz. Angeboten werden lokale Gerichte und Pizzen (Hofgasse 6, www.kutscherhof.it).

Touristinfo Brixen, Regensburger Allee 9, www.brixen.org

Bozen (Bolzano)

Bozen ist die Hauptstadt Südtirols und mit seinen rund 100.000 Einwohnern zugleich die größte Stadt der Provinz. Das Herzstück des Zentrums ist der **Walther-von-der-Vogelweide-Platz,** auch kurz Waltherplatz genannt. An der Südseite des Platzes erhebt sich der 65 m hohe Turm des **Bozener Doms Maria Himmelfahrt** (Pfarrplatz 27, www.dompfarre.bz.it). Das Gotteshaus entstand zwischen dem 13. und 16. Jahrhundert und zeigt sich daher in verschiedenen Architekturstilen. Da Bozen seit 1964 Bischofssitz ist, handelt es sich zugleich um die Bischofskirche. Sie beherbergt zwar mehrere mittelalterliche Reliquien, das Kirchenschiff ist aber im Vergleich zu anderen Südtiroler Kirchen eher unspektakulär ausgestattet. Unbedingt besichtigt werden sollte jedoch der **Bozener Domschatz.**

Wenige Meter an der Nordseite des Doms entlang, gelangt man vom Pfarrplatz zum Dominikanerplatz. Die dortige **Dominikanerkirche** mitsamt dem angrenzenden Kreuzgang wurde gegen Ende des 13. Jahrhunderts erbaut und besticht durch eine große Anzahl von Fresken. Am Dominikanerplatz beginnt zugleich die **Kapuzinergasse** und führt nach

Zentraler Punkt von Bozen ist der Dom

TIPP SCHLÖSSER BEI BOZEN

Etwas außerhalb von Bozen, aber mit dem Fahrrad vom Campingplatz (s. S. 18) aus gut erreichbar, befinden sich die Schlösser Runkelstein und Sigmundskron. **Schloss Runkelstein** steht im Sarntal, am Nordrand der Stadt Bozen und kann über einen Rad- und Wanderweg an der Talfer entlang besucht werden, alternativ mit der Buslinie 12 oder dem kostenlosen Shuttlebus, der an jedem Wochenende eingesetzt wird. Besonders sehenswert ist das Schloss, weil es seinen mittelalterlichen Charakter bewahren konnte, obwohl es auch hier mehrfach zu An- und Umbauten kam. Die Burganlage befindet sich hoch über dem Fluss auf einem Felsvorsprung, was ein Bauwerk wie dieses nicht immer nur schützte, denn im ausgehenden 19. Jahrhundert stürzte ein Teil der Wehranlage in die Tiefe. Innerhalb der Schlossmauern befindet sich aber die eigentliche Sehenswürdigkeit. Der **Freskenzyklus** an den Wänden ist der älteste und umfangreichste seiner Art und erzählt weltliche Geschichten des Mittelalters. Die Kunstwerke sind rund 600 Jahre alt und zeigen Abbildungen von Ritterspielen sowie Darstellungen der Jagd (Sentiero imperatore Francesco Giuseppe 1, www.runkelstein.info).

Schloss Sigmundskron befindet sich im Süden von Bozen, oberhalb der Etsch. Das Schloss wechselte im Laufe der Jahrhunderte mehrfach die Besitzer und den Namen. Vor der Bezeichnung Sigmundskron wurde die wehrhafte Burg – nach dem gleichnamigen Adelsgeschlecht – Firmian genannt. Auch der heutige Besitzer nennt sie wieder so, denn das **MMM Firmian** (s. S. 13) ist hier untergebracht. (Sigmundskroner Str. 53, www.messner-mountain-museum.it).

Enge Laubengassen prägen das Bild der Bozener Altstadt

❸ Camping Moosbauer, Bozen

GPS 46.503015, 11.299165

Der ideale Ausgangspunkt für eine Stadtbesichtigung von Bozen und Schloss Runkelstein (s. S. 17). Per Bus oder Fahrrad sind beide Sehenswürdigkeiten gut erreichbar. Die Sanitäranlagen sind sehr schön mit Informationen über die Region gestaltet – sehenswert! Die Stellflächen liegen jedoch sehr eng beieinander, mit großen Wohnmobilen kann es knapp werden. **Lage/Anfahrt:** westlich von Bozen an der SS38 Richtung Terlan (Terlano), inmitten von Obstplantagen; **Platzanzahl:** 100; **Untergrund:** Wiese; **Service:** Strom, Trinkwasser, Abwasser, Chemie-WC, WLAN, Hunde erlaubt, Gasversorgung; **Sicherheit:** bewacht, beleuchtet; **Preiskat.:** €€€; **Geöffnet:** ganzjährig; **Kontakt:** Moritzinger Weg 83, 39100 Bozen, Tel. 0471918492, www.moosbauer.com

wenigen Schritten zur gleichnamigen Kirche, welche einen barocken Hochaltar beherbergt. Nördlich des Waltherplatzes gelangt man zum **Kornplatz.** Es handelt sich um den ältesten Platz der Stadt. Er diente in früheren Zeiten, wie der Name es verrät, dem Handel von Korn und Getreide. Durch die schmale Gumergasse gelangt man zum **Rathausplatz,** der von Bürgerhäusern im Rokokostil und natürlich vom Rathaus umgeben ist. Letzteres wurde jedoch erst im letzten Jahrhundert im neobarocken Stil erbaut. Am Rathausplatz beginnt die meistbesuchte Straße der Stadt, die **Laubengasse** (Via dei Portici), die in der Bevölkerung jedoch meist als „Bozner Lauben" bezeichnet wird. Diese Fußgängerzone sollte in Ruhe besichtigt werden. Dabei lohnt nicht nur der Blick in die Schaufenster: Ab und an sollte man auch auf die darüber liegenden Hausfassaden oder in die Zugänge zu den Innenhöfen schauen. Die enge Gasse mit ihren zahlreichen Erkern in den oberen Etagen und den Schaufenstern und Läden in den Laubengängen zeigt noch heute die Bedeutung des Handels in Bozen. Am Ende der Lauben trifft man auf

4 Stellplatz am Friedhof, Bozen

GPS 46.473217, 11.337277

Acht enge Stellflächen unter Hochspannungsleitungen. Nahe Haltestelle mit Verbindung ins Bozener Zentrum. Im Winter weichen die meisten Wohnmobilisten auf den benachbarten Parkplatz aus, der im Sommer mit einer Höhenbegrenzung versehen ist. Einkaufsmöglichkeit und Tankstelle gleich nebenan. **Lage/Anfahrt:** ca. 3 km südlich vom Zentrum, gegenüber vom Friedhof, direkt an einer Hauptstraße; **Platzanzahl:** 8; **Untergrund:** Asphalt; **Service:** Strom, Trinkwasser, Abwasser, Chemie-WC, Hunde erlaubt; **Preiskat.:** €; **Geöffnet:** ganzjährig; **Kontakt:** Via Maso della Pieve 12, 39100 Bolzano BZ

den **Obstmarkt** (Piazza delle Erbe), wo sich das sehenswerte **Torgglhaus** mit seiner Wandbemalung und einem hübschen Turm und auch der **Neptunbrunnen** befinden. Letzterer wird auch als „Gabelwirt" bezeichnet und ist ein beliebter Treffpunkt der Bozener Jugend. Eine weitere sehenswerte Kirche Bozens befindet sich nördlich des Obstplatzes. Auch die **Franziskanerkirche,** zu erreichen durch die Franziskanergasse, beherbergt einen Kreuzgang mit zahlreichen Fresken. Diese gehen auf die erste Hälfte des 14. Jahrhunderts zurück und sind zum Teil sehr gut erhalten. Am südlichen Ende des Obstplatzes zweigt nach links die Silbergasse (Via Argentieri) ab. Auch sie ist eine beliebte Fußgängerzone und verläuft parallel zu den Bozener Lauben.

Das **Südtiroler Archäologiemuseum** (Museumsstraße 43, www.icema.it) wurde durch die Aufbewahrung von Mumienfund Ötzi international bekannt.

Touristinfo Bozen, Südtiroler Str. 60, www.bolzano-bozen.it

Das **In Viaggio** ist ein exklusives Restaurant mit exquisiten 5- bis 9-Gänge-Menüs ab 105 € und vielfältiger Weinkarte. Eine Reservierung ist unabdingbar. Hunde, Kinder unter 12 Jahren, Sportkleidung und Handys sind nicht erlaubt. Es muss geklingelt werden (Piavestr. 15, Tel. 04711684878, www.inviaggioristo rante.com).

Meran (Merano)

Den Aufstieg zur **Kurstadt** hat Meran nicht zuletzt Kaiserin „Sissi" (Elisabeth von Österreich) zu verdanken, die in den 1870er-Jahren mehrfach länger in Meran verweilte und allein durch ihre Anwesenheit für die Stadt warb. Die vielen Grünflächen im Stadtzentrum bestimmen die ruhige Atmosphäre des mondänen Kurorts. Die meisten Übernachtungen auswärtiger Gäste finden in den umliegenden Dörfern statt, sie profitieren von der Anziehungskraft Merans.

Durchzogen wird die Stadt vom Fluss Passer, der am Westrand Merans in die Etsch mündet. Am linken, südlichen Flussufer erstreckt sich die **Sommerpromenade,** eine Grünanlage, an deren Ende ein Denkmal die Kaiserin Elisabeth würdigt. Am gegenüberliegenden Ufer verläuft die **Winterpromenade** mit ih-

Die Kurstadt Meran zeichnet sich vor der Alpenkulisse ab

TIPP **DORF TIROL**

Dorf Tirol ist als Ausflugsziel beliebt und daher auch gut besucht. Grund dafür ist die wunderbare Aussicht auf den Vinschgau und in das im Tal liegende Meran, aber auch auf das Schloss Tirol. Das Schloss, das auf das 11. Jahrhundert datiert wird, war ein halbes Jahrtausend lang die Residenz der Tiroler Landesfürsten und ist Namensgeber für ganz Tirol. Heute ist in der mächtigen Festung das **Südtiroler Landesmuseum für Kultur und Landesgeschichte** untergebracht (Via del Castello 24, 39019 Tirolo BZ, www.schlosstirol.it).

rer langen und nach Süden offenen Wandelhalle. Beide Promenaden sind flussaufwärts, unterhalb der Zenoburg, mit der **Steinernen Brücke** verbunden. Flussabwärts mündet die Winterpromenade in die **Kurpromenade,** wo sich das einstige **Kurhaus** (Corso della Libertà 33, www.kurhaus.it) befindet. Mit der Kuppel und der Jugendstilfassade ist das Kurhaus auch heute noch sehenswert, eine Besichtigung von innen ist aber nur während der vielen Veranstaltungen möglich, für die das Gebäude mittlerweile genutzt wird. Nicht zu übersehen ist auch das schmale, aber hohe **Stadttor,** durch das man in den verkehrsberuhigten Bereich Merans gelangt. Durch die enge Gasse mit den hübschen Erkern und kunstvoll verzierten Hausfassaden gelangt man automatisch zur wichtigsten Sehenswürdigkeit: Die **Pfarrkirche** (Passeirer Gasse 3, www.stadtpfarre-meran.it) stammt aus den Anfängen des 14. Jahrhunderts und besitzt einen 80 m hohen Turm, dessen vier Außenseiten mit sieben Uhren versehen sind. Das Kircheninnere ist mit zahlreichen Fresken verziert, während sich über dem Portal das Hauptaugenmerk auf die schöne Fensterrose richtet. Vor der Kirche beginnt die **Laubengasse,** die mit über 200 Geschäften jeden Einkaufswunsch erfüllt. Sie ist sogar länger als ihr gleichnamiges Pendant in der Landeshauptstadt Bozen.

Auf der Hälfte der Gasse zweigt am Rathaus eine Straße nordwärts zur **Landesfürstlichen Burg** (Galileo-Galilei-Straße 21, www.gemeinde.meran.bz.it/de/Landesfuerstliche_Burg_1) ab. Die Bezeichnung „Burg" ist trotz Zinnen und Schießscharten jedoch übertrieben, vielmehr ließ Landesfürst Sigmund der Münzreiche dieses gotische Lustschlösschen als gehobenen Wohnsitz errichten. Die Wohnkultur des 15. Jahrhunderts kann bei einem Rundgang durch das Bauwerk besichtigt werden.

ⓘ **Touristinfo Meran,** Corso della Libertà 45, www.merano-suedtirol.it

TIPP SCHLOSS TRAUTTMANNSDORFF

Eine besondere Sehenswürdigkeit liegt etwas außerhalb, südwestlich der Meraner Altstadt: Schloss Trauttmansdorff. Gelb leuchtet das Schloss oberhalb des Botanischen Gartens. Es war die Unterkunft von Kaiserin Sissi, die über ein halbes Jahr lang die komplette obere Etage bewohnte. Die Touristeninformation gibt einen kleinen Faltplan heraus, der den gut beschilderten Sissi-Weg vom Kurhaus bis zum Schloss Trauttmansdorff beschreibt. Der Garten um das Schloss wurde 2005 als schönster Garten Italiens ausgezeichnet, während in den feudalen Räumen das **Touriseum** untergebracht wurde. Es präsentiert die lange Geschichte des Tourismus von Südtirol (Naifdammweg, www.trauttmansdorff.it).

Das mittelalterliche Schloss Tirol erhebt sich oberhalb von Meran

5 Stellplatz Dorf Tirol

GPS 46.676076, 11.167108

Stellplatz der abseits gelegenenPension Schneeburghof inmitten von Obstplantagen, oberhalb von Meran, enge Zufahrt, Zeitungs- und Brötchenservice, Schwimmbadnutzung im Sommer, Spielplatz. **Lage/Anfahrt:** über die SS44 zum Dorf Tirol, dort am ersten Parkplatz scharf links ab und Beschilderung folgen; **Service:** Strom, Trinkwasser, Abwasser, Chemie-WC, WLAN, Hunde erlaubt, Sanitäranlage; **Sicherheit:** Privatparkplatz der Pension; **Untergrund:** Schotter; **Geöffnet:** ganzjährig; **Preiskat.:** €€; **Kontakt:** Familie Waldner, Segenbühelstr. 26, 39019 Dorf Tirol, Tel. 0473923595, www.schneeburghof.com

6 Live Merano Camping, Meran

GPS 46.664176, 11.158548

Moderner Campingplatz mit wenigen, aber dafür großen Parzellen. Pool und Spa-Bereich. **Lage/Anfahrt:** südlich des Zentrums neben der Reitanlage, der Piavestraße am Hotel Meraner Hof am südlichen Flussufer folgen; **Platzanzahl:** 91; **Untergrund:** Wiese; **Service:** Strom, Trinkwasser, Abwasser, Chemie-WC, WLAN, Hunde erlaubt, Gasversorgung; **Sicherheit:** bewacht, beleuchtet; **Preiskat.:** €€€; **Geöffnet:** Ende Mai–Mitte Sept.; **Kontakt:** Piavestr. 46, 39012 Meran, Tel. 0473231249, www.livemeranocamping.com

LITERATURTIPP

Ausführlichere Informationen zur Region findet man im Wohnmobil-Tourguide „Südtirol und am Gardasee“ im Reise Know-How Verlag.

Michael Moll

Rund um den Gardasee

Wo einst schon Goethe wandelte, lässt es sich heute bequem mit dem Wohnmobil reisen. Die Ostuferstraße des Gardasees, auch Gardesana Orientale genannt, bietet fast auf der gesamten Strecke Ausblicke auf den größten See Italiens. Beinahe alle Orte, die sich wie Perlen auf einer Kette aneinanderreihen, nennen jeweils eine sehenswerte Altstadt mit Bauten des Adelsgeschlechts der Scaliger ihr Eigen. Die Landschaft um den Gardasee wird auf dem Weg nach Süden zusehends flacher und führt in die Po-Ebene. Das mediterrane Südufer bietet den größten Badespaß, doch auch kulturell wird westlich von Verona viel geboten – angefangen bei der Scaligerburg in Sirmione. Über Stell- und Campingplätze muss man sich als Wohnmobiltourist am südlichen Gardaseeufer keine Sorgen machen. Die westliche Uferstraße des Gardasees, die Gardesana Occidentale, beginnt eigentlich schon bei Salò, doch der spektakulärste Abschnitt bis zur Ortschaft Riva del Garda befindet sich erst hinter Toscolana-Maderno. Die Straße wurde in den 1930er-Jahren fertiggestellt und gilt bis heute als eine der Traumstraßen Europas. Zypressenbäume, Olivenhaine und ein leckerer Tropfen des Bardolino-Rotweins machen die lauen Abende vor dem Wohnmobil zu einem Genuss.

TOUREN-ÜBERBLICK

Routenempfehlung: Torbole sul Garda – Malcesine – Brenzone – Torre del Benaco – Garda – Bardolino – Lazise – Peschiera del Garda – Sirmione – Limone sul Garda – Riva del Garda
Länge gesamt: 150 km
Dauer: ca. 2–3 Tage
Reisezeit: März–Oktober

Torbole sul Garda

Nähert man sich dem Gardasee von Norden über Trient, kommt auf dem Weg hinter der Ortschaft Sano nach dem kleinen Loppio-Pass eine Spitzkehre, in der sich ein Parkplatz befindet. Steuert man diesen an, kann man von hier aus zum ersten Mal einen wunderbaren **Panoramablick auf den Gardasee** erhaschen. Der größte See Italiens wird auch Benaco genannt, was sich von der alten römischen Bezeichnung *lacus benacus* ableitet. Vom Parkplatz aus scheint der See noch recht klein, da er hier die geringste Breite hat und erst nach Süden breiter wird. Hier, im Norden, wird der See noch von hohen Bergen bzw. den letzten Ausläufern der Alpen umgeben, während das Umland im Süden bereits in die Po-Ebene übergeht. Auf der rechten Seite, unterhalb des Parkplatzes, ist deutlich der Fluss Sarca zu erkennen, der den Gardasee mit Wasser speist. Der Ablauf des Sees liegt bei Peschiera del Garda im Süden. Torbole selbst ist ein kleines **Hafenstädtchen** mit engen, verwinkelten Gassen und der **Ruine des Castel Penede** oberhalb des Städtchens. Besonders interessant ist das sogenannte **Goethehaus** in der sehr kleinen Via Goethe nicht weit vom Hafen entfernt. Der berühmte deutsche Dichter weilte 1786 für eine Nacht in diesem Haus, weshalb dort nicht nur eine Gedenktafel angebracht, sondern auch gleich die Gasse nach ihm benannt wurde.

Das Nordufer des Gardasees ist deutlich von den Alpen geprägt

7 Camper Stop Torbole

GPS 45.872779, 10.872378

Großer Stellplatz im Zentrum mit Zugang zum Gardaseeufer. **Lage/Anfahrt:** Richtung Riva del Garda erscheint ein Schild, das zum Hafen weist, dort links und gleich wieder rechts abbiegen. Der Platz ist jederzeit zugänglich, verlassen kann man ihn aber nur während der Kassenzeiten zwischen 7 und 23 Uhr; **Platzanzahl:** 120; **Untergrund:** Wiese, Rasengittersteine; **Service:** Strom, Trinkwasser, Abwasser, Chemie-WC, WLAN, Hunde erlaubt; **Sicherheit:** videoüberwacht, beleuchtet, umzäunt, nur durch eine Schranke passierbar; **Preiskat.:** €€€; **Geöffnet:** ganzjährig; **Kontakt:** Via al Col 2a, 38069 Torbole sul Garda, Tel. 0464548268, www.camperstoptorbole.com

Der kleine Hafen von Torbole sul Garda

INFO GOETHE UND DER GARDASEE

Unter dem Namen Filipo Miller brach Johann Wolfgang von Goethe im Spätsommer 1786 inkognito nach Italien auf. Am 12. September befand er sich in Torbole und schrieb folgende Zeilen: „Wie sehr wünschte ich meine Freunde einen Augenblick neben mich, dass sie sich der Aussicht freuen könnten, die vor mir liegt! Heute Abend hätte ich können in Verona sein, aber es lag mir noch eine herrliche Naturwirkung an der Seite, ein köstliches Schauspiel, der Gardasee, den wollte ich nicht versäumen, und bin herrlich für meinen Umweg belohnt. Nach fünfen fuhr ich von Rovereto fort, ein Seitental hinauf, das seine Wasser noch in die Etsch gießt. Wenn man hinaufkommt, liegt ein ungeheurer Felsriegel hinten vor, über den man nach dem See hinunter muss. Hier zeigten sich die schönsten Kalkfelsen zu malerischen Studien. Wenn man hinab kommt, liegt ein Örtchen am nördlichen Ende des Sees und ist ein kleiner Hafen oder vielmehr Anfahrt daselbst, es heißt Torbole. Die Feigenbäume hatten mich schon den Weg herauf häufig begleitet, und indem ich in das Felsamphitheater hinab stieg, fand ich die ersten Ölbaume voller Oliven. Hier traf ich auch zum ersten Mal die weißen kleinen Feigen als gemeine Frucht, welche mir die Gräfin Lanthieri verheißen hatte."

In Malcesine wäre Goethe beinahe verhaftet worden, weil er die dortige Burg malte und man ihn deswegen der Spionage bezichtigte. Erst ein Einwohner, der in Frankfurt gelebt hatte und Goethe kannte, konnte ihn von diesem Verdacht freisprechen.

Malcesine wird von der Scaligerburg dominiert

Malcesine

Schon während der Fahrt auf der Uferstraße, am Fuße des Monte Baldo, ist die Burg von Weitem zu erkennen. Bis heute kann nur geschätzt werden, wie alt die Burg ist, man geht aber davon aus, dass sie sich bereits seit 1500 Jahren auf der Felsspitze am Gardaseeufer befindet. Die Bezeichnung **Scaligerburg** erhielt sie durch die zahlreichen Umbauten und Modernisierungen, die vom Veroneser Adelsgeschlecht der Scaliger durchgeführt wurden. Von der Burg hat man einen wunderbaren Ausblick auf den Gardasee und natürlich auf die verwinkelten Gassen der **Malcesiner Altstadt.** Wer will, kann an einer deutschsprachigen Führung auf den Spuren von Goethe teilnehmen (www.italiameineliebe.com). In den engen Sträßchen unterhalb der Burg bieten **zahlreiche Künstler** ihre Werke an und in den Häusern, die teilweise direkt am Ufer stehen, sowie rund um den pittoresken Hafen hat man ausgiebig Gelegenheit, dem Treiben von einem Café aus zuzuschauen.

Touristinfo Malcesine, Via Gardesana 238, www.visitmalcesine.com

8 Campeggio Alpino, Malcesine

GPS 45.809489, 10.851682

Der Wanderweg auf den Monte Baldo (s. S. 28) führt unmittelbar am Campingplatz entlang. Zum Strand muss man die Via Gardesana durch einen Fußgängertunnel unterqueren. **Lage/Anfahrt:** ziemlich genau zwischen Torbole und Malcesine gelegen, auf der linken Seite der Via Gardesana; **Platzanzahl:** 150; **Untergrund:** Wiese; **Service:** Strom, Trinkwasser, Abwasser, Chemie-WC, WLAN, Hunde erlaubt; **Sicherheit:** bewacht, beleuchtet, umzäunt; **Preiskat.:** €€; **Geöffnet:** April–Sept.; **Kontakt:** Lac. Baitone, 37018 Malcesine, Tel. 0457400472, www.baitonealpino.com

9 Camping Claudia, Malcesine-Campagnola

GPS 45.788750, 10.823730

Kinderfreundlich mit Spielplatz, Shop und Café inkl. Terrasse. **Lage/Anfahrt:** an der T-Kreuzung im Malcesiner Ortsteil Campagnola links, der Platz liegt an der Ecke; **Platzanzahl:** 100; **Untergrund:** Wiese; **Service:** Strom, Trinkwasser, Abwasser, Chemie-WC, WLAN, Hunde erlaubt; **Sicherheit:** bewacht, beleuchtet, umzäunt; **Preiskat.:** €€; **Geöffnet:** April–Mitte Okt.; **Kontakt:** Loc. Campagnola, 37018 Malcesine, Tel. 0457400786, www.campingclaudia.it

Am Monte Baldo bieten sich jede Menge Wandermöglichkeiten an

TOUR WANDERN AUF DEM MONTE BALDO

Der Bergrücken Monte Baldo bietet wahren Wandergenuss mit tollen Aussichten. Diese reichen hinab bis zum Gardasee auf der einen und in das Etschtal auf der anderen Seite. Das Etschtal bildet die Verbindung zwischen Südtirol und Verona. Ein besonders beliebter Wanderweg auf dem Monte Baldo ist der **Sentiero del Verntrar,** auf dem man steile Felswände passiert und der schwindelerregende Blicke in die Tiefe verspricht. Stellenweise ist man dabei nur auf einem schmalen Pfad unterwegs. Es gibt aber auch andere und leichtere Wandermöglichkeiten. Die meisten von ihnen haben jedoch eines gemeinsam: Sie starten in der Regel an der **Bergstation der Seilbahn** oder zumindest an der Mittelstation, an der man von einer Seilbahn in die nächste umsteigen muss. Hier ist jedoch Frühaufstehen angesagt, weil es während der Hauptreisezeit zu enormen Engpässen kommen kann und die Wartezeit für eine Bahnfahrt weit mehr als eine Stunde betragen kann (www.visitmalcesine.com/de/trekking-und-wandern-auf-dem-monte-baldo).

INFO ARIL – DER KÜRZESTE FLUSS DER WELT?

Ein kleines Schild an der Mündung des kleinen Flusses Aril in den Gardasee weist darauf hin, dass er mit seinen 175 m Länge der kürzeste Fluss der Welt sei. Auch wenn es die Einheimischen wohl nicht gerne hören: Der kürzeste Fluss der Welt ist der Roe River (ca. 61 m) im US-Bundesstaat Montana. Aber immerhin ist der Aril der kürzeste Fluss Europas.

Brenzone

Auf halber Strecke zwischen Malcesine und Torri del Benaco trifft man auf den langgestreckten Ort Brenzone. Neben dem Besuch des **Sandstrands** lohnt der Aufenthalt auch wegen des **Klosters Castelletto di Brenzone** (www.pssf.it). Es befindet sich bei der Einfahrt in den Hauptort gleich links und ist mit seinem markanten Turm und der mit Streifen verzierten Hausfassade nicht zu übersehen. Neben dem Turm erhebt sich zudem noch die **Pfarrkirche** aus der Wende zum 20. Jh. An ihrer Seite wurde die berühmte Wallfahrtsgrotte von Lourdes originalgetreu nachgebildet.

Touristinfo Brenzone, Frazione Porto, www.brenzonesulgarda.com

Brenzone zeigt sich farbenfroh

10 Camping Monja, Brenzone

GPS 45.720444, 10.778251

Campingplatz mit Shop und kleiner Bar, leicht erhöht gelegen, wodurch sich eine schöne Aussicht auf den See bietet. **Lage/Anfahrt:** auf der Uferstraße von Malcesine kommend in den Ort hinein und hinter dem kleinen Hafen halblinks die Rampe hinauffahren; **Platzanzahl:** 50; **Untergrund:** Wiese; **Service:** Strom, Trinkwasser, Abwasser, Chemie-WC, WLAN, Hunde erlaubt; **Sicherheit:** bewacht, beleuchtet, umzäunt; **Preiskat.:** €€; **Geöffnet:** April–Anfang Okt.; **Kontakt:** Via IV Novembre 10, 37010 Porto di Brenzone, Tel. 0457420552, www.monja-info.eu

11 Camping Le Maior, Brenzone-Castelletto

GPS 45.679056, 10.743273

Ein Platz unter Olivenbäumen, als Familienbetrieb geführt, mit Shop und Bar. Wanderwege in unmittelbarer Umgebung. **Lage/Anfahrt:** südlich von Castelletto di Brenzone nach links abbiegen, auf die Beschilderung achten; **Platzanzahl:** 75; **Untergrund:** Wiese, harter Erdboden; **Service:** Strom, Trinkwasser, Abwasser, Chemie-WC, WLAN, Hunde erlaubt; **Sicherheit:** bewacht, beleuchtet, umzäunt; **Preiskat.:** €€; **Geöffnet:** Mitte April–Sept.; **Kontakt:** Via Croce 10, 37010 Castelletto di Brenzone, Tel. 0457430333, www.campinglemaior.it

Torri del Benaco

Torri del Benaco ist eine der wenigen Ortschaften an der Gardesana Orientale, die einen verhältnismäßig großen Parkplatz zur Verfügung stellt. Er befindet sich kurz hinter dem südlichen Ortsausgang auf der rechten Seite. Vom Parkplatz passiert man am Ufer in Richtung Zentrum eine **Burg der Scaliger.** Sie ist jedoch nicht so trutzig wie die Burg in Malcesine (s. S. 27) und auch nur noch in Überresten, bestehend aus drei Wehrtürmen und einer der Befestigungsmauern, vorhanden. In den Türmen ist das **Heimatkundemuseum** (www.museodelcastelloditorridelbenaco.it) untergebracht, das so einiges zum Olivenanbau rund um den See und die frühere Arbeit der Fischer erklärt. Von den Burgtürmen hat man abermals einen schönen Panoramablick auf die darunterliegende Ortschaft. Allerdings verfügt Torri über weniger Gassen als Malcesine und besteht überwiegend aus der **Fußgängerzone Corso Dante Alighieri,** die vom Hafen zur Kirche führt. Diese ist mit ihren typisch norditalienischen Balkonen und zahlreichen Innenhöfen aber genauso sehenswert.

12 Camping Spiaggia d'Oro, Torri del Benaco

GPS 45.633444, 10.702195

Kleiner, gemütlicher und terrassierter Campingplatz mit eigenem Bootssteg. Auf dem Platz gibt es einen Shop und eine Bar. **Lage/Anfahrt:** im Ortsteil Crero gelegen, den man auf der Via Gardesana hinter Brenzone automatisch erreicht; **Platzanzahl:** 80; **Untergrund:** Wiese; **Service:** Strom, Trinkwasser, Abwasser, Chemie-WC, WLAN, Hunde erlaubt; **Sicherheit:** bewacht, beleuchtet, umzäunt; **Preiskat.:** €€€; **Geöffnet:** Mai–Sept.; Kontakt: Loc. San Felice 12/13, 37010 Torri del Benaco, Tel. 0457225623, www.spiaggiadoro.com

ⓘ **Touristinfo Torri del Benaco,** Viale Fratelli Lavanda, www.torri-del-benaco.net

Garda

An zahlreichen Zypressen und Olivenbäumen vorbei führt die SS249 in den Ort, der den gleichen Namen trägt wie der See. Man sollte ein wenig Zeit mitbringen, denn es ist beinahe unmöglich, Garda in der Hauptsaison zu erreichen, ohne im Stau gestanden zu haben.

Die Ortschaft besticht mit einer pittoresken Altstadt und ist ein beliebtes Reiseziel. Man schlendert am Seeufer entlang und biegt am Hafen in kleine Gassen ab, um entweder in einem der Straßencafés einzukehren oder in den kleinen Geschäften und Boutiquen zu stöbern. Trotz des Gassengewirrs, in dem es zuweilen wuselig zugeht, ist ein Verlaufen kaum möglich. Die kleine Altstadt erstreckt sich auf einer Breite von nur 100 m zwischen der wichtigen Hauptverkehrsstraße und dem Gardasee. Man kann bei Bedarf also einfach in eine Richtung gehen und ist schnell wieder raus aus dem Trubel.

ⓘ **Touristinfo Garda,** Piazza Donatori di Sangue 1, www.tourism.verona.it, www.visitgarda.com

Bardolino

Spätestens in Bardolino hat man die Alpen verlassen und die **Po-Ebene** erreicht. Die einzelnen Erhebungen in der Nähe sind kaum noch der Rede wert. Dafür spürt man spätestens jetzt den Einfluss des mediterranen Klimas, was sich auch bei der Flora bemerkbar macht. Olivenbäume und Zypressen nehmen immer mehr Platz ein, aber es sind auch wieder Weinreben zu finden. Dabei handelt es sich überwiegend um die Rebsorte Corvina Veronese, die Hauptbestandteil des **Bardolino-Rotweins** ist. Bardolinos Zentrum ist geprägt von mehreren Fußgängerstraßen, die parallel zueinander verlaufen und in deren Geschäften selbstver-

⓭ Stellplatz Garda

GPS 45.576847, 10.714283

In Garda existieren zwei Stellplätze. Einer befindet sich auf dem zentralen Parkplatz im Zentrum, ist jedoch laut und sehr geschäftig. Wenige Meter dahinter befindet sich dieser ausgewiesene Stellplatz mit Schranke, er ist jedoch sehr eng. **Lage/Anfahrt:** am Kreisverkehr auf die SP8 und hinter dem zentralen Parkplatz rechts, der Stellplatz liegt auf der linken Seite; **Platzanzahl:** 25; **Untergrund:** Asphalt, Rasengittersteine; **Service:** Strom, Trinkwasser, Abwasser, Chemie-WC (Entsorgung bei nahegelegener Tankstelle), Hunde erlaubt; **Sicherheit:** beleuchtet; **Preiskat.:** €€; **Geöffnet:** ganzjährig; **Kontakt:** Via Carmelo Preite, 37016 Garda

TIPP ABSTECHER ZUR PUNTA SAN VIGILIO

Kurz vor dem Ortseingang Gardas passiert man die **Landzunge Punta San Vigilio,** die weit in den See hineinragt. Wer hier am Ufer steht, kann einen großen Teil des Sees überblicken – mehr See geht kaum, zumindest nicht in Höhe der Wasseroberfläche. Außerdem lohnt ein Aufenthalt wegen des kleinen **Hafens,** zu dem eine Zypressenallee führt. Dazu führt kurz hinter dem Zugangstor in das Parkgelände **Parco Baia delle Sirene** der Weg rechts zur **Baia delle Sirene** (Bucht der Sirenen), die oft als die schönste Bucht am Gardasee bezeichnet wird. Allerdings befindet sie sich in Privatbesitz und der Zutritt ist daher kostenpflichtig (Via S. Vigilio 17, www.parcobaiadellesirene.it).

⓮ Camping Continental, Bardolino

GPS 45.557070, 10.718355

Komfortabler Campingplatz mit direktem Zugang zum Strand. **Lage/Anfahrt:** nördlich von Bardolino auf der rechten Straßenseite, unmittelbar hinter dem Campingplatz Serenella. **Platzanzahl:** 258; **Untergrund:** Wiese, harter Erdboden; **Service:** Strom, Trinkwasser, Abwasser, Chemie-WC, WLAN, Hunde erlaubt; **Sicherheit:** bewacht; **Preiskat.:** €€€; **Geöffnet:** April–Sept.; **Kontakt:** Via Gardesana Dell'Acqua 15, 37010 Bardolino, Tel. 0457210192, www.campingarda.it

ständlich der nach diesem Ort benannte Wein in großer Auswahl zu kaufen ist. Die wichtigste Straße ist die **Piazza Giacomo Matteotti.** Sie führt vom kleinen Hafen geradewegs auf die **Kirche San Severo** zu, die vermutlich aus dem 12. Jahrhundert stammt. Im Innern befinden sich verblichene, aber dennoch sehenswerte Fresken aus der Zeit der Romanik.

Einen edlen Tropfen kann man im Weingut **Tre Colline** in Bardolino genießen.

15 Camping Serenella, Bardolino

GPS 45.559196, 10.716847

Campingplatz mit modernen und komfortablen Stellplätzen, Zugang zum Kiesstrand, Haustiere sind auf dem Platz verboten. Direkt vor dem Campingplatz befindet sich ein Stellplatz für zehn Wohnmobile (Asphalt, mit direktem Zugang zum Seeufer). **Lage/Anfahrt:** von Norden kommend auf der rechten Seite der SR249, wenige Meter hinter dem Campingplatz La Rocca. Wenn man von Norden kommt, erscheint die Zufahrt sehr plötzlich hinter einer Tankstelle, wer sie verpasst, kann erst am Kreisverkehr in 1 km Entfernung wenden; **Platzanzahl:** 296; **Untergrund:** Wiese; **Service:** Strom, Trinkwasser, Abwasser, Chemie-WC, WLAN; **Sicherheit:** bewacht, umzäunt, beleuchtet; **Preiskat.:** €€€; **Geöffnet:** Ende März–Mitte Okt.; **Kontakt:** Località Mezzariva 19, 37011 Bardolino, Tel. 0457211333, www.camping-serenella.it

Nicht nur das gemütliche Ambiente ist reizvoll, auch eine Führung durch eine Ölmühle und den Keller sind möglich (Strada Palù 26, www.trecollinebardolino.it).

Touristinfo Bardolino, Piazzale aldo Moro, www.visitbardolino.it

Lazise

Lazise verfügt über **drei alte Stadttore,** wobei eines davon den Zugang von der Gardesana Orientale ermöglicht und mit einem alten Ortseingangsschild versehen ist. Vom Parkplatz aus betritt man die Altstadt durch die **Porta del Lion** (Löwentor). Sie befindet sich auf der Via Rosenheim, die zu Ehren der deutschen Partnerstadt diese Bezeichnung erhielt. Schon auf dem Weg dorthin ist die massive

16 Wohnmobilstellplatz bei Colà

GPS 45.467837, 10.750599

Großer, moderner Wohnmobilstellplatz rund 3 km Luftlinie vom Gardasee entfernt. **Lage/Anfahrt:** südlich von Lazise die SR249 verlassen und nach Colà fahren; **Platzanzahl:** 200; **Untergrund:** Rasengittersteine; **Service:** Strom, Trinkwasser, Abwasser, Chemie-WC, WLAN, Hunde erlaubt, Sanitäranlage; **Sicherheit:** umzäunt; **Preiskat.:** €; **Geöffnet:** ganzjährig; **Kontakt:** Via Possoi, 37017 Lazise, Tel. 0457590988, www.villadeicedri.it

Die Kirche von Lazise befindet sich gleich neben dem Hafenbecken

Scaligerburg von Lazise nicht zu übersehen. Die Festung mit ihrem rechteckigen Grundriss hat zwar an jeder ihrer Ecken einen Wehrturm, doch das Wahrzeichen der Burg ist der imposante mittlere Turm, der mit seinen Zinnen am besten erhalten ist. Nur wenige Schritte sind es vom südlichen Stadttor zum Herzen der Altstadt, der **Piazza Vittorio Emanuele.** Auf dem schachbrettartig gemusterten Platz befinden sich mehrere Straßencafés, Geschäfte und der direkte Zugang zum **idyllischen Hafen.** Am linken Hafenkai erhebt sich der schlanke Turm der **San-Nicolò-Kirche** aus der ersten Hälfte des 19. Jh. und gleich daneben die alte **Zollstation der Veroneser,** über die der Im- und Export nach Venetien verlief und in der sich heute eine Veranstaltungshalle befindet. Wie auch in den anderen Hafenstädtchen am Ostufer des Gardasees, empfiehlt es sich hier, einen Bummel durch die kleinen, engen Gassen der Altstadt zu machen und dabei einen Blick in Hinterhöfe, Geschäfte mit ihren

17 Camping Amici di Lazise, Lazise

GPS 45.479717, 10.726148

Der Platz befindet sich gleich neben einem großen Freibad mit mehreren Wasserrutschen. Auf dem Platz befinden sich ein Supermarkt und zwei Swimmingpools. Direkter Zugang zum See. **Lage/Anfahrt:** an der Einfahrt zum Canevaworld rechts abbiegen und am Freibad vorbei bis zum Ende fahren, **Platzanzahl:** 125; **Untergrund:** Wiese; **Service:** Strom, Trinkwasser, Abwasser, Chemie-WC, WLAN, Hunde erlaubt; **Sicherheit:** bewacht, beleuchtet, umzäunt; **Preiskat.:** €€; **Geöffnet:** ganzjährig; **Kontakt:** Località Fossalta, Strada del Roccolo 8, 37017 Lazise, Tel. 0456490146, www.campingamicidilazise.it

Schaufenstern und auf die zahlreichen Details an den Häusern zu werfen.

Touristinfo Lazise, Via Francesco Fontana 14, www.tourismlazise.it

18 Stellplatz Peschiera del Garda

GPS 45.439643, 10.684535

Der Stellplatz liegt mitten im Ort, rund 200 m vom Gardaseeufer entfernt. Die Stellflächen sind stellenweise eng, manche liegen direkt an einem Gleis mit verhältnismäßig viel Bahnverkehr. **Platzanzahl:** 100; **Untergrund:** Schotter; **Service:** Strom, Trinkwasser, Abwasser, Chemie-WC, WLAN, Hunde erlaubt, Sanitäranlage; **Sicherheit:** umzäunt, Schranke; **Preiskat.:** €; **Geöffnet:** ganzjährig **Kontakt:** Via Milano, 37019 Peschiera del Garda, www.areacamperpeschiera.com

Peschiera del Garda

Beherrscht wird Peschiera del Garda von den **Festungsmauern,** die zum Schutz der Handelsrouten errichtet wurden und sich am Übergang vom See zum Fluss rund um die **historische Altstadt** erheben, die sehr klein und nur über Brücken erreichbar ist. Mit diesem venezianischen Verteidigungssystem aus dem 16. und 17. Jahrhundert steht die Stadt zusammen mit Bergamo, Palmanova sowie zwei Städten in Kroatien und einer Stadt in Montenegro auf der Liste der UNESCO als dezentrale Welterbestätte. Das größte Bauwerk vor Ort ist die **Kirche San Martin,** die über dem Portal ein Relief mit der Abbildung des Heiligen trägt. Ein Rundgang durch Peschiera del Garda mit seinen netten Gassen, Restaurants und Einkaufsmöglichkeiten ist durchaus lohnenswert.

TIPP GARDASEE FÜR ADRENALINJUNKIES

In unmittelbarer Nachbarschaft zu Peschiera befindet sich der **Freizeitpark Gardaland.** Mit fast 40 Attraktionen und Fahrgeschäften, beginnend bei einem Kletterbaum für Kinder bis hin zu einer Überkopf-Achterbahn, gilt Gardaland als einer der größten Freizeitparks Europas (Via Derna 4, 37014 Castelnuovo del Garda, www.gardaland.it).
Und weil das Achterbahnfahren vor der Kulisse des Gardasees so schön ist, existiert nur einen Kilometer weiter nördlich Richtung Lazise der nächste Freizeitpark namens **Canevaworld** mit vier verschiedenen Themenbereichen (Via Fossalta 58, 37017 Fossalta VR, www.canevaworld.it).

Durch die Porta Brescia gelangt man in die Altstadt von Peschiera del Garda

In der **Agrituristica Lizzarola** in Peschiera del Garda genießt man die angenehme Atmosphäre eines schönen Weinkellers (Località Lizzarola 3, www.lizzarola.it).

Touristinfo Peschiera del Garda, Piazzale Betteloni 15, www.tourismpeschiera.it

Sirmione

Um die Ortschaft zu erreichen, muss man die SS11 an einem der Kreisverkehre zwischen Peschiera und Desenzano nach Norden verlassen und sich auf die immer enger werdende **Landzunge** begeben, die weit in den See hineinreicht. Schöner kann eine Stadt am Gardasee kaum liegen. Rechts und links nur Wasser und nach vorne der Ausblick auf die Berge an den anderen Ufern des Lago di Garda.

Zudem verfügt auch Sirmione über einen **mittelalterlichen Ortskern** mit engen und verwinkelten Gassen. Das Besondere daran: Man erreicht die Altstadt bei einem Spaziergang durch die **Scaligerfestung** (https://museidelgarda.ticka.it). Die Scaliger bauten sie zusammen mit dem Hafenbecken vor rund 800 Jahren und schützten sich damit vor Eindringlingen vom Festland. Noch ein wenig

19 Campingplatz Sirmione

GPS 45.468408, 10.611099

Enger Campingplatz mit großem Restaurant, Supermarkt und Zugang zum See. Günstiger Ausgangspunkt für eine Stadtbesichtigung. **Lage/Anfahrt:** im Ort rechts auf die Via Colombare abbiegen, wenig später erneut rechts der Beschilderung folgen; **Platzanzahl:** 70; **Untergrund:** Wiese, Rasengittersteine; **Service:** Strom, Trinkwasser, Abwasser, Chemie-WC, WLAN, Hunde erlaubt; **Sicherheit:** bewacht, beleuchtet, umzäunt; **Preiskat.:** €€; **Geöffnet:** Ende März–Anfang Okt.; **Kontakt:** Via Sirmioncino 9, 25019 Colombare di Sirmione, Tel. 030919045, www.camping-sirmione.it

älter ist die **Kirche San Pietro** (Via S. Pietro in Mavino, www.parrocchiadisirmione.it), die inmitten von Olivenbäumen steht und mit zahlreichen Decken- und Wandfresken versehen ist.

Ganz am Ende der Halbinsel gelangt man zu den **Grotte di Catullo** („Grotten des Catull", Piazza Orti Manara, www.grottedicatullo.beniculturali.it). Der Name ist irreführend, denn obwohl Sirmione auch als Thermalort bekannt ist, handelt es sich bei diesen Grotten nicht um Höhlen, sondern um die **Ruinen einer alten römischen Villa,** die heute besichtigt werden können und als eine der wichtigsten archäologischen Ausgrabungsstätten in Norditalien gelten.

Eine weitere Villa befindet sich genau zwischen der Altstadt und den Grotten des Catull. Es handelt sich hier um das gelb leuchtende ehemalige **Wohnhaus der weltberühmten Opernsängerin Maria Callas** (Via Caio Valerio Catullo 7). Sie lebte zusammen mit ihrem Mann fast ein Jahrzehnt lang in der Villa, bevor sie sich wegen der Affäre mit dem nicht minder berühmten Aristoteles Onassis trennte und nicht nur ihrem Mann, sondern auch dem Gardasee den Rücken kehrte.

Touristinfo Sirmione, Viale Marconi 2, www.visitgarda.com

Limone sul Garda

Eng schmiegt sich Limone sul Garda an die Hänge des Westufers und wirbt mit der jahrhundertealten **Tradition des Zitronenanbaus.** Zwar ist die Parkplatzsituation in der Stadt prekär (eine Übernachtung auf dem Campingplatz, s. S. 37, bietet sich an) und verleitet zur schnellen Weiterfahrt, das wäre jedoch schade, da man dann das sehenswerte **Zitronengewächshaus** (Via Orti 9) sowie die kleine und verwinkelte Altstadt verpassen würde. Auch die **San-Benedetto-Kirche** (Via Monsignor Daniele Comboni 52) mit mehreren marmornen Altären aus dem 17. und 18. Jh. ist einen Besuch wert.

Rund um den Gardasee genießt man immer wieder Fernblicke

Consorzio Turistico Limonese, Via IV Novembre 29, www.visitlimonesulgarda.com

Das Restaurant **Terrazza del Brivido** ist eine ganz besondere Einkehrmöglichkeit. Zum einen erreicht man es vom Gardaufer aus nur über die enge und spektakuläre Strada della Forra, zum anderen bietet es nicht nur beim Essen eine tolle Aussicht auf den See. Es wurde auch ein Balkon errichtet, der wie ein kleiner Skywalk über den steilen Fels hinausragt, sodass man weit oberhalb des Sees stehen und einen traumhaften Ausblick genießen kann (Viale Europa 19, 25010 Tremosine BS, www.terrazzadelbrivido.it).

20 Camping Nanzel, Limone sul Garda

GPS 45.800765, 10.785166

Kleiner Campingplatz am Fuß der Hügelkette und schön in einer schmalen Bucht, allerdings auch unterhalb der viel befahrenen Gardesana Occidentale gelegen. **Lage/Anfahrt:** hinter einer Rechtskurve der Gardesana Occidentale direkt am Ortseingang auf der rechten Seite; **Platzanzahl:** 60; **Untergrund:** Wiese; **Service:** Strom, Trinkwasser, Abwasser, Chemie-WC, WLAN, Hunde erlaubt; **Sicherheit:** bewacht, beleuchtet, umzäunt; **Preiskat.:** €€; **Geöffnet:** April–Okt.; **Kontakt:** Via 4 Novembre 3, 25010 Limone sul Garda, Tel. 0365954155, www.campingnanzel.it

TOUR GARDA BY BIKE

In Limone sul Garda beginnt ein beliebter **Fuß- und Radweg,** der an den Steilhang gebaut ist und teilweise über Konstruktionen verläuft, die direkt über dem Wasser hängen. Aktuell ist er nur 2½ Kilometer lang und mündet nach Norden hin in eine Sackgasse. Doch es besteht die ambitionierte Idee, den Radweg unter der Bezeichnung „Garda by bike" einmal komplett um den See laufen zu lassen (www.visitlimonesulgarda.com/de/garda-fahrradweg.htm).

Riva del Garda

Wahrzeichen der Stadt Riva del Garda am nördlichen Ende der Gardesana Occidentale ist der 34 Meter hohe **Torre Apponale** (Apponaleturm) aus dem 13. Jahrhundert, der auch bestiegen werden kann. In der Bucht befindet sich auch eine **Wasserburg der Scaliger,** in der heute das **Stadtmuseum MAG Museo Alto Garda** (Piazza Cesare Battisti 3/A, www.museoaltogarda.it) untergebracht ist. Ein Schrägaufzug führt hinauf zur Ruine der **Bastione di Riva** aus dem 16. Jh. mit Terrassenbar, die einen spektakulären Ausblick bietet (https://bastione.eu). Östlich der zentralen Bucht laden einige Strandabschnitte zum Baden ein.

Info Point, Largo Medaglie d'Oro al Valor Militare 5, www.gardatrentino.it/de/entdecken/ortschaften/riva-del-garda

Touristinfo Riva del Garda, Largo Medaglie d'Oro al V.M. 5, www.gardatrentino.it

21 Stellplatz Riva del Garda

GPS 45.879634, 10.858865

Beliebter Stellplatz nur wenige Meter vom Hafen entfernt mit allerdings sehr engen Stellflächen. **Lage/Anfahrt:** am Hafen hinter den beiden anderen Campingplätzen links in die Via Brione, der Stellplatz befindet sich nach dem Abbiegen an der ersten Kreuzung links, noch vor dem Sportplatz; **Platzanzahl:** 40; **Untergrund:** Asphalt; **Service:** Strom, Trinkwasser, Abwasser, Chemie-WC, Hunde erlaubt; **Preiskat.:** €; **Geöffnet:** ganzjährig; **Kontakt:** Via Brione, 38066 Riva del Garda

INFO DIE SCALIGER

Vom Ende des 13. Jahrhunderts bis weit in das 14. Jahrhundert hinein war die Region in der Hand der Scaliger. Sie waren die Herren von Verona und ließen in Oberitalien zahlreiche Burgen errichten. Diese sind relativ einfach an der charakteristischen Form der Zinnen zu erkennen, die ein wenig an den gegabelten Schwanz einer Schwalbe erinnert. Neben den wehrhaften Festungsanlagen sind auch die Gräber der Scaliger berühmt. Fast alle befinden sich in der Altstadt von Verona an der Kirche Santa Maria Antica (nahe dem Balkon von Julia). Die Herrschaft der Scaliger endete im Oktober 1387, als der letzte Herrscher aus der Stadt floh. Das Volk stand nicht mehr hinter ihm, als der Mailänder Gian Galeazzo Visconte Oberitalien eroberte.

TOUR HISTORISCHE MOUNTAINBIKEROUTE

Von Riva führte während des Übergangs zum 19. Jh. eine schmale Straße in das **Ledrotal,** in dem sich der gleichnamige See befindet. Diese ehemalige Straße (Strada Ponale) ist heute für Autos gesperrt und ein Tipp für Mountainbiker. Sie verläuft südlich von Riva oberhalb der Gardesana Occidentale und bietet einen wunderbaren Ausblick auf den See. Wer ein geeignetes Fahrrad dabei hat, sollte auf diesen Ausflug nicht verzichten.

LITERATURTIPP

Ausführlichere Informationen zur Region findet man im Wohnmobil-Tourguide „Südtirol und am Gardasee" im Reise Know-How Verlag.

Michael Moll

Venetien: Vom Alpenrand in die Po-Ebene

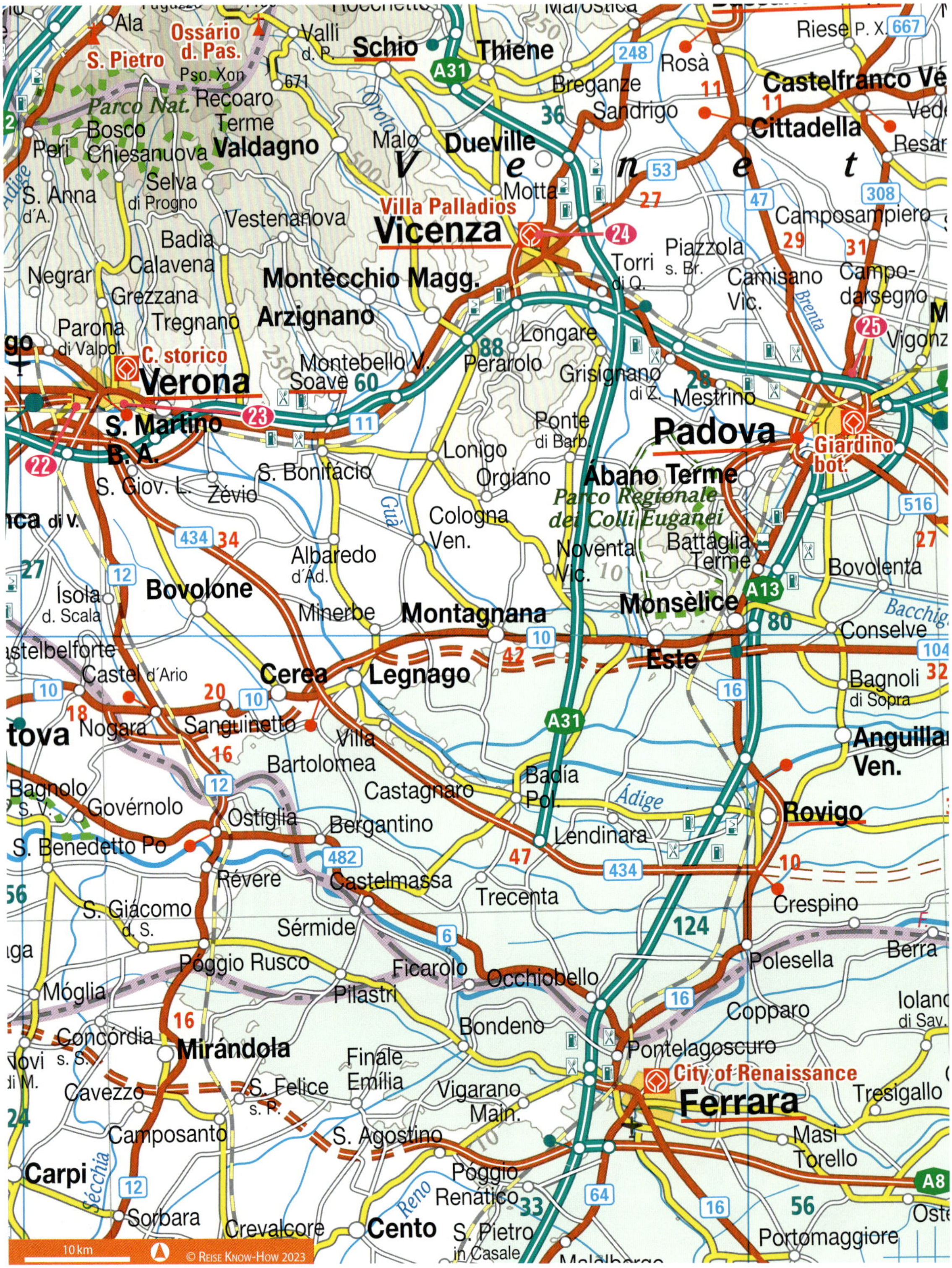
Ala
Ossário d. Pas.
S. Pietro
Pso. Xon
Valli d. P.
Schio
Thiene
A31
Maròstica
Rosà
Riese P. X.
667
248
Castelfranco Vé
Parco Nat.
Recoaro Terme
Bosco Chiesanuova
Peri
Valdagno
Malo
Dueville
Breganze
Sandrigo
36
Cittadella
Vede
Resar
11
Selva di Progno
S. Anna d'A.
Vestenanova
Villa Palladios
Vicenza
Motta
53
47
308
27
Camposampiero
24
Badia Calavena
Negrar
Grezzana
Tregnano
Parona di Valpol.
Montécchio Magg.
Arzignano
Torri di Q.
Piazzola s. Br.
Camisano Vic.
Campo-darsegno
Brenta
29
31
25
Vigonz
C. storico
Verona
Montebello V.
Soave
60
88
Perarolo
Longare
Grisignano di Z.
28
Mestrino
S. Martino B. A.
23
11
22
Ponte di Barb.
Padova
Giardino bot.
Lonigo
Orgiano
Ábano Terme
Parco Regionale dei Colli Euganei
516
S. Giov. L.
Zévio
S. Bonifácio
Guà
Cologna Ven.
Noventa Vic.
Battáglia Terme
27
434
34
Albaredo d'Ád.
Bovolenta
Ísola d. Scala
12
Bovolone
Minerbe
Montagnana
10
Monsèlice
A13
80
Bacchig.
Conselve
Castelbelforte
Castel d'Ario
20
10
Cerea
Legnago
42
Este
104
16
Bagnoli di Sopra
32
18
Nogara
Sanguinetto
Villa Bartolomea
A31
Anguillara Ven.
16
12
Bagnolo S. V.
Govérnolo
Ostíglia
Castagnaro
Badia Pol.
Ádige
Rovigo
S. Benedetto Po
Bergantino
Lendinara
482
47
434
10
Révere
Castelmassa
Trecenta
Crespino
56
S. Giacomo d. S.
Sérmide
124
6
Póggio Rusco
Ficarolo
Occhiobello
Polesella
Berra
Móglia
Pilastri
16
Copparo
Ioland di Sav.
16
Concórdia s. S.
Bondeno
Pontelagoscuro
Mirándola
Finale Emília
City of Renaissance
Cavezzo
S. Felice s. P.
Vigarano Main.
Ferrara
Tresigallo
Camposanto
S. Agostino
Masi Torello
Carpi
Sécchia
12
Póggio Renático
33
64
Reno
16
56
A8
Sorbara
Crevalcore
Cento
S. Pietro in Casale
Portomaggiore
10 km
© Reise Know-How 2023

TOUREN-ÜBERBLICK

Routenempfehlung: Verona – Vicenza – Padua – Venedig – Chioggia – Po-Delta – Comacchio
Länge gesamt: 240 km
Dauer: ca. 4–5 Tage
Reisezeit: ganzjährig

Vielfalt ist das Stichwort dieser Region, vor allen Dingen kulturelle. In den Städten Venetiens wandelt man auf den Spuren von Romeo und Julia, lässt sich von Renaissance-Architektur begeistern und besucht eines der acht christlichen „Internationalen Heiligtümer". Gleichzeitig genießt man die unkomplizierte Fahrt am Südrand der Alpen. Der kulturelle Höhepunkt auf dieser Tour ist zweifellos der Besuch Venedigs: Hier lässt man das Wohnmobil selbstverständlich auf einem der Übernachtungsplätze stehen und wechselt in die Wasserbusse, um die Lagunenstadt mit ihren zahlreichen Kanälen zu erkunden. Und Lagunen sind auch weiter südlich ein großes Thema. Bei Comacchio erstreckt sich nämlich das Po-Delta über mehrere Mündungsarme. Dort lohnt sich der Besuch der Lagunen, wo Kormorane, Flamingos und zahlreiche andere Vogelarten zu erblicken sind.

Verona

Die Stadtbesichtigung startet in der Regel an der malerischen Arena an der **Piazza Bra** im Süden der Flussschleife. Das noch heute sehr gut erhaltene **Amphitheater** (www.arena.it)

Ausblick vom Castel San Pietro auf die Altstadt Veronas

TIPP TORRE DEI LAMBERTI

Nur wenige Schritte von der Casa di Giuletta entfernt befindet sich die Piazza delle Erbe. Überragt wird der Platz vom **Torre dei Lamberti,** der mit seinen 85 Metern zu den höchsten Gebäuden der Stadt zählt und nach fast 400 Stufen oder einer Fahrt mit dem Fahrstuhl einen tollen Ausblick auf Verona und die Umgebung ermöglicht (www.torredeilamberti.it).

fasste zu römischen Zeiten rund 30.000 Zuschauer. Anstelle der einstigen Gladiatorenkämpfe wird es heute für Konzertveranstaltungen und Opernaufführungen genutzt.

Durch die Gassen, die nördlich der Arena abzweigen, gelangt man durch das rege Treiben tiefer in die Altstadt hinein. Z. B. über die Via Giuseppe Mazzini gelangt man zur berühmten **Casa di Giulietta** (Via Cappello 23, www.casadigiulietta.comune.verona.it). Der **Balkon,** auf dem Julia ihre Liebe zu Romeo gestanden haben soll, befindet sich in einem Innenhof und könnte schnell übersehen werden, wenn da nicht die nicht zu übersehenden Besucherströme wären. Im Torbogen zum Innenhof hängen zahlreiche Briefe und Botschaften verliebter Pärchen und unterhalb des Balkons – der im Übrigen nur für Touristen nachträglich angebracht wurde – steht eine Statue. Um sich mit ihr fotografieren zu lassen oder sie berühren zu können, ist ein wenig Geduld gefordert. In der Regel ist der Innenhof von Julias Haus gut gefüllt.

Hinter dem **Dom** (Piazza Vescovado, www.chieseverona.it/it/le-chiese/il-complesso-della-cattedrale) kann man zum Ufer der Etsch spazieren und den Fluss auf der **Ponte Pietra** überqueren. Am gegenüberliegenden Flussufer lockt nicht nur ein **Archäologiemuseum** (Rigaste Redentore 2, www.museoarcheologico.comune.verona.it) mit einem weiteren römischen Amphitheater, sondern auch zahlreiche Treppenstufen, die zum Castel San Pietro führen. Von der Terrasse am Kastell hat man einen traumhaft schönen Ausblick auf die Altstadt.

Touristinfo, Piazza Bra, Via degli Alpini 9, www.visitverona.it

Mercato Piazza delle Erbe ist ein Tagesmarkt, der bereits in der Ära der Scaliger (s. S. 38) stattgefunden hat und noch heute ein beliebter Treffpunkt für Jung und Alt ist. In schöner Atmosphäre auf dem Hauptplatz, umgeben von historischen Gebäuden findet man hier nicht nur klassische Andenken, sondern auch lokale Produkte wie Öle und Wein (geöffnet: Mo.–Sa. 7.30–20.30 Uhr).

22 Wohnmobilstellplatz Verona (Porta Palio)

GPS 45.434431, 10.977941

Zentral gelegener Stellplatz mit engen Stellflächen unter Bäumen. Wegen der Beliebtheit Veronas an den Wochenenden oft belegt, max. Standzeit 2 Nächte. **Lage/ Anfahrt:** An einem kleinen Kanal nahe dem Stadttor Porto Palio; SS12 bis Porto Palio, am Kreisverkehr links halten; **Platzanzahl:** 35; **Untergrund:** Asphalt; **Service:** Trinkwasser, Abwasser; **Sicherheit:** Schranke; **Preiskat.:** €; **Geöffnet:** ganzjährig; **Kontakt:** Area Sosta Porto Palio, Via Gianattilio dalla Bona 8, 37138 Verona, Tel. 0452320010

23 Stellplatz Corte Agricola Monrò

GPS 45.422757, 10.995722

Privater Hof im Süden Veronas mit Stellflächen unter Bäumen direkt am Ufer der Etsch, der Übernachtungsmöglichkeiten anbietet (Vorsicht Mücken!). Nur 25 Minuten Fußweg bis zur Arena. **Lage/ Anfahrt:** auf der SS12 bis zur Porta Nuova und weiter in Richtung Vicenza auf die Via Franco Faccio, gleich bei der ersten Möglichkeit in Richtung Modena, nach einer Eisenbahnunterführung die erste links in die Via Bartolomeo Avesani, nach 350 m im Industriegebiet links in die Zufahrt; **Platzanzahl:** 12; **Untergrund:** Rasen; **Service:** Strom, Trinkwasser, Abwasser, Chemie-WC, WLAN, Hunde erlaubt; **Sicherheit:** umzäunt; **Preiskat.:** €€; **Geöffnet:** ganzjährig; **Kontakt:** Via Bartolomeo Avesani 21, 37135 Verona, Tel. 0458060041, www.corteagricolamonro.com

Die Arena bildet den Mittelpunkt der Altstadt

Torre Bissara an der Basilika von Vicenza

Vicenza

Die Villen des **Renaissance-Architekten Andrea Palladio,** die im gesamten Stadtgebiet und darüber hinaus in weiten Teilen Venetiens überwiegend im 16. Jahrhundert errichtet wurden, sind UNESCO-Weltkulturerbe. Manche von ihnen wirken recht unscheinbar, wie zum Beispiel der **Palazzo Pojana** (Corso Palladio 92/96). Dagegen ist der nahegelegene **Palazzo Barbaran da Porto** (Contrà Porti 11) etwas auffälliger. Er ist gut an den Halbsäulen erkennbar, die die Fassade markieren. Palladios Hauptwerk ist jedoch die **Basilica Palladiana** (Piazza dei Signori, www.museicivicivicenza.it). Trotz des Namens und der Anlage mit einem weitläufigen Vorplatz und dem benachbarten Torre Bissara handelt es sich nicht um ein Kirchengebäude, sondern um einen repräsentativen Stadtpalast. Auf den ersten Blick weniger beeindruckend ist das

24 Stellplatz Vicenza-Nord

GPS 45.563531, 11.547727

Einfacher Stellplatz als Teil eines Großparkplatzes. Ruhig, aber kein Urlaubsort, max. Standzeit 2 Nächte; **Lage/Anfahrt:** rund 1,5 km nördlich der Altstadt. Netter Fußweg entlang eines Bachs und durch einen Park bis ins Zentrum, auf der Ringstraße rund um die Altstadt auf die SP248 wechseln, vor der Tankstelle nach rechts; **Platzanzahl:** 27; **Untergrund:** Asphalt; **Service:** Wasser, Abwasser, Chemie-WC; **Sicherheit:** umzäunt, Videoüberwachung, Schranke; **Preiskat.:** €; **Geöffnet:** ganzjährig; **Kontakt:** Parcheggio Vicenza, Via Pforzheim, 36100 Vicenza

Der Kreuzgang in Padua ist einen Besuch wert

Zahlreiche Skulpturen befinden sich am Prato della Valle in Padua

Teatro Olimpico (Piazza Matteotti 11, www.teatrolimpicovicenza.it) am Ufer eines kleinen Flusses, der die Altstadt teilt. Doch ein Blick in das Innere lohnt sich. Auch dieses Theatergebäude wurde von Palladio errichtet und zeigt noch heute die Kulissenbauten, die bei der Premiere genutzt wurden. Und die fand immerhin schon im März 1585 statt. Der halbovale Zuschauerraum ist einem römischen Theater nachempfunden und die Kulisse der Bühne wurde so gestaltet, dass man glaubt, in die Tiefe blicken zu können.

Touristinfo Vicenza, Via Montale 25, www.vicenzae.org

Im **La Terrazza della Basilica** sitzt man in einmaliger Atmosphäre auf dem Dach des Gotteshauses und blickt beim Essen zwischen den Skulpturen auf den Platz hinab (Piazza dei Signori 42, www.laterrazzadellabasilica.it).

Padua

Von Vicenza nach Padua ist es nur ein Katzensprung, entweder über die Autobahn 4 oder über die SR11, die nicht nur kostenlos ist, sondern auch geradewegs in das Stadtzentrum führt, das von zwei Sehenswürdigkeiten dominiert wird. Da wäre zum einen der **Prato della Valle** zu nennen. Der ovale Platz misst in seiner größten Ausdehnung eine Länge von rund 250 Metern und zählt damit zu den größten innerstädtischen Plätzen Europas. Einst nutzten die Römer den Platz für Aufmärsche, später diente er als Marktplatz. Heute zeigt sich der Platz mit einem ovalen Wasserlauf rund um eine Insel, die von jeder Seite aus über vier Brücken erreicht werden kann. Die beiden sich kreuzenden Wege und der Wasserlauf werden von zahlreichen Skulpturen flankiert. Sie zeigen Päpste, Adlige und Gelehrte.

Die zweite bedeutende Sehenswürdigkeit ist die **Basilica di Sant'Antonio** (Basilika des

Die beeindruckende Basilika des heiligen Antonius

INFO DER HEILIGE ANTONIUS

Antonius von Padua lebte im frühen 13. Jahrhundert und galt schon zu Lebzeiten als bedeutendster Prediger seiner Zeit. Sein Gedenktag ist der 13. Juni, sein Todestag. Er verstarb während einer Predigtreise, als er wieder auf dem Rückweg nach Padua war. Antonius war sehr populär in der Bevölkerung, aus der lautstark nach seiner Heiligsprechung verlangt wurde. Papst Gregor IX. kam diesem Wunsch sehr frühzeitig nach. Weniger als ein Jahr nach seinem Tod wurde Antonius heiliggesprochen, was bis heute die kürzeste Zeitspanne vom Tod einer Person bis zu ihrer Heiligsprechung ist. Seine Zunge wird als Reliquie in der Basilika aufbewahrt.

Heiligen Antonius, www.santantonio.org). Vom Prato della Valle aus ist sie in wenigen Gehminuten über die Via Beato Luca Belludi zu erreichen. Sie entstand im 13. Jahrhundert und gehört zu den nur acht Internationalen Heiligtümern, die ausschließlich von einem Papst als solche deklariert werden können. Grund hierfür dürfte die Tatsache sein, dass das mächtige Gotteshaus auf dem Grab des Hl. Antonius von Padua errichtet wurde. An der Südseite der Kirche erstreckt sich des Weiteren noch ein Klosterkomplex mit fünf Kreuzgängen und einem Museum, dass über das Leben von Antonius berichtet.

Touristinfo, Piazzale della Stazione, www.turismopadova.it

TIPP BOTANISCHER GARTEN PADUA

Der älteste botanische Garten der Welt, der noch heute an seinem Ursprungsplatz steht, befindet sich in Padua. Der **Orto Botanico** wurde Mitte des 16. Jahrhunderts vom Senat der Republik Venedig gegründet und beherbergt heute ca. 6000 Pflanzenarten. Besonders stolz ist man auf eine Platane, die bereits Ende des 17. Jahrhunderts gepflanzt wurde und auf eine Magnolie, die noch ein paar Jahre älter ist und damit als ältester Magnolienbaum Europas bezeichnet wird. Noch viel früher, nämlich im Jahr 1585, wurde eine noch heute lebende Zwergpalme gepflanzt, die in späteren Jahrhunderten Erwähnung in einem von Goethes Werken fand. Kein Wunder also, dass der botanische Garten in die UNESCO-Liste der Welterbestätten aufgenommen wurde (Via Orto Botanico 15, www.ortobotanicopd.it).

25 Area Sosta Padua

GPS 45.442632, 11.889100

Ruhiger, zweckmäßiger Stellplatz unterhalb von Hochspannungsmasten. Kleines Einkaufszentrum gleich gegenüber. Nur Voraus-Kartenzahlung möglich. **Lage/ Anfahrt:** im Norden vor den Toren der Stadt, gute Anbindung per Tram, die alle 12 Minuten direkt ab dem Großparkplatz fährt; über die SR307 die Altstadt nordwärts verlassen; **Platzanzahl:** 30; **Untergrund:** Pflaster; **Service:** Strom, Trinkwasser, Abwasser, Chemie-WC; **Sicherheit:** umzäunt, beleuchtet, Schrankenanlage; **Preiskat.:** €; **Geöffnet:** ganzjährig; **Kontakt:** APS Parcheggi, Via Telemaco Signorini, 35133 Padova, Tel. 04920111, www.parcheggipadova.it

Der Botanische Garten von Padua ist auf der UNESCO-Welterbeliste vertreten

Venedig

Die Lagunenstadt Venedig kann man mit dem Wohnmobil auf zweierlei Art erreichen. Da wäre zum einen die klassische Anreise auf den Hauptstraßen des Festlands wie zum Beispiel von Osten kommend über die Autobahn 4 oder SS14 bzw. von Westen über die A 57 und weitere kleine Regionalstraßen. Bei der anderen Variante verbindet man die Besichtigung von Venedig mit dem Besuch der Halbinsel, die sich zwischen der Adria und der Lagune erstreckt und an ihrem Ende in die Ortschaft Punta Sabbioni mündet. Dort stehen im näheren Umkreis mehrere Campingplätze zur Verfügung, auf denen man sein Wohnmobil abstellen kann. Anschließend steigt man in einen der Wasserbusse und lässt sich gleich bis zum Markusplatz befördern.

Die Stadt ist nicht nur umwerfend schön, sondern auch einmalig. Der größte Wasserweg ist bekanntlich **der Canal Grande,** der sich schlangenförmig durch die Stadt windet und gleichzeitig die Hauptverkehrsverbindung bildet. Er wird ungefähr in seiner Mitte von der berühmten **Rialtobrücke** überspannt, die täglich tausende Besucher anzieht. Nach dreijähriger Bauzeit wurde sie 1591 eröffnet und war damals die einzige Verbindung über den Canal Grande. Ihr folgten im Süden die Ponte dell'Academia und im Norden die Ponte degli Scalzi sowie die noch verhältnismäßig junge Ponte della Costituzione. Sie existiert erst seit 2008 und wurde vom Star-Architekten Santiago Calatrava geschaffen. Sie befindet sich dort, wo man in der Regel mit der Besichtigung Venedigs beginnt, wenn man nicht gerade mit dem Wasserbus anreist, nämlich am Bahnhof und am Übergang der Brücke zum Festland.

Der **Markusplatz** mit dem weltberühmten **Campanile** befindet sich am südlichen Ende des Canal Grande und ist natürlich mit der

Weltberühmter Anblick: Campanile und Dogenpalast

dortigen **Basilika** (www.basilicasanmarco.it) die wichtigste Sehenswürdigkeit Venedigs. Der Dom entstand Ende des 11. Jahrhunderts und wird von fünf mächtigen Kuppeln gekrönt. Er bietet nicht nur von außen einen tollen Anblick, sondern präsentiert sich auch im Innern in faszinierender Weise.

Gleich neben dem Dom befindet sich der gotische **Dogenpalast** (www.palazzoducale.visitmuve.it), in dem sich der Regierungssitz der Republik Venedig befand. Die Bezeichnung „Doge" stand für das Staatsoberhaupt. Allein für die Besichtigung dieses Bauwerks sollte man viel Zeit mitbringen, um die Eindrücke der stuckverzierten Säle mit ihren zahlreichen Gemälden und Schnitzereien auf sich wirken zu lassen. An der Südseite des Dogenpalastes überquert man eine kleine Brücke und blickt dabei linker Hand auf die **Seufzerbrücke.** Sie verbindet den Palast mit dem Gefängnis. Ihr Name rührt von der Annahme her, dass die

26 Camping Miramare

GPS 45.440350, 12.421058

Angenehm ruhiger Campingplatz. **Lage/Anfahrt:** am Ende der Halbinsel bei Punta Sabbioni, nur 700 m Fußweg zur Haltestelle des Wasserbusses, auf der SP42 bis zum Ende und über die kleine Uferstraße geradeaus bis zur Platzzufahrt auf der linken Seite; **Platzanzahl:** 60; **Untergrund:** Wiese; **Service:** Strom, Trinkwasser, Abwasser, Chemie-WC; **Sicherheit:** umzäunt, beleuchtet, bewacht; **Preiskat.:** €€; **Geöffnet:** Anf. April-Anf. Nov.; **Kontakt:** Camping Village Miramare, Lungomare Dante Alighieri 29, 30013 Cavallino-Treporti, Tel. 041966150, www.miramarevenezia.it

Nur einer von zahlreichen Kanälen der Lagunenstadt

TIPP MURANO UND BURANO

Venedig besteht nicht nur aus klassischer Altstadt rund um den Canal Grande und den Markusplatz, sondern auch aus den beiden etwas weiter nördlich gelegenen Inselgruppen **Murano** und **Burano.** Auch diese beiden Inseln beziehungsweise Inselgruppen sind traumhaft schön und absolut sehenswert. Murano, nur einen Kilometer von Venedigs Hauptinsel entfernt, ist vor allen Dingen für die **Glasherstellung** berühmt. Kaum ein Geschäft entlang der dortigen Kanäle, das kein zerbrechliches Produkt anbietet. Burano wiederum liegt deutlich weiter außerhalb und wird von nur drei Kanälen durchzogen. Diese sind sehr schön anzusehen, da die Häuser entlang der Kanäle in knallbunten Farben gestrichen sind. Erreichen kann man diese Inseln mit den sogenannten Vaporetti, den Wasserbussen, die in der Lagune verkehren.

27 Wohnmobilstellplatz Venedig – Tronchetto

GPS 45.443521, 12.305820

Näher kommt man mit dem Womo nicht an Venedig heran. Teilstück eines Großparkplatzes hinter einem Parkhaus, durch einen Bauzaun abgeteilt. **Lage/Anfahrt:** auf der Insel Tronchetto, neben den Terminals für die Kreuzfahrtschiffe, nur eine Viertelstunde Fußweg vom Canal Grande entfernt, auf der SR11 die Brücke nach Venedig befahren, immer rechts halten und unter dem Parkhaus hindurch (Beschilderung); **Platzanzahl:** 35; **Untergrund:** Asphalt; **Service:** Strom; **Preiskat.:** €€€; **Geöffnet:** ganzjährig; **Kontakt:** Area Sosta Venezia Tronchetto, Isola Nova del Tronchetto 14, 30135 Venezia, Tel. 3294109557

Murano zeigt sich mit farbenfrohen Fassaden

Auch in Chioggia kann man mit Gondeln und Booten unterwegs sein

28 Wohnmobilstellplatz San Giuliano

GPS 45.467359, 12.279185

Großer Stellplatz mit kompletter Ausstattung, Bushaltestelle nach Venedig rund 1 km entfernt. **Lage/Anfahrt:** am Beginn der Autobrücke, die nach Venedig führt, noch vor der Brücke von der SR11 auf die SS14 wechseln und gleich an der ersten Möglichkeit nach rechts; **Platzanzahl:** 70; **Untergrund:** Wiese, fest; **Service:** Strom, Trinkwasser, Abwasser, Chemie-WC, Sanitäranlage; **Sicherheit:** umzäunt, beleuchtet, bewacht, Schrankenanlage; **Preiskat.:** €; **Geöffnet:** ganzjährig; **Kontakt:** Area Sosta San Giuliano Venice, Via S. Giuliano 19, 30173 Venezia, Tel. 0415322106, www.sangiulianovenice.com

Verurteilten und Gefangenen, die von einem Gebäude zum anderen geführt wurden, seufzen würden, weil sie durch die kleinen Fenster einen letzten Blick auf die Freiheit werfen konnten.

Touristinfo, Markusplatz, www.turismovenezia.it

Chioggia

Chioggia trägt den Beinamen **Klein-Venedig,** was nicht weiter verwundert, wenn man die Insel mit ihren Kanälen betritt. Der große Unterschied zu Venedig ist die gradlinige Anordnung der Gassen und Kanäle. Drei Wasserstraßen verlaufen in Chioggia parallel von Nord nach Süd. Dazwischen sind sie mit einer Vielzahl an kleinen Gassen, die man zu Fuß durchqueren kann, verbunden. Mit der **Corso del Popolo** gibt es sogar eine etwas größere

Der Uhrenturm in Chioggia

TIPP OROLOGIO DELLA TORRE DI SANT'ANDREA

Über die Bauzeit des Torre di Sant'Andrea (Corso del Popolo) ist wenig bekannt. Es wird jedoch vermutet, dass der Turm aus dem ersten Jahrtausend stammt, möglicherweise auf die Zeit der Römer zurückgeht. Herausragend ist an dem Gebäude die Uhr, die Ende des 14. Jahrhunderts eingebaut wurde und gerne als die älteste mechanische Uhr der Welt bezeichnet wird. Im Innern des Turms befindet sich ein **Museum,** das sowohl über den Turm als auch über die Stadt informiert. Im fünften Stock ist schließlich das Uhrwerk zu sehen und noch zwei Etagen darüber genießt man einen grandiosen Ausblick über die Stadt und weit über die Lagune. Bei guter Sicht sind von hier aus noch die Alpengipfel zu erkennen, der Zugang zum Uhrenturm ist auf jeweils drei Gruppen beschränkt.

29 Area Sosta Camper Dal Padoan

GPS 45.222283, 12.296173

Einer von zwei Stellplätzen, die gleich nebeneinander liegen, umgeben von überdachten Parkplätzen für die Strandbesucher. In der Hochsaison sehr eng und voll. **Lage/Anfahrt:** nur wenige Schritte bis zum Strand und rund 20 Minuten Fußweg bis in die Altstadt, SS309 Richtung Zentrum verlassen, der Hauptstraße folgen und vor dem Stellplatz „2 Palme" rechts; **Platzanzahl:** 50; **Untergrund:** fest; **Service:** Strom, Trinkwasser, Abwasser, Chemie-WC, Sanitäranlage; **Sicherheit:** umzäunt, beleuchtet; **Preiskat.:** €; **Geöffnet:** ganzjährig; **Kontakt:** Area Sosta Camper Dal Padoan, Via S. Felice 10, 30015 Chioggia, Tel. 3883555625

Hauptstraße, die zum Flanieren einlädt und an der sich ein Straßencafé an das nächste reiht. Man bräuchte Wochen, um täglich ein anderes Restaurant aufzusuchen. Auch die Sehenswürdigkeiten von Chioggia befinden sich entlang der Corso del Popolo. Ganz im Süden steht die **Porta Santa Maria Assunta.** Erbaut in der ersten Hälfte des 16. Jahrhunderts, gehörte das heute frei stehende Portal als Stadttor zur Befestigung Chioggias. Gleich daneben erhebt sich die gleichnamige **Kathedrale** mit einer unvollendeten Fassade und dem dazugehörigen, ebenfalls frei stehenden Campanile. Auf dem Weg nach Norden passiert man nicht nur die Gastromeile der Stadt, sondern weitere Kirchen, das Rathaus und den **Uhrenturm** (s. S. 52). Am Ende der Straße begibt man sich dann auf die **Ponte di Vigo,** die den mittleren Kanal überspannt und auf der man am Horizont die Lagunenstadt Venedig schemenhaft erkennen kann.

Touristinfo Chioggia, Via Cassiopea 33, www.cattedralechioggia.it

Po-Delta

Die Landschaft im Po-Delta ist von Schilfrohr und zahlreichen Angelteichen geprägt. Touristisch ist sie nicht so sehr erschlossen, wie man meinen könnte. Daher ist die Anzahl an Wanderwegen zwischen den einzelnen Flussarmen überschaubar. Außerdem ist der Naturpark besonders im südlichen Bereich stark von Landwirtschaft geprägt. Viele Orte kann man sehr gut mit dem Fahrrad über ruhige Landwirtschaftswege erreichen, das gilt besonders für die verschiedenen **Vogelbeobachtungstürme.** Die Natur weiß es zu schätzen, dass der Mensch nicht überall hingelangt und so leben in dem **Naturpark und Biosphärenreservat** beinahe 400 verschiedene Vogelarten von der gewöhnlichen Ente über Zwergdommeln, Steinadler und verschiedene Möwenarten bis hin zu Flamingos.

Südlich des Po-Hauptarms überquert man den **Po di Goro,** der gleichzeitig die Grenze zwischen Venetien und der Emilia-Romagna markiert. Nach dem **Po di Volano** passiert

Fischfang im Po-Delta

TIPP VOGELBEOBACHTUNG IM PO-DELTA

Wer auf Birdwatching-Tour gehen will, ist im Po-Delta nicht unbedingt direkt an der Küste in der ersten Reihe. Vielmehr gibt es im Hinterland einige Salzgewässer, die sich hervorragend dazu eignen, verschiedene Vogelarten zu erspähen. Die Seen südlich von Argenta lassen sich zum Beispiel gut bei einer kurzen Wanderung umrunden und beherbergen eine der größten Kormorankolonien Italiens. Nordöstlich vom nahe gelegenen Bando sieht man wiederum Weißstörche und Wildgänse und bei Ostellato wird man verschiedenen Reiherarten begegnen. Zahlreiche Flamingos sieht man in der großen Saline bei Comacchio. Ein guter Ausgangspunkt ist das kleine Museum **Ecomuseo delle Valli di Comacchio** (Strada Foce, 44022 Comacchio) südlich der Stadt. In den kleinen Tourismusbüros der Ortschaften der Region erhält man ausführliche Informationen und Karten, in denen Vogelbeobachtungstürme eingezeichnet sind.

Im Po-Delta befinden sich mehrere Parkplätze, von denen aus man zu Fuß zu Vogelbeobachtungsplätzen gelangt:

Park camper Zanza (GPS 45.026986, 12.366738)

Motorhome Parking Boccasette (GPS 45.026422, 12.421587), mit Vogelbeobachtungsturm. Achtung: Ab Comacchio nicht dem Navi in Richtung Via Foce folgen. Am anderen Ende der Kanalbrücke, die von der Via Spina abzweigt, befindet sich eine Höhenbeschränkung (3 m). Daher sollte man einen kleinen Umweg über die nächstgelegene Brücke einplanen.

Parkplatz am Impianto Idrovore Fosse (GPS 44.652588, 12.106811), zu Fuß über die Schleuse und gleich dahinter nach rechts in den Pfad

Bei Comacchio kann man Flamingos beobachten

Die Ponte Trepponti in Comacchio ist sehenswert

man Salzwiesen, insbesondere bei Lido di Spina, wo das Po-Delta spätestens mit der **Saline von Comacchio** seinen Abschluss findet. Gerade hier, am südlichen Ende des Deltas und ein wenig ins Landesinnere eingerückt, wird man am ehesten fündig, wenn man Flamingo-Kolonien aufspüren und beobachten möchte. Bei der Saline handelt es sich auch um eine **Lagune,** an deren Rand mehrere kleine Beobachtungstürme aufgestellt wurden.

ⓘ www.parcodeltapo.org

Comacchio

Nicht nur die Landschaft des Po-Deltas ist reizvoll und interessant, auch die Ortschaft Comacchio entpuppt sich als sehenswert. Die Altstadt ist nicht sonderlich groß, erinnert aber stark an Venedig oder Chioggia. Mehrere Kanäle verlaufen zwischen den Gebäuden bis zum Torre Civico, der das Zentrum des Ortes bildet. Nur wenige Schritte sind es von hier bis zur Kathedrale San Cassiano (Piazza XX Settembre), die in der Wende zum 18. Jahrhundert gebaut wurde. Der später entstandene

30 Ariaperta Sosta Camper

GPS 44.725806, 12.225336

Gepflegter Stellplatz, umgeben von Feldern und einer hohen Hecke. Kinderspielplatz, Grillstation, Picknickplätze. Tagsüber durch die angrenzende Straße etwas lauter. **Lage/Anfahrt:** rund eineinhalb Kilometer vom Strand entfernt am Rande eines kleinen Dorfs, SP309 bis San Giuseppe, im Ort links bis zur großen Ampelkreuzung, dann erneut links. In der Rechtskurve muss man scharf links abbiegen (oder notfalls später wenden), etwas ungünstig platzierte Schrankenanlage, die bei größeren Womos etwas Kurbelei und Geschick erfordert; **Platzanzahl:** 99; **Untergrund:** Wiese; **Service:** Strom, Trinkwasser, Abwasser, Chemie-WC, Sanitäranlage; **Sicherheit:** umzäunt, beleuchtet, bewacht, Schrankenanlage; **Preiskat.:** €; **Geöffnet:** ganzjährig; **Kontakt:** Via delle Nazioni 39, 44022 San Giuseppe FE, Tel. 3342680986, www.ariapertasostacamper.it

Ein kleines bisschen Venedig erlebt man auch in Comacchio

Kirchturm gilt als unvollendet, was man ihm auch ansieht. Mehrere Brücken überspannen die Kanäle von Comacchio. Die etwas abseits gelegene Ponte Trepponti ist die interessanteste und gilt als Wahrzeichen der Ortschaft. Sie überspannt mehrere Kanäle und kann über fünf verschiedene Treppen betreten werden.

Unmittelbar an einem der Kanäle befindet sich das gemütliche Restaurant **Locanda la Comacina.** Neben Pasta wird auch Fisch angeboten. Der Clou ist jedoch, dass sich einige der Tische in einem kleinen Boot im Kanal vor dem Restaurant befinden (Via Edgardo Fogli 19, www.lacomacina.it).

31 Area Sosta Camper Comacchio – Cavallari

GPS 44.702743, 12.168469

Der kleine Stellplatz in ruhiger Lage ist komplett von einer hohen Hecke umgeben. Die Ausstattung ist so umfassend, dass sie beinahe der eines Campingplatzes gleicht. Idealer Ausgangspunkt für einen Abendspaziergang in das nahe Comacchio. **Lage/Anfahrt:** am westlichen Ortsrand von Comacchio, hinter dem großen Einkaufszentrum die SP309 verlassen und weiter auf der SP30, an Comacchio vorbei und nach einer Kanalüberquerung halbrechts; **Platzanzahl:** 30; **Untergrund:** Wiese; **Service:** Strom, Trinkwasser, Abwasser, Chemie-WC, Sanitäranlage; **Sicherheit:** umzäunt, beleuchtet, bewacht; **Preiskat.:** €€; **Geöffnet:** ganzjährig; **Kontakt:** Villaggio S. Carlo 9, 44022 Comacchio FE, Tel. 3385408905

LITERATURTIPP

Ausführlichere Routenvorschläge und Informationen zur Region findet man im Wohnmobil-Tourguide „Oberitalien" im Reise Know-How Verlag.

Michael Moll

Städtetour auf der Via Emilia

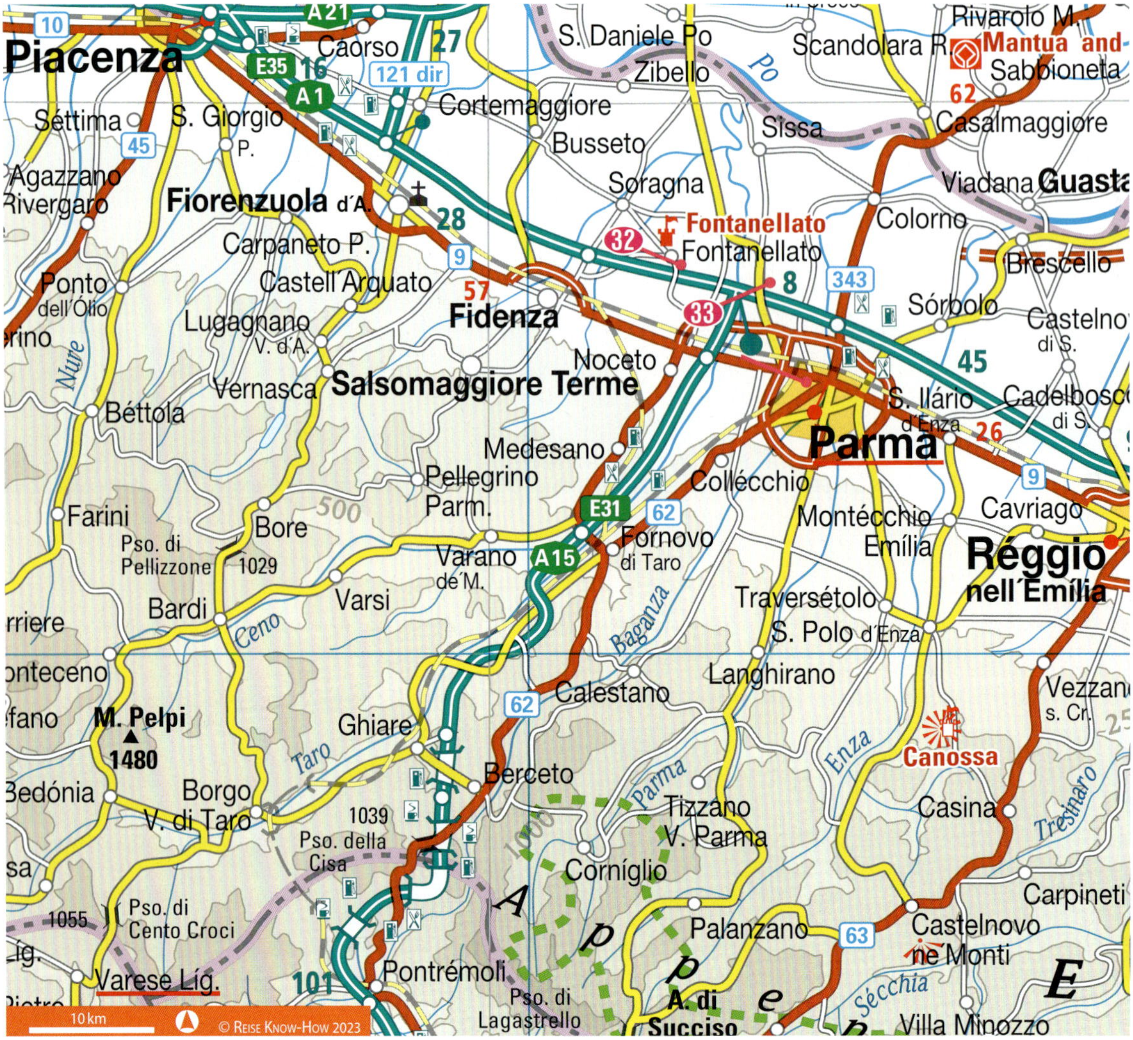

TOUREN-ÜBERBLICK

Routenempfehlung: Piacenza – Parma – Reggio Emilia – Modena – Bologna – Imola
Länge gesamt: 194 km
Dauer: ca. 3–4 Tage
Reisezeit: März–Oktober

Wie Perlen an einer Kette reihen sich die oberitalienischen Städte entlang der Via Emilia aneinander. Über eine beinahe schnurgerade Landstraße oder alternativ über die parallel verlaufende Autobahn reist man nördlich des Apennin von Ort zu Ort. Dabei erlebt und genießt man das urbane Flair mittelalterlicher Städte, die in Sachen Kultur und Geschichte so viel zu bieten haben, dass es für einen kompletten Urlaub reichen würde. Natürlich fährt man mit dem Wohnmobil nicht direkt in die

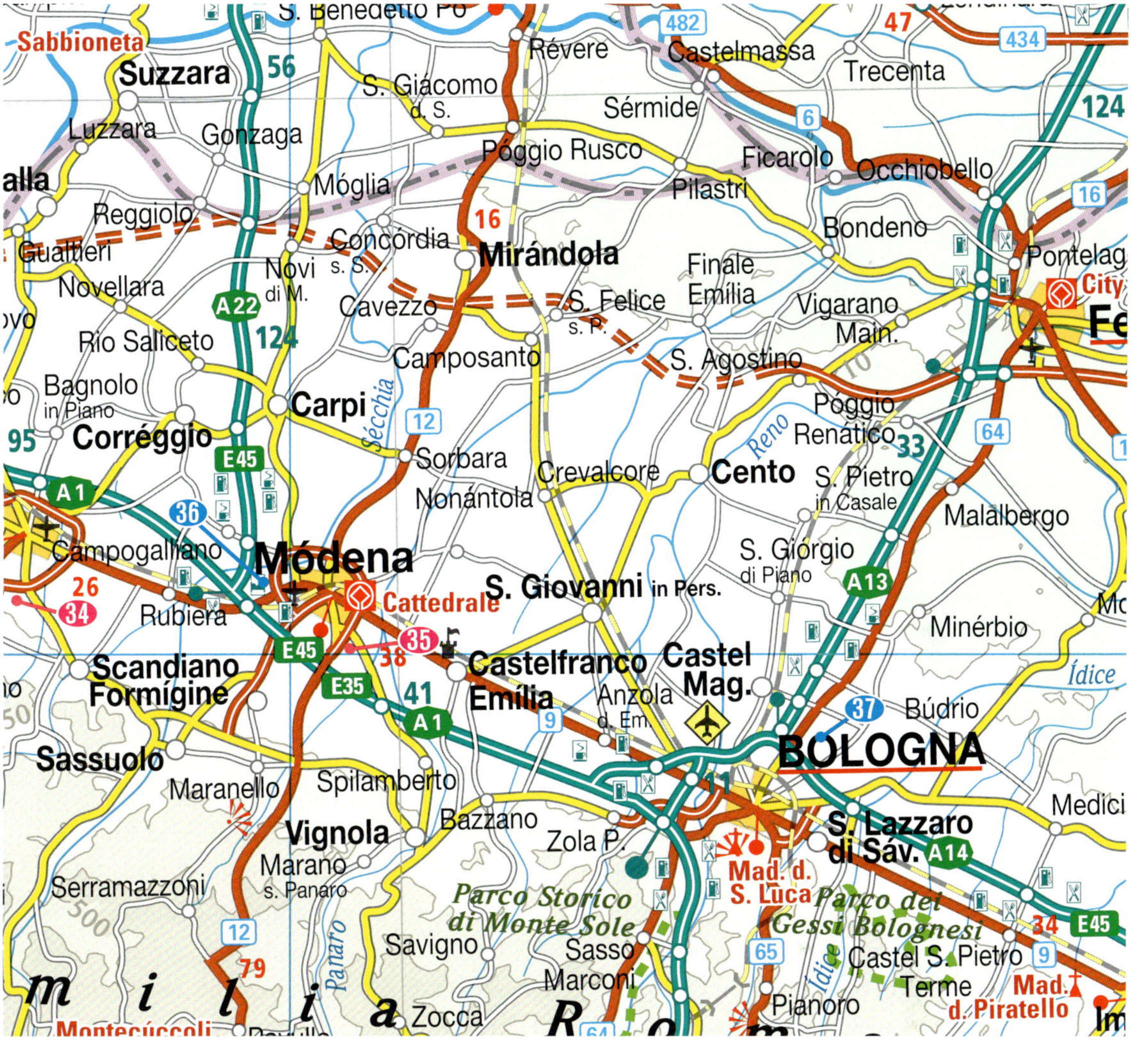

Altstädte hinein, doch praktischerweise findet sich fast überall ein Stell- oder Campingplatz, von dem sich die historischen Stätten entspannt besuchen lassen. Manchmal ist es dann nur ein Fußmarsch vom Übernachtungsplatz in die Altstadt, anderswo pendelt, wie zum Beispiel direkt am Campingplatz von Bologna, der Shuttlebus in das kulturelle Zentrum.

Neben den eindrucksvollen kulturellen Höhepunkten der Region entlang der Via Emilia, die sich zum Teil auf der Welterbeliste der UNESCO wiederfinden, kann man auch einen Blick in die jüngere Geschichte werfen. So mancher Wohnmobilist dürfte sich für die Motorenwelt italienischer Rennklassiker wie Ferrari, Lamborghini oder Maserati interessieren. In dem Fall dürfte der Aufenthalt in und um Modena etwas länger dauern. Am südlichen Ende der Route wartet schließlich die legendäre Rennstrecke in Imola, die durch den tragischen Tod des Rennfahrers Ayrton Senna zu trauriger Berühmtheit gelangte.

Die Piazza dei Cavalli ist der Mittelpunkt von Piacenza

32 Wohnmobilstellplatz Fontanellato

GPS 44.877603, 10.171649

Ungewöhnlicher, durch einen Erdwall von der A1 abgetrennter Stellplatz am Ortsrand von Fontanellato zwischen Fidenza und Parma, bei dem man sich in den Schatten von großen Solarmodulen stellen kann. Satelliten-Fernsehempfang ist dann natürlich nicht möglich, aber es gibt auch einige nicht „überdachte" Plätze. Nur 500 m sind es durch den kleinen Ort bis zu einer charmanten Wasserburg aus dem 12. Jahrhundert. **Lage/Anfahrt:** an der Autobahnausfahrt Fidenza auf die SP63 wechseln und in den Ort, am Kreisverkehr gegenüber vom Supermarkt halbrechts bis zum Stoppschild, dort wieder rechts; **Platzanzahl:** 30; **Untergrund:** Asphalt; **Service:** Strom, Trinkwasser, Abwasser, Chemie-WC, Sanitäranlage; **Sicherheit:** umzäunt, Schrankenanlage, Video; **Preiskat.:** €; **Geöffnet:** ganzjährig; **Kontakt:** Via XXIV Maggio, 43012 Fontanellato PR

Piacenza

Im Zentrum der Altstadt, die noch heute von einer gut erhaltenen Stadtmauer umgeben ist, steht der **Palazzo Gotico** an der Piazza Cavalli. Er wurde im 13. Jahrhundert errichtet und fällt durch den starken farblichen Kontrast der Fassaden von Erd- und Obergeschoss deutlich auf. Den unteren Bereich der Fassade bilden insgesamt elf Spitzbögen aus weißem Stein und Marmor. Die Etage darüber ist hingegen von rotem Terrakotta dominiert. Die Piazza Cavalli ist nicht gleichmäßig gestaltet, so ist das unscheinbar wirkende Rathaus ein wenig eingerückt und erweckt beinahe den Eindruck, als wolle es sich im Schatten des Palazzo Gotico verstecken. Den **Dom** (https://cattedralepiacenza.it) erreicht man über die Fußgängerzone Via XX Settembre. Bei der Besichtigung der Kirche sollte man einen Besuch im **Dommuseum Kronos** nicht auslassen. Es erstreckt sich über drei Etagen, auf denen bedeutende sakrale Objekte wie ein Tryptichon aus dem 14. Jahrhundert ausgestellt werden. Ein Highlight ist dabei der Aufstieg zur Kuppel mit den bezaubernden Deckenfresken von Giovanni Francesco Barbieri. Am Ende der Fußgängerzone öffnet sich der Domplatz auf der linken Seite und die Kathedrale, im 12. Jahrhundert erbaut, erhebt sich gleich gegenüber. Der 71 m hohe Glockenturm wurde aus Ziegelstein errichtet und ist ein wenig jünger als das Kirchenschiff, kann aber immerhin auch bis in das Jahr 1330 zurückblicken. Im Innern beeindruckt die Kirche mit Gewölbefresken, aber auch mit einer Säule auf der rechten Seite, die ebenfalls komplett mit Fresken ausgeschmückt wurde.

Touristinfo, Piazza Cavalli 7, www.visitpiacenza.it

Parma

Das bedeutendste Bauwerk Parmas ist zweifelsohne der **Dom** (www.cattedrale.parma.it), der sich am quadratischen und verhältnismäßig kleinen Domvorplatz erhebt. Das im frühen 12. Jahrhundert geweihte Gotteshaus ist mit seiner klassisch oberitalienischen Giebelfassade im romanischen Stil erbaut worden. Rechts daneben erhebt sich der über 60 Meter hohe Campanile, der Ende des 13. Jahrhunderts entstanden ist und einen zuvor vorhandenen Kirchturm ersetzte. Das Innere des Kirchenschiffs ist mit zahlreichen Fresken schmuckvoll ausgestattet, das gilt insbesondere auch für die Kuppel.

Ein besonderes Augenmerk kann man auf dem Domplatz auch auf die Südseite richten. Nur durch eine Gasse vom Kirchturm getrennt, erhebt sich das **Baptisterium San Giovanni** mit einem achteckigen Grundriss. Ungewöhnlich hierbei sind dessen Ausmaße, denn was eigentlich als Taufkapelle dient, überragt sogar das Dach des Doms und wird seinerseits nur vom Kirchturm, dem Campanile, überragt.

Ein ehemaliges Gotteshaus befindet sich gegenüber vom eher unscheinbaren Palazzo Borri. Die Kirche wurde 2008 entweiht und beherbergt heute das **Casa del Suono** (Piazzale Salvo D'Acquisto, www.lacasadellamusica.it), also das Haus der Töne. Dabei handelt es sich

Beeindruckende Fresken an der Decke und den Wänden des Doms von Parma

Detail am Palazzo del Governatore in Parma

TIPP SALONE DEL CAMPER

Die größte Camping- und Wohnmobilmesse Italiens findet jährlich Mitte September in Parma statt. Landesweit hat sie einen vergleichbaren Status wie hierzulande der Caravan Salon in Düsseldorf oder die CMT in Stuttgart, auch wenn die Besucherzahlen deutlich geringer sind. Die Parkplätze rund um die Messehallen fassen Hunderte von Wohnmobilen, viele sind mit Stromanschluss ausgestattet und die fünf Entsorgungsstationen sind vorbildlich. Aktuelle Informationen zu den Messeterminen gibt es unter www.salonedelcamper.it.

um ein kleines Museum, das die Geschichte der Musikwiedergabe vom Grammofon über die Jukebox bis zur mp3-Datei behandelt. Das Besondere dabei sind die Ausstellungsräume, die sich in den verschiedenen Nischen der einstigen Kirche befinden und zum großen Innenraum hin offen sind.

Hauptanziehungspunkt der Altstadt ist die **Piazza della Pace.** Unübersehbar erheben sich an der Westseite des Platzes die Mauern des **Palazzo della Pilotta.** Dabei handelt es sich nicht um ein einzelnes Gebäude, sondern um einen größeren Gebäudekomplex, dessen einzelne Bauwerke mehrere Innenhöfe umschließen und verschiedene Einrichtungen beherbergen. An erster Stelle wäre zum Beispiel das **Archäologische Nationalmuseum** (www.complessopilotta.it/museo-archeologico) zu nennen, das zu den ältesten Einrichtungen dieser Art zählt und bereits Mitte des 18. Jahrhunderts gegründet wurde. Gezeigt werden nicht nur zahlreiche Exponate aus der Römerzeit, die vor allen Dingen in der Region rund um Parma gefunden wurden, sondern auch verschiedene Antiquitäten und Ausstellungsstücke aus Ägypten.

In einem anderen Flügel des Palazzo ist die **Nationalgalerie Parma** (www.complessopilotta.it/galleria-nazionale) untergebracht, die zahlreiche Gemälde zeigt, darunter auch Werke von Leonardo da Vinci.

Auch rund um den Palazzo gibt es einiges zu entdecken. Mehrere Denkmäler befinden sich sowohl in den Innenhöfen als auch außerhalb des Gebäudekomplexes. Dazu gehört zum Beispiel das Denkmal für den Komponisten Giuseppe Verdi. Das zwischen zwei Granitsockeln stehende Bronzerelief ist zwar noch heute recht groß, jedoch nur noch ein kleiner Überrest des ursprünglichen Denkmals.

Die Beliebtheit der **Trattoria Corrieri** beruht u. a. auf der schmackhaften Schinkenplatte, die hier serviert wird. Als Dessert noch ein Tiramisu und der Tag findet einen wunderbaren Abschluss. Für dieses charmante Lokal sollte man vorab reservieren (Strada Conservatorio 1, Tel. 0521234426, www.trattoriacorrieri.it).

Touristinfo, Piazza Garibaldi 1, www.parmawelcome.it

33 Wohnmobilstellplatz Parma

GPS 44.808774, 10.284440

Optisch ist dieser Stellplatz, zwischen Großparkplatz und der Schallschutzmauer einer vierspurigen Straße gelegen, kein Leckerbissen. Sein großer Vorteil ist der praktische Nutzen. Gleich nebenan befindet sich eine Einkaufsmöglichkeit (Lidl), im weiteren Umfeld ein Baumarkt, eine Tankstelle und Kfz-Werkstätten. Die sichere Lage am Stadtrand von Parma tut ihr Übriges. **Lage/Anfahrt:** westlich von Parmas Altstadt, bereits auf der SS9 ausgeschildert (Ausfahrt 10); **Platzanzahl:** 27; **Untergrund:** Rasengitter; **Service:** Strom, Trinkwasser, Abwasser, Chemie-WC; **Sicherheit:** umzäunt, beleuchtet, bewacht, Schrankenanlage, Sichtschutz; **Preiskat.:** €€; **Geöffnet:** ganzjährig; **Kontakt:** Area Sosta Camper Parma, Largo 24 Agosto 1942 21/a, 43126 Parma PR, Tel. 0521710246, www.areasostacamperparma.it, erreichbar von 8–22 Uhr

Reggio Emilia

Trotz seiner hübschen Altstadt mit den engen, verwinkelten Gassen ist Reggio Emilia weniger populär als andere Städte Oberitaliens. Die Stadt protzt zwar nicht mit großem Dom, hohen Geschlechtertürmen (s. S. 71) oder herausragendem Palazzo, aber sie hat dennoch – oder gerade deswegen – ihren eigenen, besonderen Charme. Mehrere Laubengänge finden sich zum Beispiel an der **Piazza San Prospero,** die wiederum gleich an zwei Seiten von sehenswerten Kirchen flankiert wird. An der Ostseite erhebt sich die **Basilica di San Prospero.** Ungewöhnlich an der barocken Kirche sind die Löwenfiguren, die die drei Treppenstufen vor dem Gotteshaus flankieren. Sie entstanden Anfang des 16. Jahrhunderts und sollten eigentlich Säulen tragen, die jedoch nie fertiggestellt wurden. Ebenfalls unvollständig ist der achteckige Kirchturm, der sich gleich rechts neben der Basilika befindet.

Löwenskulptur an der Basilika di San Prospero

Reggio Emilia hat eine sehenswerte Altstadt

34 Agriturismo La Razza

GPS 44.641944, 10.620053

Camping auf dem Bauernhof: In ruhiger Lage steht man hier auf einem Bauernhof mit angeschlossenem Restaurant. Bei Kindern stehen die Streichelmöglichkeiten von Ziegen und Schafen hoch im Kurs. Zudem sind Führungen über das Areal möglich. Komplett außerhalb von Reggio Emilia und dennoch nur sieben Kilometer bis in die Altstadt. **Lage/Anfahrt:** ab der Innenstadt auf der SP25 in südliche Richtung (Albinea) und hinter einem Kreisverkehr nach links der Beschilderung folgen; **Platzanzahl:** 10; **Untergrund:** Wiese; fest; **Service:** Strom, Trinkwasser, Abwasser, Chemie-WC; **Preiskat.:** €€; **Geöffnet:** ganzjährig; **Kontakt:** Via Monterampino 7, 42123 Reggio nell'Emilia RE, Tel. 0522569531, www.larazza.it

Neben den vielen Gotteshäusern der Stadt gibt es auch profane Bauwerke zu besichtigen. Zu den bedeutendsten – nicht nur für die Stadt, sondern für das ganze Land – gehört das **Rathaus** (Piazza Camillo Prampolini 1). Denn

TIPP HOCHGESCHWINDIGKEITS-BAHNHOF MEDIOPANA

Außerhalb der Stadt befindet sich der sehenswerte Hochgeschwindigkeitsbahnhof Mediopana, der vom Stararchitekten Santiago Calatrava geschaffen wurde. Wer bereits Bauwerke von Calatrava gesehen hat, wird seine Handschrift sofort erkennen. Seine bevorzugten Stilmittel sind geschwungene Linien in hellen, weißen Tönen wie am verdrehten Hochhaus Turning Torso in Malmö, der Samuel-Beckett-Brücke in Dublin und der neuen U-Bahn-Station World Trade Center in New York. Entsprechend zeigt sich auch dieser Bahnhof, der den einzigen Zwischenstopp der Bahnlinie zwischen Mailand und Bologna bietet (Via Città del Tricolore).

hier befindet sich der **Sala del Tricolore,** in dem am 7. Januar 1797 das Aussehen der heutigen italienischen Nationalflagge mit den Farben grün, weiß und rot beschlossen wurde. Noch heute wird an jedem 7. Januar feierlich der Flagge gedacht. Gleich neben dem Sala del Tricolore kann man sich im dazugehörigen **Museum** (Piazza Antonio Casotti 1, www.musei.re.it) näher mit der Geschichte der Trikolore befassen.

Touristinfo, Via Luigi Carlo Farini 1a, www.reggioemiliawelcome.it

Modena

Der **Torre Ghirlandina** ist das kulturelle und geografische Zentrum der Altstadt von Modena. Sein Name bedeutet übersetzt „Kleine Girlande". Der ursprünglich romanische Turm wurde Mitte des 12. Jahrhunderts errichtet und ragt rund 86 Meter in die Höhe. Die Spitze mit ihrem achteckigen Grundriss wurde erst im Laufe der darauffolgenden Jahrhunderte auf das Dach des Turms gesetzt. Sowohl der Turm als auch die dazugehörige **Kathedrale** (www.

INFO MODENA, HEIMAT DER PANINI-BILDER

Olga Cuoghi Panini eröffnete zusammen mit ihren acht Söhnen im Januar 1945 einen Zeitungskiosk nahe dem Dom von Modena. Aus diesem entwickelte das Familienunternehmen einen Zeitungsvertrieb, mit Hilfe dessen es wiederum die ersten Sammelalben verkaufte, die heute weltweite Beliebtheit genießen. Die Skulptur eines Fußballers am Domplatz erinnert an den Ursprung des Unternehmens.

Die Westfassade des Doms in Modena

Historisch und modern – Kontraste am Ferrari-Museum

TIPP FERRARI-MUSEEN UND LAMBORGHINI-MUSEUM

Enzo Ferrari war Kfz-Schlosser und hatte früh Interesse am damals noch jungen Motorsport. Er bewarb sich als Werksfahrer bei Fiat in Turin, was ihm jedoch eine Ablehnung einbrachte. Nach Erfolgen, die er mit finanziellen Eigenmitteln erlangte, wurde er Werksfahrer bei Alfa Romeo und gründete 1929 seinen eigenen Rennstall, die heute legendäre **Scuderia Ferrari.**
Gleich zwei **Ferrari-Museen** lassen sich in und um Modena besichtigen. Das **Museo Enzo Ferrari** (Via Paolo Ferrari 85, www.ferrari.com/museums/enzo-ferrari-modena) bietet in einem sehenswerten Gebäude nur eine kleine Auswahl an Fahrzeugen. Der Schwerpunkt der Ausstellung liegt auf dem Leben des Gründers Enzo Ferrari und zeigt auch die ursprüngliche Werkstatt. Mit dem Shuttlebus kommt man von dort zum **Museo Ferrari Maranello** in der gleichnamigen Ortschaft (Via Alfredo Dino Ferrari 43, 41053 Maranello MO, www.ferrari.com/museums/ferrari-maranello).
Zwischen Modena und Bologna sollte man Nebenstraßen wählen und dabei durch Sant'Agata Bolognese fahren. Das kleine Museum **MUDETEC** mit einer überschaubaren Ausstellung von Lamborghini-Fahrzeugen und einem modernen Kinosaal befindet sich auf der rechten Seite. Für einen deutlichen Aufpreis kann man auch an einer Führung durch die Werkshallen teilnehmen, für die online ein Termin gebucht werden muss (Via Modena 12, 40019 Sant'Agata, www.lamborghini.com/museum).

duomodimodena.it) gelten als schützenswertes Kulturgut und stehen daher auf der Liste der UNESCO-Welterbestätten. An der Stelle der heutigen Kathedrale standen bereits seit dem 5. Jahrhundert zwei Vorgängerkirchen, die jeweils durch ein größeres Gotteshaus ersetzt wurden. Die ursprüngliche Kirche wurde über dem Grab des hl. Geminianus errichtet. Die heutige Kathedrale ist ihm geweiht und er gilt als Schutzheiliger von Modena, aber auch von

San Gimignano und Pontremoli in der Toskana. Es wird berichtet, dass er die Stadt Modena vor dem Einfall der Hunnen bewahrt habe. Zum Weltkulturerbe der UNESCO gehört auch die mit Kopfsteinpflaster versehene **Piazza Grande,** die sich südlich des Doms ausbreitet. Beim Flanieren in den Gassen der Altstadt wird man noch auf weitere Plätze und Kirchen treffen, sei es die **Piazza Roma** vor dem Gebäude der Militärakademie oder die dreieckige **Piazza San Francesco D'Assisi** mit dem angrenzenden gleichnamigen Gotteshaus.

TIPP IM HAUS VON LUCIANO PAVAROTTI

Der weit über das Fachpublikum hinaus berühmte Opernsänger wurde im Jahr 1935 in Modena geboren, wo er in bescheidenen Verhältnissen aufwuchs. Später stand er nicht nur auf den Opernbühnen der Welt, sondern gab auch Konzerte wie ein Popstar. Bei seinem größten Konzert im New Yorker Central Park lauschte ihm eine halbe Million Menschen: Kein Klassikkonzert eines Einzelkünstlers hat je mehr Zuhörer angezogen. Er verstarb im Jahr 2007, noch im Jahr zuvor hatte er seinen letzten großen Auftritt bei der Eröffnungsfeier der Olympischen Winterspiele in Turin. Sein Leichnam wurde im offenen Sarg im Dom zu Modena aufgebahrt und zog 100.000 Menschen an, die sich von ihm verabschieden wollten.

In der Stadtrandvilla **Casa Museo Luciano Pavarotti,** in der der Tenor seinen Lebensabend verbrachte, erzählt eine umfangreiche Ausstellung vom Leben und Wirken Luciano Pavarottis. Mit dezenter musikalischer Untermalung wird man durch die ehemaligen Privaträume geführt und erhält einen wunderbaren Einblick in sein Leben und seine Welt der Musik (Stradello Nava 6, www.casamuseolucianopavarotti.it).

Als Wohnmobil untauglich, aber dafür rasant

Durch die schmalen Altstadtgassen von Modena

35 Wohnmobilstellplatz Modena

GPS 44.613680, 10.944371

Umrahmt von Garagenhöfen und einem Sportplatz, ist der Platz ansonsten von Feldern umgeben. Rund drei Kilometer Luftlinie abseits der Altstadt gelegen, ist der Stellplatz eine gute Wahl, um Modena in Ruhe zu besichtigen. **Lage/Anfahrt:** von der SS9 auf die SS12 gen Süden wechseln, am Kreisverkehr mit der Weintrauben-Skulptur weiter auf die SS623 Richtung Vignola, hinter der Tankstelle rechts, an der T-Kreuzung wieder rechts, nächste links; **Platzanzahl:** 28; **Untergrund:** Asphalt; **Service:** Strom, Trinkwasser, Abwasser, Chemie-WC; **Sicherheit:** umzäunt, beleuchtet, Schrankenanlage; **Preiskat.:** €€; **Geöffnet:** ganzjährig (8–23 Uhr); **Kontakt:** Area Sosta Modena, Str. Collegarola 84/1, Tel. 335427561. Das Schiebetor öffnet sich nach einem kurzen Anruf unter der angegebenen Nummer.

36 Camping International Modena

GPS 44.654935, 10.867609

Einfacher Campingplatz inmitten der Autobahnausfahrt Modena-Nord und direkt neben den Mauthäuschen, nur 100 m entfernt befindet sich ein Womo-Händler, der in Sachen Zubehör oder Werkstätten im Notfall weiterhelfen kann. Größeres Steakhaus direkt nebenan. **Lage/Anfahrt:** Autobahn 1, Ausfahrt Modena-Nord, Kreisverkehr links und am nächsten Kreisel wieder zurück in Richtung Autobahn, aber natürlich nicht wieder auffahren, sondern vorher rechts zum Platz; **Platzanzahl:** 40; **Untergrund:** Rasen; **Service:** Strom, Trinkwasser, Abwasser, Chemie-WC; **Sicherheit:** umzäunt, beleuchtet; **Preiskat.:** €€€; **Geöffnet:** ganzjährig; **Kontakt:** Str. Cave di Ramo 111, 41123 Modena MO, Tel. 059332252, www.internationalcamping.eu

Beliebt bei Einheimischen und auch bei Besuchern ist zweifellos die **Markthalle Albinelli.** Was man hier nicht an Früchten, Gemüse und Gewürzen findet, erhält man in Modena vermutlich nirgendwo. Am Rande der Markthalle befinden sich kleine Stände mit Theke, in denen regionale Produkte feilgeboten werden. Da darf natürlich der lokale Käse genauso wenig fehlen wie der Balsamico-Essig. Gegründet wurde die im Jugendstil errichtete Markthalle im Jahr 1931, in ihrem Zentrum befindet sich ein Brunnen mit der Skulptur einer Frau, die als Obstträgerin bezeichnet wird. Generell wird in der Markthalle Wert darauf gelegt, dass man nicht nur schlicht einkauft, sondern auch Traditionen wahrt, Speisen probieren darf und Rezepte austauscht (Via Luigi Albinelli 13, www.mercatoalbinelli.it).

TOUR SPAZIERGANG IM NATURRESERVAT RUBIERA

Das kleine Naturreservat vor der Stadt besteht aus einer Ansammlung kleinerer Seen, zwischen denen man einige Spaziergänge abseits des Städtetrubels genießen kann (Via Fontana 2, 42048 Rubiera RE).

Touristinfo, Piazza Grande 14, www.visitmodena.it

Bologna

Bis zu 180 **Geschlechtertürme** (s. S. 71) dominierten einst das Stadtbild Bolognas und verleiten zum Vergleich mit dem heutigen Manhattan. Wie auch in anderen italienischen Städten, stürzten im Lauf der Zeit viele der Türme ein, wurden geschleift oder gar gesprengt. Heute sind noch rund 20 Türme er-

In der Markthalle von Modena erhält man frische Produkte

halten, wobei die meisten mittlerweile in die Gebäudestruktur neuerer Häuser eingebunden sind und man ihnen ihre Herkunft nicht auf den ersten Blick ansieht.

Zwei Geschlechtertürme sind nicht nur sofort erkennbar, sondern entwickelten sich auch zum Wahrzeichen der Stadt. Sie erheben sich in direkter Nachbarschaft zueinander, dort, wo einst die mittelalterliche Via Emilia von Osten kommend die Altstadt erreichte, stammen aus dem frühen 12. Jh. und tragen die Namen **Asinelli** und **Garisenda.** Der Nordturm (Garisenda) ist der kleinere von ihnen und dennoch stolze 49 m hoch. Auffällig ist seine deutliche Neigung, die dazu führte, dass der Turm im 14. Jh. um rund 12 m auf seine jetzige Höhe gekürzt wurde. Beim Nachbarturm Asinelli geht man davon aus, dass er ursprünglich auch rund 60 m hoch war. Jedoch wurde dieser nicht gekürzt, sondern im Gegenteil auf seine heutige Größe von über 97 m erweitert.

Zentral in der Altstadt liegt die **Piazza Maggiore** mit dem Palazzo Re und der Fassade der **Basilica di San Petronio.** Mit einem Schiff von über 130 m Länge zählt sie zu den größten Kirchen weltweit und gilt als die größte aus Backstein errichtete Kirche der Welt. Das Kirchenschiff wird von 22 Kapellen flankiert, die mit zahlreichen wertvollen Kunstwerken und Kunstgegenständen ausgeschmückt sind.

Neben der Kirche blickt man auf das **Rathaus** (Palazzo d'Accursio, www.comune.bologna.it) mit seinem Uhrenturm. Der Palast besteht aus mehreren Gebäudeabschnitten, die im Lauf

Aus Bolognas Häusermeer ragen zahlreiche Türme empor

der Jahrhunderte entstanden sind. Im Innern ist die Besichtigung verschiedener Säle möglich. Vor dem Rathauskomplex befindet sich der sehenswerte **Neptunbrunnen,** ein beliebter Treffpunkt für Jung und Alt. Seine Ausgestaltung ist ein wenig anzüglich: Die Skulptur zeigt Neptun mit seinem Dreizack, während zu seinen Füßen vier Nymphen knien, aus deren Brüsten Wasser emporschießt. Der aus Marmor und Bronze bestehende Brunnen wurde Mitte des 16. Jahrhunderts gefertigt.

Ein wenig abseits der Hauptsehenswürdigkeiten, in der Gasse Via Piella in der nördlichen Altstadt, sieht man in einer Wand ein kleines Fenster, das einen Blick auf *la piccola Venezia* gewährt. Falls es nicht ohnehin schon geöffnet ist und sich nicht eine Menschentraube davor

INFO GESCHLECHTERTÜRME

Als Geschlechtertürme werden die kirchturmhohen, quadratischen Wohntürme der Patrizierfamilien aus dem Mittelalter bezeichnet. Sie waren ein Symbol für Geld und politischen Einfluss. Je höher der Turm, desto größer das Ansehen seiner Besitzer. Sie dienten aber auch als Verteidigungsbastionen. Diese Art von Türmen entstand zunächst in der Toskana des 12. und 13. Jh. Sie ähneln den üblichen Türmen einer Burg, sind aber oft schlanker und höher, weil sie in den damals schon engen Städten errichtet wurden. Mehrere hundert Geschlechtertürme gab es damals in ganz Italien. Doch schon früh wurden viele von ihnen geschleift oder stürzten im Laufe der Zeit ein.

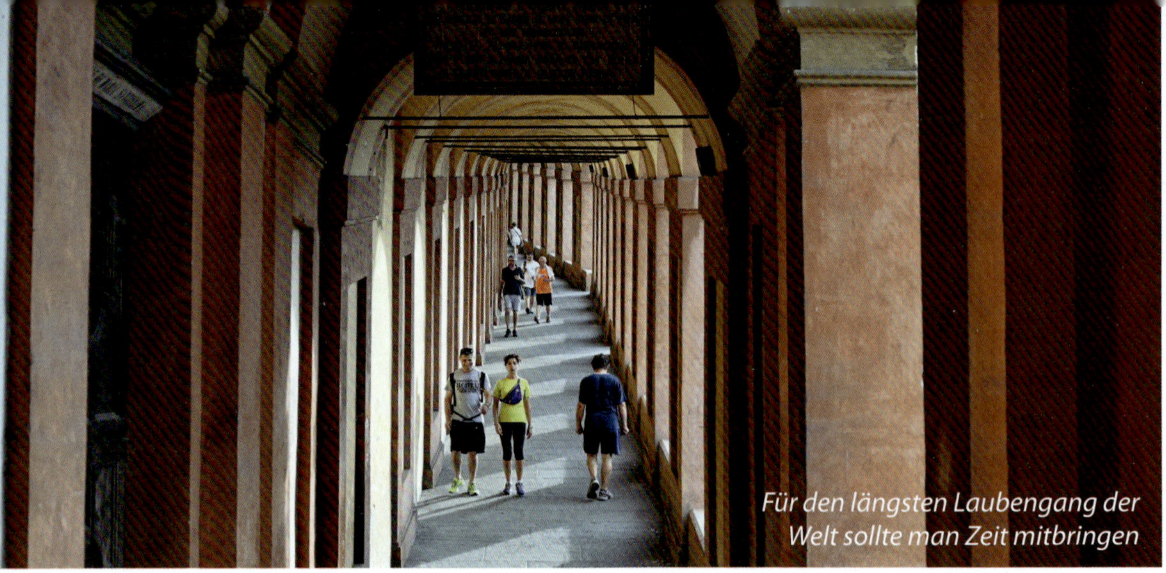

Für den längsten Laubengang der Welt sollte man Zeit mitbringen

TOUR WANDERUNG ZUR SANTUARIO DELLA MADONNA DI SAN LUCA

Die Wallfahrtskirche ist mit zahlreichen Kunstwerken ausgeschmückt, doch Hauptanziehungspunkt für zahlreiche Pilger ist das Madonnenbildnis, das mindestens aus dem 12. Jahrhundert stammt. Um die Kirche zu erreichen, begibt man sich zum **Arco del Meloncello** (Via di San Luca) im Westen der Stadt. Der Bogen markiert den Startpunkt für einen Spaziergang durch einen **Arkadengang,** der mit fast vier Kilometern der **längste der Welt** ist. Über 600 Rundbögen passiert man auf dem langen und teilweise steilen Weg hinauf auf den Colle della Guardia – ein Erlebnis, das man nicht versäumen sollte. Oben angekommen, genießt man außerdem eine tolle Aussicht auf die sanfte Hügellandschaft des nördlichen Apennin. Wem der steile Weg durch den Arkadengang zu mühsam ist, der kann auch die kleine **Touristenbahn San Luca Express** (cityredbus.com/shop/biglietti-san-luca-express) benutzen (Via di San Luca 36, www.santuariodisanluca.it).

versammelt hat, kann das **Finestrella** geöffnet werden. Zwischen den beiden Häuserreihen fließt das Wasser des schmalen **Canale delle Moline,** den man, abgesehen von diesem „geheimen Fenster“, gar nicht zu Gesicht bekäme.

Eine große Auswahl an Pastagerichten, die man vor Ort essen oder mitnehmen kann, erhält man in dem von außen eher unscheinbaren **Sfoglia Rina,** nur hundert Meter von den beiden Geschlechtertürmen in der Via Castiglione entfernt (Via Castiglione 5/b, www.sfogliarina.it).

Der **Mercato La Piazzola di Bologna** ist ein großer Markt mit zahlreichen Händlern, der stellenweise an einen Trödelmarkt erinnert. Neben viel Ramsch und Billigprodukten gibt es auch schmackhafte Lebensmittel zu erwerben. Er findet freitags, samstags und an ausgewählten Sonntagen statt (Piazza dell Otto Agosto).

Touristinfo, Bologna Welcome Infopoint, Piazza Maggiore 1/e, www.bolognawelcome.com

Imola

Am Rand der Altstadt von Imola steht eine kleine Festung, die aus zwei Innenhöfen auf einem quadratischen Grundriss besteht. Mächtige, aber nicht hohe Rundtürme an jeder Ecke machen die Burg zu einem Blickfang. Auch die Basilika **Cattedrale die San Cassiano Martire** ist sehenswert, ebenso wie die gesamte Altstadt. Doch in ihrer Bedeutung und Größe kann die Stadt nicht mit anderen Ortschaften entlang der Via Emilia mithalten. Doch Imola ist vor allem berühmt für seine Rennstrecke **Autodromo Internazionale Enzo e Dino Ferrari** (Piazza Ayrton Senna da Silva 2, www.autodromoimola.it), die sich interessanterweise gerade einmal 600 m von der Altstadt entfernt befindet.

Die Idee für diese Rennstrecke geht auf den Ferrari-Gründer zurück. Bis 2006 wurde hier der Große Preis von San Marino ausgetragen. Eine Zeit lang galt die Rennstrecke als nicht mehr zeitgemäß, seit 2020 ist Imola als Aus-

37 Campingplatz Centro Turistico Città di Bologna

GPS 44.523510, 11.374027

Größere, gepflegte, ruhig gelegene Anlage nordöstlich von Bologna, auf der auch Chalets angeboten werden. Die Anordnung der Parzellen ist etwas unüblich, sodass man mit dem Wohnmobil im vorderen Bereich des Platzes unmittelbar vor den Chalets steht. Rund vier Kilometer in die Altstadt, Tickets für den Shuttlebus (Linie 68 bis Via dei Mille, 20 Minuten Fahrzeit) können an der Rezeption gekauft werden. Dieser fährt jedoch nur alle zwei Stunden, die letzte Rückfahrt zum Platz ist um 20.40 Uhr. **Lage/Anfahrt:** auf der A14 bis zur Ausfahrt 7–7bis, rechts halten und der Beschilderung folgen; **Platzanzahl:** 80; **Untergrund:** Rasengitter, Wiese; fest; **Service:** Strom, Trinkwasser, Abwasser, Chemie-WC; **Sicherheit:** umzäunt, beleuchtet, bewacht; **Preiskat.:** €€€; **Geöffnet:** ganzjährig, außer in der Weihnachtszeit und über den Jahreswechsel; **Kontakt:** Centro Turistico Città di Bologna, Via Romita 12/4a, 40127 Bologna BO, Tel. 051325016, www.hotelcamping.com

Die Rennstrecke von Imola wird für verschiedene Veranstaltungen genutzt

Denkmal für Ayrton Senna im Innenbereich der Rennstrecke, unmittelbar neben dem Unglücksort

INFO AYRTON SENNA

Der brasilianische Formel-1-Weltmeister starb im Alter von 34 Jahren nach einem Rennunfall in Imola am 1. Mai 1994. In der siebten Runde des Rennens prallte er in der Tamburello-Kurve in die Mauer der Streckenbegrenzung. Im Unglücksauto fand man noch die Flagge Österreichs, die Senna vermutlich bei einem Sieg schwenken wollte, denn am Tag zuvor verunglückte bereits der Österreicher Roland Ratzenberger beim Qualifying tödlich. Dieser hatte erst zwei Wochen zuvor sein erstes Formel-1-Rennen zu Ende gebracht.

tragungsort des Großen Preises der Emilia-Romagna jedoch wieder Station des Rennzirkus. Am häufigsten gewann bisher Michael Schumacher, der den Parcours sieben Mal als Erster beendete. Innerhalb des fast 5 km langen Rundkurses befinden sich Wohnhäuser, Felder und sogar ein Sportplatz. Daher kann man auf der Viale Dante Alighieri sehr einfach den Innenbereich erreichen und zu Fuß durch die kleine Parkanlage zum Denkmal zu Ehren von Ayrton Senna (s. l.) gelangen. Wer darüber hinaus die Rennstrecke erkunden möchte, kann dies u. a. im Rahmen einer 75-minütigen Führung (www.imolafaenza.it/experience/servizi/autodromo-di-imola) machen. Dabei werden zwei Runden auf der Strecke unternommen – natürlich nur, wenn gerade kein anderes Rennen oder Training stattfindet.

Touristinfo, Via Emilia 135, www.visitareimola.it

LITERATURTIPP

Ausführlichere Routenvorschläge und Informationen zur Region findet man im Wohnmobil-Tourguide „Oberitalien" im Reise Know-How Verlag.

Michael Moll

Rund um den Comer See

Larius Lacus“ wurde der Comer See in der Zeit der Römer genannt und noch heute bezeichnen ihn die Einheimischen als Lario. Durch seine charakteristische Form hat er die längste Uferlinie aller italienischen Seen, obwohl Gardasee und Lago Maggiore eigentlich größer sind. Nach Süden hin spreizt sich der See in zwei Arme. Sein östlicher Arm endet an der Stadt Lecco, während im Westen die Stadt Como liegt. Sowohl das westliche als auch das östliche Ufer des Comer Sees haben ihren Reiz und es fällt schwer, eine Entscheidung zu treffen, wohin man sein Wohnmobil steuert, wenn man in Menaggio weiter zum Luganer See fahren möchte.

Alternativ kann man die Fahrt mit dem Wohnmobil auch mit einer Fährfahrt kombinieren. So wäre es denkbar, durch Lecco bis Bellagio zu fahren und dort auf der Fähre nach Menaggio weiterzureisen. Weitere Fährverbindungen gibt es auch von Varenna nach Bellagio und nach Menaggio.

Wer genug Zeit mitbringt, kann sich im nördlichen Colico für die Fahrt am Ostufer entlang und für die südliche Seenumrundung über Lecco und Como entscheiden.

TOUREN-ÜBERBLICK

Routenempfehlung: Ostküste des Comer Sees – Lecco – Bellagio – Como – Isola Comacino – Luganersee
Länge gesamt: 120 km
Dauer: ca. 2–3 Tage
Reisezeit: März–Oktober

Entlang der Ostküste des Comer Sees

Auf der SS36 ist man in zahlreichen Tunneln unterwegs. Um die Landschaft am Ostufer während der Fahrt genießen zu können, fährt man besser die längere, dafür aber auch ansehnlichere Route auf der SP72 durch die zahlreichen kleinen Ortschaften, die sich wie Perlen an einer Kette aufreihen.Sehenswert ist zum Beispiel die Zisterzienserabtei **Santa Maria di Piona** (Via Abbazia di Piona 55, www.abbaziadipiona.it). Jedoch ist die Zufahrt auf keinen Fall für große Gefährte zu empfehlen, sondern bestenfalls für Kastenwagen und kleinere Wohnmobile. Über eine schmale, kopfsteingepflasterte Straße geht es auf die Halbinsel von **Olgiasca,** wo sich die Abtei bereits seit dem 12. Jahrhundert in malerischer Lage befindet.

Aufgrund der steilen Felswände, die am Ostufer beinahe überall bis ans Wasser heranragen, sind Campingplätze zwischen Colico und Lecco Mangelware. Wenn sich also, wie zum Beispiel am Ortsausgang von **Varenna,** auf dem dortigen schmalen Parkstreifen eine Parklücke auftut, sollte man dies unbedingt nutzen, um die quirligen Orte besuchen zu können.

Varenna erstreckt sich malerisch zwischen Bergen und Comer See

Der Comer See ist von den südlichen Ausläufern der Alpen umgeben

TOUR WANDERUNG AUF DEN MONTE LEGNONE

Wer am Comer See ganz besonders hoch hinaus möchte, genauer gesagt zum höchsten Punkt in der näheren Umgebung, ist mit einer Wanderung auf den Monte Legnone gut beraten. Der Berg ragt wie eine riesige Pyramide am Ostufer des Sees 2609 Meter in die Höhe. Durch seine Form lässt er sich von allen Seiten aus gut erwandern. Zur **Anfahrt** sollte man ab Dervio am Seeufer der schmalen SP67 bis in den kleinen Gebirgsort Tremenico im Val Varrone folgen. Allerdings hat man bereits bis hier zahlreiche Serpentinen zu durchfahren und es kann an einigen Stellen recht eng werden. Daher sollte man vor Beginn der Fahrt ehrlich einschätzen, ob man sich das zutraut. Alternativ fährt ab Dervio der Bus D25, aber nur bis Tremenico. Fahrern von großen Wohnmobilen ist von der Auffahrt abzuraten, denn mit dem Erreichen von Tremenico, 500 Meter oberhalb des Comer Sees, ist es noch nicht getan. Nach einer scharfen Linkskurve folgt die eigentliche Auffahrt auf der Via Caduti di Guerra. Auf der teilweise sehr engen Straße geht es durch Spitzkehren etwa 8 km und weitere 700 Höhenmeter nach oben. Es gibt praktisch keine Wendemöglichkeiten auf dem Weg zum 1450 Meter hoch gelegenen **Rifugio Roccoli Lorla** (www.rifugi.lombardia.it/lecco/introzzo/hut-roccoli-lorla.html). Oben angekommen, steht man auf einer großen Lichtung inmitten eines Waldes. Nun in die Wanderschuhe geschlüpft und der eigentliche **Aufstieg über die Westflanke** des Monte Legnone kann beginnen. Es dauert noch ein Weilchen, bis man die Baumzone verlassen hat, doch sobald diese hinter bzw. unter einem liegt, hat man die ersten wunderbaren Ausblicke auf den Comer See. Auf einem Grat wandert man bis zur **Schutzhütte Bivacco Silvestri** und weiter hinauf zum Gipfel. Die Mühen der Auffahrt und des Aufstiegs werden mit einem traumhaften Ausblick belohnt. Natürlich schaut man zunächst auf den See, doch auch die schneebedeckten westlichen Alpen zeigen sich am Horizont. Man sollte die Wanderung nur an einem klaren Tag starten. Für die 1200 Höhenmeter legt man pro Strecke rund 5 Kilometer zurück und es sind mindestens sechs Stunden für die gesamte Wanderung einzuplanen.

38 Camping Belvedere

GPS 46.171922, 9.376028

Größerer Campingplatz direkt an der Mündung des Fiume Mera in den Comer See, mit überwiegend festen Mobilheimen, aber direkt am Flussufer befindet sich ein Bereich für Durchreisende mit Wohnmobilen und Zelten. **Lage/Anfahrt:** auf der SS340dir durch Sorico und dann links; **Platzanzahl:** 25; **Untergrund:** Wiese; fest; **Service:** Strom, Trinkwasser, Abwasser; **Sicherheit:** umzäunt; **Preiskat.:** €€; **Geöffnet:** März–Okt.; **Kontakt:** Via Belvedere 2, 22010 Sorico CO, Tel. 344490216, www.campeggiobelvedere.com

In der **Vecchia Varenne** genießt man Pasta, Fisch und kleine Speisen in sehr angenehmer Atmosphäre direkt am Ufer des Comer Sees, umgeben von den Häusern Varennas (Contrada Scoscesa 2, 23829 Varenna LC, www.vecchiavarenna.it).

39 Wohnmobilstellplatz Colico

GPS 46.142186, 9.374574

Ruhig gelegener Stellplatz am Seeufer von Colico am südlichen Ufer der Addamündung, die über einen kurzen Spaziergang erreicht werden kann. Idealer Ausgangspunkt für Spaziergänge und Radtouren entlang des Adda. Eine seltsame Metallkonstruktion, die als eine Art Dach dienen soll, stellt für normalgroße Wohnmobile kein Problem dar, ist für Lkw-Umbauten jedoch nicht ausreichend hoch. **Lage/Anfahrt:** innerhalb von Colico können die Bahngleise nur unterquert werden (max. 2,50 m), daher Anreise über die Via Padania am östlichen Ortsrand; **Platzanzahl:** 20; **Untergrund:** fest; **Service:** Strom, Trinkwasser, Abwasser, Chemie-WC; **Sicherheit:** umzäunt; **Preiskat.:** €€; **Geöffnet:** ganzjährig; **Kontakt:** Via Montecchio Nord 52, 23823 Colico Piano LC

TIPP CASTELLO DI VEZIO

Die Burgruine entstand zu Beginn des 12. Jahrhunderts in markanter Lage hoch über dem See als Teil des alten Dorfzentrums von Varenna. Sehenswert ist nicht nur der hohe Bergfried, sondern auch die Aussicht, die sich von der Ruine über den See ergibt. In der Burgruine finden regelmäßig Falknervorführungen statt und im Bergfried gibt es eine kleine Ausstellung über einen Dinosaurier, der im 19. Jahrhundert in der Nähe entdeckt wurde.

Die Burgruine Castello di Vezio bietet eine tolle Aussicht

40 Camping Spiaggia

GPS 45.897787, 9.332066

Sehr kleiner, ruhiger Campingplatz mit Zugang zum Kiesstrand direkt am Seeufer in dem kleinen Örtchen Abbadia Lariana. **Lage/Anfahrt:** auf der SP72 am Kirchturm vorbei und gleich hinter einer kleinen Brücke scharf rechts, enge Zufahrt, Wendemöglichkeit erst auf dem Platz; **Platzanzahl:** 17; **Untergrund:** Wiese; **Service:** Strom, Trinkwasser, Abwasser, Chemie-WC; **Sicherheit:** umzäunt, beleuchtet; **Preiskat.:** €€; **Geöffnet:** Anfang April–Anfang Okt.; **Kontakt:** Via al Campeggio 5, 23821 Abbadia Lariana LC, Tel. 0341731621, www.campingspiaggia.com

Lecco liegt am äußersten Südende des Comer Sees

Lecco

Die etwas erhöht liegende Kirche in Lecco fällt besonders durch ihren freistehenden **Glockenturm** auf. Mit seinen 96 Metern Höhe gehört er zu den höchsten Glockentürmen des Landes. Daher ist der auf einem runden Fundament errichtete Turm von fast überall in Lecco aus zu sehen.

Gleich auf der Südseite der Kirche erstreckt sich die lebhafte Altstadt von **Lecco** mit ihren zahlreichen Gassen und Einkaufsmöglichkeiten. Sie reicht bis an das Ende des Sees heran, der von der **Ponte Kennedy** markiert wird. Hier wird aus dem See wieder der Fluss Adda, der aber nur eineinhalb Kilometer und zwei Brücken später in den nächsten See, den **Lago di Garlate,** mündet. An dessen südlichem Ende ist der Fluss sogar nur 400 Meter lang und durchquert noch kurz den sehr kleinen **Lago di Olginate.** Anschließend macht sich der Adda auf den Weg in Richtung Po-Ebene.

Touristinfo Lecco, Piazza XX Settembre 23, www.eccolecco.it

Bellagio

Möchte man den langen Weg direkt am Ufer nehmen, folgt man nach Überquerung des Adda der SP583 in Richtung Norden bis an die nördliche Spitze des **Triangolo Lariano.** So wird die landschaftlich schöne Halbinsel genannt, die sich zwischen Lecco und Como bis Bellagio zwischen den beiden südlichen Ausläufern des Comer Sees erstreckt. Bereits bei der Anfahrt über die SP583 genießt man den Ausblick auf die faszinierende Gebirgsland-

41 Camping Rivabella

GPS 45.822039, 9.414537

Campingplatz mit eigenem Strand am Ostufer des Lago di Garlate. Die Altstadt von Lecco ist zu Fuß entlang der Adda in rund einer Dreiviertelstunde erreichbar. Unter Bäumen steht man hier nur wenige Meter vom Wasser entfernt. Auf der anderen Seite des Platzes verläuft jedoch eine Hochstraße, daher sollte man sich um einen Stellplatz direkt am Wasser bemühen. **Lage/Anfahrt:** ab Lecco südwärts am beschriebenen Wohnmobilstellplatz (s. r.) vorbei, dahinter am zweiten Kreisverkehr rechts abbiegen; **Platzanzahl:** 40; **Untergrund:** Wiese; fest; **Service:** Strom, Trinkwasser, Abwasser, Chemie-WC; **Sicherheit:** umzäunt, beleuchtet; **Preiskat.:** €€; **Geöffnet:** April–Okt.; **Kontakt:** Campeggio Rivabella, Via alla Spiaggia 35, 23900 Lecco LC, Tel. 0341421143, www.rivabellalecco.it

42 Wohnmobilstellplatz Olginate

GPS 45.795283, 9.416278

Gut ausgestatteter Stellplatz am Westufer des kleinen Lago di Olginate. Bei drei Händlern im Ort, zum Beispiel in der nahegelegenen Pizzeria, kann man für die Übernachtung zahlen und erhält dafür ein Ticket. Ideal für einen Abendspaziergang rund um den See (ca. 5 km). **Lage/Anfahrt:**. in Lecco den Adda überqueren und auf der SP59 südwärts bis Olginate, an einer Ampel südlich der Altstadt links; **Platzanzahl:** 37; **Untergrund:** Pflaster; **Service:** Strom, Trinkwasser, Abwasser, Chemie-WC; **Sicherheit:** beleuchtet; **Preiskat.:** €€; **Geöffnet:** ganzjährig; **Kontakt:** Via Cesare Cantù 39, 23854 Olginate LC

schaft, die sich auf der anderen Seite des Sees erhebt. Die Region rund um Bellagio an der Nordspitze lockte nicht ohne Grund zahlreiche Prominente an. Es heißt, beim Bau des berühmten Hotels Bellagio am nicht weniger berühmten Strip von Las Vegas sei man von der Landschaft am Comer See inspiriert worden. Obwohl der **Altstadtkern von Bellagio** mit seiner **Uferpromenade** nicht besonders groß ist, kann man in den vielen Gassen schnell die Orientierung verlieren. Den auf einem Hügel errichteten Ort umschließt im Wesentlichen

Blick von der Fähre auf Bellagio

43 Camping La Fornace

GPS 45.921398, 9.288250

Kleiner Campingplatz auf halber Höhe zwischen Lecco und Bellagio, direkt an der SP583. Abends genießt man jedoch einen schönen Blick auf den See. Mit etwas Glück steht man direkt am Wasser. **Lage/Anfahrt:** nördlich von Onno auf die schmale Zufahrt nach rechts einbiegen; **Platzanzahl:** 15; **Untergrund:** fest; **Service:** Strom, Trinkwasser, Abwasser; **Sicherheit:** umzäunt, beleuchtet; **Preiskat.:** €€€; **Geöffnet:** Ende März–Mitte Okt.; **Kontakt:** Via G. Garibaldi 52, 23865 Oliveto Lario LC, Tel. 03512731238, www.lafornace.it

eine u-förmig verlaufende Einbahnstraße, im Ort selbst gibt es zahlreiche Gassen mit Kopfsteinpflaster und Treppenstufen. Außerhalb der Altstadt lohnt sich weiter südlich auch der Besuch des **Botanischen Gartens.** Er erstreckt

TIPP VILLA MELZI UND BOTANISCHER GARTEN

Auf einem Rundgang durch die **Giardini di Villa Melzi,** beginnend auf der Terrasse vor der Villa, gibt es eine kleine, neoklassizistische Kapelle mit zahlreichen Fresken, einen malerischen Bambuswald, Gewächshäuser und eine Orangerie, in der ein Museum untergebracht ist, zu sehen. Gezeigt werden Erinnerungsstücke aus der napoleonischen Zeit. Durch einen orientalischen Garten und an einer Platanenallee kommt man wieder zurück zur Villa Melzi (Via Lungo Lario Manzoni, www.giardinidivillamelzi.it).

Gleich neben der Villa Melzi erheben sich die Terrassen des Botanischen Gartens

sich rund um die neoklassizistische **Villa Melzi,** die zu Beginn des 19. Jh. erbaut wurde. Auch für Bellagio gilt natürlich, dass man sich frühzeitig um eine Parkmöglichkeit bemühen sollte. Je weiter man an die Nordspitze fährt, um so schmaler wird die Halbinsel. Daher sollte man nicht den Pkw in den Ort hinein folgen, dessen Gassen viel zu eng für ein Wohnmobil sind.

Touristinfo Bellagio, Piazza della Chiesa, www.bellagiolakecomo.com

Como

Für die Erkundung der beinahe rechtwinklig angelegten Gassen in der Altstadt von Como sollte man ein wenig mehr Zeit einplanen. Sie erstreckt sich südlich des Jachthafens und wird von der beeindruckenden **Kathedrale** dominiert. Außerdem wird das historische Stadtzentrum noch heute von einer **Stadtmauer** umgeben, an der sich am südlichen Altstadtrand drei mächtige **Wehrtürme** bzw. Stadttore erheben.

Über drei Jahrhunderte dauerte die Errichtung des Doms **Cattedrale di Santa Maria Assunta** (www.cattedraledicomo.it), dessen Bau am Ende des 14. Jh. begonnen hatte. Der fast 90 m lange und überwiegend gotische Dom ist mit zahlreichen Kunstwerken ausgestattet. Mehrere kunstvoll gestaltete Altare und Gemälde zieren das Innere des Kirchenschiffs unter einem prächtigen Gewölbe und einer beeindruckenden Kuppel. Zahlreiche Heiligenfiguren schmücken die äußere Westfassade des Doms, gleich daneben erhebt sich das **Broletto** genannte Stadthaus mit seinen Säulen.

44 Camping Bellagio

GPS 45.971065, 9.254290

Ruhiger, etwas abseits gelegener Platz auf einem Bergrücken südlich von Bellagio mit schöner Aussicht. 20 Minuten Fußweg in den Ort, der Rückweg ist jedoch sehr steil. Auf dem Platz werden Vesparoller zum Ausleihen angeboten. Nur für Kastenwagen und Wohnmobile bis 5,50 m Länge geeignet. **Lage/Anfahrt:** am Kreisverkehr auf die SP41 wechseln und bergauf bis zur Beschilderung, dann rechts in die schmale Straße hinein; **Platzanzahl:** 25; **Untergrund:** Wiese; **Service:** Strom, Trinkwasser, Abwasser, Chemie-WC; **Sicherheit:** umzäunt; **Preiskat.:** €€€; **Geöffnet:** Mai–Mitte Sept.; **Kontakt:** Via Valassina 170, 22021 Bellagio CO, Tel. 031951325, www.bellagio-camping.com

Die Alstadt von Como ragt bis an das Seeufer heran

An der Bergstation der Standseilbahn

TIPP MIT DER STANDSEILBAHN NACH BRUNATE

Die **Standseilbahn (Funicolare)** startet am Seeufer nördlich der Altstadt und wurde bereits im Jahr 1894 in Betrieb genommen. Die ursprünglich dampfbetriebene Bahn wurde erst 1911 elektrifiziert. Nach rund sieben Minuten Fahrzeit hat die Seilbahn (www.funicolarecomo.it) den Höhenunterschied überwunden und man befindet sich in dem **Bergdorf Brunate.** Auch hier gibt es eine gemütliche kleine Altstadt zu entdecken, die jedoch mit den Ausmaßen von Como nicht mithalten kann. Dafür gibt es knapp unterhalb der Bergstation ein unvergleichliches Panorama auf die Stadt zu sehen. Noch spektakulärer ist jedoch der Ausblick auf den Comer See von dem höher gelegenen Leuchtturm. Eine gute Dreiviertelstunde sollte man für den steilen Weg von der Bergstation hinauf zum **Faro Voltiano** einplanen. Der Euro Eintritt für die anschließende Turmbesteigung, um das 360°-Panorama genießen zu können, bei dem man bis zu den Gipfeln der Westalpen blickt, ist gut investiert.

Auf der südlichen Seite wird der Dom vom **Teatro Sociale** (www.teatrosocialecomo.it) flankiert, während auf der Nordseite die **Chiesa di San Giacomo** (www.cattedraledicomo.it/san-giacomo), ein äußerlich eher unscheinbares Kirchenhaus, betreten werden kann. Es ist von den Wohn- und Geschäftshäusern mit ihren Laubengängen umgeben, gleich so, als würde man es dadurch vor dem deutlich größeren Dom schützen wollen.

Zahlreiche Einkaufsstraßen, kleine Plätze und gelegentlich Marktstände erschweren die Orientierung und ehe man sich versieht, steht man vor der nächsten Kirche. Die aus dem 12. Jh. stammende **Chiasa San Fedele** (www.parrocchiasanfedelecomo.it) versteckt sich an der gleichnamigen Piazza zwischen Wohn- und Geschäftshäusern. Nur die Portalseite und der Chor sind von außen zu sehen. Um außen herum von der einen auf die andere Seite zu gelangen, muss man einen kleinen Umweg durch die angrenzende Seitenstraße machen.

Etwas außerhalb der Altstadt lohnt ein Besuch der **Villa Olmo** (Via Simone Cantoni 1, www.villaolmocomo.it). Sie ist über den Uferweg sehr leicht zu erreichen. Auf dem Weg passiert man noch die **Villa Gallia.** Die Villa Olma erhebt sich unmittelbar am Ufer des Comer Sees

45 Wohnmobilstellplatz Tavernola

GPS 45.835057, 9.060839

In Tavernola hat man erst vor wenigen Jahren einen wunderbaren Stellplatz gegenüber von einem Sportplatz und in fußläufiger Nähe zu einem Einkaufszentrum angelegt, der auch optisch etwas her macht. Leider bietet er nur zehn Stellflächen und keine besondere Aussicht. Doch er ist nur vier Kilometer von Como entfernt und daher eine gute Alternative zum dortigen Stellplatz. Mit dem Fahrrad oder auch zu Fuß kann man Como entlang der Uferstraße erreichen. Die Standflächen sind parzelliert und bieten etwas mehr Freiraum als auf vielen anderen Stellplätzen Italiens. Oft wird es am Abend so voll, dass viele Wohnmobile über Nacht vor der Schranke stehen, was allerdings nicht erwünscht ist, daher sollte man zeitig eintreffen, um einen freien Platz zu ergattern. **Lage/Anfahrt:** von Como kommend über die Küstenstraße zum Kreisverkehr in Tavernola, dort links durch den nächsten Kreisverkehr und gleich dahinter, gegenüber vom Einkaufszentrum, erneut links; **Platzanzahl:** 10; **Untergrund:** Asphalt; **Service:** Strom, Trinkwasser, Abwasser, Chemie-WC; **Sicherheit:** umzäunt, Schranke; **Preiskat.:** €€; **Geöffnet:** ganzjährig; **Kontakt:** Via Brennero 7, 22100 Como CO

und gibt in Verbindung mit dem **Englischen Garten,** von dem sie umgeben ist, ein prachtvolles Bild ab.

Auf der gegenüberliegenden Seite dieses südlichsten Teils vom Comer See sieht man die **Standseilbahn,** die auf einen rund 700 Meter hohen Berg fährt. Deutlich zu erkennen ist dort oben der Leuchtturm **Faro Voltiano,** der im Jahr 1927 erbaut wurde. Der 29 Meter hohe Turm trägt den Namen des 1745 in Como geborenen Physikers Allesandro Volta, nach dem die Maßeinheit der elektrischen Spannung (Volt) benannt ist. Nach zahlreichen Entdeckungen starb Volta im Jahr 1827 ebenfalls in Como.

Touristinfo Como, Via Giocondo Albertolli 7, www.visitcomo.eu

In einer kleinen Bäckerei *(Antico Panificio)* mit freundlichem Bäckermeister mitten in der Altstadt gibt es neben den üblichen Backwaren auch leckere, kleine Pizzastücke direkt vom Blech (Via Cesare Cantù 32).

Klein, aber beliebt: die Insel Comacina

Isola Comacina

Am fjordähnlichen Ausläufer des Comer Sees fährt man ab Como durch viele kleine Ortschaften, die sich aufgrund der Topografie meist entlang der Uferstraße ausdehnen. Auf der rechten Seite weitet sich der See aus, während linker Hand die Berge in die Höhe ragen, auf denen die Grenze zwischen Italien und der Schweiz verläuft.

Die Isola Comazina ist gerade einmal etwas mehr als 500 Meter lang und nur knappe 100 Meter breit. Vom Bootsanleger, von dem man für kleines Geld übersetzen kann, ist die Insel nur 150 Meter entfernt. Möglicherweise fährt der Bootsmann aber zum weiter entfernten westlichen Anleger. Dort angekommen, befindet man sich gleich vor dem einzigen Restaurant der Insel, für das manche Gäste allerdings eigens die Bootsfahrt auf sich nehmen. Gleich dahinter verläuft ein schmaler Spazierweg über die **dicht bewachsene Insel** an mehreren sakralen Bauwerken und Ruinen entlang. Die **Klostergebäude von San Faustino** und die **Basilika di Sant'Eufemia** stammen zum Teil aus dem 12. Jahrhundert. Darüber hinaus gibt es aber auch **archäologische Ausgrabungen,** die belegen, dass die Insel bereits von den Römern besucht wurde.

www.isola-comacina.it

Im Restaurant **Locanda dell'Isola Comacina** steht seit 1947 nur ein einziges, traditionelles 5-Gänge-Menü auf der Karte. Der erste Gang besteht aus einer Scheibe Tomate, garniert mit Zitrone, Salz und Olivenöl, gereicht wird sie mit acht Schälchen verschiedener Gemüsearten und einem Teller Prager Schinken. Den zweiten Gang bildet eine filetierte Lachsforelle frisch vom Holzkohlegrill, gefolgt von gebackenem Hähnchen im dritten Gang. Abschließend darf man Parmesankäse genießen, bevor mit dem fünften Gang die Nachspeise in Form einer saisonalen Frucht mit Vanilleeis gereicht wird. Beim großen Finale wird die Glocke geläutet und bei einem Brandy die Geschichte der Insel mitsamt ihrem Fluch erzählt. Dieses eine Menü lockte bereits zahlreiche Prominente auf die Insel. Das Gästebuch des Restaurants liest sich wie das Who's who der Sport- und Schauspielprominenz: Lothar Matthäus, Jürgen Klinsmann und Franz Beckenbauer saßen ebenso schon hier an den Tischen wie Arnold Schwarzenegger, Gina Lollobrigida, Konrad Adenauer, Elton John, Brad Pitt und Matt Damon.

Ostspitze des Luganersees

Der Luganersee befindet sich nur zu etwas mehr als einem Drittel auf italienischer Seite. Zu großen Teilen erstreckt er sich in der Schweiz. Der östliche Bereich bei **Porlezza** und der westliche Uferbereich des fjordähnlichen Seeabschnitts ganz im Südwesten gehören aber zu Italien. Darüber hinaus bietet die Gegend ein Kuriosum, denn hier befindet sich eine italienische Exklave. Die italienische Ortschaft **Campione d'Italia** ist komplett von der Schweiz umgeben und nur über eine Straße ab dem schweizerischen Bissone aus erreichbar. Zwischen Comer See (ab Menaggio) und Luganersee liegt der kleine **Lago di Piano.** Das Gewässer war einst Teil des Luganersees, doch

Der Monte San Salvatore erhebt sich gleich neben Lugano

INFO ITALIENISCHE EXKLAVE AUF SCHWEIZER BODEN: CAMPIONE D'ITALIA

Ein kleines bisschen Italien kann man auch innerhalb der Schweiz bereisen. Am östlichen Seedamm von Melide zweigt an einem Kreisverkehr die Nationalstraße 2 ab, über die man in den kleinen Ort Campione gelangt. Den Zusatz „d'Italia" erhielt Campione während der Diktatur unter Mussolini. Campione gehörte da aber schon lange zu Italien. Bereits im Jahr 777 wurde das Gebiet einem Mailänder Kloster vermacht, was im Laufe der Jahrhunderte dazu führte, dass Campione heute eine italienische Exklave ist. Zu erreichen ist diese nur über die genannte Straßenverbindung, auf der der Grenzübergang durch einen Torbogen markiert ist.

Da es keine Zoll- und Grenzkontrollen an dieser Stelle gibt, ist dies auch der einzige Hinweis darauf, dass man die Schweiz verlässt und Italien betritt. Selbst die hier zugelassenen Fahrzeuge haben Schweizer Kennzeichen. Ein italienisches Handynetz gibt es in Campione nicht, genauso wenig wird mit dem Euro, sondern mit dem Schweizer Franken bezahlt.

Bekannt ist Campione vor allen Dingen für das im Jahr 1917 eröffnete Casino, das als das größte in Europa bezeichnet wurde. Doch obwohl es ja sprichwörtlich heißt, dass die Bank immer gewinnt, hat dieses Casino mehrere Millionen Franken an Schulden angehäuft und musste 2018 Insolvenz anmelden. Bis dahin war Campione d'Italia eine der reichsten Gemeinden Italiens gewesen und jeder fünfte Einwohner des Dorfs war im Casino beschäftigt. Wie es mit dem wichtigsten Arbeitgeber des Orts weitergehen wird, steht derzeit in den Sternen.

46 Camping Ranocchio

GPS 46.040803, 9.168273

Netter, familiär geführter Campingplatz in ruhiger Lage am Nordufer des Lago di Piano mit eigenem Zugang zum See. **Lage/Anfahrt:** auf der SS340 von Menagggio bis rund einen Kilometer hinter dem Kreisverkehr; **Platzanzahl:** 40; **Untergrund:** Schotterrasen; fest; **Service:** Strom, Trinkwasser, Abwasser, Chemie-WC; **Sicherheit:** umzäunt, beleuchtet; **Preiskat.:** €€; **Geöffnet:** Ende März–Ende Sept.; **Kontakt:** Via Al Lago 139 A, 22010 Carlazzo CO, Tel. 034470385, www.campingranocchio.com

durch mehrfache Überschwemmungen des Flusses Cuccio verfüllte sich ein Bereich und ein Teil der Wasserfläche wurde isoliert. Heute bildet der Lago di Piano das Herzstück eines **Naturreservats** und kann bei einer leichten und kurzen Wanderung gut zu Fuß umrundet werden. Die Tour verläuft jedoch nur selten direkt am Ufer entlang, sondern weitläufig durch das Naturreservat. Sehr charmant ist auch ein Besuch der **Grotte di Rescia** (Via Porlezza 63, 22010 Rescia, www.grottedirescia.it). Der Eingangsbereich ist von den Besitzern zwar ein wenig kitschig ausgeschmückt worden, aber im Innern ist die kleine Höhle interessant anzuschauen. Bei dem kurzen Rundgang gelangt man zugleich zu einem Wasserfall.

Touristinfo, Via Lungo Lago Giacomo Matteotti 1, 22018 Porlezza

47 Camping Monte Generoso

GPS 45.928360, 8.977488

Großer Campingplatz auf der Schweizer Seite des Luganersees mit direktem Blick auf den Monte San Giorgio, südlich von Bissone direkt am Ufer des Luganersees, aber auch neben der Schallschutzwand der Autobahn 2. Für einen kleinen Aufpreis erhält man eine Parzelle unmittelbar am Seeufer. **Lage/Anfahrt:** auf der Nationalstraße 2 ab Bissone und vor der Autobahnunterführung halbrechts in die Sackgasse hinein; **Platzanzahl:** 100; **Untergrund:** Wiese; **Service:** Strom, Trinkwasser, Abwasser, Chemie-WC; **Sicherheit:** umzäunt, beleuchtet; **Preiskat.:** €€€; **Geöffnet:** Anf. April-Mitte Okt.; **Kontakt:** Camping Monte Generoso, Via Tannini 12, 6818 Melano, Schweiz; Tel. 0916498333, www.campingmontegeneroso.ch

LITERATURTIPP

Ausführlichere Routenvorschläge und Informationen zur Region findet man im Wohnmobil-Tourguide „Oberitalien" im Reise Know-How Verlag.

Michael Moll

Inselhopping am Lago Maggiore

Der Lago Maggiore, von den Einheimischen auch Verbano genannt, ist nach dem Gardasee der zweitgrößte See Italiens. Er hat eine Nord-Süd-Ausdehnung von über 50 Kilometern in Luftlinie und ist überwiegend langgestreckt. Das westliche Ufer im Piemont und das östliche in der Lombardei liegen in der Regel gerade einmal zwischen zwei und vier Kilometern auseinander. Lediglich am Westufer, zwischen den bedeutenden Ortschaften Stresa und Verbania, befindet sich eine Bucht, die als Golf von Verbania bezeichnet wird. In dieser Bucht liegen die beliebten Borromäischen Inseln.

Am Lago Maggiore herrscht das ganze Jahr über ein angenehmes Klima, was ihn zu einem äußerst attraktiven Reiseziel macht. Im Sommer ist es selten heißer als 30 °C, während es selbst im kältesten Monat, dem Januar, nur selten Frost gibt. Durch die mediterrane Prägung beginnt der Frühling am Lago Maggiore einige Wochen früher als in Deutschland und so kann man den See bedenkenlos bereits im April oder gar im März bereisen.

TOUREN-ÜBERBLICK

Routenempfehlung: Luino – Laveno-Mombello – Angera – Arona – Stresa – Baveno – Verbania
Länge gesamt: 85 km
Dauer: ca. 2–3 Tage
Reisezeit: März–Oktober

Luino

Luino, die größte Stadt am östlichen Ufer, ist Standort des Grenzbahnhofs zwischen der Schweiz und Italien, obwohl sich die Grenze erst einige Kilometer weiter nördlich befindet. Die steilen Hänge am Seeufer erlaubten beim Bau der Eisenbahnlinie erst hier, wo der Fluss Fiume Tresa ein Delta bildet, die Anlage eines größeren Bahnhofs. Bei einem gemütlichen Spaziergang durch die kleinen Gassen rund um die leicht erhöht gebaute Kirche erhält

48 Kommunaler Stellplatz Germignaga

GPS 45.995963, 8.724063

Einfacher öffentlicher Stellplatz an der Nordspitze der kleinen Altstadt von Germignaga, der Nachbargemeinde von Luino, mit wunderschönem Blick auf den Lago Maggiore und die gegenüberliegende Bergkulisse. Zuweilen auch von Pkws besetzt. Für den Automaten werden Münzen benötigt, max. Stand 2 Nächte. **Lage/Anfahrt:** ab Luino der Uferstraße folgen und nach der Flussüberquerung am Kreisverkehr rechts halten, in der Linkskurve rechts in die Einfahrt; **Platzanzahl:** 6; **Untergrund:** Asphalt; **Service:** Strom, Trinkwasser, Abwasser, Chemie-WC; **Sicherheit:** beleuchtet, Videoüberwachung; **Preiskat.:** €; **Geöffnet:** ganzjährig; **Kontakt:** Via Bodmer 2, 21010 Germignaga VA

Gemütliche Altstadtgasse in Luino

49 Privater Stellplatz Germignaga

GPS 45.991614, 8.719115

Auf dem terrassenförmig angelegten, kleinen Platz westlich der Altstadt von Germignaga kann es durchaus mal eng werden. Durch die SP69 vom Seeufer abgetrennt. **Lage/Anfahrt:** wie beim kommunalen Stellplatz (s. S. 91), nur einfach weiter der SP69 folgen, rund 600 m hinter dem kommunalen Platz links abbiegen; **Platzanzahl:** 20; **Untergrund:** Wiese; **Service:** Strom, Trinkwasser, Abwasser, Chemie-WC; **Sicherheit:** umzäunt, beleuchtet; **Preiskat.:** €€; **Geöffnet:** ganzjährig; **Kontakt:** Area Sosta Camping Germignaga, Via Bodmer 41/A, 21010 Germignaga VA, Tel. 03246958055, www.areasostacampergermignaga.it

TOUR NATURSCHUTZGEBIET SABBIE D'ORO

Wenn man von Laveno kommt, geht kurz vor dem Ort Ispra auf der rechten Seite eine kleine Zufahrt zu einem Schotterparkplatz ab (GPS 45.834806, 8.629021). Von dort kann man rund 400 Meter zum Seeufer gehen und dabei das kleine Naturschutzgebiet Sabbie d'Oro durchqueren. Das sumpfige Areal beherbergt u. a. Schwarzerlen sowie verschiedene Amphibien und ist ein gutes Revier zur Vogelbeobachtung. Nicht selten entdeckt man hier Kormorane.

Hier flaniert man gerne am Seeufer

man einen ersten Eindruck vom Charakter der Ortschaften am Lago Maggiore. Die Straßen von Luino sind gesäumt von farbenfrohen Häusern und Boutiquen, die zum Bummeln einladen. Am Seeufer kann man Boot fahren oder man genießt in den Cafés am See die Aussicht auf das Wasser und die umliegenden Berge. Jeden Mittwoch findet in Luino außerdem ein großer **Wochenmarkt** (Via Comi 4) statt, auf dem man frische Lebensmittel, Kleidung und Handwerkskunst kaufen kann.

Laveno-Mombello

Die Stadt Laveno-Mombello bietet keine klassische Altstadt mit Fußgängerzone. Vielmehr spielt sich das touristische Leben entlang der **Uferpromenade** ab, auf die die SP69 nach einer kurzen Abfahrt führt. Hier befindet sich auch der **Fähranleger,** von dem die einzige Fährverbindung über den Lago Maggiore nach Verbania-Intra startet. Wer sich also den großen Bogen um den See herum sparen möchte, kann hier einige Kilometer abkürzen.

TOUR WANDERUNG ODER GONDELFAHRT AUF DEN SASSO DEL FERRO

Ein Transportmittel besonderer Art findet sich in der Via Don C. Tinelli. Dort ist die Talstation der sogenannten **Funivie del Lago Maggiore,** die – stark übertrieben – als „Top of the World" vermarktet wird. Hoch hinaus geht es aber dennoch und zwar in ganz besonderer Weise. Der **Aussichtspunkt** auf dem 1062 m hohen Gipfel des **Sasso del Ferro** lässt sich mit einem Korblift erreichen. Manch einer bezeichnet die Gondeln als schwebende Farb- oder Putzeimer, andere wiederum sehen überdimensionale Blumenvasen darin. Es handelt sich um Korbgondeln, in die maximal zwei Personen hineinpassen – stehend. Die Gondeln sind oben offen, nur jede dritte Gondel ist geschlossen, also überdacht. Schon während der Fahrt hat man einen wunderbaren Ausblick auf den See. Oben angekommen, erblickt man am Horizont die Dufourspitze, den höchsten Berg der Schweiz.

Den Ausblick kann man auch im Rahmen einer Wanderung erleben. In unmittelbarer Nähe der Talstation beginnt die Via Vararo. Sie führt steil aus dem Ort hinaus und an einer kleinen Kapelle vorbei in den Wald hinein. Für die Überwindung der rund 800 Höhenmeter sollte man eineinhalb Stunden einplanen. Kurz vor dem Gipfel erreicht man die Bergstation der Gondelbahn, wo man sich zugleich im Restaurant für den Aufstieg belohnen kann (www.funiviedella gomaggiore.it).

Dieses Transportmittel erfordert etwas Mut

Historische Deckenfresken in der Rocca d'Angera

Eine Vorausbuchung ist nicht notwendig, da die Fähre im 20-Minuten-Takt pendelt (www.navigazionelaghi.it).

Angera

Die kleine Altstadt von Angera ist recht überschaubar und besteht im Wesentlichen aus Wohnhäusern in teils engen Gassen. Das touristische Leben spielt sich überwiegend entlang der **Piazza Garibaldi** ab, die sich als Promenade am Seeufer erstreckt. Die Hauptsehenswürdigkeit ist die **Rocca d'Angera** (Via Rocca Castello 2, www.isoleborromee.it/rocca-di-angera). Diese mittelalterliche Burg er-

INFO DIE ADELSFAMILIE BORROMEO

Das italienische Adelsgeschlecht Borromeo stammte ursprünglich aus der Region rund um Pisa und aus Rom. Zunächst eine Kaufmannsfamilie, gründete man im 14. Jahrhundert Bankfilialen in der Toskana und in Venezien. Mit ihrem Aufstieg zu einer der **bedeutendsten Bankiersfamilien** kauften die Borromeos Mitte des 15. Jahrhunderts die beiden Burgen in Arona (s. S. 96) und Angera, womit sie zu **Grafen von Arona** wurden und den Schiffsverkehr auf dem Lago Maggiore kontrollierten. Zu ihren Besitztümern gehörte die nach ihnen benannte Inselgruppe, die **Borromäischen Inseln** im Golf von Verbania, die teils auch heute noch in Familienbesitz sind. Die dort vorhandenen Paläste wurden allesamt von der Adelsfamilie errichtet.

Die Mitglieder der Familie waren aber nicht alle im Bankgewerbe tätig. **Carlo Borromeo** war beispielsweise **Erzbischof und Kardinal von Mailand.** Ernannt wurde er von seinem Onkel, **Papst Pius IV.** Darüber hinaus gab es weitere Kardinäle aus dem Geschlecht der Borromeo.

Noch heute hat die Adelsfamilie **weitreichende Verbindungen zu anderen royalen Häusern** in Europa. So fand auf einer der Borromäischen Inseln, der Isola Bella, im Jahr 2011 die Hochzeit zwischen Matilde dei Principe Borromeo Arese Taverna und Prinz Antonius zu Fürstenberg statt. Mit der Heirat wurde sie zu Prinzessin Matilde zu Fürstenberg und damit Teil des schwäbischen Adelsgeschlechts. Matildes Halbschwester Beatrice heiratete Pierre Rainier Stefano Casiraghi. Die Hochzeit fand 2015 im Fürstenpalast von Monaco statt. Pierre ist der Enkelsohn von Fürst Rainier III. von Monaco und Fürstin Gracia Patricia und der jüngste Sohn von Prinzessin Caroline, geborene Grimaldi.

50 Camping Città di Angera

GPS 45.761726, 8.583564

Großer Campingplatz südlich von Angera, umgeben von Wald in ruhiger Lage, mit Poolanlage und direktem Zugang zum Lago Maggiore. Ein Großteil der Fläche ist für Dauercamper vorgesehen, doch es gibt auch einen Bereich für Touristen unter schattigen Bäumen. Zu Fuß benötigt man eine Dreiviertelstunde bis zur Promenade in Angera. Zur Burg ist es dann noch ein weiteres Stück bergauf. **Lage/Anfahrt:** in Angera die SP48 halbrechts in Richtung Sesto verlassen und wenig später vor dem Supermarkt rechts in die Via Bruschera, durch den Wald bis zum Campingplatz; **Platzanzahl:** 60; **Untergrund:** Wiese; fest; **Service:** Strom, Trinkwasser, Abwasser, Chemie-WC; **Sicherheit:** umzäunt, beleuchtet, bewacht; **Preiskat.:** €€; **Geöffnet:** Anf. März–Ende Okt.; **Kontakt:** Via Bruschera 99, 21021 Angera VA, Tel. 0331930736, www.campingcittadiangera.it

51 Camping Lido Okay

GPS 45.749063, 8.597133

Campingplatz zwischen Angera und Lisanza in ruhiger Lage nahe einem weitläufigen Waldgebiet, mit Poolbereich und einem Areal für Dauercamper. Direkter Zugang zum See. **Lage/Anfahrt:** Zufahrt wie beim Camping Città di Angera (s. l.), jedoch am Supermarkt weiter geradeaus; **Platzanzahl:** 30; **Untergrund:** Wiese; fest; **Service:** Strom, Trinkwasser, Abwasser, Chemie-WC; **Sicherheit:** umzäunt, beleuchtet, bewacht; **Preiskat.:** €€€; **Geöffnet:** Ende März–Mitte Okt.; **Kontakt:** Via Angera 115, 21018 Lisanza, Sesto Calende VA, Tel. 0331974235, www.camping-okay.com

hebt sich stolz auf einem Kalksteinfelsen und ist bereits seit Mitte des 15. Jahrhunderts im Besitz der **Adelsfamilie Borromeo.** Hier hat man nicht nur gute Sicht auf den See und auf die **Festung Arona** (s. S. 96), die ebenfalls im Besitz der Adelsfamilie ist, sondern auch Gelegenheit, die mehrflügelige Burg zu besichtigen. So befinden sich zum Beispiel zahlreiche Fresken im sogenannten Scaligera-Flügel, der erst vor wenigen Jahren komplett restauriert wurde. Darüber hinaus besticht die

Die Rocca di Angera wurde auf einem Felssporn erbaut

Rocca d'Angera mit mehreren Prunksälen wie dem Sala di Giustizia. Dieser beherbergt einen Freskenzyklus aus dem 13. Jahrhundert.

Touristinfo, Piazzale della Vittoria 2, www.angera.it

Arona

Ganz entspannt schlendert man in Arona entweder durch die **kopfsteingepflasterten Gassen** oder man flaniert an der **Uferpromenade** mit Blick auf den **Hafen.** Dieser ist Ausgangspunkt für **Schiffstouren** (www.navigazione laghi.it). Es besteht sogar die Möglichkeit, einen Tagesausflug über die Grenze bis nach **Locarno** zu unternehmen.

Auf einem Felsen wurde Ende des 9. Jahrhunderts eine **Festung** errichtet, die später in den Besitz der Familie Visconti gelang und Mitte des 15. Jahrhunderts an die Adelsfamilie Borromeo (s. S. 94) fiel. Die Festung wurde zu einem Schloss umgebaut, in dem am 2. Oktober 1538 Karl Borromäus (Carlo Borromeo) zur Welt kam. Heute nur noch eine Ruine,

TIPP KOLOSS SAN CARLO

Rund eineinhalb Kilometer nördlich der Altstadt, außerhalb von Arona, erhebt sich die 23 Meter hohe Statue des hl. Karl Borromäus auf einem 11 Meter hohen Granitsockel. Wenige Jahre nach der Heiligsprechung Karls bekleidete sein Cousin Federico das Amt des Erzbischofs von Mailand. In dieser Funktion ordnete er an, dass auf dem Sacro Monte bei Arona dem Heiligen zu Ehren diese Statue gebaut werde. Er selbst erlebte die Fertigstellung nicht mehr, doch einer seiner Nachfolger und sein Namensvetter Federico Caccia segnete die überdimensionale Figur im Jahr ihrer Fertigstellung 1698. Gegen eine Eintrittsgebühr kann man über eine Treppe die Aussichtsplattform des Granitsockels erreichen. Wer schwindelfrei ist, in engen Räumen gut zurechtkommt und sich auch nicht scheut, auf eine Leiter zu klettern, kann sogar noch ein Stück weiter hinauf, denn die Statue ist begehbar: Es besteht die Möglichkeit, im Innern der Figur hinaufzuklettern und aus kleinen Öffnungen in den Ohren und den Augen des Kolosses hinauszublicken. Das tat vermutlich auch der französische Bildhauer Frédéric-Auguste Bartholdi, dessen Familie aus Oberitalien stammt, als er 1869 von einer Reise aus Ägypten auf dem Weg in seine Heimat einen Zwischenstopp am Lago Maggiore einlegte. Jedenfalls ließ er sich hier für den Bau einer größeren Statue inspirieren, die ebenfalls von innen begehbar ist – der Freiheitsstatue von New York.

Der Koloss San Carlo gilt als Vorbild für die Statue of Liberty

hat man rundum im **Parco della Rocca Borromea** die Möglichkeit, gemütlich durch die Grünanlage zu spazieren und die Aussicht zu genießen. Empfehlenswert ist außerdem die Einkehr im Restaurant **La Corte della Rocchetta** (Via alla Rocca 22, www.parcorocca arona.com/la-corte), das sich in Sichtweite der Ruine mitten im Grünen befindet und unter anderem eine umfangreiche Vorspeisenplatte anbietet.

Touristinfo, Largo Pietro Vidale, www.arona.travel

Stresa und die Borromäischen Inseln

Stresa ist ein kleiner, quirliger Urlaubsort mit zahlreichen Souvenirläden und Einkehrmöglichkeiten in der gemütlichen Altstadt. Entspannung findet man auf einer der Außenterrassen an der kleinen **Piazza Luigi Cadorna** oder auch in den engen, kopfsteingepflasterten Gassen. Entlang der **Uferpromenade** lässt man auf der einen Seite den Blick über den See schweifen, während sich auf der anderen Seite stolz die prächtigen Fassaden der hiesigen Grandhotels erheben, eine üppiger als die nächste.

Vielen Besuchern dient Stresa als Ausgangspunkt für eine **Bootstour zu den Borromäischen Inseln,** die diverse Anbieter von hier aus starten (www.navigazione-isoleborromee.it, www.stresaholidays.com, www.isoleborromee-tour.it). Fünf Inseln erheben sich in der Bucht zwischen Stresa und Verbania aus dem Wasser. Die größte ist die **Isola Madre,** ungefähr auf halber Höhe zwischen Stresa und Verbania und damit am weitesten vom Ufer entfernt.

52 Camping Village Lago Maggiore

GPS 45.735299, 8.575649

Großer, lebhafter Campingplatz drei Kilometer südlich von Arona mit moderner Ausstattung wie Pool und Restaurant, jedoch ohne eigenen Badestrand. Der Platz ist durch eine kleine Straße vom Seeufer abgetrennt, dort befinden sich Liegewiesen. Großer Supermarkt am Campingplatz. **Lage/Anfahrt:** in Dormelletto auf der SS33 zum zweiten Kreisverkehr und dann rechts; **Platzanzahl:** 100; **Untergrund:** Wiese; fest; **Service:** Strom, Trinkwasser, Abwasser, Chemie-WC; **Sicherheit:** umzäunt, beleuchtet, bewacht; **Preiskat.:** €€€; **Geöffnet:** Anf. April–Ende Sept.; **Kontakt:** Via Salvador Dalì 2, 28040 Dormelletto NO, Tel. 0322497193, www.lagomag.com

Für die Borromäischen Inseln sollte man sich viel Zeit nehmen

Terrassenförmig zeigt sich der Garten auf der Isola Bella

TIPP PARK PALLACIVINO

An einem Felshang südlich von Stresa befindet sich diese schöne, baumreiche und schattige Parklandschaft rund um den gleichnamigen Palast. Insbesondere Kinder haben ihre helle Freude an dem dazugehörigen Streichelzoo (Via Sempione Sud 8, www.isoleborromee.it/parco-pallavicino).

Besiedelt war die Insel bereits im 9. Jahrhundert, als dort eine Kirche errichtet wurde. Im 16. Jahrhundert ließen Mitglieder der Adelsfamilie Borromeo (s. S. 94) ein Herrenhaus auf den Grundmauern der Kirche errichten, das im Laufe der Zeit zum heutigen **Palazzo Madre** (www.isoleborromee.it) erweitert wurde. Es befindet sich am Südufer der Insel, direkt oberhalb des palmengesäumten Fähranlegers. Dahinter erstreckt sich über den kompletten Rest des Eilands ein sehenswerter **Englischer Garten.** Auf den Kieswegen spaziert man meist nicht allein, denn zahlreiche **Pfauen** leben auf der Insel und verleihen der Isola Madre einen besonderen Charme.

Isola Bella ist nur geringfügig kleiner als die Isola Madre und liegt Stresa am nächsten. Benannt wurde das Eiland nach Isabella D'Adda, einer lombardischen Adligen und Ehefrau von Carlo III. Borromeo – nicht zu verwechseln mit dem hl. Karl Borromäus. Carlo III. war derjenige, der im 17. Jahrhundert damit begann, einen **Palast** im barocken Stil errichten zu lassen. Dieser erhebt sich am Nordufer der Insel. Gerne wird der Vergleich zu einem Schiff gezogen, denn in der Tat läuft die Insel spitz zu wie ein Schiffsbug und der Palazzo ähnelt einem mächtigen Decksaufbau.

Die dritte Insel im Bunde ist die **Isola Superior** oder auch Isola dei Pescatori. Der länglichen Insel mangelt es an Platz für einen Palast, dennoch ist sie fast komplett bebaut. Lediglich an der Nordspitze findet man eini-

TIPP **MONTE MOTTARONE**

Westlich von Stresa, zwischen dem Lago Maggiore und dem Lago d'Orta, erhebt sich der 1491 m hohe Monte Mottarone. Von seinem Gipfel, auf dem sich zahlreiche Antennenmasten befinden, hat man bei gutem Wetter einen **wunderbaren Ausblick** auf die beiden Seen. Unterhalb des Gipfels wird eine **Sommerrodelbahn** (www.alpyland.com) betrieben. Auf dem Weg zum Gipfel kann man am **Botanischen Garten** (Via Alpinia 22, http://giardinobotanicoalpinia.altervista.org) einen Halt einlegen. Neben den mehr als 700 Pflanzen kann man von hier auch den Weitblick über den nördlichen Teil des Lago Maggiore bestaunen. Bei guter Sicht sind die schneebedeckten Alpengipfel in der Schweiz deutlich zu erkennen. Knapp unterhalb des Gipfelplateaus verläuft eine Ringstraße, an der zwei große Schotterparkplätze auch Platz für Wohnmobile bereithalten, die Auffahrt verläuft jedoch über eine kostenpflichtige Privatstraße. Die Mauthäuschen befinden sich kurz hinter dem Campingplatz 7 Camini (s. S. 100) auf rund 850 Metern Höhe.

ge Bäume. Ansonsten ist man in den vielen kleinen und sehr engen Gassen unterwegs, die zuweilen zu Orientierungsproblemen führen können, obwohl die Insel nur 70 Meter breit ist und es meist nicht lange dauert, bis man aus dem Gewirr der Gassen wieder zum Ufer gelangt. Bewohnt war die Insel bereits im 14. Jahrhundert und ist es bis heute durchgehend geblieben.

Zwischen der Isola Superior und der Isola Bella befindet sich als kleinste der Borromäischen Inseln die **Scoglio della Malghera.** In ihrer breitesten Ausdehnung bringt sie es gerade einmal auf etwa 30 Meter. Die unbewohnte Insel lässt sich üblicherweise nicht besuchen. Auch die **Isola di San Giovanni,** nahe der Küste bei Verbania, lässt sich nicht betreten. Sie ist zwar bebaut, befindet sich aber noch heute in Privatbesitz der Familie Borromeo. Ein Besuch ist daher nicht möglich.

Kleine Buchten laden zum Verweilen ein

www.isoleborromee.it

Touristinfo, Piazza Marconi, www.stresaturismo.it

53 Wohnmobilstellplatz Stresa

GPS 45.887777, 8.526392

Zentraler, zweckmäßig gelegener Stellplatz in Stresa, der aber gerade einmal acht enge Stellflächen bietet, eine frühe Anreise ist hier dringend empfohlen. Eine Aussicht gibt es hinter zwei Wohnhäusern direkt neben einem öffentlichen Parkplatz nicht. Es besteht auch die Möglichkeit, stundenweise zu parken. **Lage/Anfahrt:** an der Altstadt von Stresa vorbei, nach der Linkskurve bis zur Ampel und dann zwei Mal links; **Platzanzahl:** 8; **Untergrund:** Rasengitter; **Service:** Trinkwasser, Abwasser, Chemie-WC; **Preiskat.:** €€€; **Geöffnet:** ganzjährig; **Kontakt:** Via Privata F. Lli Bandiera 2, 28838 Stresa VB

54 Camping 7 Camini

GPS 45.876121, 8.499320

Großer, aber dennoch ruhiger Campingplatz direkt an der Straße zwischen Stresa und dem Gipfel des Monte Mottarone. Überwiegend Dauercamper und Mobilheime und nur ein sehr kleiner Bereich für Touristen. **Lage/Anfahrt:** der Straße zum Gipfel folgen; **Platzanzahl:** 10; **Untergrund:** Wiese; **Service:** Strom, Trinkwasser, Abwasser, Chemie-WC; **Sicherheit:** umzäunt, beleuchtet, bewacht; **Preiskat.:** €€; **Geöffnet:** Juni–Sept., sonst nur an den Wochenenden; **Kontakt:** Via Pianezza 7, 28836 Gignese VB, Tel. 032320183, www.camping7camini.it

Die Promenade von Baveno lädt zum Spazieren ein

Baveno

Baveno könnte man ein „Stresa in Miniatur“ nennen. Die Altstadt ist kleiner, die Promenade ist kürzer und es existieren ebenfalls Überfahrten zu den Borromäischen Inseln. Grandhotels gibt es zwar nicht, dafür jedoch viele andere Übernachtungsmöglichkeiten und im Gegensatz zu Stresa sogar einen Campingplatz. Baveno ist auch vom **Granitabbau** geprägt, was sich an der Westflanke des **Monte Camoscio** stark bemerkbar macht. Der Granit ist wegen seiner rosafarbenen Tönung begehrt. Man findet ihn in zahlreichen italienischen Gotteshäusern und in der aus dem 19. Jahrhundert stammenden Mailänder Einkaufsgalerie Vittorio Emanuele II.

55 Wohnmobilstellplatz Baveno

GPS 45.911663, 8.500499

Einer der raren Wohnmobilstellplätze in dieser Gegend, direkt neben einer Bahntrasse, rund 500 Meter vom See und von der Altstadt entfernt, teilweise sehr schräg angelegt. Der Platz wird auch von Pkw genutzt. **Lage/Anfahrt:** auf der SS33 bis zum Kreisverkehr in Baveno, dort in Richtung Bahnhof abbiegen, kurz darauf halbrechts in die enge Eisenbahnunterführung, gleich hinter dem Tunnel links; **Platzanzahl:** 30; **Untergrund:** Pflaster; **Service:** Abwasser, Chemie-WC; **Preiskat.:** €€; **Geöffnet:** ganzjährig; **Kontakt:** Via Brera 15, 28831 Baveno VB

56 Camping Parisi

GPS 45.912142, 8.505944

Kleiner, überschaubarer und ruhiger Campingplatz am Nordrand von Baveno mit Stellflächen direkt am Ufer. **Lage/Anfahrt:** auf der SS33 zwischen Grand Hotel Dino und Kreisverkehr in die Via Liberazione oder in die Via Piave einbiegen; **Platzanzahl:** 35; **Untergrund:** Wiese; fest; **Service:** Strom, Trinkwasser, Abwasser, Chemie-WC; **Sicherheit:** umzäunt, beleuchtet, bewacht; **Preiskat.:** €€€; **Geöffnet:** April–Sept.; **Kontakt:** Via Piave 50, 28831 Baveno VB, Tel. 0323924160, www.campingparisi.it

Vor der Kulisse der Alpen erstreckt sich Verbania am Seeufer

TOUR WANDERUNG AUF DEN MONTE CAMOSCIO

Ein mittelschwerer bis schwerer Wanderweg entlang des waldreichen Südhangs des Monte Camoscio beginnt am kleinen Wanderparkplatz am Ostrand von Baveno. Für die **rund 800 Höhenmeter** ist stellenweise Trittsicherheit und vor allen Dingen festes Schuhwerk notwendig. Nicht selten ist man auf losem Schotter unterwegs. Unerfahrenen Wanderern oder Wanderern mit wenig Kondition ist der Aufstieg nicht zu empfehlen. Man sollte ausreichend Wasser mit sich führen. Für den teilweise anstrengenden Aufstieg wird man jedoch mit einem wunderbaren Blick auf den Lago Maggiore belohnt. Das Panorama, das sich von diesem Berg entfaltet, muss sich nicht vor dem vom deutlich höheren Monte Mottarone verstecken. Hier trifft man nicht viele andere Urlauber und kann mit etwas Glück den Gipfelblick abseits der touristischen Hauptrouten für sich allein genießen.

Touristinfo, Piazza della Chiesa 8, www.bavenoturismo.it

Verbania

Verbania wurde auf Geheiß von Benito Mussolini Ende der 1930er-Jahre als Zusammenschluss der beiden heutigen Ortsteile Pallanza und Intra gegründet. Noch heute benutzt man diese beiden Namen anstelle der offiziellen Bezeichnung Verbania. Auch als Tourist spürt man, dass es sich einst um zwei Ortschaften handelte. Es existieren zwei Altstädte, die durch den **Fluss Torrente San Bernardino** voneinander getrennt sind. **Intra** befindet sich nördlich des Flusses, während sich **Pallanza** zwischen der Verbania-Bucht und dem südlichen Flussufer erstreckt. Der zentral gelegene Stellplatz befindet sich in Pallanza, von wo aus man zu Fuß bequem über die Viale Giuseppe Azari in die Altstadt gelangt.

Die überschaubaren Gassen führen allesamt leicht bergab zur **Uferpromenade.** Auf der einen Seite lädt das kleine **Fährterminal** zu **Bootsausflügen** (Viale delle Magnolie 2, www.navigazionelaghi.it) auf dem See ein, während sich auf der anderen Seite das **Mausoleum von Luigi Cadorna** (Piazza Giuseppe Garibaldi) befindet.

TIPP LAGO MAGGIORE ZIPLINE

Lust auf Nervenkitzel? Westlich des Lago Maggiore erheben sich die Berge, die bis in den Nationalpark Val Grande reichen. Zwei dortige Gipfel heißen **Pian d'Arla** und **Alpe Segletta.** Dazwischen liegt das **Intrasca-Tal.** Wer einen Adrenalinschub benötigt, kann auf einer Höhe von rund 1300 Metern am Pian d'Arla die Karabiner einhaken und an einem Seil 1,8 km über das Tal hinweg sausen. Mit einer Geschwindigkeit von rund 120 km/h erreicht man die Alpe Segletta in 960 Metern Höhe. Anschließend kann man die strapazierten Nerven mit einer Einkehr im Café und Restaurant beruhigen. Es gibt zwei Positionen, in denen man über das Tal schweben kann. Beim Freestyle bleibt man aufrecht am Seil hängen, während der Falkenstil die klassische Variante ist. Am Rücken aufgehängt „fliegt" man die rund 90 Sekunden fast wie ein Vogel durch die Lüfte (Località Alpe Segletta, 28812 Aurano, www.maggioreseezipline.it).

TIPP BOTANISCHER GARTEN

Die Hauptattraktion von Verbania ist sicherlich der **Botanische Garten** nordöstlich der Altstadt von Pallanza. Die auf einem kleinen Hügel errichteten Terrassengärten entstanden auf Initiative des Schotten Neil Boyd McEacharn. Er erwarb die im Jahr 1870 errichtete Villa und ließ direkt im Anschluss den umfangreichen Botanischen Garten anlegen.

Die Villa kann zwar nicht besichtigt werden, dafür jedoch die zahlreichen Blumenbeete, Terrassengärten und Gewächshäuser. Zwischen dem schönen, alten Baumbestand findet man bis zu 20.000 Blumen und andere Pflanzen. Mehrere Wege führen über das Areal und bieten, besonders am höher gelegenen Wasserbecken, einen schönen Blick über die Flora. Das Parken mit dem Wohnmobil ist jedoch, wie auf vielen öffentlichen Parkplätzen am Ufer, nicht erlaubt (Via Vittorio Veneto 111, www.villataranto.it).

Der Besuch der Botanischen Gärten der Villa ist ein Genuss für Auge und Seele

57 Wohnmobilstellplatz Verbania

GPS 45.931187, 8.553089

Zentraler und dennoch ruhiger Stellplatz mitten in der Stadt, nördlich der Altstadt von Verbania-Pallanza. Hinter zwei Wohnhäusern gelegen und nur wenige Gehminuten von einem großen Supermarkt entfernt. Wer einen der Plätze unter den Bäumen ergattert, hat ein wenig mehr Privatsphäre. Ansonsten steht man nebeneinander und sehr dicht zusammen. Entsorgungsstation in rund 800 m Entfernung. **Lage/Anfahrt:** auf der SS34 bis Verbania, am zweiten Kreisverkehr links, am nächsten Kreisverkehr geradeaus und nach 150 Metern links in die Einfahrt zwischen den beiden Wohnhäusern; **Platzanzahl:** 36, davon 18 mit Stromanschluss; **Untergrund:** Asphalt; **Service:** Strom; **Sicherheit:** Schranke; **Preiskat.:** €; **Geöffnet:** ganzjährig; **Kontakt:** Viale Giuseppe Azari 97, 28922 Pallanza VB, Tel. 03466978254, http://itinerantivco.xoom.it

Luftig und idyllisch wirkt die Altstadt von **Intra.** Hier flaniert man zwischen Fährterminal und dem weiter nördlich gelegenen nächsten Fluss entspannt an der **Uferpromenade** entlang. Dazwischen laden zahlreiche Cafés zum Genuss auf den kleinen Plätzen und in den engen Gassen ein. Abseits der Uferpromenade gelangt man durch das historische Zentrum von Verbania zur **Basilika di San Vittore** (Piazza San Vittore 5). Sie ist eines der größten Gotteshäuser der Stadt und ersetzte eine Kirche, die bereits im 5. Jahrhundert an gleicher Stelle stand.

LITERATURTIPP

Ausführlichere Routenvorschläge und Informationen zur Region findet man im Wohnmobil-Tourguide „Oberitalien" im Reise Know-How Verlag.

Michael Moll

Durch das Aostatal

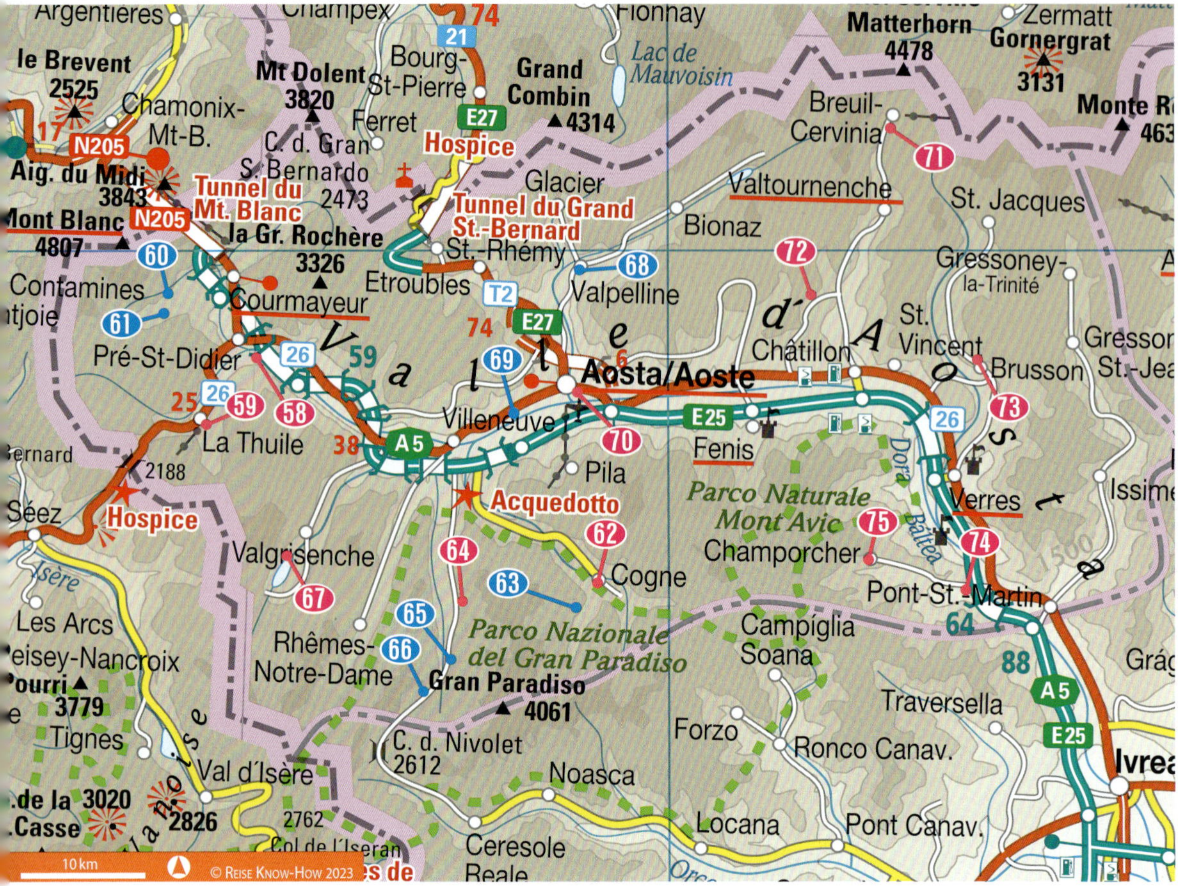

Das Aostatal ist eine kleine Welt für sich. Vom für die Region namensgebenden Haupttal zweigen zahlreiche kleine Nebentäler ab – und was für welche! Reist man über den Gotthardpass an, lernt man gleich eines kennen. Nur wenige Kilometer östlich verläuft beinahe parallel das Valtournenche, an dessen Ende man einen beeindruckenden Blick auf das Matterhorn genießt. Südlich des Aostatals zweigen weitere kleine Täler ab, die das Herzstück des Nationalparks Gran Paradiso bilden. Hier lässt man einfach mal das Wohnmobil auf einem der vielen Stellplätze stehen und schlüpft in die Wanderschuhe, um die beeindruckende Bergkulisse zu erkunden.

Beeindruckend ist auch das Highlight der Region, das sich am Ende des Aostatals erhebt. Der Mont Blanc, auf italienisch Monte Bianco, lässt sich selbstverständlich nicht so ohne Weiteres besteigen. Doch auf zahlreichen Touren und mit Seilbahnen kann man sich dem Gipfel zumindest annähern. Campingurlauber kommen hier voll auf ihre Kosten, denn am Fuße des Mont Blanc laden zahlreiche Camping- und Wohnmobilstellplätze zur Übernachtung ein. Außerdem lockt die Stadt Aosta mit viel Kultur und römischer Geschichte. Sie ist der zentrale Hauptort der kleinsten Region Italiens, die autonom und zweisprachig ist.

TOUREN-ÜBERBLICK

Routenempfehlung: Courmayeur – Nationalpark Gran Paradiso – Aosta – Valtournenche-Tal – Bard
Länge gesamt: 197 km
Dauer: ca. 3–4 Tage
Reisezeit: ganzjährig, die Region ist auch Wintersportgebiet, es kann im Winter je nach Wetterlage sein, dass Teilbereiche gesperrt sind

Bequem hinauf in das Bergmassiv

Courmayeur und Mont Blanc

In grandioser Kulisse vor dem Mont-Blanc-Massiv erstreckt sich im oberen Teil des Aostatals die Ortschaft **Courmayeur.** Sie ist vom **Mont Blanc,** dem höchsten Berg Westeuropas, und vom gleichnamigen Tunnel nach Chamonix geprägt. Die meisten Besucher werden den Mont Blanc nicht besteigen, aber es gibt natürlich viele Möglichkeiten, ihn zu sehen und sich ihm zu nähern. Eine bequeme Möglichkeit ist die Fahrt mit dem **Skyway Monte Bianco** (SS26 dir 48, www.montebianco.com). In unmittelbarer Nähe der Tunneleinfahrt startet diese einzigartige Kabinenbahn, die rund 80 Personen befördern kann, mit Zwischenstation am Pavillon du Mont Fréty bis zur **Punta Helbronner.** Schon hier ist man in einer sagenhaften Höhe von fast 3500 Metern, was bedeutet, dass man auch im Sommer warme Kleidung mitnehmen sollte. Wem das noch nicht reicht, der kann mit der Kleinkabinenbahn über das Vallée Blanche reisen. Diese halbstündige Fahrt verläuft über rund fünf Kilometer bis zum **Aiguille du Midi.** Die kleinen Gondeln fahren über ein majestätisches, schneebedecktes Hochtal (Vallée Blanche), wobei der Höhenunterschied nur noch gering ist. Die Bergstation auf dem französischen Aiguille du Midi liegt knapp unter 3800 Metern. Man sollte jedoch nicht erschrecken, wenn die Gondeln mitten über der Schneewüste stoppen. Fünf Mal geschieht das, damit andere Passagiere an den Endstationen der Seilbahn zusteigen können. Von der markanten Felsspitze aus hat man einen einzigartigen Blick über weite Teile des Mont Blanc-Massivs. Hat man sich sattgesehen, kann man in die nächste Seilbahn einsteigen und sich in den französischen Ort Chamonix befördern lassen. Allerdings hat diese gemächliche Reise durch die Lüfte ihren Preis. Zurück geht es per Hin- und

Rückfahrtticket auf demselben Weg. Alternativ kann man auch per Flixbus durch den Mont-Blanc-Tunnel zurückfahren.

Touristinfo Courmayeur, Piazzale Monte Bianco 15, www.lovecourmayeur.com

58 Wohnmobilstellplatz Prè-Saint-Didier

GPS 45.762427, 6.989373

Schattig gelegener Stellplatz gleich neben einer Felswand kurz vor Courmayeur. Aus touristischer Sicht eigentlich wenig reizvoll, aber strategisch gut gelegen für eine Zwischenübernachtung. **Lage/Anfahrt:** SS26, am Rande des kleinen Orts Pré-Saint-Didier kurz vor Courmayeur; **Platzanzahl:** 30; **Untergrund:** Rasengitter; **Service:** Strom, Trinkwasser, Abwasser, Chemie-WC; **Sicherheit:** Schranke; **Preiskat.:** €; **Geöffnet:** ganzjährig; **Kontakt:** Avenue du Mont Blanc 3, 11010 Pré-Saint-Didier AO

59 Wohnmobilstellplatz La Thuile

GPS 45.708000, 6.953660

Von Pré-Saint-Didier zweigt ein Seitental in Richtung Kleiner-St.-Bernhard-Pass bzw. Frankreich ab. Ungefähr auf halber Strecke zum Grenzübergang befindet sich dieser etwas größere Parkplatz in relativ ruhiger Lage. Sehr schöner Ausgangspunkt, um in einer zweistündigen Wandertour die sehenswerten Rutor-Wasserfälle zu erreichen. Nach einer weiteren halben Stunde gelangt man zur Rifugio Alberto Deffeyes, von wo aus man den gleichnamigen Gletscher erblickt. **Lage/Anfahrt:** am Ortsrand von La Thuile, nach Überquerung der Straßenbrücke im Ort von Pré-Saint-Didier kommend sofort links abbiegen; **Platzanzahl:** 35; **Untergrund:** Pflaster; **Service:** Strom, Trinkwasser, Abwasser, Chemie-WC; **Sicherheit:** umzäunt; **Preiskat.:** €€; **Geöffnet:** ganzjährig; **Kontakt:** Frazione Villaret, 11016 La Thuile AO

INFO MONT BLANC

Der Mont Blanc müsste in diesem Buch richtigerweise als Monte Bianco bezeichnet werden, denn so lautet der italienische Name des mit einer Höhe von 4810 Metern höchsten Bergs Westeuropas. Manche Quellen bezeichnen ihn als den höchsten Gipfel des gesamten Kontinents, aber das ist Definitionssache, denn ob der 5642 Meter hohe Elbrus im Kaukasus noch in Europa oder schon in Asien liegt, ist nicht geklärt. Die Erstbesteigung des Mont Blanc fand im August 1786 statt. Wofür die beiden aus Chamonix stammenden Bergsteiger Jacques Balmat und Michel-Gabriel Paccard noch mehr als einen Tag benötigten, schaffen Extremsportler heute in etwas weniger als fünf Stunden – inklusive Abstieg. Der französisch-italienische Grenzverlauf über das Massiv ist nicht eindeutig. Aus italienischer Sicht ist der Mont Blanc der höchste Berg Frankreichs und Italiens, weil die Grenze genau über den Gipfel verläuft. Frankreich sieht das allerdings anders und behauptet, das gesamte Gipfelgebiet sei französisch. Damit wäre der höchste Gipfel Italiens „nur" der etwas vorgelagerte Mont Blanc de Courmayeur mit 4748 Metern. Beide Gipfel sind lediglich durch einen kaum spürbaren Bergsattel voneinander getrennt.

TOUR WANDERUNG RUND UM DEN MONT BLANC

Sieben bis zehn Tagesetappen sollte man einplanen, wenn man den Mont Blanc einmal komplett auf Schusters Rappen umrunden möchte. Der Aufwand lohnt sich aber, auch wenn man den Mont Blanc dabei nicht besteigt. Immerhin ist man sowohl in Italien als auch in Frankreich und der Schweiz unterwegs. Gleichwohl ist die Wanderung ein stetes Auf und Ab. Mit 2756 Metern erreicht man den höchsten Punkt der Runde, den **Tête Nord des Fours,** der ein wunderschönes Alpenpanorama bereithält. Mehrere Seitentäler wie das **Val Ferret** und das **Val Montjoie** werden durchquert. Am Ende der Wanderung, die wahlweise in Courmayeur oder auf französischem Boden in Chamonix gestartet werden kann, haben die Wanderschuhe gute 175 Kilometer mitgemacht. Die Strecke wird auch als geführte Trekkingtour angeboten. Übernachtet wird unterwegs unter anderem in den Hütten Miage, Le Truc und Les Mottet (https://montblanctreks.com/tour-du-mont-blanc).

Dutzende Wandermöglichkeiten versprechen tolle Aussichten

60 Campeggio Monte Bianco La Sorgente

GPS 45.804945, 6.924993

Man sieht den Gipfel vor lauter Bergen nicht – so könnte man diesen Campingplatz im Val Veny, südöstlich von Courmayeur, beschreiben. Er liegt so nah am Fuß des Mont Blanc, dass man den Gipfel nicht erblicken kann. Ideale Ausgangslage für Wanderungen. **Lage/Anfahrt:** in Courmayeur die Hauptstraße verlassen und über kleine Nebenstraßen der Beschilderung nach Val Veny folgen, über die kleine Brücke nach rechts; **Platzanzahl:** 150; **Untergrund:** Wiese; **Service:** Strom, Trinkwasser, Abwasser, Chemie-WC; **Sicherheit:** umzäunt, beleuchtet, bewacht; **Preiskat.:** €€; **Geöffnet:** Ende Mai–Mitte Sept.; **Kontakt:** Courmayeur loc. Peuterey 1, Val Veny, 11013 Courmayeur AO, Tel. 3355226120, www.campinglasorgente.net

Die Wanderschuhe nicht vergessen!

61 Camping Aiguille-Noire

GPS 45.800739, 6.923626

Großer und moderner Campingplatz im Val Veny am Fuß des Mont Blanc. **Lage/Anfahrt:** wie Campeggio Monte Bianco La Sorgente (s. l.), nur nicht über die Brücke, sondern weiter geradeaus; **Platzanzahl:** 50; **Untergrund:** Wiese; **Service:** Strom, Trinkwasser, Abwasser, Chemie-WC; **Sicherheit:** umzäunt, beleuchtet, bewacht; **Preiskat.:** €€; **Geöffnet:** Juni–Sept.; **Kontakt:** Camping Aiguille-Noire, Località La Zerotta – Val Veny, 11013 Courmayeur AO, Tel. 0165869041, www.aiguillenoire.com

Nationalpark Gran Paradiso

Südlich des Aostatals erstreckt sich der Nationalpark Gran Paradiso, benannt nach seinem zentral gelegenen höchsten Berg. Der **Gran Paradiso** ist 4016 Meter hoch und gilt als höchster Berg Italiens, der komplett, also mit seiner gesamten Basis, auf italienischem Boden steht. Für Bergsteiger oder solche, die es werden wollen, gilt er als der einfachste Viertausender der Alpen, was aber nicht bedeutet, dass man ihn „mal eben so“ erwandern kann. Um ihn herum erstreckt sich der gleichnamige **Nationalpark,** der 1922 als erster Nationalpark Italiens eingerichtet wurde. Er beherbergt eine Vielzahl an seltenen Tierarten wie z. B. die Schmetterlingsart Apollo. Der typischste Bewohner ist sicher der Alpenstein-

bock, den man mit etwas Glück – im Sommer meist erst oberhalb der Baumgrenze – auf den üppigen Almen erspähen kann. Mehrere tausend Tiere leben im Nationalpark, die sich im Frühjahr und Winter auch in den niedrigeren Tallagen aufhalten. Hauptausgangspunkt für den Besuch des Nationalparks sind die Nachbargemeinden **Saint-Pierre** und **Villeneuve** westlich von Aosta. Von dort zweigen mehrere schmale Talstraßen südwärts ab. Am besten lernt man den Nationalpark natürlich **zu Fuß** kennen. So kann man zum Beispiel ab **Valnontey,** südlich des Cogne-Tals, über den fast 3300 Meter hohen Gebirgspass Col du Loson in das parallel verlaufende Tal **Valsavaranche** wandern. Es gibt aber viele weitere, auch kürzere Touren, die eine schöne **Tageswanderung** ermöglichen. Viele Wanderwege starten an den Campingplätzen oder führen daran vorbei. Eine Vielzahl an Wandervorschlägen findet man auf der Website des Nationalparks (www.pngp.it/de/besuchen/wandern).

TOUR MEHRTAGESWANDERUNG IM GRAN PARADISO

Wer das Wohnmobil mal ein paar Tage stehen lassen will, kann im Naturpark eine **Mehrtagestour** unternehmen, denn rund 20 Wanderhütten (www.pngp.it/visita-il-parco/dormire?field_tipologia_struttura_target_id=35) stehen im Nationalpark zur Verfügung, die sich teils als Etappen einer Route kombinieren lassen. Dabei kann man unter anderem den **Monte Taou Blanc** besteigen. Er gehört zu den Dreitausendern in den Alpen, die relativ einfach zu erwandern sind und keine größere Bergsteigererfahrung benötigen. Außerdem ist er wenig erschlossen. In der Gegend gibt es keine Wintersportorte und Seilbahnen, daher kann man das Alpenpanorama auf dem Gipfel durchaus auch mal allein erleben.

ⓘ **Parco Nazionale Gran Paradiso,** www.pngp.it. Es gibt zahlreiche kleine Besucherzentren, die jedes für sich eine interessante Ausstellung beherbergen. Das Besucherzentrum in Cogne (Vilage de Cogne 81, 11012 Cogne) zeigt zum Beispiel die Entwicklung des Nationalparks an Versuchsstationen, an denen Besucher Geräusche des Waldes und Düfte der Natur nachempfinden können. Andere Besucherzentren befassen sich mit Landschaftsformen, dem Thema Ackerbau, Raubtieren usw.

62 Wohnmobilstellplatz Cognes (Revettaz)

GPS 45.608691, 7.357970

Sehr großer Stellplatz mit engen Stellflächen. In der Hochsaison ist Kuschelcamping garantiert. Vom Platz aus kann man per Treppe oder mit dem Fahrstuhl in den etwas höher gelegenen Ort gelangen. Guter Ausgangspunkt für einen Besuch von Cogne und vor allem für Wandertouren im Nationalpark, max. Standzeit drei Nächte. **Lage/Anfahrt:** ab Amayvilles über die SR47 ins Tal hinein, in Cogne vor der Brücke halbrechts in Richtung Stellplatz, der hinter dem Großparkplatz liegt; **Platzanzahl:** 120; **Untergrund:** Asphalt; **Service:** Strom, Trinkwasser, Abwasser, Chemie-WC; **Sicherheit:** beleuchtet; **Preiskat.:** €; **Geöffnet:** ganzjährig; **Kontakt:** Area Camper Revettaz, Località Revettaz, 11012 Cogne AO, Tel. 0158976906

63 Campeggio Lo Stambecco

GPS 45.589048, 7.344260

Der große, terrassierte Platz befindet sich in einem Seitental des Cogne-Tals am Rande des kleinen Dorfs Valnontey. Er ist am Hang angelegt, daher weisen einige Parzellen eine leichte Schräge auf. Der Platz stellt einen guten Ausgangspunkt für Wandertouren im Nationalpark dar. **Lage/Anfahrt:** am ersten Kreisverkehr vor Cogne nicht in Richtung Zentrum, sondern halbrechts nach Valnontey, etwas steile und enge Zufahrt auf kurzer Schotterpiste; **Platzanzahl:** 140; **Untergrund:** Wiese; **Service:** Strom, Trinkwasser, Abwasser, Chemie-WC; **Sicherheit:** umzäunt, beleuchtet, bewacht; **Preiskat.:** €€; **Geöffnet:** Mitte Mai–Mitte Sept.; **Kontakt:** Frazione Valnontey 4, 11012 Cogne AO, Tel. 016574152, www.campeggiolostambecco.it

Ausblick in eines der vielen Täler am Nationalpark

64 Wohnmobilstellplatz Valsavarenche

GPS 45.594043, 7.207276

Ruhiger Stellplatz im mittleren Tal des Nationalparks, kurz vor dem kleinen Dorf Valsavarenche am Gebirgsbach Savara. Guter Ausgangspunkt für Wanderungen zum Col du Loson. **Lage/Anfahrt:** in Villeneuve die SS26 verlassen und der SR23 folgen; **Platzanzahl:** 10; **Untergrund:** Rasengitter; **Service:** Trinkwasser, Abwasser, Chemie-WC; **Sicherheit:** beleuchtet; **Preiskat.:** €; **Geöffnet:** ganzjährig; **Kontakt:** SR23, 11010 Valsavarenche

65 Camping Gran Paradiso Valsavarenche

GPS 45.550531, 7.212342

Ruhiger Campingplatz weit im Tal Valsavarenche, umgeben von hohen Bergen und direkt am Fluss. **Lage/Anfahrt:** der SR23 ins Tal folgen, bei der Flussüberquerung links in die Einfahrt; **Platzanzahl:** 30; **Untergrund:** Wiese; fest; **Service:** Strom, Trinkwasser, Abwasser, Chemie-WC; **Sicherheit:** umzäunt, beleuchtet, bewacht; **Preiskat.:** €€; **Geöffnet:** Juni–Sept.; **Kontakt:** Località Plan De La Pesse 1, 11010 Valsavarenche AO, Tel. 0165905801, www.campinggranparadiso.it

66 Camping Pont Breuil

GPS 45.524834, 7.200623

Traumhaft schön am Ende des Tals Valsavarenche gelegener Platz. Dahinter geht es nur noch zu Fuß weiter in die Berge, Murmeltiere und Alpensteinböcke sind in den steilen Felswänden rund um den Platz zu entdecken. **Lage/Anfahrt:** der SR23 bis zum Ende folgen; **Platzanzahl:** 100; **Untergrund:** Wiese; fest; **Service:** Strom, Trinkwasser, Abwasser, Chemie-WC; **Sicherheit:** umzäunt, bewacht; **Preiskat.:** €€; **Geöffnet:** Mitte Juni–Mitte Sept.; **Kontakt:** Località Pont 25, 11010 Valsavarenche AO, Tel. 016595458, www.campingpontbreuil.com

67 Wohnmobilstellplatz Valgrisenche Stausee

GPS 45.620412, 7.059849

Auf einer großen Rasenfläche hat man mittels Gehwegplatten zweispurige Stellflächen geschaffen. Äußerst ruhig und abgelegen am Ende des Tals Valgrisenche unterhalb des Lago di Beauregard. Man muss es aber mögen, gleich unterhalb einer hohen Staumauer zu übernachten. **Lage/Anfahrt:** ab Arvier der SR25 bis zum Ende folgen; **Platzanzahl:** 24; **Untergrund:** fest; **Service:** Abwasser; **Sicherheit:** umzäunt; **Preiskat.:** €; **Geöffnet:** ganzjährig; **Kontakt:** Loc beauregard, 11010 Valgrisenche AO

Nach dem Wandern geht's zum Shoppen in Aosta

Aosta

Aosta ist der Hauptort des Aostatals. Westlich der Stadt streckt sich das Haupttal in Richtung Frankreich, während nach Norden ein Tal in Richtung Schweiz abzweigt, das sich in mehrere kleine Seitentäler verästelt. Die Lage von Aosta war schon vor 2000 Jahren von strategischer Bedeutung, weshalb sich die Römer hier niederließen, deren Spuren bis heute zu sehen sind. Beim Rundgang durch Aosta bemerkt man die schachbrettartige Struktur der Altstadt. Sie entstand durch das rechtwinklig angelegte Römerlager, aus dem die Stadt hervorging. Besonders am westlichen Altstadtrand kann man Teile der historischen Stadtmauer besichtigen, die noch bis in das Mittelalter genutzt wurde. Im Osten erhebt sich der **Arco d'Augusto.** Dieses Ehrentor ist bis heute gut erhalten und wurde nach dem Stadtgründer, dem ersten römischen Kaiser Augustus, benannt. Es wurde rund 300 Meter östlich des eigentlichen östlichen Stadttores errichtet, stand also einst außerhalb von Aosta. Heute fließt der Straßenverkehr rund um das Tor.

Gleich hinter dem Arco d'Augusto beginnt die Fußgängerzone mit zahlreichen Einkehr- und Einkaufsmöglichkeiten. Sie führt geradewegs auf das imposante Stadttor **Porta Pretoria** zu, wo die eigentliche Altstadt von Aosta beginnt. Halbrechts, nur wenige Meter von der Porta Pretoria entfernt, erhebt sich die über 20 Meter hohe Wand des **Amphitheaters.** Mehrere Türme und Ruinen in unmittelbarer Nähe lassen das einstige Amphitheater noch heute eindrucksvoll wirken. Die Hauptfußgängerzone verläuft weiter geradeaus und passiert dabei einige Plätze, allen voran die **Piazza Emile Chanoux.** Der rechteckige und langgestreckte Platz wird an seiner Nordseite vom Rathaus mit seinem Laubengang dominiert.

Nördlich von Aosta kann man die Stadt auf der SS27 verlassen und durch ein weiteres Nebental in die Schweiz gelangen. Hierfür

Römische Spuren findet man im Hauptort des Aostatals

fährt man entweder auf der SS27 und damit über den Grossen-St.-Bernhard-Pass in fast 2500 Metern Höhe oder man nutzt den kostenpflichtigen Grossen-St.-Bernhard-Tunnel. Er ist 6,8 km lang und war bei seiner Fertigstellung 1964 der erste Straßentunnel, in dem man die Alpen unterqueren konnte. Von der SS27 zweigen zwei weitere Nebentäler ab, die durch ihre Abgeschiedenheit Ruhe und Wandermöglichkeiten bieten.

Touristinfo Aosta, Piazza Porta Praetoria 3, www.lovevda.it

In der **Trattoria Hostaria del Calvino** in der Fußgängerzone von Aosta kann man ganz klassisch Pizza essen gehen. Es gibt aber auch viele andere Gerichte und sogar Fondue. Was will man mehr, wenn man auch noch draußen sitzen kann (Via Croce di Città 24, www.hostariadel calvino.com)?

68 Camping Gran Combin

GPS 45.824357, 7.330176

Campingplatz in einem der ruhigen Seitentäler nördlich von Aosta mit terrassenförmig angelegten Parzellen. Überwiegend Dauercamper, aber auch Touristenplätze. Viele schattige Bäume, kleiner Pool, Shop. **Lage/Anfahrt:** Aosta auf der SS27 verlassen, aber schon bald in Richung Valpelline abbiegen, im Ort der Beschilderung nach rechts folgen; **Platzanzahl:** 170; **Untergrund:** Wiese; fest; **Service:** Strom, Trinkwasser, Abwasser, Chemie-WC; **Sicherheit:** umzäunt, beleuchtet, bewacht; **Preiskat.:** €€; **Geöffnet:** Mitte Juni–Mitte Sept.; **Kontakt:** Prailles 12, 11010 Valpelline AO, Tel. 016573250, www.grand combin.com

69 Camping International Touring

GPS 45.722403, 7.268646

Der große, lebhafte Campingplatz mit moderner Ausstattung befindet sich in ruhiger Lage direkt am Fluss Dora Bàltea. Gleich am gegenüberliegenden Ufer des Flusses verläuft jedoch die deutlich zu hörende Autobahn. **Lage/ Anfahrt:** den Ort Aosta über die SS26 in Richtung Frankreich bzw. Courmayeur verlassen, der Platz liegt ca. 3 km hinter dem Stadtzentrum auf der linken Seite; **Platzanzahl:** 200; **Untergrund:** Wiese, fest; **Service:** Strom, Trinkwasser, Abwasser, Chemie-WC; **Sicherheit:** umzäunt, beleuchtet, bewacht; **Preiskat.:** €€€; **Geöffnet:** Mai–September; **Kontakt:** SS 26, km 106, Frazione Arensod 10, 11010 Sarre AO, Tel. 0165257061, www.campingtouring.com

70 Wohnmobilstellplatz Aosta

GPS 45.736049, 7.330382

So charmant die Stadt, so wenig ausgebaut ist die Womo-Infrastruktur. Dieser Stellplatz mit sehr engen Stellflächen zwischen Hauptstraße, Bahngleisen und Wohnbebauung ist die einzige Übernachtungsmöglichkeit im Ort, jedoch sehr praktisch gelegen. In wenigen Minuten ist man in der Altstadt. Da man auch stundenweise dort parken kann, bietet er sich als Parkplatz für eine Stadtbesichtigung an. **Lage/ Anfahrt:** SS26 Richtung Stadtzentrum verlassen, an der Esso-Tankstelle halblinks fahren. Der Platz erscheint kurz nach Überquerung eines kleinen Flusses; **Platzanzahl:** 50; **Untergrund:** Asphalt; **Service:** Strom, Trinkwasser, Abwasser, Chemie-WC; **Sicherheit:** umzäunt; **Preiskat.:** €€€; **Geöffnet:** ganzjährig; **Kontakt:** Via Caduti del Lavoro 15, 11100 Aosta AO

Das Matterhorn, von der italienischen Seite aus gesehen

Das Valtournenche-Tal

Die Ortschaften Saint-Vincent und Châtillon sind mittlere Städte, die sich im Bogen des Aostatals aneinanderdrängen. **Châtillon** kann als Ausgangspunkt für eine Fahrt auf der SR46 in das Tal Valtournenche dienen. Das etwas mehr als 20 km lange Tal ist vom Wintersport geprägt, hat aber auch im Sommer seine Reize. Insbesondere am Ende des Tals bietet sich von einem Wohnmobilstellplatz ein traumhafter Ausblick direkt auf das **Matterhorn.** Zwar ist es aus dieser Perspektive nicht die klassische Silhouette, die zum Wahrzeichen der Schweiz wurde und die von einem bekannten Schokoladenhersteller als Markenzeichen genutzt wird, doch man erkennt den markanten und über 4400 Meter hohen Gipfel auch von der italienischen Südseite aus. Eine Besteigung überlässt man besser erfahrenen Bergsteigern, immerhin gilt der Monte Cervino, wie der Berg im Italienischen heißt, als einer der gefährlichsten im Alpenraum.

TOUR WANDERUNG ZUR BERGHÜTTE RIFUGIO DUCA DEGLI ABRUZZI ALL'ORIONDE UND ZUM CROCE CARREL

Wer einen Hauch von der Atmosphäre des Matterhorns spüren möchte und Wandererfahrung mitbringt, kann ab dem Stellplatz in Breuil-Cervinia (s. S. 118) einen rund zweieinhalbstündigen Aufstieg zur **Berghütte Rifugio Duca degli Abruzzi all'Orionde** in Angriff nehmen. Von Anfang Juli bis Ende September ist die Berghütte in 2800 Metern Höhe bewirtschaftet. Für den Aufstieg vom Stellplatz sind noch rund 800 Höhenmeter zu bewältigen, da dieser schon auf 2000 Metern Höhe liegt.

Weitere hundert Höhenmeter über der Berghütte liegt das **Carrel-Kreuz (Croce Carrel),** das zu Ehren von Jean-Antoine Carrel hier aufgestellt wurde. Der gebürtig aus Valtournenche stammende Bergführer bestieg als erster das Matterhorn von der italienischen Seite.

Touristinfo Valtournenche, Via Roma 80, 11028 Valtournenche (AO), www.lovevda.it

71 Wohnmobilstellplatz Breuil-Cervinia

GPS 45.925815, 7.620194

Große Asphaltfläche ohne besonderen Komfort am südlichen Ortsrand von Breuil-Cervinia gleich neben der SR46, jedoch mit einem traumhaften direkten Blick auf die Südwand des Matterhorns. Gute Ausgangslage für eine Wandertour zur Berghütte oder zum Croce Carrel (s. S. 117). **Lage/Anfahrt:** der SR46 bis zum Talende folgen; **Platzanzahl:** 50; **Untergrund:** Asphalt; **Service:** Strom, Trinkwasser, Abwasser, Chemie-WC; **Preiskat.:** €.; **Geöffnet:** ganzjährig; **Kontakt:** Via Bob, 11028 Valtournenche AO (Breuil-Cervinia)

Das Matterhorn von italienischer Seite aus gesehen

72 Wohnmobilstellplatz Torgnon

GPS 45.803690, 7.555086

Großzügige Fläche in ruhiger Lage zwischen Wald und Skipisten oberhalb des Valtournenche in 1700 Metern Höhe. **Lage/Anfahrt**: in Antey-Saint-Andrè auf die SR9 wechseln; **Platzanzahl:** 30; **Untergrund:** Rasengitter, Pflaster; **Service:** Trinkwasser, Abwasser, Chemie-WC; **Preiskat.:** €; **Geöffnet:** grundsätzlich ganzjährig. Die Zufahrt ist aber nur möglich, wenn die Straße geräumt ist, auf entsprechende Beschilderung in Antey-Saint-Andrè sollte geachtet werden; **Kontakt:** Frazione Mongnod 4, 11020 Torgnon

73 Wohnmobilstellplatz Brusson

GPS 45.763742, 7.712485

Ruhiger und abseits gelegener Stellplatz mit kleinen Parzellen direkt am Flussufer am Ortsrand von Brusson. Guter Ausgangspunkt für Wanderungen und den Besuch des Lago di Brusson und des dortigen Kinderspielplatzes. **Lage/Anfahrt:** in Brusson am See vorbei, die erste links, noch 400 Meter am Fluss entlang; **Platzanzahl:** 40; **Untergrund:** Pflaster; **Service:** Strom, Trinkwasser, Abwasser, Chemie-WC; **Preiskat.:** €.; **Geöffnet:** ganzjährig; **Kontakt:** Rue des Pians, 11022 Brusson AO

Die Festung von Bard dominiert den Beginn des Aostatals

74 Wohnmobilstellplatz Bard (Le Raffòr)

GPS 45.611547, 7.732940

Schöner Stellplatz in abgeschiedener Lage am Ufer eines größeren Gebirgsbachs im Westen von Bard, das Rauschen des Bachs ist allgegenwärtig. Rund eine Viertelstunde Fußweg von der Festung entfernt, dabei spaziert man teilweise auf einer Metallbrücke über dem Wasser. Die Ver- und Entsorgungsstation befindet sich rund 100 Meter vor dem Stellplatz auf der rechten Seite, max. Standzeit zwei Nächte. **Lage/ Anfahrt:** auf der SS26 an der Festung vorbei und am Kreisverkehr links über den Fluss, die Autobahn 5 unterqueren, hinter dem Maison Communale links abbiegen, den Gebirgsbach überqueren und weiter geradeaus; **Platzanzahl:** 18; **Untergrund:** Asphalt; **Service:** Strom, Trinkwasser, Abwasser, Chemie-WC; **Sicherheit:** Schranke, Videoüberwachung; **Preiskat.:** €; **Geöffnet:** ganzjährig; Tel. 0125803132

Bard

Nähert man sich auf der SS26 von Norden dem Ort Bard, umrundet man einen mächtigen **Felssporn,** auf dem die imposante **Festung von Bard** errichtet wurde. Die strategisch klug angelegte Alpenfestung kann man unter anderem per Panorama-Schrägaufzug erreichen. Schöner ist es jedoch, den serpentinenartigen Wegen hinauf bis zum Hauptgebäude zu folgen. Im Innern gibt es ein Alpenmuseum, eine Ausstellung zu Festungen und Grenzen sowie die Möglichkeit, die einstigen Gefängniszellen

Bard zeigt sich als uriger Ort in den Bergen

des Forts zu besuchen. Errichtet wurde das Bauwerk in seiner jetzigen Form in der ersten Hälfte des 19. Jahrhunderts, doch schon zuvor gab es an dieser markanten Engstelle des Aostatals eine Festung, die jedoch auf Geheiß Napoleons gesprengt wurde.

Touristinfo Bard, Forte di Bard, www.lovevda.it

LITERATURTIPP

Ausführlichere Routenvorschläge und Informationen zur Region findet man im Wohnmobil-Tourguide „Oberitalien" im Reise Know-How Verlag.

75 Wohnmobilstellplatz Champorcher

GPS 45.621454, 7.610653

Stellplatz in abgeschiedener Lage ganz am Ende des Seitentals, das bei Bard nach Westen abzweigt. **Lage/Anfahrt:** wie beim Stellplatz in Bard (s. S. 119), jedoch am Maison Communale geradeaus auf der SR2 bleiben. Nach rund 15 km hat man das Talende erreicht. Platz befindet sich rechts, gegenüber einem Picknickplatz; **Platzanzahl:** 25; **Untergrund:** Wiese; **Service:** Trinkwasser, Abwasser, Chemie-WC; **Sicherheit:** umzäunt; **Preiskat.:** €; **Geöffnet:** Mitte Mai–Mitte Okt.; **Kontakt:** SR2, 11020 Champorcher

Michael Moll

Riviera di Ponente / Westliche Riviera

Zwischen der Grenze zu Frankreich und der berühmten Hafenstadt Genua erstreckt sich die Riviera di Ponente. Es ist hier nicht immer einfach, küstennah und zugleich entspannt zu fahren. Die Via Aurelia (SS1) ist die Hauptroute entlang der ligurischen Küste und bietet während der Fahrt immer wieder fantastische Ausblicke auf das Mittelmeer. Unterbrochen werden diese lediglich von nicht minder sehenswerten Ortschaften, die sich manchmal so eng aneinanderreihen, dass man den Überblick verliert, in welcher Stadt man sich überhaupt befindet. Wer die Strecke mit Geduld angeht, wird hin und wieder Parkplätze zum Genießen und Campingplätze zum Verweilen finden, dazwischen die quirligen Städtchen,

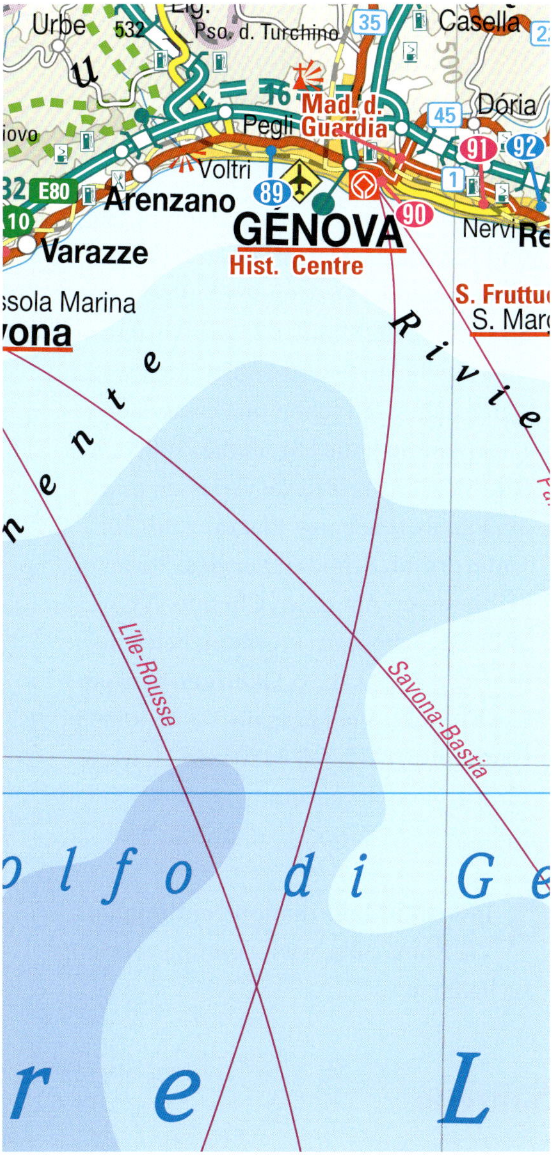

von denen einige bedeutende oder zumindest bekannte Namen tragen. Sanremo lockt z. B. mit einer sehenswerten Altstadt und bietet zugleich die Möglichkeit, strandnah mit dem Womo zu stehen. Albenga betört mit mittelalterlicher Baukunst und Genua wartet mit einer Altstadt auf, die auf der UNESCO-Weltkulturerbeliste verzeichnet ist.

Zwischen diesen Häusern wollen Ventimiglias zahlreiche Gassen erkundet werden

TOUREN-ÜBERBLICK

Routenempfehlung: Ventimiglia – Sanremo – Albenga – Pietra Ligure – Finale Ligure – Savona – Genua
Länge gesamt: 165 km
Dauer: ca. 3–4 Tage
Reisezeit: März–Oktober

Ventimiglia

Die engen Gassen der **Altstadt** von Ventimiglia mit der über 1000 Jahre alten Kirche **Santa Maria Assunta** (Via del Battistero) schmiegen sich westlich des Flusses **Roya** an einen Hügel. Kaum notwendig zu erwähnen, dass man von diesem Altstadthügel aus einen wunderbaren Blick auf das Mittelmeer genießt und nach Westen den Küstenstreifen Frankreichs erspähen kann.

INFO XXMIGLIA

Rund um Ventimiglia sieht man hin und wieder Ortsschilder mit der Aufschrift „Xxmiglia", da „XX" die römische Schreibweise für *venti* (die Zahl 20) ist.

TIPP BOTANISCHER GARTEN HANBURY

Sehenswert ist der fünf Kilometer westlich der Altstadt gelegene **Botanische Garten Hanbury.** Olivenhaine, Akazien, Kakteen und Aloen gedeihen an einem Hang, der im 19. Jahrhundert vom Briten Thomas Hanbury zum heutigen Botanischen Garten umgestaltet und zu einem beliebten Ausflugsziel wurde (Corso Montecarlo 43, www.giardinihanbury.com).

77 Camping Vallecrosia

GPS 43.784139, 7.633656

Lang gestreckter Campingplatz fast direkt am Strand (jedoch ohne Meerblick). 30 Minuten Fußweg in die Altstadt. Höhenbegrenzung 3,90 m, enge Toreinfahrt. **Lage/Anfahrt:** die SS1 in Ventimiglia in die Via Cristoforo Colombo verlassen und hinter der Bahnunterführung (max. 3,90 m) nach rechts zum Platz; **Platzanzahl:** 42; **Untergrund:** fest; **Service:** Strom, Trinkwasser, Abwasser, Chemie-WC; **Sicherheit:** umzäunt, beleuchtet, bewacht; **Preiskat.:** €€€; **Geöffnet:** Mitte April–Ende Okt.; **Kontakt:** Via G. Marconi 149, 18019 Vallecrosia IM, Tel. 0184295591, www.campingvallecrosia.com

76 Camper Park Nervia

GPS 43.794952, 7.630337

Moderner Stellplatz mit Restaurant, Bar und Kinderspielplatz in einem Tal des Flusses Nervia. 15 Minuten Fußweg zum Strand und 40 Minuten in die Altstadt von Ventimiglia. In den Abendstunden wegen Veranstaltungen schon mal etwas lauter. **Lage/Anfahrt:** die SS1 an der östlichen Seite der Nervia-Brücke verlassen und am Flussbett entlang; **Platzanzahl:** 60; **Untergrund:** Schotter; **Service:** Strom, Trinkwasser, Abwasser, Chemie-WC, WLAN; **Sicherheit:** umzäunt, beleuchtet, bewacht; **Preiskat.:** €; **Geöffnet:** ganzjährig; **Kontakt:** Via I Maggio 37–41, 18033 Camporosso IM, Tel. 3280386624, www.camperparknervia.com

Tourismus Information Ventimiglia, Via Roma 3Bis, www.comune.ventimiglia.im.it

Sanremo

Das quirlige Sanremo ist geprägt von seinem großen **Jachthafen** im Osten der Stadt. Nur wenige Meter entfernt befindet sich das **Wohnhaus von Alfred Nobel** (Corso Felice Cavallotti 116, www.villanobel.it). Am 10. Dezember 1896 verstarb er hier. Im Innern gibt es eine Ausstellung zum Leben und Wirken Alfred Nobels zu sehen. Ebenfalls sehenswert ist das an einem Hang gelegene und verwin-

Auch an der Mittelmeerküste kann es zuweilen rau zugehen

TOUR RADSCHNELLWEG AN DER LIGURISCHEN KÜSTE

Eine besonders schöne und einfache Art, die ligurische Küste kennen zu lernen, ist eine Radtour auf der **Pista Ciclabile della Liguria.** Dieser zweispurig ausgebaute Radweg verläuft auf einer ehemaligen Bahntrasse und verbindet derzeit die Ortschaften Sanremo und San Lorenzo al Mare auf einer Länge von rund 20 Kilometern. Man hat jedoch noch große Pläne: In ferner Zukunft soll der Radweg bis zur Provinzhauptstadt Imperia reichen (www.pistaciclabile.com).

Auf dem Radschnellweg kann man Teile der Küste kennenlernen

kelte Altstadtviertel **La Pigna** mit seinen engen und teils dunklen Gassen. Einen Spaziergang in den Gewölben dieses Viertels sollte man sich auf keinen Fall entgehen lassen. Zu einem gelungenen Besuch des Kurorts gehört ein Spaziergang an der von Palmen gesäumten **Promenade.**

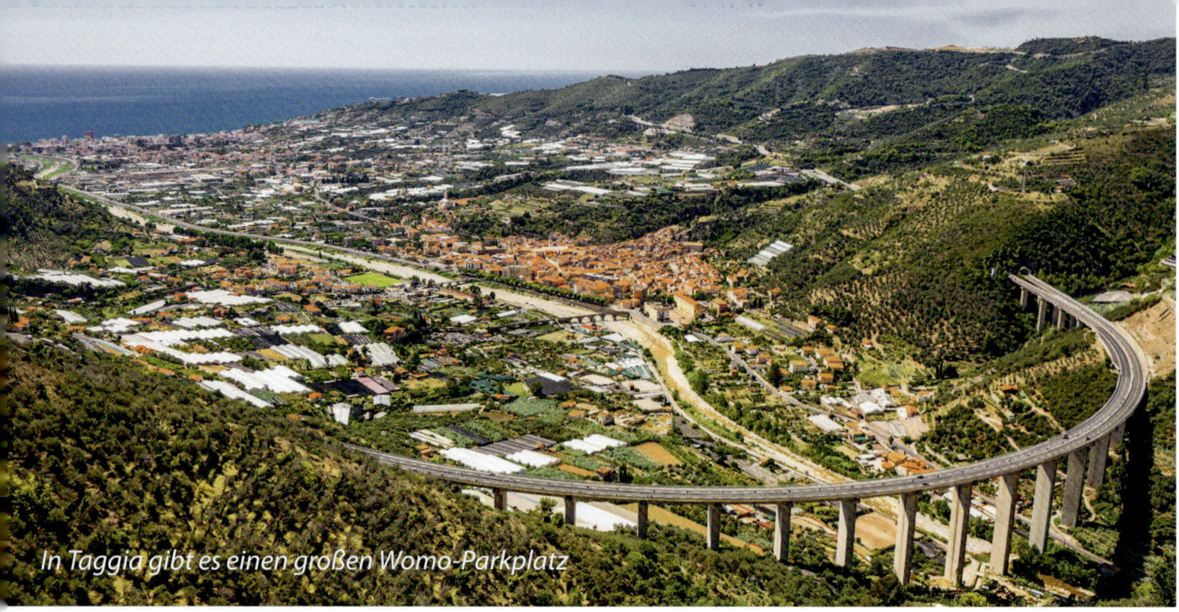

In Taggia gibt es einen großen Womo-Parkplatz

Zwiebeltürme zieren die russisch-orthodoxe Kirche von Sanremo

Mitten im Gewusel der Altstadt bietet sich die **Spaghetteria Il Mulattiere** als angenehmer Ruhepol an. Neben Suppen und Pasta gibt es auch klassische ligurische Gerichte wie *Capra e Fagioli*, dabei handelt es sich um Ziegenfleisch mit Bohnen (Via Palma 11).

TIPP PARKPLÄTZE ENTLANG DER RIVIERA

Mit dem Wohnmobil an der ligurischen Küste entlangzufahren, kann abenteuerlich sein. Je größer das Fahrzeug, desto geringer die Chance, auch mal irgendwo anhalten zu können. Es ist oft eng, voll und hektisch. Um sich eine Ruhepause zu gönnen und mal vom „Bock" zu kommen, bieten sich diese Parkmöglichkeiten an:

Parkplatz Sanremo, Piazzale Carlo Dapporto (GPS 43.813730, 7.770693), strandseitig neben der SS1. Großparkplatz, auch für größere Wohnmobile geeignet.

Parkplatz Taggia, Area 24 Parking, Argine Destro5, (GPS 43.832961, 7.857603), an der Mündung der Fora di Taggia. Großparkplatz, der von Einheimischen auch zur Übernachtung genutzt wird.

Parkplatz Santo Stefano al mare, D'Albertis, Lungomare D'Albertis, (GPS 43.837068, 7.905869), Parkplatz mit Höhenbeschränkung, die jedoch nicht immer geschlossen ist. Wird von Einheimischen auch als Übernachtungsplatz genutzt.

78 Villagio dei Fiori

GPS 43.802342, 7.745190

Großer Campingplatz in Toplage mit allem erdenklichen Komfort inkl. Meerwasser-Pool, Whirlpool, Restaurant und eigenem Strand. **Lage/Anfahrt:** auf der SS1 in Sanremo rechts in die Einfahrt; **Platzanzahl:** 60; **Untergrund:** fest; **Service:** Strom, Trinkwasser, Abwasser, Chemie-WC; **Sicherheit:** umzäunt, beleuchtet, bewacht; **Preiskat.:** €€€; **Geöffnet:** ganzjährig; **Kontakt:** Via Tiro a Volo 3, 18038 Sanremo IM, Tel. 0184660635, www.villaggiodeifiori.it

79 Camping Village

GPS 43.844307, 7.907867

Die terrassierten Plätze sind an einem Hang oberhalb von Santo Stefano al Mare angelegt, hinunter zum Meer sind es etwa 15 Minuten Fußweg. **Lage/Anfahrt:** ab SS1 der Beschilderung folgen; **Platzanzahl:** 40; **Untergrund:** fest; **Service:** Strom, Trinkwasser, Abwasser, Chemie-WC; **Sicherheit:** umzäunt, beleuchtet; **Preiskat.:** €€€; **Geöffnet:** ganzjährig; **Kontakt:** Strada Porsani, 18010 Santo Stefano al Mare IM, Tel. 3312660633, www.campervillage.it

An der Küste steht man nicht oft mit Meerblick

80 Camping Lino

GPS 43.923453, 8.109273

Großer Familiencampingplatz östlich der Cervo-Mündung. Zugang zu einer Art Lagune mit seichtem Wasser, daher gut für Kinder geeignet, zusätzlich mit Pool. Dies ist einer von drei direkt benachbarten Plätzen, rechts und links von ihm gibt es die ähnlich ausgestatteten, jedoch etwas kleineren Plätze Del Mare und Miramare. **Lage/Anfahrt:** nach Überquerung des Cervo die SS1 halbrechts verlassen, beim Rangieren ist Manövrierfähigkeit gefragt; **Platzanzahl:** 100; **Untergrund:** fest; **Service:** Strom, Trinkwasser, Abwasser, Chemie-WC; **Sicherheit:** umzäunt, beleuchtet, bewacht; **Preiskat.:** €€€; **Geöffnet:** Anf. April–Ende Okt.; **Kontakt:** Via Nazario Sauro 4, 18010 Cervo IM, Tel. 0183752390, www.campinglino.com

Albenga

Im mittelalterlichen Stadtzentrum von Albenga fallen mehrere **Geschlechtertürme** (s. S. 71) auf. Gleich drei schlanke Türme erheben sich nebeneinander. Einer von ihnen wird als **Rathausturm** genutzt, während ein zweiter als **Glockenturm** für die **Kathedrale di San Michele Arcangelo** dient. Beim Flanieren durch die kleinen, verwinkelten Gassen der Altstadt passiert man zwei weitere Gotteshäuser in direkter Nachbarschaft zur Kathedrale und gelangt zum **Palazzo Oddo** (Via Roma 58, www.palazzooddo.it), in dem eine kleine archäologische Ausstellung untergebracht ist. In einem weiteren Palast, dem **Palazzo Vecchio del Commune,** begeistern jahrhundertealte Fresken den Besucher. Es gibt eine Vielzahl an Campingplätzen in Albenga, die sich entlang des Strands oder in unmittelbarer Nähe zum Meer befinden.

Tourismus Information Albenga,
Piazza S. Michele

Gleich drei Geschlechtertürme in Albenga

81 Agricampeggio Ca' de Michè

GPS 44.052263, 8.221713

Dieser Campingplatz hebt sich wohltuend von den teils engen Plätzen direkt an der Küste ab. Großzügige Wiese mit genug Platz, um auch die Markise ausfahren zu können. 10 Minuten Fußweg zum Strand oder in die Altstadt. **Lage/Anfahrt:** auf der SS1 nach rechts ins Zentrum von Albenga, an der Ampel links, im Kreisverkehr rechts, nach 700 m auf der linken Seite; **Platzanzahl:** 25; **Untergrund:** Wiese; **Service:** Strom, Trinkwasser, Abwasser, Chemie-WC; **Sicherheit:** umzäunt, beleuchtet, bewacht; **Preiskat.:** €€; **Geöffnet:** ganzjährig; **Kontakt:** Viale 8 Marzo 45, 17031 Albenga SV, Tel. 3476539663, www.agricampeggiocademiche.it

82 Wohnmobilstellplatz Borghetto San Spirito

GPS 44.115678, 8.235060

Sehr kleiner, einfacher Stellplatz abseits des Rummels zwischen Albenga und Loano bei einem Bauern. Ruhige Lage und dennoch nur 900 m zum Strand. **Lage/Anfahrt:** die SS1 vor der Flussüberquerung nach links verlassen. 400 m hinter der Unterführung links; **Platzanzahl:** 15; **Untergrund:** Schotter; fest; **Service:** Strom, Trinkwasser, Abwasser, Chemie-WC; **Sicherheit:** umzäunt, bewacht; **Preiskat.:** €€; **Geöffnet:** ganzjährig; **Kontakt:** Via Juvarra, 17052 Borghetto Santo Spirito SV

Pietra Ligure und Finale Ligure

Pietra Ligure und Finale Ligure sind beliebte Urlaubsorte und bestechen durch ihre gemütlichen Altstädte mit zahlreichen Einkehrmöglichkeiten und Straßencafés. Bei einem kühlen *gelato* in Pietra Ligure schweift der Blick z. B. auf die beeindruckende **Basilica di San Nicolò** (www.parrocchiasannicolo.eu). Und natürlich flaniert man auf den **Promenaden,** die sich entlang der **kilometerlangen Strände** erstrecken, derentwegen die meisten Besucher kommen. Doch auch abseits der Strände gibt es etwas zu entdecken. Auf einem Hügel erheben sich die Überreste des **Castel Gavone**

Kirche im Zentrum von Pietra Ligure

Die Sonnenliegen stehen bereit

(Strada per Castel Gavone, Finale Ligure, www.centrostoricofinale.com/i-nostri-luoghi/castel-govone) und etwas vorgelagert die Festung **Castel San Giovanni** aus dem 17. Jahrhundert (Str. Beretta, Finale Ligure, www.musei.liguria.beniculturali.it). Nach dem kurzen Aufstieg zu den beiden Festungsanlagen genießt man den Blick auf die Stadt und den Klosterkomplex **Complesso Monumentale di Santa Caterina,** in dem ein archäologisches Museum untergebracht ist, das einen interessanten Blick in die Vergangenheit ermöglicht (Via Lancellotto, Finale Ligure, www.museoarcheologicodelfinale.it).

Tourismus Information Pietra Ligure, Piazza Martiri della Libertà 29, www.visitpietraligure.it
Tourismus Information Finale Ligure, Via S. Pietro 14, http://turismo.comunefinaleligure.it

83 Wohnmobilstellplatz Loano

GPS 44.131269, 8.241259

Ruhiger Stellplatz mit engen Parzellen, etwas abgeschieden im Landesinneren. 20 Minuten Fußweg zur Strandpromenade. Mit kleinem Spielplatz. **Lage/Anfahrt:** von der SS1 auf die SP25 wechseln, bis zum Kreisverkehr und dort halblinks halten, Einfahrt direkt am Zebrastreifen; **Platzanzahl:** 41; **Untergrund:** Schotter; **Service:** Strom, Trinkwasser, Abwasser, Chemie-WC, Sanitäranlage; **Sicherheit:** umzäunt, beleuchtet, bewacht, Videoüberwachung; **Preiskat.:** €; **Geöffnet:** ganzjährig; **Kontakt:** La Sosta Area Camper, Via Fornaci 31, 17025 Loano SV, Tel. 3475507503, www.lasosta.biz

TOUR WANDERUNG ABSEITS DER KÜSTE

Es muss nicht immer die Küste sein. Besonders nördlich von Finale Ligure erheben sich sanfte und bewaldete Hügel mit einer Höhe zwischen 300 und 400 Metern. Dieses hügelige Hinterland lädt zu stundenlangen Wanderungen ein, bei denen man an einigen **Höhlen und Ausgrabungsstätten** vorbeikommt. Ein guter Ausgangspunkt für eine mehrstündige Wanderung ist zum Beispiel die **Kirche in Orco** (Piazza San Francesco, 17024 Orco Feglino). Überquert man hier die Straße und folgt dem Weg leicht bergauf, gelangt man wenig später zu verschiedenen Kletterfelsen und zur Höhle **Grotta della Strapatente** (http://turismo.comunefinaleligure.it/en/grotta/cave-strapatente).

85 Wohnmobilstellplatz Finale Ligure (Caprazoppa)

GPS 44.165816, 8.337572

Praktisch für eine Zwischenübernachtung zur Besichtigung. Die Lage direkt am Ufer und nur drei Meter vom Wasser entfernt ist unschlagbar, Strand gibt es jedoch nicht. In der Hochsaison sehr begehrt, max. Standzeit 36 Std. **Lage/Anfahrt:** nach Durchquerung des Tunnels am Ortseingang von Finale Ligure direkt rechts auf den Platz; **Untergrund:** fest; **Service:** Trinkwasser, Abwasser, Chemie-WC, Sanitäranlage; **Preiskat.:** €; **Geöffnet:** ganzjährig; **Kontakt:** Area Sosta Caprazoppa, Viale Rinaldo Piaggio 1, 17024 Finale Ligure SV, Tel. 0196816023, www.finaleambiente.it

Savona

Die Stadt Savona ist stark von der Schifffahrt geprägt. Im Mittelalter besaß sie einen bedeutenden **Handelshafen,** heute sind es eher die **Kreuzfahrtschiffe,** die die Stadt anlaufen. Die Reederei Costa Crociere hat zwar ihren Sitz in Genua, richtete jedoch einen Basishafen in Savona ein, sodass hier regelmäßig Schiffe der Kreuzfahrtgesellschaften Costa und Aida anlegen. Darüber hinaus verkehren von Savona aus die Fähren zu den Inseln Sardinien und Korsika.

Neben den großen Schiffen hat Savona aber auch Platz für kleine Boote, die in der **Marina** anlegen. Um die Marina herum erstreckt sich die **Altstadt,** die direkt hinter den drei

84 Wohnmobilstellplatz Pietra Ligure

GPS 44.154563, 8.284036

Recht enger Stellplatz, geeignet für den Besuch von Pietra Ligure, keine zehn Minuten Fußweg zur Basilika in der Altstadt. **Lage/Anfahrt:** die SS1 am Kreisverkehr im Ort halblinks verlassen und der SP24 um die Kurve folgen, Platz befindet sich linker Hand; **Platzanzahl:** 50; **Untergrund:** Schotter; **Service:** Strom, Trinkwasser, Abwasser, Chemie-WC, WLAN, Sanitäranlage; **Sicherheit:** umzäunt, beleuchtet, bewacht; **Preiskat.:** €; **Geöffnet:** ganzjährig; **Kontakt:** Area camper di Pietra Ligure, Via Francesco Crispi 43, 17027 Pietra ligure SV, Tel. 3402301594, www.areacamperpietra.it

Geschlechtertürme in Savona

gut sichtbaren Geschlechtertürmen (s. S. 71) beginnt. Der größere von ihnen, der **Torre Brandale** (Piazza del Brandale) ist zugleich auch der älteste und dient als Uhrturm, in dem jede halbe Stunde eine Glocke ertönt. Durch die verwinkelten, engen Gassen gelangt man hinter den Türmen zur **Kathedrale** und der direkt danebenstehenden **Cappella Sistina** (Piazza del Duomo, www.cattedrale-savona.it), die mit einem sehenswerten und reich verzierten Deckengewölbe aufwartet. Auf der anderen Seite der Marina locken wiederum mehrere Restaurants mit leckeren Fischgerichten.

Zwischen Savona und Genua warten weitere Strandabschnitte und schöne Orte wie zum Beispiel **Varazze** auf sonnenhungrige und kulturbegeisterte Besucher.

Tourismus Information Savona, Via Maestri d'ascia, www.visitsavona.it

Das Restaurant **Zio Pesce** (Via Antonio Baglietto 8/R) bietet eine der vielen Einkehrmöglichkeiten an der Marina und serviert neben Meeresfrüchten auch Pizzen. Gleich daneben sitzt man im **Fish House Restaurant** (Via Calata Pietro Sbarbaro 1/R) direkt neben den im Jachthafen dümpelnden Booten.

86 Wohnmobilstellplatz Spotorno (Merello)

GPS 44.237203, 8.435437

Die 6000 m² große Stellfläche ist nur durch eine (Bundes-)Straße vom weiten und gut besuchten Strand getrennt. **Lage/Anfahrt:** SS1 östlich von Spotorno verlassen, Platz liegt links etwas unterhalb der Straße; **Platzanzahl:** 120; **Untergrund:** Schotterrasen; **Service:** Abwasser, Chemie-WC; **Sicherheit:** umzäunt; **Preiskat.:** €€; **Geöffnet:** ganzjährig; **Kontakt:** Via Merello 5, 17028 Spotorno SV

87 Wohnmobilstellplatz Vado Ligure (Savona)

GPS 44.277605, 8.441389

Großer, für einen Besuch von Savona praktisch gelegener Stellplatz zwischen Bahngleisen und der SS1 vor den Toren Savonas in unmittelbarer Nähe des Fährablegers zu den Inseln, von einer Mauer umgeben. Auf der anderen Straßenseite verläuft ein zweispuriger Radweg entlang der Strandpromenade, der jedoch kurz vor Savona endet. **Lage/Anfahrt:** auf der SS1 am Fährterminal vorbei, kurz dahinter auf der linken Seite; **Platzanzahl:** 60; **Untergrund:** Pflaster; **Service:** Strom, Trinkwasser, Abwasser, Chemie-WC; **Sicherheit:** umzäunt, beleuchtet, bewacht, Schranke; **Preiskat.:** €; **Geöffnet:** ganzjährig; **Kontakt:** Area di Sosta Vado Ligure, SS1, km 579, 17047 Vado Ligure SV, Tel. 019886664

88 Wohnmobilstellplatz Celle Ligure

GPS 44.349021, 8.556564

Einfacher Übernachtungsplatz am Rande eines Parkplatzes zwischen Celle Ligure und Varazze an einem Hang gelegen. Die etwas weiter unterhalb gelegene Autobahn ist zu hören. Nur 10 Minuten Fußweg zum Strand. **Lage/Anfahrt:** am Ortsausgang (Zebrastreifen) links auf die Serpentinenstraße und kurz hinter der Autobahnüberquerung rechts; **Platzanzahl:** 24; **Service:** Strom, Trinkwasser, Abwasser, Chemie-WC; **Preiskat.:** €; **Untergrund:** Asphalt; **Geöffnet:** ganzjährig; **Kontakt:** Via Natta 26, 17015 Celle Ligure SV

Genua

Die **Hauptstadt Liguriens** ist zugleich die größte Stadt der Region. Schon früh wurde das heutige Stadtgebiet als **Hafen** genutzt. Im 11. Jahrhundert waren die Genuesen eine Seemacht und der Handel blühte auf. Das damals noch konkurrierende Pisa wurde in der größten Seeschlacht des Mittelalters im August 1284 geschlagen. Rund 100 Schiffe standen sich auf beiden Seiten gegenüber und es gab mehrere tausend Tote. Die **Republik Genua** konnte in der Folge ihre Macht festigen, führte jedoch später Auseinandersetzungen mit der ebenfalls aufstrebenden Republik Venedig. Der wohl berühmteste Genuese dürfte Christoph Kolumbus sein, der Mitte des 15. Jahrhunderts geboren wurde und sich im Auftrag des spanischen Königshauses aufmachte, einen Seeweg nach Indien zu finden. Der Rest ist Geschichte.

Der auffällige Hafen dient idealerweise als Ausgangspunkt für eine Tour durch die Stadt. Zahlreiche Kaimauern ragen wie einzelne Finger in den halbrunden Hafen hinein, an denen Kreuzfahrtschiffe und Fähren anlegen. Auf der rechten Seite zweigt die verkehrsberuhigte Via San Lorenzo in die Altstadt und bis zum mittelalterlichen Stadttor **Porta Soprana** ab. Es besteht aus zwei Rundtürmen, die,

TIPP **PARKPLATZ AUF DEM BERG RIGHI**

An der Bergstation der Standseilbahn Righi–Zecca, nahe dem Observatorium gibt es einen kleinen Parkplatz, der für einen kurzen Rundgang durch die Stadt genutzt werden kann. Idealerweise fährt man ab hier mit der Standseilbahn (s. S. 136) direkt in die Altstadt hinab. Als Bonbon hat man einen schönen Ausblick auf Genua. Allerdings sind der Parkplatz und auch die Auffahrt (Serpentinen) nicht für Liner-Wohnmobile geschaffen, für kleinere Wohnmobile bis zu sechs Meter Länge jedoch kein Problem (Via Mura delle Chiappe 49–42, GPS 44.423885, 8.938310).

von der Westseite aus betrachtet, zunächst wie eine Kirche wirken. Auf der anderen Seite des Torbogens geht es leicht bergab zu einer alten Klosterruine und gleich dahinter zu einem Gebäude, das als **Geburtshaus von Christoph Kolumbus** (Via di Porta Soprana) bezeichnet wird. Ob er an diesem Ort geboren wurde, steht nicht zweifelsfrei fest, definitiv aber nicht in diesem Gebäude, denn es ist eine Rekonstruktion aus dem 18. Jahrhundert. Besichtigen kann man die kleine Ausstellung darin dennoch.

Hinter dem vermeintlichen Kolumbushaus sollte man links in die Via Dante abbiegen und wenig später den **Piazza de Ferrari** mit seinem breiten Springbrunnen überqueren. An

Der Springbrunnen auf der Piazza de Ferrari in Genua ist zweifellos imposant

89 Camping Villa Doria

GPS 44.431436, 8.813349

Ruhiger und freundlicher Campingplatz westlich von Genua in einem engen Seitental, dennoch nur 800 m von einem Strand entfernt. In die Altstadt Genuas gelangt man am besten per Bus oder Regionalzug. Kleine Bar, Shop. **Lage/Anfahrt:** die SS1 am Strand verlassen, Zufahrt nur entweder mit 3 m Höhenbegrenzung auf der Viale Giorgio Modugno oder 2,20 m Seitenbreite über die Piazza Mario Rapisardi, generell enge Zufahrt; **Platzanzahl:** 50; **Untergrund:** fest; **Service:** Strom, Trinkwasser, Abwasser, Chemie-WC, WLAN; **Sicherheit:** umzäunt, beleuchtet, bewacht; **Preiskat.:** €€€; **Geöffnet:** ganzjährig; **Kontakt:** Via Al Campeggio Villa Doria 15, 16156 Genova GE, Tel. 0106969600, www.campingvilladoria.it

90 Wohnmobilstellplatz Genua (Marina Bar)

GPS 44.403397, 8.931289

Einfacher Platz in Altstadt- und Hafennähe mit schräg angelegten Parzellen (etwas Platz zur Seite), innerstädtisch mit entsprechender Geräuschkulisse, angrenzend zur Marina Bar. **Lage/Anfahrt:** SS1 an der Ausfahrt zum Parkplatz Porto Antico verlassen, SS1 unterqueren und wenig später an der Ampel halblinks halten; **Platzanzahl:** 16; **Untergrund:** Asphalt; **Service:** keiner; **Sicherheit:** Schranke; **Preiskat.:** €€€; **Geöffnet:** ganzjährig; **Kontakt:** Via della Marina 6, 16128 Genova GE

seiner Westseite erhebt sich der **Palazzo Ducale,** in dem ein Kulturzentrum untergebracht ist. In der Nähe zweigt die Via Garibaldi ab, die östlichste der drei Straßen, die als **Le Strade Nuove** in die UNESCO-Welterbeliste aufgenommen wurden. Zahlreiche Adelspaläste säumen die Straßen und werden als **Palazzi dei Rolli** bezeichnet. Zu Zeiten der Republik Genua wurde per Losverfahren von einer Liste *(rolli)* bestimmt, welche der Adelsfamilien Staatsgäste empfangen durfte. Auf der Via Garibaldi befindet sich der **Palazzo Doria Tursi,** in dem heute das Rathaus der Stadt untergebracht ist. Schräg gegenüber, unverkennbar

TIPP DAS WAHRZEICHEN GENUAS

Die sogenannte **Lanterna** gehört zu den höchsten Leuchttürmen der Welt. Schon im 12. Jahrhundert stand an dieser Stelle ein Leuchtfeuer mit ähnlich großer Höhe. In den damals zahlreichen kriegerischen Auseinandersetzungen wurde er Anfang des 16. Jahrhunderts stark zerstört und anschließend wieder aufgebaut, wobei er dabei das heutige Aussehen erhielt. Anders als klassische Leuchttürme ist er nicht rund, sondern hat einen quadratischen Grundriss, wobei er aus zwei quaderförmigen Elementen zu bestehen scheint, die aufeinander stehen. Der Turm kann nur an den Wochenenden besichtigt und bestiegen werden (Rampa della Lanterna, www.lanternadigenova.it).

91 Wohnmobilstellplatz Genua

GPS 44.393241, 9.007837

Kleiner Platz weit im Osten der Stadt, direkt neben der an dieser Stelle sechsspurigen SS1, gehört zu einem benachbarten Wohnmobilhändler. Mit dem Bus gelangt man von hier aus in die Altstadt. **Lage/ Anfahrt:** von Genua kommend fährt man zunächst am Platz vorbei, denn erst an der Beschilderung „Croce Verde Quinto" besteht eine Wendemöglichkeit; **Platzanzahl:** 10; **Untergrund:** Asphalt; **Service:** Strom, Trinkwasser, Abwasser, Chemie-WC; **Sicherheit:** Schranke; **Preiskat.:** €€; **Geöffnet:** ganzjährig; **Kontakt:** Pons Camper e Caravan, Via Funtanin 2, 16148 Genova GE, Tel. 0103991788, www.pons.it

92 Camping Genova Est

GPS 44.380886, 9.072072

Campingplatz unter Bäumen an einem Berghang oberhalb von Bogliasco. Steiler Fußweg hinunter in den Ort. Es besteht ein Shuttlebus-Service zum Bahnhof und zum Strand. Mit dem Zug ist man in 20 Minuten in Genuas Altstadt. **Lage/Anfahrt:** hinter langgezogener Rechtskurve die SS1 Richtung Camping verlassen; **Platzanzahl:** 30; **Untergrund:** fest; **Service:** Strom, Trinkwasser, Abwasser, Chemie-WC; **Sicherheit:** umzäunt, beleuchtet, bewacht; **Preiskat.:** €€€; **Geöffnet:** Ende März–Mitte Okt.; **Kontakt:** Via Guglielmo Marconi, 16031 Località Cassa, Bogliasco GE, Tel. 0103472053, www.camping-genova-est.it

an der roten Farbe auszumachen, steht der **Palazzo Rosso.** Und neben dem Rathaus befindet sich das Pendant **Palazzo Bianco,** der weiße Palast. Sie alle bilden den Museumszusammenschluss **Musei di Strada Nuova** (Via Garibaldi 18, www.museidigenova.it/en/strada-nuova-museums) und lassen sich in Teilen besichtigen. Die Via Garibaldi geht direkt in die Via Cairoli, die zweite der drei Strade Nuove über. An ihrem Ende sieht man halbrechts den Zugang zu einer von mehreren **Standseilbahnen** (www.amt.genova.it/amt/trasporto-multimodale/funicolari) der Stadt. Diese fährt hinauf auf den **Berg Righi,** von dem man einen schönen Überblick über Genua hat.

Tourismus Information Genua, Via Garibaldi 12r und Via al Porto Antico 2, www.visitgenoa.it

LITERATURTIPP

Ausführlichere Routenvorschläge und Informationen zur Region findet man im Wohnmobil-Tourguide „Oberitalien" im Reise Know-How Verlag.

Michael Moll

Riviera di Levante / Östliche Riviera

TOUREN-ÜBERBLICK

Routenempfehlung: Golfo Paradiso – Portofino/Rapallo – Chiavari – Sestri Levante – Cinque Terre – La Spezia

Länge gesamt: 100 km

Dauer: ca. 2–3 Tage

Reisezeit: März–Oktober

Der Küstenabschnitt östlich von Genua wird als Riviera di Levante bezeichnet. Wenn man flott vorankommen möchte, kann man bis kurz vor Cinque Terre die Autobahn befahren, aber wer will das angesichts der malerischen Küste mit Blick auf das Meer schon? Natürlich ist es anstrengender, das Wohnmobil durch die engen Küstenortschaften auf der SS1 zu bewegen, es durch Kreisverkehre zu steuern und die eine oder andere Serpentine zu durchqueren. Aber wer im Urlaub ist und das Abenteuer Küstenstraße mit Muße und Gelassenheit angeht, wird in die schmucken Ortschaften eintauchen und immer wieder den Blick über die Häuser auf das Meer genießen können.

Spätestens bei Cinque Terre ist es ohnehin vorbei mit der Fahrt entlang der Küste. Die fünf

Die ligurische Küste ist, wie hier im Ort Camogli, eng bebaut

malerischen Dörfer sind autofrei und traumhafte Orte, die man mindestens einmal im Leben besucht haben sollte. Das Wohnmobil lässt man dafür auf dem Stellplatz oberhalb von Cinque Terre stehen und schlüpft in die Wanderschuhe.

Golfo Paradiso

Von Genua kommend kann man entweder über die Autobahn E80 oder auf der Küstenstraße SS1 gen Osten reisen. Letzteres ist natürlich angebracht, wenn man die kleinen Küstenorte ein wenig näher kennenlernen möchte. Wer zum Beispiel zwischen **Bogliasco** und **Pontetto** einen Parkplatz am Straßenrand erwischt und zu Fuß die SS1 unter- und die folgenden Bahngleise am Bahnhof Pontetto überquert, wird wenig später einen Aussichtspunkt an der **Scogliera di Pontetto** (Via Scogliera 4, 16031 Bogliasco) erreichen. Hier genießt man eine wunderbare Aussicht auf das Mittelmeer mit der Bucht von Genua bzw. dem Golfo Paradiso, wie der Küstenabschnitt auch bezeichnet wird.

Etwas größer ist der Ort **Recco,** wo sich mehrere kleine Strände rund um einen Hafen aneinanderreihen. Parkmöglichkeiten für kleinere Wohnmobile finden sich nördlich der Eisenbahnbrücke (GPS 44.363211, 9.143860), unweit des Hafens. Größere Wohnmobile gehen in der dicht bebauten Ortschaft leider leer aus. Doch damit kein falscher Neid aufkommt: Im folgenden Küstendorf **Camogli** finden auch Fahrer von kleineren Fahrzeugen nur schwer einen Parkplatz. Das ist insbesondere deshalb schade, weil sich die Wohnhäuser rund um den kleinen Hafen farbenprächtig präsentieren und schon einen ersten Vorgeschmack auf das nahegelegene Cinque Terre bilden. Einen Parkplatz weit außerhalb, von dem aus man mit dem Bus nach Camogli fahren kann, gibt es an der SS1 (GPS 44.341303, 9.174956).

Portofino

Portofino lässt sich zwar theoretisch mit dem Womo erreichen, doch es macht angesichts fehlender Parkplätze keinen Sinn, die vielen Kilometer entlang der Küste in eine Sackgasse zu fahren. Man sollte daher besser auf den öffentlichen Bus (www.amt.genova.it/amt/trasporto-multimodale/linee-bus-provinciali/tigullio-occidentale) ab **Santa Margherita Ligure** und **Rapallo** oder aufs Schiff (s. l.) ausweichen. Auch ein Spaziergang durch die Altstadt und über die Promenade von Rapallo ist lohnenswert.

Aber auch dort ist das Parken mit dem Wohnmobil Glückssache, weshalb die Übernachtung auf einem Campingplatz zu empfehlen ist, um sich gar nicht erst dem Stress der Parkplatzsuche auszusetzen. Wer sehr gut und gerne zu Fuß unterwegs ist, kann die Strecke von den unten empfohlenen Campingplätzen sogar zu Fuß (ca. 10 km je Richtung) oder alternativ mit dem Fahrrad zurücklegen. Portofino ist sehr klein und überschaubar, präsentiert sich aber in prachtvoller Schönheit. Schon Friedrich Nietzsche, Guy de Maupassant, Richard Löwenherz sowie mehrere Päpste und Künstler zog es in

TIPP MIT DEM SCHIFF NACH PORTOFINO

Eine schöne und vor allen Dingen einfache Möglichkeit, Portofino zu besuchen, ist die Fahrt mit Schiffen des **Servizio Marittimo del Tigullio** ab Rapallo (Lungomare Vittorio Veneto 30, 16035 Rapallo, www.traghettiportofino.it).

Portofino ist wunderbar an einer kleinen Bucht gelegen

den Ort. Die Häuser von Portofino befinden sich in einer Art Tal, das auf den sehr schmalen Hafen zuläuft. Durch seine Ausrichtung nach Norden ist er vom offenen Mittelmeer ein wenig geschützt, denn die Südseite wird begrenzt von einer felsigen Halbinsel. Auf ihr wurde im 14. Jahrhundert das **Castello Brown** (Via alla Penisola 13, www.castellobrown.com) errichtet, das einen hervorragenden Ausblick auf Portofino ermöglicht. auf dem Weg zur Burg passiert man die **Kirche San Giorgio** (Salita S. Giorgio), die atemberaubend auf einer steil abfallenden Felskante erbaut wurde.

Die Promenade von Portofino

Touristinfo Portofino, Via Roma 35, www.portofinotourism.com

93 Camping Rapallo

GPS 44.356882, 9.199156

Kleiner Platz mit viel Schatten, guter Ausgangspunkt für den Besuch von Portofino (aber auch noch für Genua), nahe der Autobahn westlich von Rapallo. Bushaltestelle ist nur 500 m entfernt. **Lage/Anfahrt:** über die Autobahn E80 bis Rapallo oder aus dem Ort heraus auf die SP31 Richtung San Massimo, enge Anfahrt durch Einbahnstraße, in die Zufahrt muss man scharf nach rechts abbiegen; **Platzanzahl:** 30; **Untergrund:** Wiese; **Service:** Strom, Trinkwasser, Abwasser, Chemie-WC; **Sicherheit:** umzäunt, beleuchtet, bewacht; **Preiskat.:** €€; **Geöffnet:** ganzjährig; **Kontakt:** Via S. Lazzaro, 16035 Rapallo GE, Tel. 0185262018, www.campingrapallo.it

INFO DER VERTRAG VON RAPALLO

Im April 1922 trafen sich der damalige deutsche Außenminister Walther Rathenau und der sowjetische Politiker Georgi W. Tschitscherin zur Unterzeichnung eines Vertrags, der die Beziehungen zwischen den beiden Staaten normalisieren sollte. Sowohl Deutschland als auch die UdSSR waren nach dem Ersten Weltkrieg in der Weltpolitik wenig angesehen. Dass ausgerechnet diese beiden Länder sich nun zusammentaten, wurde mit viel Misstrauen zur Kenntnis genommen. So wird vermutet, dass u. a. diese Vertragsunterzeichnung dazu führte, dass Frankreich das Ruhrgebiet besetzte und noch mehr auf die vereinbarten Reparationszahlungen pochte. Unterschrieben wurde der Vertrag im Treaty Room im mondänen Imperial Palace Hotel in Santa Margherita Ligure. Der Vertrag ist nicht zu verwechseln mit dem Grenzvertrag von Rapallo, bei dem Italien und das spätere Jugoslawien zwei Jahre zuvor die Grenzziehung zwischen beiden Staaten klärten.

94 Camping Miraflores

GPS 44.357667, 9.209605

Campingplatz mit Restaurant und schattigen Parzellen unter Bäumen, guter Ausgangspunkt für Genua und Portofino, stellenweise jedoch etwas laut durch die angrenzende Autobahn. Gäste dürfen das benachbarte Freibad zu Sonderkonditionen nutzen. **Lage/Anfahrt:** direkt an der Ausfahrt Rapallo der E80, nach Verlassen der Autobahn hinter dem Mauthäuschen im Kreisverkehr wenden; **Platzanzahl:** 20; **Untergrund:** fest; **Service:** Strom, Trinkwasser, Abwasser, Chemie-WC; **Sicherheit:** umzäunt, beleuchtet, bewacht; **Preiskat.:** €€; **Geöffnet:** ganzjährig; **Kontakt:** Via Savagna 10, 16035 Rapallo GE, Tel. 0185263000, www.campingmiraflores.it

Chiavari und Sestri Levante

Chiavari an der Mündung des **Torrente Entella** ist etwa so groß wie Rapallo. Rechts und links der Mündung erstrecken sich einige Strände und zwei große Jachthäfen. Die Altstadt bietet indes mehrere Bogengänge zwischen Basilika, Kathedrale und einer Burgruine.
Im etwas weiter östlich gelegenen Ort **Sestri Levante** verlässt der Straßenverlauf der SS1 den Küstenbereich und wird zu einer eher kurvigen Gebirgsstraße. Wer sich ab hier nahe der Küste aufhalten und beliebte Orte wie **Bonassola** besuchen möchte, muss mit kleineren und engeren Straßen wie der SS332 vorlieb nehmen.

Touristinfo Chiavari, Via Cittadella 1, www.chiavariturismo.it

Touristinfo Sestri Levante, Corso Colombo 50, www.sestri-levante.net/iat-ufficio-informazione-del-turismo

Teile von Sestri Levante liegen auf einer Halbinsel und direkt an einer malerischen Bucht

Cinque Terre

Die Cinque Terre können zweifellos als einer der schönsten Abschnitte der ligurischen Küste bezeichnet werden, zudem auch als einer der ungewöhnlichsten. Er besteht aus einer steil abfallenden Küste, an der sich fünf *(cinque)* kleine Dörfer wie Perlen an einer Kette aufreihen. Von Nord nach Süd sind das **Monterosso al Mare, Vernazza, Corniglia, Manarola** und **Riomaggiore.** Sie alle haben einen eigenen, unverwechselbaren Charakter und liegen sehr abgeschieden. Man sollte sich jedoch darauf einstellen, dass man in den Sommermonaten nicht allein unterwegs ist. Die Cinque Terre stehen auf der Liste des UNESCO-Weltkulturerbes und sind ein sehr beliebtes und vielfotografiertes Reiseziel von Besuchern aus aller Welt. Es gibt Wanderwege, auf denen die fünf Orte wunderbar erkundet werden können (s. S. 147).

Das größte der fünf Dörfer ist **Monterosso al Mare.** Der eigentliche Ort ist durch die Bahnstrecke ein wenig vom kleinen Strand abgetrennt. Gleich hinter der Bahnunterführung erhebt sich die aus dem 14. Jahrhundert stam-

95 Camping Santanna Camping al Mare

GPS 44.281787, 9.391546

Sehr kleiner, familiär geführter und freundlicher Campingplatz in einem ruhigen Tal am Ende einer Sackgasse. **Lage/ Anfahrt** keine Zufahrt direkt ab der SS1, nur über Sestri Levante, dort die Gleise überqueren und parallel zu den Gleisen Richtung Westen; **Platzanzahl:** 10; **Untergrund:** Wiese; fest; **Service:** Strom, Trinkwasser, Abwasser, Chemie-WC; **Sicherheit:** umzäunt, beleuchtet, bewacht; **Preiskat.:** €€€; **Geöffnet:** März–Anf. Nov.; **Kontakt:** Via Antica Romana Occidentale 390, 16039 Sestri Levante GE, Tel. 018543924, www.campingsantanna.com

96 Camping Smeraldo

GPS 44.238257, 9.477622

Langgestreckt an der Küste westlich von Moneglia, auf der einen Seite das Meer, auf der anderen ein kleinerer Gebirgszug. Hier stört einfach nichts außer der Tatsache, dass der Platz nur für kleine Kastenwagen zugänglich ist. Der Zugang vom Campingplatz in den Ort ist recht abenteuerlich und nicht für jedermann zu empfehlen. In der Hochsaison sind Hunde nicht erlaubt. **Lage/Anfahrt:** ab Moneglia durch mehrere Tunnel (wichtig: maximale Höhe 3,20 m, maximale Länge 7 m!), mitten im einspurigen Tunnel folgt die sehr enge Einfahrt direkt auf den Platz. Der Tunnel ist ampelbetrieben: Grün ist ab Moneglia in jeder Stunde nur etwa ab Minuten 5, 25 und 45; **Platzanzahl:** 30; **Untergrund:** fest; **Service:** Strom, Trinkwasser, Abwasser, Chemie-WC; **Sicherheit:** umzäunt, beleuchtet, bewacht; **Preiskat.:** €€€; **Geöffnet:** Anf. März–Anf. Nov.; **Kontakt:** Località Preata, 16030 Moneglia GE, Tel. 018549375, www.villaggiosmeraldo.it

Monterosso ist einer der fünf Orte von Cinque Terre

INFO STELLPLÄTZE IN CINQUE TERRE

Mit dem Pkw oder gar dem Wohnmobil sind die Orte in Cinque Terre generell nicht zu erreichen. Eine Ausnahme bildet Monterosso al Mare, die Anfahrt mit dem Womo ist jedoch nicht zu empfehlen. Lediglich außerhalb der Saison, von Oktober bis Mitte März, besteht die Möglichkeit, den einzigen größeren Parkplatz des Orts (GPS 44.144228, 9.646530) mit dem Wohnmobil zumindest zum Parken nutzen zu können. Der einzige und auch empfehlenswerte Wohnmobilstellplatz in der Region liegt oberhalb von Monterosso al Mare (s. S. 148). In der Hauptsaison ist jedoch ein Sechser im Lotto wahrscheinlicher, als einen der wenigen begehrten Plätze zu erhaschen. Die fünf Dörfer der Cinque Terre sind aber ganz einfach mit der Bahn zu erreichen. Daher sollte man in weiter nördlich gelegenen Orten wie Deiva Marina oder Levanto auf einem der Campingplätze einchecken und die Cinque Terre per Bahn erkunden (s. S. 145).

mende Kirche **San Giovanni Battista** (Via Roma 12). Die belebte Fußgängerzone führt bergauf durch das Dörfchen, wo Geschäfte und Restaurants zum Verweilen einladen. Der etwas modernere Ortsteil **Fegina** erstreckt sich auf der anderen Seite eines mächtigen **Felsvorsprungs,** der bis ins Wasser ragt. Verbunden sind die beiden Ortsteile durch einen kleinen und kunstvoll verzierten **Tunnel,** der von Einwohnern mit dem Auto befahren werden darf, aber eigentlich wie ein Fahrrad- und Fußgängertunnel wirkt. In Fegina befindet sich der Bahnhof von Monterosso al Mare und etwas weiter westlich das Wahrzeichen des Orts, die **Statua del Gigante** („Statue des Giganten“). Diese mehrere Meter hohe Figur wurde Anfang des 20. Jahrhunderts aus dem Felsen geschlagen und trug einstmals eine muschelförmige Aussichtsterrasse, doch nach einem Sturm wurden Teile davon beschädigt.

Der nächste Ort ist das quirlige **Vernazza.** Es gibt nur wenige, enge Gassen, die man erkunden kann. Das Hauptaugenmerk richtet sich vor allen Dingen auf die **Via Roma,** die zwischen Bahnhof und Küste kaum 200 Meter lang ist. Sie endet an dem kleinen Bootshafen, an dessen Kai sich die Kirche **San Margherita** (Via G. M. Pensa 5) erhebt, die noch 100 Jahre älter als die Kirche in Monterosso al Mare ist. Bemerkenswert ist der Anblick von Vernazza auch außerhalb der Saison. Wenn die Zahl der Touristen deutlich abgenommen hat und die Fischer nicht mehr ganz so oft auf das Meer hinausfahren, werden die kleinen Boote aus dem Wasser geholt und in der Fußgängerzone vor den Wohnhäusern vertäut.

Während die anderen Ortschaften bis ans Wasser reichen und auf Meeresniveau liegen, wurden die Häuser von **Corniglia** auf einem **Felshang** rund 100 Meter über dem Mittelmeer errichtet. Vom unterhalb des Dorfs gelegenen Bahnhof kann man zu Fuß die Straße Via Stazione hinauflaufen, den Shuttlebus nutzen oder die steile **Ziegelsteintreppe Scalinata Lardarina** nehmen. Im steten Zickzack überwindet man dabei fast 400 schweißtreibende Stufen. Wofür man sich auch entscheidet, die Aussicht am Ende der Dorfstraße ist traumhaft schön.

TIPP MIT DEM ZUG ZU DEN DÖRFERN DER CINQUE TERRE

Von Levanto und La Spezia fahren Regionalzüge im 20-Minutentakt die Orte Monterosso al Mare, Vernazza, Corniglio, Manarola und Riomaggiore an. Die Erreichbarkeit ist also denkbar einfach und die Fahrt zudem auch noch preislich moderat. Zum (am weitesten entfernten) Bahnhof von Riomaggiore beträgt die Fahrzeit gerade einmal 21 Minuten (www.cinqueterre.eu.com/en/cinque-terre-timetable).

Riomaggiore ist ebenso sehenswert wie seine vier „Geschwister"

Zugang zum Oratorium in Monterosso al Mare

Vom Aussichtspunkt in Corniglia sieht man bereits den nächsten Ort. **Manarola** gilt den meisten Besuchern der Cinque Terre als das schönste der fünf Dörfer. Vermutet wird, dass es der älteste Ort ist. Farbenprächtig präsentieren sich die Wohnhäuser, die hinter- und übereinander angeordnet wie eine **mächtige, bunte Festung** wirken. Den schönsten Blick hat man von einer felsigen Landzunge nördlich des kleinen Naturhafens aus. Die Häuser von Manarola füllen das enge Tal so aus, dass kein Platz für einen Bahnhof blieb. Dieser befindet sich auf der anderen Seite eines Felshangs. Der Zugang vom Bahnhof in den Ort erfolgt durch einen kurzen Fußgängertunnel. Hat man diesen durchquert, steht man mitten im Geschehen, umgeben von Restaurants, Bars und Souvenirläden. Zur Linken führen einige Treppenstufen auf einen zentralen Platz, von dem man einen schönen Ausblick auf die zum Wasser führende Fußgängerzone genießt.

Der südlichste Ort **Riomaggiore** ist ein wenig größer als seine direkten Nachbarn. Dennoch geht es auch hier, zwischen den malerischen Häusern der **Via Colombo** im Zentrum des Orts, die wie in den anderen Ortschaften von der Küste steil bergauf führt, sehr eng zu. Man flaniert auf der Hauptstraße zwischen den *alimentari* und Souvenirläden bis hinab zum Ufer. Die Wohn- und Geschäftshäuser, zwischen denen sich die Kirche **San Giovanni Battista** (Via Pecunia 47) erhebt, erstrecken sich dabei auf beide Seiten des engen Tals.

Touristinformationen Cinque Terre, www.cinqueterre.it
Welcome Center Monterosso al Mare, Via Fegina 40 (im Bahnhof)
Welcome Center Vernazza, Via Roma 51 (im Bahnhof)
Welcome Center Corniglia, Via alla Stazione (im Bahnhof)
Welcome Center Manarola, im Bahnhof
Welcome Center Riomaggiore, Piazza Rio Finale 26 (im Bahnhof)
Welcome Center Levanto, im Bahnhof

TOUR WANDERN IN CINQUE TERRE

Die wohl schönste Möglichkeit, die fünf Dörfer der Cinque Terre und alles, was dazwischen liegt, näher kennen zu lernen, ist eine Wandertour von Monterosso al Mare bis Riomaggiore (auf dem kürzesten Weg etwa 15 km). Wanderwege gibt es reichlich, denn es existiert nicht nur der eine Weg, der an der Küste entlangläuft und die Dörfer miteinander verbindet, daher kann man in dem 120 Kilometer messenden Wegenetz durchaus mehrere Tagestouren unternehmen. Die Ortschaften sind Teil des **Nationalparks Cinque Terre,** der weit in das Hinterland hineinragt. Der Zugang zum Wanderwegenetz im Cinque Terre kostet allerdings Eintritt. Mit der **Cinque Terre Treno Card** darf man alle Wege benutzen, hat stellenweise WLAN-Zugang und die Mini-Busse innerhalb des Parks können genutzt werden. Auch die Nutzung der Regionalzüge zwischen Levanto und La Spezia ist inklusive (https://card.parconazionale5terre.it).

Darüber hinaus muss man wissen, dass es immer wieder zu längeren Sperrungen verschiedener Streckenabschnitte kommen kann. Es ist also ratsam, sich vor Beginn der Wandertour auf der Website des Nationalparks über die tagesaktuellen Bedingungen zu informieren.

Leider werden die oft steilen und auch nicht immer gesicherten Wege von vielen Besuchern mit einfachen Spazierwegen verwechselt: dabei ist das Tragen von festem Schuhwerk unabdingbar. Schon lange wird auf den vor Ort aufgestellten Wanderkarten symbolisiert, dass Stöckelschuhe, Sandalen oder ähnliches Schuhwerk nicht geeignet sind, um die Wanderwege innerhalb des Nationalparks zu erkunden. Seit 2019 wird von den Parkmitarbeitern sogar darauf geachtet, dass man mit richtigen Wanderschuhen unterwegs ist. Wer Flipflops oder ähnliches trägt, muss mittlerweile sogar mit empfindlichen Geldstrafen rechnen (www.parconazionale5terre.it).

Die Cinque Terre wurden an der Steilküste erbaut

97 Wohnmobilstellplatz Monterosso al Mare

GPS 44.155016, 9.659364

Ruhiger Platz oberhalb von Monterosso mit breiten Parzellen im Halbkreis unterhalb einer Felswand. Morgens und abends wird von den Betreibern ein Shuttleservice in den Ortskern angeboten. Die Parzellen sind nur für Fahrzeuge bis 8 m Länge gedacht. **Lage/Anfahrt:** bei der Anfahrt in Richtung Monterosso auf der SP38 auf der linken Seite. Außerhalb der Saison und wenn die Betreiber nicht vor Ort sind, muss geklingelt werden, damit man telefonisch Zugang durch die Schranke erhält; **Platzanzahl:** 14; **Untergrund:** Schotter, Schotterrasen; **Service:** Strom, Trinkwasser, Abwasser, Chemie-WC; **Sicherheit:** umzäunt, beleuchtet, Schranke; **Preiskat.:** €€; **Geöffnet:** ganzjährig; **Kontakt:** Park Camper Il Poggio 5 Terre, strada al SP38 112, 19016 Monterosso al Mare SP, Tel. 3664246163, www.parkcamperilpoggio5terre.it

98 Camping Acqua Dolce

GPS 44.166766, 9.613410

Großer Familiencampingplatz am Ortsrand von Levanto mit verschiedenen Bereichen bzw. Terrassen. Nachhaltiger Platz mit eigenem Garten und zahlreichen Pflanzenarten, Strom und warmes Wasser aus regenerativen Quellen. Guter Ausgangspunkt für Cinque Terre. **Lage/Anfahrt:** in Pian di Barca die SS1 verlassen und der SP38 bis Levanto folgen; **Platzanzahl:** 100; **Untergrund:** Schotter; fest; **Service:** Strom, Trinkwasser, Abwasser, Chemie-WC; **Sicherheit:** umzäunt, beleuchtet, bewacht; **Preiskat.:** €€€; **Geöffnet:** ganzjährig; **Kontakt:** Via Guido Semenza 5, 19015 Levanto SP, Tel. 0187808465, www.campingacquadolce.com

La Spezia

Südlich von Cinque Terre endet die Region Ligurien mit der Hafenstadt La Spezia. Auch von hier aus hat man mit dem Zug gute Anbindungsmöglichkeiten an die fünf Dörfer im Nationalpark. La Spezia liegt an einem Meerbusen, an dessen südwestlicher Spitze sich **drei vorgelagerte Inseln** befinden. **Palmaria** ist die größte Insel im Ligurischen Meer und gehört mit den beiden benachbarten, unbewohnten und wesentlich kleineren Eilanden **Tino** und **Tinetto** zum UNESCO-Welterbe Cinque Terre. In den Sommermonaten verkehren Personenfähren zu der von **Steilküsten** und **Grotten** geprägten Insel Palmaria.

99 Camping Albero d'Oro

GPS 44.175508, 9.621969

Schattige und großzügig bemessene Parzellen, 600 m vom Bahnhof von Levanto entfernt, zum Strand weitere 800 m. Einer von drei Campingplätzen, die in Levanto in direkter Nachbarschaft liegen, für welchen man sich schließlich entscheidet, spielt kaum eine Rolle, da sie sich in Lage und Ausstattung stark ähneln. **Lage/Anfahrt:** SS1 bis Pian di Barca, SP38 bis Levanto, hinter scharfer Linkskurve gleich links; **Platzanzahl:** 50; **Untergrund:** Rasen; **Service:** Strom, Trinkwasser, Abwasser, Chemie-WC, WLAN; **Preiskat.:** €€€; **Geöffnet:** ganzjährig; **Kontakt:** Via Albero D'Oro 6A, 19015 Levanto SP, Tel. 0187800400, www.campingalberodoro.com

100 Wohnmobilstellplatz Levanto

GPS 44.174228, 9.617981

Einfacher Parkplatz mit engen Stellflächen zwischen Bahngleisen und Tankstelle. Der große Vorteil des Platzes ist, dass er direkt am Bahnhof von Levanto liegt und damit einfachen Zugang zu den Cinque Terre ermöglicht; **Lage/Anfahrt:** in Pian di Barca die SS1 verlassen und der SP38 bis Levanto folgen, vor der Eisenbahnunterführung nach links auf den Platz; **Platzanzahl:** 15; **Untergrund:** Asphalt; **Service:** Trinkwasser, Abwasser, Chemie-WC; **Preiskat.:** €€€; **Geöffnet:** ganzjährig; **Kontakt:** Via Nostra Signora della Guardia, 19015 Levanto SP

Den meisten Mittelmeerreisenden ist La Spezia wegen der Fährverbindungen nach Korsika und Sardinien ein Begriff. Wer etwas mehr Zeit mitbringt, kann das Hinterland mit seinen kleinen Tälern und die nahegelegenen Cinque Terre entdecken. Doch auch die Altstadt von La Spezia ist attraktiv. Sie ist zwar nicht so eindrucksvoll wie die Altstädte in der nahen Toskana, aber es gibt einige sehenswerte Gebäude, insbesondere die historischen Kirchen. oberhalb des Zentrums befindet sich das mächtige **Castello di San Giorgio** (Via XXVII Marzo, http://museodelcastello.museilaspezia.it). Dieses älteste Bauwerk der Stadt stammt aus dem 12. Jahrhundert und bietet nicht nur einen schönen Panoramablick, sondern auch

Ein Reiterdenkmal Garibaldis in La Spezia

Irgendwas zu kaufen findet man immer

eine kleine Ausstellung. Die wenigen Höhenmeter können auch mithilfe eines Schrägaufzugs überwunden werden.

Touristinfo La Spezia, Via del Prione 228, www.myspezia.it

LITERATURTIPP

Ausführlichere Routenvorschläge und Informationen zur Region findet man im Wohnmobil-Tourguide „Oberitalien" im Reise Know-How Verlag.

101 Wohnmobilstellplatz La Spezia

GPS 44.103978, 9.859383

An der östlichen Seite der Bucht von La Spezia, gute Ausgangslage für Fahrten mit dem Bus nach La Spezia oder in die Gemeinde Portovenere, von wo aus man mit dem Schiff auf die Insel Palmaria gelangt. Enge Stellflächen im Industriegebiet, umgeben von verschiedenen Werften, max. Standzeit 2 Nächte. **Lage/Anfahrt:** auf der SP331 Richtung San Terenzo, nach Überqueren einer kleinen Hebebrücke links in Richtung Autobahn, sofort rechts in die Einfahrt; **Platzanzahl:** 50; **Untergrund:** Wiese; fest; **Service:** Strom, Trinkwasser, Abwasser, Chemie-WC, Sanitäranlage; **Sicherheit:** umzäunt, Schranke; **Preiskat.:** €; **Geöffnet:** ganzjährig; **Kontakt:** Area di Sosta La Spezia, Viale S. Bartolomeo 805/b, 19126 La Spezia SP, Tel. 3398052587

Gaby Gölz

Toskana: Pisa, Lucca, Vinci, Pistoia und Prato

TOUREN-ÜBERBLICK

Routenempfehlung: Pisa – Lucca – Vinci – Pistoia –Prato

Länge gesamt: 115 km

Dauer: ca. 5–7 Tage

Reisezeit: ganzjährig, die Sehenswürdigkeiten sind im Winter offen, aber weniger besucht

Diese Route führt entlang prachtvoller, mit einzigartigen Kunstgegenständen gespickter Städte der Toskana. Neben Florenz sind Prato, Pistoia, Lucca und Pisa ein Eldorado für kunstgeschichtlich Interessierte. Die architektonischen Highlights rund um die Piazza dei Miracoli in Pisa und die Duomos von Prato, Lucca und Pistoia sind allein schon eine Reise wert. Wertvolle Kunstschätze wie Fresken von Uccello und Lippi, Terrakotta-Hochreliefs von Andrea della Robbia, Bilder von Giovanni da Milano, Filippo Lippi und Jacopo Tintoretto sowie Steinmetzarbeiten von Pisano und Donatello verzaubern bis heute die Besucher. Nicht zu vergessen: Leonardo da Vinci. Dem Universalgenie wird natürlich in seinem Heimatort Vinci ein Besuch abgestattet. Es ist fast unglaublich, mit welchen Themen er sich in

Der Platz der Wunder – Piazza dei Miracoli

seiner Zeit bereits beschäftigt hat. Daneben sind alle Städte bestens dazu geeignet, durch das Gassengewirr zu bummeln, gut zu essen, dabei das quirlige italienische Leben zu beobachten, sich treiben zu lassen und einiges abseits der Touristenrouten zu entdecken. Damit dieser Kulturmarathon nicht zu anstrengend wird, gibt es an den Stadträndern auf idyllischen Bauernhöfen und Weingütern Camping- oder Stellplätze, auf denen man sich nach den Besichtigungen gut ausruhen und ein Gläschen Wein genießen kann.

Pisa

Die **Piazza dei Miracoli,** auch Piazza del Duomo, mit Kathedrale und schiefem Turm ist das Zentrum des zum UNESCO-Welterbe erhobenen Gebäudeensembles in Pisa. Inmitten der großen Rasenfläche stehen der **Duomo Santa Maria Assunta,** das **Battistero di San Giovanni,** der **Torre Pendente** und der **Composanto.**

Baubeginn für den **Duomo Santa Maria Assunta** war 1063, seine Weihe erfolgte erst nach 50-jähriger Bauzeit 1118. Vollendet wurde er im 12. Jh. durch Rainaldo, der die Hauptapsis anfügte und die aus drei Portalen bestehende Westfassade aus Marmor ergänzte. Darüber reihen sich vier übereinanderliegende Galerien mit 56 schlanken Marmorsäulen. Hoch oben am Giebel stehen die Madonna mit Kind und zwei Engelsfiguren von Pisano. Besonders die Säulen, die das Mittelportal flankieren, sind sehr fein ausgearbeitet. Über der Vierung der fünfschiffigen Basilika erhebt sich eine 48 m hohe elliptische Kuppel. Lupo di Gante und Puccio di Gadduccio haben das architektonische Meisterwerk 1380 dem Dom hinzugefügt. Die Kanzel im Innern des Doms stammt von Giovanni Pisano und ist eines der großartigsten Werke der Bildhauerkunst. Ausdrucksstarke Reliefs zeigen Szenen aus dem Leben Christi, Marias und Johannes des Täufers. Gut proportionierte Figurengruppen und unterschiedlich gearbeitete Säulen tragen die Kanzel. Beim großen Brand 1595 war sie stark beschädigt worden und musste entfernt werden. 1926 restaurierte man das einmalige Kunstwerk und baute es an gleicher Stelle wieder auf. Die Bronzekandelaber sollen der Legende nach Galileo Galilei durch ihr Nachschwingen nach dem Befüllen zur Erforschung der Pendelgesetze angeregt haben. Wahrheit oder Legende – wer weiß es schon?

Der Dom von Pisa galt lange als das monumentalste Bauwerk der christlichen Welt und er war Vorbild beinahe aller Kathedralen in der Toskana.

Der freistehende Glockenturm, der Torre Pendente, wurde als **Schiefer Turm von Pisa** berühmt. Baubeginn war 1173 unter dem Architekten Bonanno Pisano. Doch bereits kurze Zeit später neigte sich das Bauwerk bedenklich und der Weiterbau ruhte bis 1272, als Giovanni di Simone das Werk wieder in Angriff nahm. Er korrigierte die Schieflage, indem er die höheren Stockwerke wieder ins Lot setzte. Trotzdem nahm der Neigungswinkel weiter zu, sodass die Abweichung vom oberen Mittelpunkt nach unten im 20. Jh. schließlich 4,55 m betrug. Da der Turm einzustürzen drohte, kam es 1990 zur Schließung für Besucher. Eine erfolgreiche Rettungsaktion mit tonnenschweren Bleigewichten lief bis 2001, durch diese konnte er um 44 cm aufgerichtet werden. Seither darf täglich eine begrenzte Besucherzahl die 273 Stufen hinaufsteigen.

Das **Battistero di San Giovanni** ist die größte Taufkirche der christlichen Welt. 1153 begann Diotisalvi den Bau im romanischen Stil, Nicola Pisano und später sein Sohn Giovanni fügten in der gotischen Phase die Säulenloggia und in der dritten Bauphase im 14. Jh. die Kuppel hinzu. Das Innere wird vom achteckigen Taufbecken von Guido Bigareli da Como (1246) dominiert. 1260 fertigte Giovanni Pisano für die Taufkirche die erste freistehende Marmorkanzel – eines der bedeutendsten Kunstwerke der Romanik.

Entlang der Stadtmauer bieten Händler ihre Souvenirs an

Der **Camposanto** ist ein monumentaler Friedhofsbau an der Nordseite des Domplatzes. Das rechteckige Gebäude wurde 1278 begonnen und erst im 15. Jh. vollendet. Hier sollten hohe Würdenträger eine Begräbnisstätte in Erde aus dem Heiligen Land finden. Besonders sehenswert sind die Freskenzyklen „Triumph des Todes", „Jüngstes Gericht" und „Die Hölle".

Im **Museo dell'Opera del Duomo** (Piazza Duomo 17, www.opapisa.it/visita/museo-dell opera) sind Skulpturen und Monumente ausgestellt, die einstmals den Domplatz zierten. Außerdem zeigt das Museum den Domschatz, Messgewänder und eine Gemäldesammlung.

Von der **Mura,** der mächtigen Stadtmauer, bietet sich ein umfassender Überblick über die gesamte Piazza dei Miracoli. Der Zugang ist in der Ecke beim Battistero.

Die **Piazza dei Cavalieri** hat ein ganz anderes Gesicht. Hier war im Mittelalter das politische Zentrum der Stadt. Die **Chiesa S. Stefano dei**

Das Battistero di San Giovanni

102 Area sosta Via di Pratale, Pisa

GPS 43.72120, 10.42071

Separater Teil eines gemischten Parkplatzes, zentrumsnah, 20 Minuten zu Fuß oder mit dem Bus zur Piazza dei Miracoli. **Lage/Anfahrt:** auf der SS1 an der ersten Zufahrt Richtung Pisa, dann gut ausgeschildert; **Platzanzahl:** 115; **Untergrund:** Asphalt; **Service:** Strom, Trinkwasser, Abwasser, Chemie-WC; **Sicherheit:** beleuchtet; **Preiskat.:** €€; **Geöffnet:** ganzjährig; **Kontakt:** Via di Pratale, 5600 Pisa, Tel. 050555678

103 Camping Torre Pendente, Pisa

GPS 43.72406, 10.38316

Campingplatz in 1 km Entfernung zur Piazza dei Miracoli, Schwimmbad, Restaurant, Mini-Markt, Busanbindung, Radweg. **Lage/Anfahrt:** von der SS1 ausgeschildert; **Platzanzahl:** 50; **Untergrund:** Schotterrasen; **Service:** Strom, Trinkwasser, Abwasser, Chemie-WC, WLAN; **Sicherheit:** umzäunt, beleuchtet, bewacht; **Preiskat.:** €€€–€€€€; **Geöffnet:** Apr.–Anf. Nov.; **Kontakt:** Viale delle Cascine 86, 5600 Pisa, Tel. 050561704, www.camping torrependente.it

Cavalieri war die Ordenskirche der Ritter des St.-Stephan-Ordens, der 1561 von Großherzog Cosimo I. gegründet wurde. Der reich bemalte **Palazzo dei Cavalieri** ist das Stammhaus des Ordens.

Die **Borgo Stretto** ist die Lebensader der Altstadt. Elegante Geschäfte, Restaurants und Cafés reihen sich in den Laubengängen und im Gassengewirr links und rechts auf. Schließlich erreicht man die Marmorbrücke **Ponte di Mezzo** aus dem 12. Jh., von der aus sich ein wunderschöner Blick auf die Häuserfronten entlang des Arno bietet.

I.A.T., Piazza die Miracoli, www.turismo.pisa.it

104 Campeggio Lago Le Tamerici, Coltano

GPS 43.63706, 10.36736

Gepflegter Campingplatz in sehr schöner, ruhiger Lage (Flugverkehr je nach Wetterlage hörbar), Plätze z. T. direkt am See, Pool, Restaurant, Brotservice, Bus nach Pisa und Livorno in 1 km. **Lage/Anfahrt:** auf der SS1 Livorno in Richtung Coltano (SP58) abfahren, nach 2 km rechts, dann ausgeschildert, 1200 m holprige Zufahrt; **Platzanzahl:** 44; **Untergrund:** Wiese; **Service:** Strom, Trinkwasser, Abwasser, Chemie-WC, WLAN (an der Rezeption); **Sicherheit:** umzäunt, beleuchtet; **Preiskat.:** €€€–€€€€; **Geöffnet:** Apr.–Sept.; **Kontakt:** Via delle Sofina 6, 56121 Coltano, Tel. 3473773296, www.lagoletamerici.it

Luccas strahlender Mittelpunkt: Chiesa San Michele in Foro

Lucca

Lucca wird neben Florenz und Pisa oft übersehen, und das völlig zu Unrecht, denn die Stadt ist außergewöhnlich! Schon die gut erhaltene **Renaissancestadtmauer** fällt aus dem Rahmen: Ein breiter Erdwall, nach außen mit einer 12 m hohen Ziegelmauer befestigt und mit zehn „ohrenförmigen" *(ad orecchione)* Bastionen versehen, führt der Verteidigungsring rund um die Stadt. Das Innere ist von Verbindungsgängen, Pulverkammern, Zisternen und versteckten Ausgängen durchsetzt. Durch diese Konstruktion konnten überraschende Ausfälle ausgeführt werden, nach denen die Verteidiger der Stadtmauer sich blitzschnell wieder zurückziehen konnten. Heute lässt sich auf dem vier Kilometer langen Festungsbauwerk über eine wunderschöne, schattige Platanenallee die ganze Stadt umrunden.

Der **Palazzo Mansi** (Via Galli Tassi 43, https://turismo.lucca.it/museo-nazionale-palazzo-mansi) beherbergt in seinen prunkvollen Sälen die staatliche Gemälde- und Textiliensammlung mit Werken aus dem 15. bis 20. Jh. Das herrschaftliche Schlafzimmer soll Luciala Mansi (1606–1649) bewohnt haben. Dass die eitle Dame ein reges Liebesleben geführt und ihre Liebhaber nach dem Akt getötet haben soll, ist vermutlich nur eine Legende.

Auf der **Piazza Cittadella** sitzt ein Abbild des Komponisten **Giacomo Puccini** auf seinem Sockel. Dahinter, in der **Casa Natale Giacomo Puccini,** hat dieser am 22. 12. 1858 das Licht der Welt erblickt. Im Museum gibt es persönliche Gegenstände, Noten, Briefe und Bilder des Meisters der italienischen Oper zu sehen. Wertvollstes Ausstellungsstück ist das Klavier, auf dem er die Oper „Turandot" komponierte. Zu seinen Werken zählen außerdem „Madame Butterfly", „La Bohéme" und „Tosca".

Mittelpunkt der Piazza S. Michele ist die **Chiesa San Michele.** Auf dem Areal des antiken Foro Romano begann 1070 unter Papst

Giacomo Puccini ist untrennbar mit seiner Geburtsstadt Lucca verbunden

Alexander II. der Bau der Kirche. Das Gotteshaus in Form eines lateinischen Kreuzes zeigt heute überwiegend einen gotisch-romanischen Stil. Die hohe Fassade ist mit Säulen, Gesimsen und Rosetten reich verziert. Ganz oben steht die 3,75 m hohe Marmorstatue des Erzengels Michael. Im Innern kann man die „Madonna con Bambino" von Andrea della Robbia aus glasierter Terrakotta und die farbenprächtige Bildtafel „Quattro Santi" von Filippino Lippi bewundern.

Der **Torre Guinigi** (Via Sant'Andre) ist das Wahrzeichen von Lucca. Er ist einer der wenigen noch erhaltenen Geschlechtertürme (s. S. 71) der Stadt. Über 230 Stufen geht es hinauf zur Aussichtsterrasse, auf der sieben Steineichen wachsen. Von einem zum anderen Stockwerk gelangt man nur über Leitern.

Das **Palazzo Pfanner** (Via degli Asili 33) von 1667 ist besonders wegen seines Parks aus dem 18. Jh. mit den schönen Statuen und dem zentralen Springbrunnen einen Besuch wert.

Ein antikes Amphitheater, das 10.000 Zuschauer fassen konnte, wurde im Mittelalter mit Häusern bebaut. Das Oval in der Mitte lieferte als Gartenfläche Gemüse und Obst. Im Laufe der Zeit waren hier das Gefängnis und im 19. Jh. sogar ein Schlachthof untergebracht. Heute ist die **Piazza Anfiteatro** mit viel Außengastronomie einer der schönsten Plätze der Region.

Die Fassade der **Basilica S. Frediano** (Piazza S. Frediano, www.sanfredianolucca.com) ziert ein herrliches Mosaik aus dem 13. Jh. Thema des detailreichen Werks ist Christi Himmelfahrt. Im dreischiffigen Innenraum steht das wunderschöne, mit Reliefs verzierte Taufbecken aus dem 12. Jh.

Der zwischen 1060 und 1070 erbaute **Duomo di S. Martino** (Piazza Antelminelli, www.turismo.lucca.it/katedral-san-martino) erhielt seine heutige Außenfassade zwischen dem 12. und 15. Jh. Auffallend ist der Gegensatz zwischen der wuchtigen romanischen Vorhalle und den eher zierlichen Säulengalerien. Hier sind besonders die vielfältigen Muster der einzelnen Säulen sehenswert. Beim Betreten des Gotteshauses fällt das marmorne Tempelchen auf der linken Seite auf. Es beherbergt das Volto Santo, ein Holzkreuz mit dem Antlitz Christi, das bei einer jährlichen Prozession im September durch die Stadt getragen wird. Ein weiterer Kunstschatz ist „Das letzte Abendmahl" des Malers Jacopo Tintoretto. In der

105 Area Sosta Viale Luporini, Lucca

GPS 43.84002, 10.48828

Einfacher Parkplatz mit enger Einfahrtsschranke, ideal für den Stadtbesuch, da nur 600 m zur Stadtmauer, max. Standzeit 2 Nächte. **Lage/Anfahrt:** am Stadtmauerwall entlang, dann ausgeschildert; **Platzanzahl:** 50; **Untergrund:** Asphalt; **Service:** Trinkwasser, Abwasser, Chemie-WC; **Sicherheit:** umzäunt, beleuchtet; **Preiskat.:** €–€€; **Geöffnet:** ganzjährig; **Kontakt:** Viale Gaetano Luporini S. Anna, 55100 Lucca

106 Agriturismo Ai Linchi, Lucca

GPS 43.86543, 10.48174

Platz in schöner, ruhiger Lage zwischen Olivenbäumen und Weinreben, Pool, Aufenthaltsraum, Fahrradverleih, April–Sept. Frühstück und Abendmenü buchbar, Lucca 4 km. **Lage/Anfahrt:** von der SP24 in Sant'Alessio Richtung Pieve S. Stefano abbiegen, ausgeschildert mit „Camping". Vorsicht: das Navi führt einen teilweise über unbefestigte Feldwege; **Platzanzahl:** 30; **Untergrund:** Schotterrasen; **Service:** Strom, Trinkwasser, Abwasser, Chemie-WC, WLAN, Sanitäranlage; **Sicherheit:** umzäunt, beleuchtet; **Preiskat.:** €€€–€€€€; **Geöffnet:** ganzjährig; **Kontakt:** Via del Caporale 378, 55100 Lucca, Tel. 0583330461, www.ailinchi.it

Die barocke Villa Torrigiani, umgeben vom Landschaftsgarten im englischen Stil

TIPP AUSFLUG ZU DEN VILLEN MANSI UND TORRIGIANI

Zwei typische toskanische Villen mit prächtigen Gärten liegen zwischen Pescia und Lucca. Die **Villa Mansi** (Via delle Selvette 259, 55012 Capannori) ist ganz im barocken Stil gehalten. Dem ehemals einfachen, rechteckigen Bau wurde 1634 ein prachtvoller Portikus mit Treppenaufgängen hinzugefügt. Der Park beherbergt über 40 Baumarten aus aller Welt. Die **Villa Torrigiani** (Via Stradone di Camigliano 3, 55012 Capannori) thront majestätisch, leicht erhöht am Ende einer prachtvollen Auffahrt. Hier ist im englischen Landschaftspark der üppige Barockgarten mit Grotten, Wasserspielen und dem Geheimgarten (Giardino Segreto) interessant. Bei beiden Villen ist eine Innenbesichtigung und ein Besuch der sehr unterschiedlichen Parks möglich (www.visittuscany.com/de/attraktionen).

TIPP AUSFLUG ZUM PARCO DI PINOCCHIO

Wer mit Kindern unterwegs ist, wird sicherlich einen Besuch im Parco di Pinocchio machen. Im Geburtsort des geistigen Vaters von Pinocchio, Carlo Collodi, findet man Spaß und Unterhaltung im Freizeitpark, im eleganten Giardino Garzoni und im artenreichen Schmetterlingshaus (51014 Collodi, www.pinocchio.it).

Sakristei steht der Sarkophag von Ilaria del Carretto – ein Meisterwerk der italienischen Bildhauerei. Die jung im Kindbett Verstorbene wird auf dem Totenbett von einem Hund – Zeichen der ehelichen Treue – bewacht. Archäologen haben in der **Chiesa e Battistero di Santi Giovanni e Reparata** (Piazza San Giovanni, www.museocattedralelucca.it) den Fußboden abgetragen und untersucht. Freigelegt wurden fünf übereinanderliegende Schichten –

von der ersten frühchristlichen Kirchenmauer bis zu den Resten einer römischen Badeanstalt. Die interessante Besichtigung der verschiedenen Zeitstufen lohnt sich sehr.

Ufficio Turismo, Piazzale Verdi, www.turismo.lucca.it

107 Agricamper Poggetto, Larciano

GPS 43.83447, 10.88089

Platz in schöner, ruhiger Lage mit weitem Panorama, von Freitag bis Sonntag kann man gut im Restaurant speisen. **Lage/Anfahrt:** bei Montecatini nach Monsummano abbiegen, dann Richtung Fucecchio, in Castelmartini Richtung Larciano, dann ausgeschildert, letzter Kilometer schmale Zufahrt; **Platzanzahl:** 12; **Untergrund:** Schotterrasen; **Service:** Strom, Trinkwasser, Abwasser, Chemie-WC, WLAN, Sanitäranlage; **Sicherheit:** beleuchtet; **Preiskat.:** €€; **Geöffnet:** Ostern-Sept.; **Kontakt:** Via Stradella 1489, 51036 Larciano, Tel. 3386150744, www.agripoggetto.com

Vinci

In traumhafter Lage in den Hügeln des Monte Albano hat sich Vinci das Flair eines toskanischen Dorfs bewahrt. Das **Castello dei Conte Guide** und die **Chiesa di Santa** Croce aus dem 12. Jh. sind die ältesten Gebäude im Ort.

108 Camping Barco Reale, San Baronto

GPS 43.84196, 10.91039

Campingplatz in sehr schöner, ruhiger Panoramalage, Restaurant, Panorama-Pool, Mini-Markt, Fahrradverleih, in der Saison Animation. **Lage/Anfahrt:** ab der SP9 ausgeschildert; **Platzanzahl:** 100; **Untergrund:** Wiese; **Service:** Strom, Trinkwasser, Abwasser, Chemie-WC; **Sicherheit:** umzäunt, beleuchtet, bewacht; **Preiskat.:** €€€–€€€€; **Geöffnet:** Apr.–Sept.; **Kontakt:** Via Nardini 11, 51030 San Baronto, Tel. 057388332, www.barcoreale.it

Drei Kilometer außerhalb, im Ortsteil Anchiano, wurde am 15. 04. 1452 **Leonardo da Vinci** als uneheliches Kind einer Dienstmagd und eines Notars geboren. Er lebte bis zum Tod seines Großvaters 1468 auf dessen Bauernhof. Die Familie väterlicherseits übersiedelte nach Florenz, wo Leonardo bei Andrea del Verrocchio, einem bedeutenden Künstler seiner Zeit, in die Lehre ging. Dort gab er sich den Namenszusatz „da Vinci" (aus Vinci). Zu Ehren seines größten Sohnes hat das 14.000-Seelen-Dorf im **Castello dei Conte Guidi** (Via Bonifazio) und in der **Palazzina Uzielli** (Piazza dei Conti Guidi) das **Museo Leonardiano** (www.museo leonardiano.it) eingerichtet. Hier sind mechanische Modelle ausgestellt, die nach Skizzen des Universalgenies hergestellt wurden. Eindrucksvoll sind die Zeichnungen und Modelle seiner Flugapparate, darunter eine Art Hubschrauber. Auch ein Fahrrad und der Entwurf eines selbstfahrenden Wagens sind zu bestaunen. Welch visionärer Geist! Daneben entwarf er Baumaschinen, Kriegswerkzeug und Geräte zur maschinellen Herstellung von Textilien. Hydraulik, Geologie, Anatomie und mechanische Uhren sind weitere Interessensgebiete, zu denen er forschte und Skizzen sowie Modelle entwickelte. Die **Casa Natale di Leonardo** in Anchiano (Via di Anchiano, www.museoleo nardiano.it), die auch eine realistische 3-D-Präsentation bereithält, lässt sich besichtigen.

Ufficio turistico di Vinci, Via Montalbano 1, www.vinciturismo.com

109 Agriturismo Il Piastino, Vinci

GPS 43.79118, 10.91712

Stellplatz in sehr schöner Lage bei einem Bauernhof mit Verkauf regionaler Produkte, ausgezeichneter Weine, Grappa und Öle, sehr gutes Abendessen und Frühstück buchbar. **Lage/Anfahrt:** von der SP123 über die Via Vallicella der Beschilderung folgen, steile Zufahrt, nur für Fahrzeuge bis 7 m Länge und mit hohem Überhang; **Platzanzahl:** 10; **Untergrund:** Schotterrasen; **Service:** Strom, Trinkwasser, WLAN; **Preiskat.:** €; **Geöffnet:** ganzjährig; **Kontakt:** Via Piastino 30, 50059 Vinci, www.ilpiastrino.it

Pistoia

Es ist nicht eindeutig geklärt, ob die Pistole ihren Namen von Pistoia ableitet oder nicht. Tatsache ist jedoch, dass die Stadt vom 16. bis weit ins 20. Jh. hinein eine florierende Waffenindustrie besaß. Doch Pistoia präsentiert sich seinen Besuchern nicht kriegerisch. Ganz im Gegenteil: Egal, aus welcher Richtung man auf die Stadt zufährt, man wird von einem wahren Meer aus Grünpflanzen in riesigen Baumschulen und Gartenzentren empfangen. Einnahmequellen der 90.000 Einwohner sind neben dem Verkauf von Pflanzen und Gemüse auch die Produktion medizinischer Präzisionsinstrumente.

Die dreischiffige **Cattedrale di San Zeno e San Jacopo** (Piazza del Duomo, www.visitpistoia.eu/scopri/chiese/cattedrale-di-san-zeno) mit seiner von drei übereinander angeordneten Säulenloggien geprägten Fassade stammt ursprünglich aus dem 12. Jh. Die Vorhalle wurde erst im 14. Jh., das glasierte Terrakottarelief von Andrea della Robbia 1505 angefügt. Marmorstatuen der beiden Schutzheiligen Jakobus und Zenon stehen hoch oben auf der Fassade. Der 67 m hohe Kampanile (freistehender Glockenturm) aus dem 13. Jh. hat seinen Aufsatz und die Spitze aus dem 15.–16. Jh. Der Silberaltar des heiligen Jakobus (13.–15. Jh.) und das hölzerne Kruzifix von Coppo di Marcovaldo (1274) sind die wertvollsten Teile der Innenausstattung.

Gegenüber dem Dom steht das achteckige **Battistero.** Die mit grünem und weißem Marmor verkleidete Taufkirche wurde in der ersten Hälfte des 14. Jahrhunderts erbaut. Das achteckige Taufbecken stammt aus dem Jahr 1226.

Der Palazzo Comunale von 1294 wird auch Palazzo degli Anziani genannt

Der **Palazzo Comunale** ist durch einen Brückenbogen mit dem Dom baulich verbunden. Das imposante Gebäude besitzt eine wappengeschmückte Sandsteinfassade. In seinem Innern befindet sich das **Museo Civico di Pistoia** (https://musei.comune.pistoia.it), das neben Malereien aus dem späten Mittelalter auch ein Dokumentationszentrum zu Ehren Giovanni Micheluccis präsentiert. Michelucci, ein italienischer Stararchitekt, wurde 1891 in Pistoia geboren. Als er im Alter von 99 Jahren verstarb, hinterließ er so bedeutende Bauwerke wie den Bahnhof von Florenz. Beim **Palazzo di Vescovi** (Piazza del Duomo) reichte das Geld nicht, um ihn vollständig mit grünweißem Marmor zu verkleiden. Einige Quadratmeter geben eine Vorstellung davon, wie prachtvoll das Ergebnis gewesen wäre. Im **Museo dell'Antico Palazzo dei Vescovi** (Piazza del Duomo, www.pistoiamusei.it/sedi/antico-

110 Agricampeggio Le Carbonaie, Casore del Monte

GPS 43.93908, 10.80647

Kleiner Panoramaplatz in sehr schöner, ruhiger Umgebung, Pistoia 14,5 km, viele Tiere, Pool, Abendessen und Frühstück möglich, Brotservice, bestens für Campingbusse und Vans geeignet, in der Nebensaison Anmeldung empfehlenswert. **Lage/Anfahrt:** steile, schmale Zufahrt; **Platzanzahl:** 10; **Untergrund:** Wiese; **Service:** Strom, Trinkwasser, Abwasser, Chemie-WC, WLAN; **Preiskat.:** €€€€; **Geöffnet:** Apr.–Sept.; **Kontakt:** Via delle Croci 11, 51010 Casore del Monte, www.lecarbonaie.it

palazzo-dei-vescovi) kann man sich auf eine Reise durch die Stadtgeschichte begeben.

Die **Chiesa San Giovanni Fuorcivitas** (Via Cavour, www.vivipistoia.it/visitare/chiesa-san-giovanni-fuorcivitas-pistoia) ist ebenfalls mit grün-weißen Marmorstreifen verkleidet. Innen birgt sie ein echtes Kleinod: eine auf zwei Löwen gestützte Marmorkanzel, deren figürlicher Detailreichturm ein wahres Wunderwerk der mittelalterlichen Steinmetzkunst darstellt. Neben der Kirche kann man im **Caffé Valiani** (Via Cavour 55, www.valiani1831.it) unter Fresken einer Kapelle aus dem 14. Jh. seinen Espresso trinken.

In Pistoia wird gerne gefeiert, besonders wenn bei der **Giostra dell'Orso di Pistoia** (www.visitpistoia.eu/evento) die Stadtviertel zu Ehren des Schutzheiligen San Jacobo bei Reiterspielen in Wettstreit treten. Das Fest findet jedes Jahr am 25. Juli statt.

I.A.T., Piazza del Duomo, www.comune.pistoia.it

Prato

Prato ist mit 185.000 Einwohnern die zweitgrößte Stadt der Toskana. Ihre Blütezeit war im 13. und 14. Jahrhundert, als Tuchhändler wie Francesco di Marco Datini qualitativ hochwertige Textilien aus Prato in ganz Europa verkauften. Das **Museo de Tessuto** (Via Puccetti 3, www.museodeltessuto.it) zeigt neben Stoffen aus der Zeit vom 5. Jahrhundert bis zur Neuzeit auch Webstühle aus verschiedenen Epochen.

Der **Duomo Santo Stefano** (Piazza del Duomo) ist ein schönes Beispiel einer romanisch-

Die Außenkanzel am Duomo Santo Stefano

gotischen Kirche. Im 15. Jh. verkleidete man die Fassade mit hellem Alberese-Stein und grünem Prateser Marmor. Zur gleichen Zeit wurden auch das Terrakotta-Hochrelief von Andrea della Robbia in der Lünette über dem Hauptportal und die Außenkanzel mit Baldachin von Donatello und Michelozzi angebracht. Von Paolo Uccello stammen die farbenprächtigen Fresken in der Assunta-Kapelle und von Filippo Lippi der Freskenzyklus „Szenen aus dem Leben des heiligen Stephanus und Johannes des Täufers“ in der Hauptchorkapelle. In der **Cappella della Sacra Cintola** wird der golddurchwobene Gürtel der Muttergottes (die *sacra cintola)* aufbewahrt und an hohen Feiertagen dem ehrfürchtigen Kirchenvolk von der Außenkanzel präsentiert.

Direkt daneben stellt das **Museo dell'Opera del Duomo** (www.diocesiprato.it/museo-

Die Fontana del Pescatorello auf der Piazza del Duomo

INFO DIE SACRO CINGOLO ODER AUCH CINTOLA

Der heilige Gürtel, ein mit Goldfäden durchwirktes grünes Wollband, stammt angeblich aus dem Besitz der Muttergottes Maria. Die wertvolle Reliquie wird dem Volk fünf Mal im Jahr von der Außenkanzel des Doms gezeigt, unter anderem am 8. September beim Volksfest mit Umzug.

Maria selbst soll den Gürtel kurz vor ihrer Himmelfahrt dem heiligen Thomas gegeben haben. Durch einige Hände kam er schließlich zum Kaufmann Michele Dagomari aus Prato, der ihn auf dem Sterbebett dem Probst von Santo Stefano schenkte. Die Wundertätigkeit des Gürtels sprach sich im Volk herum und weckte Begehrlichkeiten. 1312 stahl ihn ein Mann namens Musciattino. Auf der Flucht nach Pistoia verirrte er sich im Nebel und kam wieder zurück nach Prato, wo er gefasst und zum Tode verurteilt wurde.

dellopera-del-duomo) sehenswerte sakrale Kunstwerke und Gemälde, u. a. von Filippo Lippi und Paolo Uccello, aus.

Der markante mittelalterliche **Palazzo Pretorio** (www.palazzopretorio.prato.it) an der Piazza del Comune stammt aus dem 13. Jh. Die Zinnen und der Glockenturm kamen im 16. Jh. hinzu, Familienwappen der Stadt- und Landvögte schmücken die Fassade. Im Innern gibt es eine Ausstellung mit Kunstwerken von der Renaissance bis ins 20. Jh. mit einem spätgotischen Polyptychon, einem großen Altarbild von Giovanni da Milano und dem Meisterwerk „Madonna del Ceppo" von Filippo Lippi.

Das **Castello dell'Imperatore** (Piazza Santa Maria delle Carceri), eine quadratische Burg mit wuchtigen Ecktürmen, ist das einzige Beispiel staufischer Architektur in Mittelitalien. Sie wurde 1248 im Auftrag von Friedrich II. als Wachposten für die Straße über den Montepiano-Pass erbaut. Von ihren Mauern bietet sich eine Aussicht über die gesamte Stadt. Der mittelalterliche Burggang Cassero aus der Mitte des 13. Jh. hat zwei Wehrgänge: einen geschlossenen, über den man von den Verteidigungsmauern ungesehen ins Innere der Kaiserburg gelangt, und einen offenen, auf dem die Wache patrouillierte.

U.I.T., Piazza del Comune, www.pratoturismo.it

LITERATURTIPP

Ausführlichere Routenvorschläge findet man im Wohnmobil-Tourguide „Toskana und Elba" im Reise Know-How Verlag.

Gaby Gölz

Toskana: Certaldo, San Gimignano, Volterra und die etruskische Küste

TOUREN-ÜBERBLICK

Routenempfehlung: Certaldo – San Gimignano – Volterra – Vada – Cecina – Populonia

Länge gesamt: 140 km

Dauer: ca. 6–8 Tage

Reisezeit: ganzjährig, der Besuch der Städte oder ein Strandspaziergang haben auch im Winterhalbjahr ihren Reiz

Die mittelalterlichen Städte Certaldo, San Gimignano und Volterra haben ihren besonderen Charme. Alle drei sind authentische Beispiele für die Architektur des Mittelalters und ihr Besuch fühlt sich an wie eine Zeitreise. San Gimignano ist für viele Gäste aus der ganzen Welt der Inbegriff einer toskanischen Stadt. Certaldo Alto ist im Vergleich dazu noch ein Geheimtipp und mit seinem kompakten Altstadtbereich um das Wohnhaus von Giovanni Boccaccio ungeheuer faszinierend. Volterra beeindruckt durch seine Lage auf einem Hügel, umgeben von der welligen Landschaft der Colline Metallifere, und die schmalen, manchmal etwas düsteren Häuserschluchten in der Altstadt. Ganz anders die Landschaft der Etruskischen Küste zwischen Vada und Populonia. Kristallklares Wasser, feine Sandstrände und dahinter die schattige Pineta sind die ideale Grundlage für Ruhesuchende und Aktive. Cecina und Vada sind beliebte Urlaubsorte mit einer umfassenden Infrastruktur. Traumhaft liegt der Golf von Baratti mit dem sichelförmigen Strand und den dunkelgrünen Wäldern im Hinterland unterhalb der etruskischen Stadt Populonia. Der Parco archeologico di Baratti e Populonia ist ein interessantes, 80 Hektar großes Gelände mit Nekropole, Akropolis und historischen Handwerksstätten.

Vom Bodenbelag bis zu den Gebäuden – in Certaldo Alto ist alles aus Backstein

Certaldo

Ein Kleinod ganz besonderer Art ist das Städtchen Certaldo, v. a. der Stadtteil **Certaldo Alto** an den Hängen des Val d'Elsa. Mit der *funicolare,* einer Standseilbahn, schweben die Besucher bequem hinauf auf 130 m Höhe. Certaldo Alto ist ein in sich geschlossener Ort, der einem Freilichtmuseum gleicht. Die Häuser und der Straßenbelag sind komplett aus rotbraunem Backstein. In der Via Boccaccio steht das Wohnhaus von **Giovanni Boccaccio** (www.enteboccaccio.it/s/ente-boccaccio/page/casa-boccaccio), das heute ein Museum beherbergt. Ab 1349 schrieb er das „Dekameron" oder „Il Decamerone", eines der bedeutendsten Werke des Humanismus. Basierend auf der Zahl 10 *(deka)* wird in 100 Novellen das Schicksal von sieben Frauen und drei Männern während der Pest in Florenz erzählt. Das Ideal der großen, reinen Liebe hat darin einen zentralen Stellenwert. Ob Boccaccio 1313 in Certaldo oder in Florenz geboren wurde, ist bis heute nicht geklärt. Gesichert ist, dass er in Certaldo am 21. Dezember 1375 verstarb. Leider sind die Beschriftungen im Museum nur auf Italienisch, die Aussicht vom Turm dagegen ist wirklich traumhaft. Der **Palazzo Pretorio** mit offener Loggia und einer mit glasierten Terrakotta-Wappen geschmückten Fassade steht am Ende der zentralen Via Boccaccio. Ein **Kombiticket** erlaubt den Eintritt in die Casa di Boccaccio, in den Palazzo Pretorio und in die **Chiesa San Tommaso e Prospero.**

Ufficio Turismo, Via Boccaccio 20, www.visitcertaldo.com, www.comune.certaldo.fi.it

In Certaldo Alto finden sich viele gastronomische Angebote, besonders die **Taverna L'Antica Fonte** mit ihrem wunderschönen Ambiente, der freundlichen Bedienung, der tollen Aussicht und der sehr guten Küche ist einen Besuch wert (Via Valdracca 25, www.tavernaanticafonte.it).

Im Hofladen **La Taverna** gibt es Käse, Wein, Öl, Aromakräuter, Pesto, Honig, Marmeladen u. v: m. zu kaufen. Der Hof liegt mitten in der typisch mediterranen Flora der Macchia. Die herzlichen Hofbesitzer bieten Kunden zwei Stellplätze für eine Nacht (Via Camporbiano 43A, 50050 Gambassi Terme, Tel. 3272256797, Anfahrt von Certaldo über die SP4, bei GPS 43.48966, 10.92494 Richtung Bagni di Mommialla abbiegen und nach 1,4 km auf unbefestigter Straße nach rechts abbiegen, Hinweisschild „La Taverna", kein Service).

111 Agricampeggio Poggio ai Pini, Certaldo

GPS 43.54493, 11.06124

Familiärer Platz in schöner, ruhiger Lage, terrassierte Stellplätze, auch für große Womos, Schatten, Whirlpool, Grillstellen, Brötchenservice. Apr.–Sept. Frühstück und Abendessen mit regionalen Produkten, von Betreiber Stefano zubereitet. Wein- und Ölverkauf, Weinverkostung. **Lage/Anfahrt:** in Certaldo ausgeschildert; **Platzanzahl:** 25; **Untergrund:** Sand; **Service:** Strom, Trinkwasser, Abwasser, Chemie-WC, WLAN; **Sicherheit:** umzäunt, beleuchtet; **Preiskat.:** €€€€; **Geöffnet:** ganzjährig; **Kontakt:** SP 50, 50052 Certaldo, Tel. 3384783260, www.poggioaipini.it

San Gimignano

Im 10. Jh. erhielt der nach dem Heiligen Geminianus, dem Bischof von Modena, benannte Ort das Stadtrecht. Seine Blütezeit liegt im 14. Jh., als der Handel entlang der Via Francigena, die von Canterbury nach Rom führte, florierte und wertvoller Safran angebaut wurde. Das Äußere der UNESCO-Welterbestadt hat sich seit dem Mittelalter kaum verändert. Heute ist die autofreie Altstadt ein Hauptanziehungspunkt für Touristen in der Toskana.
Seinen Weltruf erlangte die 7500-Einwohner-Stadt durch die zahlreichen **Geschlechtertürme** (s. S. 71), die hier wie Wolkenkratzer in den Himmel ragen. Von den einst über 70 Türmen stehen heute noch 15. Sie waren nicht nur Statussymbol, sondern auch wehrhafter Rückzugsort bei Überfällen. In San Gimignano kam es im 13. Jh. häufig, auch unter den Familien in der Stadt, zu Scharmützeln zwischen den kaiserlichen Ghibellinen und den papsttreuen Guelfen.
Mittelpunkt der Stadt ist die **Piazza Cisterna,** benannt nach dem im 13. Jh. hier erbauten Brunnen.

Der **Palazzo del Comunale** (Piazza del Duomo, www.sangimignanomusei.it) besitzt mit dem 50 m hohen **Torre Grossa** den höchsten Turm der Stadt, der laut einem Gesetz aus dem Jahr 1255 bis heute nicht von bürgerlichen Gebäuden überragt werden darf. Sehenswert sind der Ratssaal (Dante-Saal) mit dem berühmten Freskenzyklus (1290), das Altarbild von Pinturicchio (1511) und das Podesta-Zimmer. Den Torre Grossa kann man erklimmen und von dort das weite Panorama über den Ort und die bezaubernde Landschaft genießen.

1056 begonnen, wurde die **Basilica di Santa Maria Assunta** (Piazza delle Erbe) zwischen 1239 und Ende des 17. Jh. laufend erweitert. Atemberaubend sind die Fresken mit Motiven aus dem Alten und Neuen Testament, die das Innere vollständig bedecken.

Ein lauschiges Plätzchen ist der **Parco della Rocca** mit der Ruine der Rocca di Montestaffoli. Die Idylle aus der Kombination von Park und historischen Mauern wird perfekt, wenn hier Musiker ihre Instrumente erklingen lassen. Beim Spaziergang über die **Passeggiare dei Mura,** die Stadtmauer aus dem 10.–13. Jh., bietet sich ein schöner Ausblick auf die typisch toskanische Landschaft.

INFO VERNACCIA DI SAN GIMIGNANO

Die goldgelbe Farbe ist das Kennzeichen des Weißweins Vernaccia di San Gimignano. Er wird aus der alteingesessenen Rebsorte Canaiolo Bianco, zu 90–100 % sortenrein, gewonnen. Die Weine haben eine feine Mineralität, ein vielschichtiges Fruchtaroma, eine zarte Mandelnote im Abgang und sind trocken ausgebaut.

Pro Loco, Piazza del Duomo, www.sangimignano.com

Niemand, der gern Eis isst, sollte San Gimignano verlassen, ohne der bekannten **Gelateria Dondoli** mit ihren mehrfach preisgekrönten Eisvariationen einen Besuch abgestattet zu haben (Piazza della Cisterna 4, www.gelateriadondoli.com).

⓫⓬ Camping Boschetto di Piemma, San Gimignano

GPS 43.45340, 11.05423

Platz in schöner, ruhiger Lage, Restaurant, Schwimmbad, Mini-Markt, Altstadt 2 km. **Lage/Anfahrt:** am Kreisverkehr Richtung S. Lucia, ausgeschildert; **Platzanzahl:** 170; **Untergrund:** Schotterrasen; **Service:** Strom, Trinkwasser, Abwasser, Chemie-WC, WLAN; **Sicherheit:** umzäunt, beleuchtet, bewacht; **Preiskat.:** €€€–€€€€; **Geöffnet:** Apr.–1. Nov.; **Kontakt:** Loc. Santa Lucia 38 c, 53037 San Gimignano, Tel. 0577940352, www.boschettodipiemma.it

Volterra

Inmitten einer welligen Hügellandschaft, im Zentrum der Colline Metallifere, liegt die Bergstadt Volterra auf 550 Metern Höhe. Die Colline Metallifere, übersetzt: „die Erzhügel", sind ein Gebirge, in dem bis in die 1970er-Jahre der Abbau von Eisen, Blei, Silber und Kupfer betrieben wurde.

Schon die Etrusker (s. S. 179) schätzten die zentrale Lage und die Kupfervorkommen von Volterra. Aus dieser Zeit, als die Stadt noch Velathri hieß, stammen die **Porta all'Arco** und die **Porta Diana** (4.–3. Jh. v. Chr.). Auch die **Alabasterverarbeitung** war schon bei den Etruskern ein Haupterwerbszweig. Heute noch wird der weiche Stein für fein gearbeitete Vasen, Schmuck und Intarsienarbeiten verwendet. In vielen Läden und Werkstätten werden sehr schöne Arbeiten aus Alabaster angeboten.

Durch die Einnahmen aus ihrer Alabastermanufaktur und weltweite Handelskontakte konnte sich die Adelsfamilie Viti den luxuriös ausgestatteten **Palazzo Viti** (Via dei Sarti 41, https://palazzoviti.it) leisten. Ursprünglich im 16. Jh. gebaut, kaufte Giuseppe Viti den Palast Mitte des 19. Jh. und stattete ihn mit faszinierenden Alabasterarbeiten aus. Die schönsten Stücke sind zwei Kandelaber, die für Kaiser Maximilian von Mexiko gefertigt wurden. Zur Auslieferung kam es allerdings nicht mehr, da der Kaiser 1867 hingerichtet wurde. So zieren sie heute den Familienpalast. Das sehenswerte Bauwerk befindet sich noch heute in Familienbesitz.

Das **Ecomuseo dell'Alabastro** (Via dei Sarti, www.museivaldicecina.it/de/ecomuseo_alabastro.php) liefert interessante Informationen von der Gewinnung bis zur kunstvollen Verarbeitung des wertvollen Steins und zeigt kostbare Stücke aus älteren und jüngeren Epochen.

Die **Piazza dei Priori** ist einer der besterhaltenen mittelalterlichen Plätze Europas. Die strenge Fassade des **Palazzo dei Priori** (www.museivaldicecina.it/de/palazzo_priori_volterra.php) wird durch drei Reihen schöner Doppelbogenfenster und die Wappen der Florentiner Statthalter, teilweise aus der Werkstatt von della Robbia, aufgelockert. 1208 als Macht- und Eigenständigkeitssymbol errichtet, ist er der älteste seiner Art in der Toskana und Vorbild für den Palazzo Vecchio in Florenz. Im Ratssaal mit Fresken von Iacopo di Cione Orcagna aus dem 14. Jh. versammelte sich der Rat der Stadt. Bei der Besichtigung kommt man in den Ratssaal und kann über viele Treppen in den Torre aufsteigen und die großartige Aussicht auf sich wirken lassen.
Die **Basilica di Santa Maria Assunta** (Piazza San Giovanni) hat die Form eines lateinischen Kreuzes und ein Eingangsportal aus Marmor mit Steinintarsien im Tympanon. Im Innenraum im Stil der Spätrenaissance fällt besonders die Kassettendecke ins Auge. Geometrische und florale Elemente, Heiligenfiguren und zwei große Ovale schmücken die von Francesco Capriani entworfene Holzdecke.
Das achteckige **Baptisterium** (Piazza San Giovanni) ziert ein wunderschön gearbeitetes Marmortaufbecken von Andrea Sansovino (1502).
Das **Museo Etrusco Guarnacci** (Via Don Minzoni 15, www.museivaldicecina.it/de/museo_guarnacci_volterra.php) präsentiert eine außergewöhnlich umfangreiche Sammlung etruskischer Graburnen. Die berühmteste, die „Urne des Ehepaars“ *(urna degli sposi)*, zeigt, zu welcher Detailgenauigkeit die etruskischen Künstler fähig waren.
Das **Teatro Romano** (Viale F. Ferrucci) stammt aus der Zeit von Kaiser Augustus. Mit einem

INFO ALABASTER

Alabaster sieht ähnlich aus wie Marmor, ist aber viel weicher und lässt sich dadurch einfacher verarbeiten. Die Farbgebung reicht von beinahe reinem Weiß bis zu rötlichen, braunen und grauen Farbtönen. Die eiförmigen Rohblöcke von 1–3 m Durchmesser werden unter Tage in einem Umkreis von 30 km um Volterra abgebaut.
Die zarte, beinahe durchsichtige Struktur bietet vielerlei Gestaltungsmöglichkeiten, allerdings ist der Stein nicht witterungsbeständig und deshalb nur für Innenräume zu empfehlen.

Die Ansicht von Volterra wird vom Palazzo dei Priori beherrscht

Durchmesser von 60 m bietet es auf seinen 24 Stufen Platz für ca. 3500 Besucher. Auch heute noch finden hier Aufführungen statt.

Etwas außerhalb der Stadt, gleich beim Campingplatz (s. u.), sind die spektakulären, durch Erosion entstanden Steilabbrüche und Faltenwürfe der **Balze** zu bestaunen. Die ungefähr 88 Hektar große Balze di Volterra ist eine reizvolle, wellige Landschaft mit tiefen Furchen. Sie entstehen, wenn Regenwasser in Sandschichten im Boden eindringt und dadurch die Lehmschichten darunter abrutschen.

113 Parcheggio P3 Fonti di Docciola, Volterra

GPS 43.40331, 10.86403

Stellplätze auf einem separaten Teil eines riesigen Parkplatzes, guter Zugang ins Zentrum, bei Regen matschig, sehr gut besucht. **Lage/Anfahrt:** von der SR68 bei der Tankstelle rechts, ausgeschildert; **Platzanzahl:** 40; **Untergrund:** Schotter; **Service:** Strom (20 Anschlüsse), Trinkwasser, Abwasser, Chemie-WC; **Sicherheit:** beleuchtet; **Preiskat.:** €€; **Geöffnet:** ganzjährig; **Kontakt:** Viale G. d'Annunziata, 56048 Volterra

Ufficio Turismo, Piazza die Priori 19, www.volterratur.it

Für Genießer eine wahre Offenbarung ist das **Ristorante Enoteca Del Duca.** Die raffinierte toskanische Küche, der zuvorkommende Service und das reizvolle Ambiente im Garten sind seine Trümpfe (Via del Castello 2, www.enotecadelduca-ristorante.it).

114 Camping Le Balze, Volterra

GPS 43.41221, 10.85092

Ruhiger Platz in schöner Lage, Schwimmbad, Bar, Zentrum 1 km, direkt bei der Balze. **Lage/Anfahrt:** in Volterra ausgeschildert; **Platzanzahl:** 60; **Untergrund:** Wiese; **Service:** Strom, Trinkwasser, Abwasser, Chemie-WC, WLAN; **Sicherheit:** umzäunt, beleuchtet, bewacht; **Preiskat.:** €€€–€€€€; **Geöffnet:** Ostern–Mitte Okt.; **Kontakt:** Via di Mandringa 15, 56048 Volterra, Tel. 058887889, www.campinglebalze.com

Vada

Vada ist ein kleiner, reizender Ferienort mit schattiger *pineta* (Pinienwald) und herrlich feinsandigen Stränden, die sanft ins Meer abfallen – ideal für Familien mit Kindern. Besonders beliebt ist ein fünf Kilometer langer, strahlend weißer Strandabschnitt. Er entstand zu Zeiten, als hier Abwässer einer Sodafabrik eingeleitet wurden, die den Sand ausbleichten. Inzwischen ist dies verboten und die Touristen erfreuen sich am einzigartigen Karibikfeeling. An der **Piazza Garibaldi** treffen sich abends Urlauber und Einheimische zum *cena* (Abendessen), Eisschlecken oder zu einer *passeggiata* (Abendspaziergang). Der mächtige Renaissance-Wachturm aus dem 16. Jahrhundert nahe der Piazza war einst Teil der Verteidigungsanlagen.

Traditionell wird jedes Jahr Ende Juni die **Vada sull'Aia,** ein folkloristisches Bauernfest, gefeiert.

Ufficio Informazioni, Piazza garibaldi 93, www.visittuscany.com/de/orte/vada

Der Sandstrand von Vada

115 Camping Tripesce, Vada

GPS 43.34298, 10.45810

Schön gestalteter Platz mit guter Ausstattung in schöner Lage direkt am Strand, Restaurant, Markt, Hundeverbot Ende Mai–Ende August. **Lage/Anfahrt:** in Vada ausgeschildert; **Untergrund:** Wiese, Sand; **Service:** Strom, Trinkwasser, Abwasser, Chemie-WC, WLAN; **Sicherheit:** umzäunt, beleuchtet, bewacht; **Preiskat.:** €€€–€€€€; **Geöffnet:** Ostern–Mitte Okt.; **Kontakt:** Via Cavallegeri 88, 57018 Vada, Tel. 0586788167, www.campingtripesce.it

Cecina

Die Küste zwischen Marina di Cecina und Marina di Bibbona ist eine der beliebtesten Ferienregionen an der Etruskischen Küste. Cecina wurde als Handelszentrum im 19. Jh. gegründet und besteht aus dem Hauptort etwas im Landesinneren und dem Hafenviertel **Marina di Cecina** direkt am Meer. Zur Abwechslung vom Strandleben lässt sich also ein Bummel durch die Geschäfte und Boutiquen im Zentrum unternehmen. Am Dienstagvormittag bietet sich der Besuch des Wochenmarkts an. Jedes Jahr zwischen August und September findet das berühmte Volksfest **Targa Cecina** mit seinen sehenswerten Umzügen im historischen Stadtkern statt.

Marina di Cecina hat einen herrlichen weißen Sandstrand, eine quirlige Promenade sowie viele Restaurants und Bars und ist somit das ideale Ziel für Sonnenanbeter und Wasserfreunde.

116 Agricampeggio Ippocampo, Cecina

GPS 43.31271, 10.48874

Gepflegter Stellplatz in ruhiger Lage, zwei große Pools, Grillplatz, eigener Strand mit Bar und Restaurant (Lieferservice) in 1,1 km, Shuttle in der Saison, Hunde haben Strandverbot. **Lage/Anfahrt:** von Mazzante Richtung Cecina, dann ausgeschildert; **Platzanzahl:** 30; **Untergrund:** Schotter, Wiese; **Service:** Strom, Trinkwasser, Abwasser, Chemie-WC, WLAN, Sanitäranlage; **Sicherheit:** umzäunt, beleuchtet, Videoüberwachung; **Preiskat.:** €€–€€€.; **Geöffnet:** Ende Apr.–Sept.; **Kontakt:** Via F.D. Guerrazzi 107, 57023 Cecina, Tel. 0586661256, www.agricampeggioippocampo.it

117 Agricamper Gioia Selvaggia e Fabio, Cecina

GPS 43.28782, 10.55523

Parzellierte Stellplätze in schöner, ruhiger Lage, von Feldern umgeben, separater Hundebereich, 7 km nach Cecina, in der Saison Shuttle zum Strand. **Lage/Anfahrt:** Cecina auf der SP14 Richtung Bibbona verlassen und bei km 4,III links zum Platz abbiegen; **Platzanzahl:** 18; **Untergrund:** Schotterrasen; **Service:** Strom, Trinkwasser, Abwasser, Chemie-WC; **Sicherheit:** beleuchtet; **Preiskat.:** €€–€€€€; **Geöffnet:** ganzjährig; **Kontakt:** Via del Paratino 53, 57023 Cecina, Tel. 3280887291, www.agricampercecina.it

118 Camping Casa di Caccia, Marina dei Bibbona

GPS 43.24655, 10.52548

Campingplatz in der Pineta direkt am schönen Sandstrand, Schwimmbad, Restaurant, Markt, Fahrradverleih. **Lage/Anfahrt:** im Ort ausgeschildert; **Platzanzahl:** 172; **Untergrund:** Sand; **Service:** Strom, Trinkwasser, Abwasser, Chemie-WC, WLAN; **Sicherheit:** umzäunt, beleuchtet, bewacht; **Preiskat.:** €€€–€€€€; **Geöffnet:** Apr.–Okt.; **Kontakt:** Via de Mare 40, 57020 Marina dei Bibbona, Tel. 0586600000, www.campingcasadicaccia.com

Das 465 Hektar große Naturschutzgebiet **Tomboli di Cecina** zieht sich nördlich und südlich der Mündung des Flusses Cecina 15 Kilometer an der Küste vor Marina di Cecina entlang. Herrliche, weite Dünenstrände, ein schattiger Pinienwald und die typisch mediterrane Landschaft mit Wacholder und Steineichen, genannt Macchia, prägen diese Landschaft. Sie ist gut mit Wander- und Radwegen erschlossen, bietet jedoch auch Kaninchen, Füchsen, Stachelschweinen und Dachsen eine Heimat. Wer mehr Action braucht besucht den **Fun-Wasserpark** (Via Tevere 34, www.acquavillage.it) mit unterschiedlichen Wasserrutschen, Wasserspielen für Jung und Alt, Relax-Lagune und vielem mehr.

Ufficio Turistico Cecina Mare, Piazza Sant'Andrea, www.visitcostadegli etruschi.com

INFO ZWISCHENSTOPP IN BOLGHERI

Auf der Strecke zwischen Cecina und dem Golf von Baratti streift man den vorgeschlagenen Verlauf der Weinorte-Tour (s. S. 181). Den Ort Bolgheri kann man gut auch von hier besuchen.

Populonia und der Golf von Baratti

Der Golf von Baratti erhielt seinen Namen von einer kleinen Hafenstadt etruskischen Ursprungs namens Baratti. In etruskischer und römischer Zeit landeten hier die mit Eisenerzen von Elba beladenen Schiffe an. Inzwischen verkehren hier nur noch Freizeitboote und der Anblick mit dem von Schirmpinien eingerahmten Strand lässt Urlauberherzen hö-

TIPP BADEBUCHT BUCA DELLE FATE

Die wunderschöne Bucht liegt eingerahmt von Felsen am kristallklaren Wasser unweit von Populonia Alta. Der Sage nach lebten in der verwunschenen Bucht einst Sirenen, deren lieblicher Gesang die bizarren Felsen geformt haben soll. Durch die Einschränkungen durch das Fahrverbot für Fahrzeuge über 2 m Breite nur für Campingbusse geeignet ist die Fahrt zum Parkplatz Baratti Reciso S (GPS 42.983999, 10.492303). Wer ein breiteres Fahrzeug hat, muss auf einem der Stellplätze parken und mit dem Fahrrad anfahren. Vom Parkplatz führt ein Waldweg in 350 m zur wunderschönen Badebucht Buca delle Fate.

herschlagen. Feiner Sandstrand, kristallklares Wasser und die bewaldete, hügelige Kulisse sind traumhaft.

Die etruskische Siedlung Pupluna – benannt nach Fufluns, dem Weingott der Etrusker – wurde 1908 unter einer hohen Schicht Metallschlacke entdeckt. Sie war eine der bedeutendsten Städte des etruskischen Zwölfstädtebunds und die einzige, die am Meer lag. Erze von der Insel Elba wurden hier in mit Holzkohle betriebenen Brennöfen geschmolzen.

Der **Parco archeologico di Baratti e Populonia** (www.parchivaldicornia.it, Onlinetickets obligatorisch) gliedert sich in drei Teile. Er erstreckt sich zwischen den Hängen von Piombino und dem Golf von Baratti auf dem

Ein herrlicher Anblick: der Golf von Baratti von Populonia Alta aus

Gebiet der etruskisch-römischen Stadt Populonia. Die Nekropole mit zum Teil enormen Hügelgräbern, die Handwerksstätten und die Akropolis liegen auf einer Gesamtfläche von 80 Hektar.

Darüber thront **Populonia Alta** auf einem 180 m hohen Hügel malerisch über dem Golf von Baratti. Schon von Weitem sieht man die mächtigen Mauern einer im 14. Jh. errichteten Burg. Vom **Torre di Populonia,** hoch über dem Golf, ist die Aussicht fantastisch. Die Zufahrt zu den archäologischen Parks, hin-

INFO DIE ETRUSKER

Namensgebend für die Toskana war das Volk der Etrusker, deren lateinischer Name Etrusci oder Tusci lautet. Über die Herkunft des Volks gibt es verschiedene Theorien: Laut Herodot, einem antiken griechischen Völkerkundler, stammen sie aus Lydien in Kleinasien, einem Teil der heutigen Türkei. Dem entgegen steht die autochthone Theorie (autochthon ist altgriechisch und bedeutet „einheimisch" oder „eingeboren"), der zufolge die Etrusker von der eiszeitlichen Urbevölkerung des Apennins abstammen. Zwischen dem 8. und dem 1. Jh. v. Chr. bevölkerten die Etrusker die heutigen Regionen Toskana, Umbrien und Latium und entwickelten sich zu einem beherrschenden Seefahrervolk, dessen Blütezeit im 6. Jh. v. Chr. lag. Politisch war ihr Gebiet in mehrere Stadtstaaten gegliedert, ihr Einflussbereich weitete sich im Norden bis in die Po-Ebene, im Süden bis nach Kampanien aus. Die Niederlage gegen Syrakus in der Seeschlacht von Kyme 476 v. Chr. läutete den Niedergang Etruriens ein, schließlich wurde es von den Römern unterworfen.

119 Agricampeggio L'Oasi, Piombino

GPS 43.01558, 10.52554

Separater, parzellierter Stellplatz bei einem Campingplatz in schöner, ruhiger Lage, 800 m zum Strand, Pool, Obst- und Gemüsestand in der Saison, sonst keine Einkaufsmöglichkeiten, Busanbindung. **Lage/Anfahrt:** an der Via Aurelia Sud ausgeschildert; **Platzanzahl:** 20; **Untergrund:** Schotterrasen; **Service:** Strom, Trinkwasser, Abwasser, Chemie-WC; **Sicherheit:** umzäunt; **Preiskat.:** €€–€€€€; **Geöffnet:** April–Okt.; **Kontakt:** Loc. Sant'Albinia 11, 57025 Piombino, Tel. 3471154759, www.oasi.toscana.it

auf nach Populonia Alta und zum Strand am Golf ist für Fahrzeuge über 2 m Breite saisonal und tageszeitlich streng reglementiert. Wer ein breiteres Fahrzeug hat oder zur falschen Zeit ankommt, muss auf den empfohlenen Stellplätzen oder auf dem großen Parkplatz (GPS 43.00202, 10.52836) an der Zufahrtsstraße parken. Vom Parkplatz gibt es einen Shuttlebus, ansonsten bleibt nur das Fahrrad als Fortbewegungsmittel übrig.

LITERATURTIPP

Ausführlichere Routenvorschläge findet man im Wohnmobil-Tourguide „Toskana und Elba" im Reise Know-How Verlag.

120 Agricampeggio Sant'Ignazio, Grattalocchio

GPS 42.99844, 10.52924

Parzellierte Plätze in schöner, ruhiger Lage an der Zufahrt nach Populonia, in der Saison Shuttlebus zum Strand und archäologischen Park, Restaurant. **Lage/Anfahrt:** an der Via Aurelia Sud bei km 11 rechts zum Platz abbiegen, ausgeschildert; **Platzanzahl:** 15; **Untergrund:** Schotter; **Service:** Strom, Trinkwasser, Abwasser, Chemie-WC, WLAN; **Sicherheit:** umzäunt, beleuchtet; **Preiskat.:** €€€–€€€€; **Geöffnet:** ganzjährig; **Kontakt:** Loc. Grattalocchio, 57025 Piombino, Tel. 3393468439, www.agricampeggiobaratti.it

Gaby Gölz

Weinorte in der Toskana

10 km
© Reise Know-How 2023
Pontedera
FI-PI-LI
S. Miniato
Montespértoli
Cerbáia
S. Casciano in V. di P.
Incisa in Val d'Arno
Figline Vald.
FI-SI-Rac
Ponsacco
Paláia
Collesalvetti
Castelfiorentino
Greve
S. Giovanni Valdarno
Montaione
Certaldo
Tavarnelle V. di P.
Péccioli
Conv. di Montecarlo
Badia Coltibuono
Montevarchi
Casciana Terme
Pieve di Céllole
Poggibonsi
Radda in Chianti
S. Gimignano
Centro storico
Castellina in Ch.
Meleto
Castellina Mar.
Poggio di Mela
648
Volterra
Colle di Val d'Elsa
Cast. di Brólio
Monteriggioni
Pianella
Castelnuovo Berardenga
Saline di Volterra
Historic Centre
Cast. d. 4 Torri
Cásole d'Elsa
Cécina
Siena
E78
Pomarance
Rapolano Terme
Asciano
Rosia
Bibbona
Larderello
Centro storico
Monteroni d'Árbia
Guido
Castelnuovo di Val di Cécina
Canneto
Colline Metallífere
Abb. a M. Oliveto Maggiore
Castagneto Carducci
S. Galgano
S. Lorenzo a Merse
Monterotondo Maríttimo
Montieri
Monticiano
M. Quóio
647
Buonconvento
Riserva Naturale Poggio Tre Cancelli
Campíglia Marítt.
Merse
Ombrone
Massa Maríttima
Montalcino
S. Quírico d'Órcia
Venturina
Roccastrada
S. Ántimo
Valpiana
Civitella Maríttima
Órcia
Córnia
E80
Ribolla
Val d'Órcia
Gavorrano
Pagánico
Follònica
Castel d. Piano
Golfo di Follónica
M. d'Alma
559
Cinigiano
Montepescali
Arcidosso
Tirli
Rovine di Roselle
Pian d'Alma
S. Fiora
Bruna
Pta. Ala
Punta Ala
Roselle
Arcille
Roccalbegna
Castiglione della Pescáia
Grosseto
Marina di Grosseto
Ríspéscia
Scansano
Montiano
Albegna
Magliano in Toscana
Parco Naturale
Naz. dell' Arcipelago Toscano

TOUREN-ÜBERBLICK

Routenempfehlung: Greve in Chianti – Castellina in Chianti – Radda in Chianti – Bolgheri – Montalcino – Montepulciano – Pitigliano
Länge gesamt: 380 km
Dauer: ca. 7 Tage
Reisezeit: frühes Frühjahr bis später Herbst

Die Toskana zählt zu den renommiertesten und ältesten Weinregionen der Welt. Schier endlos erstrecken sich die Weingärten im Chianti, dem größten Anbaugebiet der Toskana. Wer hier schon einmal mit einem Glas Wein in der Hand vor dem Wohnmobil sitzend zugesehen hat, wie die Sonne langsam im Rebenmeer versinkt, wird diesen Eindruck für immer mit sich tragen. Dass es neben den bekannten Chianti-Weinen noch weitere Tropfen aus kleinen, exquisiten Weinregionen gibt, lernt man spätestens auf dieser Reise. Darüber hinaus gibt es in den toskanischen Städtchen, die mit ihrer Lage und ihrem Flair verzaubern, kulturhistorisch einiges Interessantes zu sehen. Da ist das über die schönste Zypressenallee der Toskana erreichbare, winzige Städtchen Bolgheri. Eingebettet in Reben und wenige Kilometer vom Strand der Etruskischen Küste entfernt, taucht man hier in den Enotheken – den Weinhandlungen – in den typisch italienischen Lebensstil ein. Weitaus herber ist die Tuffsteinlandschaft und das scheinbar aus dem Felsen erwachsende Pitigliano. In den schmalen Gassen verstecken sich ausgezeich-

Typisch Toskana: Zypressen, Weinberge, bewaldete Hügel

nete Gastronomie und viele kleine Geschäfte. Auch in Montalcino und Montepulciano kommt man am Wein nicht vorbei. Die Versuchung ist groß, in den einladenden Enotheken direkt ein Gläschen zu probieren und sich dem Dolce Vita hinzugeben. In den Weinregionen gibt es natürlich unzählige Möglichkeiten, sich mit den edlen Tropfen einzudecken, um dem Urlaub zu Hause nachzuspüren.

INFO WEINE DER TOSKANA

Die Toskana stieg in den letzten Jahrzehnten zu einem Zentrum der Qualitätsweine in Italien auf. Auf 65.000 Hektar Rebfläche wachsen Weine mit so wohlklingenden Namen wie Brunello, Chianti Classico, Vino Nobile und Sassicaia. Der Fokus der Weinproduktion liegt eindeutig auf Rotweinen und hier insbesondere auf der Sangiovese Traube. Weißweine sind nur zu 15 Prozent vertreten. Hier steht der Bianco di Pitigliano und die Rebsorte Trebbiano Toskana vorne. Die sogenannten „Supertoskaner" sprengen die Grenzen der üblichen Qualitätssiegel und dürfen nur als Landweine verkauft werden. Ihre Qualität, wie die des Ornellaia aus Bolgheri, ist trotzdem überragend.

INFO QUALITÄTSSTUFEN BEI ITALIENISCHEN WEINEN

Vini Comuni e varietali oder auch *Vini da Tavola* sind einfache Tafelweine, hier muss auf dem Etikett kein Jahrgang und keine Rebsorte angegeben werden. Mit dem Etikett IGT *(Indicazione geografica tipica)* oder IGP *(Indicazione geografica protetto)* versehene Weine sind oftmals hochklassig, entsprechen aber nicht vollständig den DOC- oder DOCG-Regeln. Die Bezeichnung DOC *(Denominazione di Origine Controllata)* erhalten herkunftskontrollierte Weine bestimmter Anbaugebiete, Rebsorten, Lage usw. Die höchste Qualitätsstufe DOCG *(Denominazione di Origine Controllata e Garantita)* wird Weinen aus staatlich kontrollierter und garantierter Herkunft verliehen. Weine erhalten das Prädikat DOCG erst, nachdem sie zuvor zehn Jahre den DOC-Status hatten. Die ca. 75 DOCG-Weine machen zusammen mit den DOC-Weinen einen Marktanteil von ca. 35 % der gesamten italienischen Weinproduktion aus.

i www.visittuscany.com

Greve in Chianti

Die Region Chianti erstreckt sich über die hügelige Landschaft zwischen Siena und Florenz. Greve, auch Hauptstadt des Chiantis genannt, liegt inmitten ausgedehnter Weinberge. Die Altstadt rund um die dreieckige **Piazza Matteotti** mit ihren Arkadengängen hat sich die heimelige Atmosphäre einer toskanischen Kleinstadt bewahrt. In der Mitte steht eine Statue des Seefahrers und Entdeckers Giovanni da Verrazzano (1485–1528), an der Spitze des Dreiecksplatzes die neoklassische **Chiesa Santa Croce** (Piazza Santa Croce 1, www.santacrocegreve.it) mit dreibogigem Portikus. Letztere birgt einige Kostbarkeiten in ihrem Innern, unter anderen das Triptychon „Madonna in trono" von Bicci di Lorenzo. Das **Museo d'Art Sacra di San Francesco** (Via San Francesco 4, www.piccoligrandimusei.it/musei-pgm), zeigt sakrale Kunst, Gewänder, kostbare Reliquienbehälter, Gemälde und Skulpturen aus dem 14. Bis 19. Jh. Eine kulinarische Institution ist die **Antica Maccelleria Falorni** (Piazza Matteotti 71, https://falorni.it). In der traditionellen Metzgerei hängt der Himmel nicht voller Geigen, sondern, voller Schinken. Ob eine der vielen Salamisorten, Schinken, Käse oder die regionalen Weine: Alles kann man hier kaufen oder im Bistro direkt verkosten. Im **Museo del Vino** (Viale Vittorio Veneto, www.museovino.it) sind allerlei interessante Gegenstände zum Thema Wein ausgestellt. Es ist jedoch nur nach Anmeldung zu besichtigen.

Die Weinkultur ist sicherlich der Grund für die meisten Touristenbesuche in Greve. Hier

Greve – das Zentrum des Chianti

⑫1 Area Sosta Camper Piscina, Greve in Chianti

GPS 43.59067, 11.31371

Beliebter Stellplatz am Ortsrand beim Schwimmbad. Straße in Hörweite, Zentrum 500 m. **Lage/Anfahrt:** durch den Ort in Richtung Florenz und am Ortsrand links abbiegen, ausgeschildert; **Platzanzahl:** 19; **Untergrund:** Asphalt; **Service:** Trinkwasser, Abwasser, Chemie-WC; **Sicherheit:** beleuchtet; **Preiskat.:** kostenlos; **Geöffnet:** ganzjährig; **Kontakt:** Via Montebeni, 5022 Greve in Chianti

dreht sich alles um den Chianti-Wein. Die jährliche **Weinmesse** lockt „Weinzähne" aus der ganzen Welt.

Das ganze Jahr über hat **Le Cantine Enoteca Falorni** (Piazza delle Cantine 6, www.enotecafalorni.it) geöffnet. Die riesige Weinhandlung hat mehr als 1200 Sorten im Angebot. Ungefähr 140 Weine, auch mit den Qualitätssiegeln DOC und DOCG versehene, können probiert werden. Man erwirbt eine Chipkarte, steckt sie in den jeweiligen Zapfautomaten und sofort fließt der ausgewählte Tropfen ins Glas.

Etwas persönlicher ist die Teilnahme an einer **Weinprobe** bei **Il Vinaino di Greve** (Via Roma 36, www.vinainodigreve.com). Hier kann man Degustationen mit kulinarischer Begleitung, sogenannte „Wine & Food Experiences", buchen.

Informazioni Turistiche, Piazza Matteotti 10, www.visitchianti.net

Castellina in Chianti

Das charmante Castellina ist ein wichtiges Zentrum der Weinproduktion und liegt in 578 m Höhe eingebettet in die hügelige Landschaft. Schon am Ortseingang begrüßt ein großer *gallo nero* die Touristen. Beim Weingut **La Castellina** (Via Ferruccio 26, www.lacastellina.it) gibt es regionalen Weine, Öle und Grappa zum Probieren und zu kaufen.

Die **Via delle Volte** ist ein Teil der ehemaligen Befestigungsanlagen. Auf ihr spaziert man durch einen gemauerten Gewölbetunnel unter

TIPP TAG DER OFFENEN WEINGÜTER

Am letzten Sonntag im Mai findet jährlich das Wein-Event „Cantine Aperte" statt. Viele Weingüter öffnen an diesem Tag ihre Tore und Keller für die Besucher, die natürlich auch Weine verkosten können (www.mtvtoscana.com).

den Häusern hindurch. Ein idyllischer Anblick besonders in der Dämmerung.

Das Herzstück des Städtchens ist die mittelalterliche **Piazza del comune** mit Häusern aus Natursteinen, der wuchtigen Burg mit Aussichtsturm und dem archäologischen Museum. Dass bereits die Etrusker hier gelebt haben, bezeugen im **Museo archeologico del Chianti senese** (Piazza del Comune 17, www.museo

122 Area comunale, Castellina in Chianti

GPS 43.47332, 11.28811

Separate Plätze auf einem gemischten Parkplatz, auch für Pkws und Busse, Zentrum 300 m, Straße in Hörweite. **Lage/Anfahrt:** an der SR222 ausgeschildert; **Platzanzahl:** 14; **Untergrund:** Pflaster; **Service:** Strom, Trinkwasser, Abwasser, Chemie-WC, Toiletten; **Sicherheit:** beleuchtet; **Preiskat.:** €€; **Geöffnet:** ganzjährig; **Kontakt:** SR222, 53011 Castellina in Chianti

INFO CHIANTI-WEINE

Es gibt zwei Anbaugebiete im Chianti. Der Chianti Classico DOCG wird im klassischen Kerngebiet zwischen Siena und Florenz, der Chianti DOCG im übrigen Chiantigebiet angebaut. Die Trauben für den **Chianti Classico** gedeihen in einer Höhe von 200 bis 700 m auf einer Rebfläche von 7000 Hektar. Chianti Classico muss aus mindestens 80 % Sangiovese-Trauben bestehen, eine 20-prozentige Zumischung von Cabernet Sauvignon oder Merlot ist erlaubt, weiße Trauben nicht. Die Reifung liegt beim Chianti Classico bei 12 Monaten, beim Riserva bei 24 Monaten. Er hat eine rubinrote Farbe, ist trocken ausgebaut und man schmeckt leicht die Tannine. Die meisten Winzer gehören zum **Consorzio del Vino Chianti Classico** (Via Sangallo 41,50028 Sambucco, www.chianticlassico.com) mit dem Markenzeichen des schwarzen Hahns *gallo nero*. Der jährliche Ertrag liegt bei ca. 280.000 Hektolitern, die in rund 35 Millionen Flaschen abgefüllt werden. 70 Prozent der Weine sind für den Export bestimmt.

Hier wächst der edle Chianti Classico

Castellina in Chianti wurde 1220 erstmals urkundlich erwähnt

archeologicochianti.it) ausgestellte Funde und das etruskische Schachtgrab in der Nähe des Stellplatzes (s. S. 187). Das frei zugängliche Grab **Tumulo di Montecalvario** datiert auf das 7. Jh. v. Chr. Vier nach den Himmelsrichtungen ausgerichtete Gänge führen in den kreisförmigen Grabhügel mit 53 m Durchmesser und münden jeweils in vier Grabkammern.

Ufficio turistico, Via Ferruccio 40, www.comune.castellina.si.it

Radda in Chianti

Für Blumenschmuck findet sich immer ein Plätzchen

Viele Touristen haben Radda für sich entdeckt und so herrscht ein buntes Stimmengewirr in den Gassen. Doch das kleine Städtchen hat trotz des Touristenandrangs keineswegs sein Flair verloren. Raddas Vergangenheit ist geprägt von kriegerischen Auseinandersetzungen zwischen Florenz und Siena. Reste der **Stadtmauer** zeugen noch von diesen wehrhaften Zeiten. Seine Blüte hatte das Städtchen im 14. und 15. Jahrhundert, als es zu den drei Hauptorten des Chianti-Städtebundes (Lega del Chianti) gehörte. Aus dieser Zeit stammt auch der **Palazzo del Podestà** mit der wappenverzierten Fassade. Schräg gegenüber dem Palazzo steht die **Kirche San Niccolò.** Der Eingangstorbogen wurde nachträglich zum Schutz des dahinterliegenden Freskos angebracht. Die auf den umliegenden Hügeln wachsenden Trauben veredeln Winzer zu ausgezeichneten Weinen. Bei **Caparsino** (Via Roma 17, www.caparsa.it) schenkt Paolo seine mit Liebe gekelterten Bioweine aus.

Ufficio Turismo, Piazza del Castello

Das Castello di Brolio

TIPP WEINGUT BARONE RICASOLI

Seit 1141 stellt das Weingut Barone Ricasoli rund um das **Castello di Brolio** hochwertige Weine her. Es ist somit das älteste Weingut der Toskana und eine der ältesten Kellereien weltweit. Zu dem Anwesen gehören heute neben dem Schloss eine Vinothek mit Verkostungsmöglichkeit und eine Osteria (Loc. Madonna a Brolio, 53013 Gaiole in Chianti, www.ricasoli.com).

INFO ZWISCHENSTOPPS IN SAN GIMIGNANO UND VOLTERRA

Auf der Strecke zwischen Radda und Bolgheri bietet es sich an, zur Route 11 „Toskana: Certaldo, San Gimignano, Volterra und die etruskische Küste" zu blättern. Dort finden sich Beschreibungen und Übernachtungsmöglichkeiten für San Gimignano und Volterra, die man hier auf dem Weg passiert und auch gut im Rahmen dieser Weintour besichtigen kann.

Bolgheri

Bolgheri ist ein Ortsteil von Castagneto Carducci in der Provinz Livorno, 14 Kilometer von der Etruskischen Küste entfernt. Seinen Namen hat es vermutlich durch hier zeitweise ansässige Bulgaren erhalten.

Schon die Anfahrt nach Bolgheri ist außergewöhnlich: Eine über vier Kilometer lange Zypressenallee – die wohl schönste in der Toskana – führt in den Ort. Durch das eindrucksvolle Burgtor betritt man eine andere Welt – ohne Autos, dafür mit malerischen Gassen. Die **Burg** der Familie Gherardesca beherrscht seit dem 13. Jahrhundert das Ortsbild. Die weltbekannten Weine aus Bolgheri, der **Sassicaia** und der **Ornellaia,** zählen zu den besten des Landes. Viele Weinhändler bieten die edlen Tropfen an und in zahlreichen Osterien kann man nicht nur ausgezeichneten Wein, sondern auch die beliebte regionale Küche genießen.

An der Piazza in der Ortsmitte sitzt milde lächelnd Nonna Lucia: ein Denkmal der geliebten Großmutter des Dichters **Carducci.** Dieser hat den kleinen Ort durch sein Gedicht „Ode an die Zypressen" über die Grenzen der Toskana hinaus bekannt gemacht.

118 Camping Casa di Caccia, Marina dei Bibbona

GPS 43.24655, 10.52548

Platz in der *pineta* („Pinienwald“) direkt am Sandstrand, Schwimmbad, Restaurant, Markt, Fahrradverleih. **Lage/Anfahrt:** im Ort ausgeschildert; **Platzanzahl:** 172; **Untergrund:** Sand; **Servsice:** Strom, Trinkwasser, Abwasser, Chemie-WC, WLAN; **Sicherheit:** umzäunt, beleuchtet, bewacht; **Preiskat.:** €€€€; **Geöffnet:** Apr.–Okt.; **Kontakt:** Via de Mare 40, 57020 Marina dei Bibbona, Tel. 0586600000, www.campingcasadicaccia.com

123 Area sosta Il Seggio, Marina di Castagneto

GPS 43.19344, 10.54134

Platz in schöner, nachts ruhiger Lage in der Pineta, gut besucht, 300 m zum weiten Sandstrand, keine Einkaufsmöglichkeit in der Nähe, Bar und Liegenverleih in der Saison am Strand. **Lage/Anfahrt:** bei der Anfahrt am Ortsanfang erste Straße rechts und dann zweite links (Via Legonamo), 1,6 km zum Platz; **Platzanzahl:** 30; **Untergrund:** Sand; **Service:** Trinkwasser, Chemie-WC; **Sicherheit:** beleuchtet; **Preiskat.:** €; **Geöffnet:** ganzjährig; **Kontakt:** Via del Seggio, 57022 Marina di Castagneto

INFO WEINE VON WELTRUF AUS BOLGHERI

Bolgheri hat sich in den 1980er-Jahren mit seinem Rotwein Sassicaia („Sassi-Steine") weltweit einen Namen gemacht. Es begann mit einem Versuch des Marchesi Incisa della Rocchetta, auf dem steinigen Boden Wein nach dem Vorbild des Bordeaux zu produzieren. Damit wurde der Markgraf zum Vorreiter für den modernen Weinanbau in Italien. Der Bolgheri bekam viele Auszeichnungen und stieg zum Kultwein auf. Die Weine mit den Namen Ornellaia, Sassicaia oder Masseto erfreuten sich größter Beliebtheit bei Weinkennern. Die 1100 Hektar großen Rebflächen liegen auf Höhen zwischen 50 und 400 m. Der Ertrag von Cabernet Franc, Cabernet Sauvignon und Merlot beträgt ca. 55.000 Hektoliter. Heute ist Bolgheri eine eigene DOC, in der neben Merlot und Cabernet auch Syrah und Petit Verdot angebaut werden.

INFO SUPERTOSKANER

In den 1970er-Jahren rebellierten einige Winzer gegen die Konventionen der DOC-Regeln. Sie verzichteten ganz oder teilweise auf die traditionellen Sangiovese-Trauben und ersetzten sie durch französische Rebsorten. Diese Weine dürfen nur als IGT (Indicazione Geografica Tipica), also Landwein, verkauft werden. Inzwischen sind die Supertoskaner mit ihrer sehr hohen Qualität Kult bei vielen Weintrinkern.

Montalcino

Das 6000-Einwohner-Städtchen Montalcino, 30 Kilometer südöstlich von Siena auf einem Hügelkamm zwischen den Flüssen Orcia, Asso und Ombrone gelegen, empfängt seine Besucher mit der wehrhaften **Fortezza di Montalcino** (Piazza Fortezza). Seit 1361 steht hier das trutzige Festungswerk mit vier Ecktürmen und

Der Brunello aus dem Städtchen Montalcino hat unter Weinkennern einen exzellenten Ruf

Die Fortezza di Montalcino

Bergfried. Es hielt allen Angriffen stand, auch der Belagerung durch die florentinisch-spanischen Truppen im Jahr 1555. Gegen eine Eintrittsgebühr kann man die Mauern der Burg besteigen und hat von oben eine schöne Sicht auf den Ort und die weite Ebene in Richtung Montepulciano. Hier bietet sich die Gelegenheit, in der **Enoteca** (www.enotecalafortezza.com) im stilvollen Ambiente des Burghofs einen der regionalen Weine zu genießen. Montalcino ist die Heimat des weltweit beliebten Rotweins **Brunello.** Unzählige Weinhandlungen vermarkten den Brunello, der ausschließlich im Gemeindegebiet Montalcinos ausgebaut werden darf. Die Touristeninformation hält ein Verzeichnis von Brunello-Winzern bereit, das über 200 Adressen in und um Montalcino auflistet. Strenge Auflagen garantieren, dass eine Flasche mit dem Etikett „Brunello" auch diesen ausgezeichneten Tropfen enthält. Der Wein ist kein Schnäppchen: Für herausragende alte Weine zahlen „Sammler" Preise von über 1000 €.

Montalcino präsentiert sich als in sich geschlossener, hübsch herausgeputzter Ort, durch den man gerne bummelt. Das **Museo Civico Diocesano d'Arte Sacra** (Via Ricasoli) im ehemaligen Kloster San Agostino stellt eine reiche Sammlung sakraler Werke, archäologischer Fundstücke sowie Malerei aus der Sieneser Schule und bemalte mittelalterliche Holzskulpturen aus. Den hochaufragenden, schmalen **Palazzo Comunale** an der Piazza Popolo aus dem 13. Jh. ziert sein schlanker, schön proportionierter Uhrenturm, dessen Glocke den Rhythmus der Stadt vorgibt.

ⓘ **Pro Loco,** Via Costa del Municipio 1

INFO BRUNELLO DI MONTALCINO

Der Brunello di Montalcino ist neben Vino Nobile di Montepulciano und Chianti Classico einer der drei großen Sangiovese-Weine der Toskana. Die Besonderheit beim DOCG-Wein Brunello di Montalcino ist, dass er ausschließlich aus Sangiovese-Trauben gekeltert wird. Die Anbaufläche liegt zwischen 150 und 500 m. Der Ertrag der 2100 Hektar Rebfläche mit sehr unterschiedlichen Böden reift zwei Jahre im Eichenfass (beim Riserva vier Jahre) und vier (beim Riserva sechs) Monate in der Flasche. Er gilt als einer der besten Rotweine der Welt, hat eine rubinrote Farbe, einen kräftigen, fruchtigen Geschmack mit Tiefgang, ist gut lagerfähig und kann noch zehn bis zwanzig Jahre in der Flasche nachreifen. Der Rosso di Montalcino wird ebenfalls aus der Sangiovese-Traube gewonnen und kommt zu einem niedrigeren Preis auf den Markt.

124 Agriturismo L'Arte dei Semplici, Montalcino

GPS 43.03896, 11.50398

Parzellierte Plätze auf einem Weingut in sehr schöner, ruhiger Lage mit guter Aussicht, 3 km ins Zentrum, Pool, Grillplätze, Weinverkostung- und Verkauf, in der Saison Restaurant für Frühstück, Mittag- und Abendessen. **Lage/Anfahrt:** an der SP55 von Montalcino her bei GPS 43.03811, 11.50352 links Richtung Scopone abbiegen, am ersten Weingut vorbei zum Platz; **Platzanzahl:** 8; **Service:** Strom, Trinkwasser, Abwasser, Chemie-WC, WLAN, Sanitäranlage; **Sicherheit:** beleuchtet; **Preiskat.:** €€–€€€; **Geöffnet:** ganzjährig; **Kontakt:** La Croce, 53024 Montalcino, Tel. 3479161868, www.lartedeisemplici.com

Gelegenheiten zum Kauf des edlen Tropfens gibt es genügend

Der markante Palazzo Comunale auf der Piazza Grande

Der Pozzo di Leoni

Montepulciano

Das in seinem Gesamtbild mittelalterliche Montepulciano liegt malerisch auf einem schmalen Bergrücken im Val di Chiana. Durch die **Porta al Prato** betritt man die Stadt und spaziert anschließend über die Via Gracciano zum Glockenturm mit dem blechernen Commedia-dell'Arte-Clown namens **Pulcinella.** Die im neapolitanischen Volkstheater verwurzelte Figur des „Hanswurst" schlägt mit einem Hämmerchen zu jeder vollen Stunde die Glocke.

Die **Chiesa Sant'Agostino** gegenüber datiert auf das Jahr 1285, ihre heutige Fassade mit der Lünette aus Terrakotta über dem Portal stammt von 1427. Auf dem Weg zur Piazza Grande geht es vorbei an Renaissancepalästen wie dem dreiflügeligen **Palazzo Cervini** und dem **Palazzo Gagnoni-Grugni** (1550). Dazwischen lädt das **Caffè Poliziano** (Via di Voltaia nel Corso 27/29, www.caffepoliziano.it) zu einer Erfrischungspause im Jugendstil-Ambiente ein.

An der weitläufigen **Piazza Grande** stehen die Palazzi der weltlichen Macht ebenso wie die **Cattedrale Santa Maria Assunta.** Der **Palazzo Comunale** an der Westseite wurde im 13. Jh. im gotischen Stil erbaut und im 15. Jh. von Michelozzo, dem Lieblingsarchitekten der Medici, vollendet. Von der mit Zinnen bewehrten Terrasse bietet sich ein schönes Gesamtbild der Piazza, vom Turm mit seinen 167 Stufen sogar ein Panoramablick bis zum Lago Trasimeno und nach Perugia. Ein Schmuckstück ist der Renaissancepalast **Palazzo Nobili-Tarugi** aus der Mitte des 16. Jh. an der Nordseite. Er ist mit Travertin verkleidet, hat einen eindrucksvollen Portikus, eine Loggia

INFO VINO NOBILE DI MONTEPULCIANO

Der Vino Nobile di Montepulciano DOCG gilt als Wein der Päpste oder „König der Weine". Der Legende nach hat er Papst Paul III. so gut geschmeckt, dass er ihn ausschließlich für sich reservieren ließ. Der Vino Nobile wird zu mindestens 70 % aus der Sangiovese-Traube, die hier Prugnolo Gentile genannt wird, und Merlot, Cabernet oder Canaiolo als Komplementärtrauben gekeltert. Die 1400 Hektar Rebfläche liegen ausschließlich auf dem Gemeindegebiet von Montepulciano. Der Wein hat eine elegante Note mit Kirsch-, Beeren- und Tabakaromen. Der Vino Nobile muss mindestens 24 Monate reifen, davon mindestens 12 Monate im Holzfass. Ein Vino Nobile Riserva muss mindestens drei Jahre reifen, davon mindestens sechs Monate in der Flasche. Der leichte und jung zu genießende Rosso di Montepulciano ist günstiger zu haben.

mit großen Rundbögen und ionische Halbsäulen. Der schön gestaltete Löwenbrunnen **Pozzo di Leoni** von 1520 wird von zwei Löwen, den Machtsymbolen der Florentiner, geziert. Sie halten das Wappen der Medici. Etwas eingerückt ist der **Palazzo del Capitano del Popolo** (um 1200). Heute residiert darin die Stadtverwaltung.

Der Bau der **Cattedrale Santa Maria Assunta** begann 1586, die Weihe war erst 1712. Trotz der langen Bauzeit ist der Dom nie vollständig fertig geworden. Die Marmorverkleidung an seiner Hauptfassade blieb unvollendet, nur die gemauerten Ziegelreihen sind zu sehen. Er hat die Form eines lateinischen Kreuzes mit drei Schiffen. Im Innern strahlt das monumentale

125 Agriturismo La Buca Vecchia, Montepulciano

GPS 43.10245, 11.73905

Gepflegter Platz auf einem Gut in sehr schöner, ruhiger Lage. Grillplatz, kleiner See in 200 m. Käseverkostung. **Lage/Anfahrt:** von Pienza auf der SS146 Richtung Montepulciano, nach ca. 8 km nach links ausgeschildert; **Platzanzahl:** 7; **Untergrund:** Pflaster, Wiese; **Service:** Strom, Trinkwasser, Abwasser, Chemie-WC; **Sicherheit:** beleuchtet; **Preiskat.:** €€€; **Geöffnet:** Dez.–Oktober; **Kontakt:** Via Strada per Pienza 38, 53045 Montepulciano, Tel. 3333371801, www.labucavecchia.it

Die atemberaubende Stadtkulisse von Pitigliano

Triptychon „Mariä Himmelfahrt“ von Taddeo di Bartolo (1401) und das Terrakotta-Relief von Andrea della Robbia (1512).
Es ist jedoch nicht nur das sehenswerte Stadtbild, das Hunderttausende Touristen jährlich nach Montepulciano lockt, auch der Wein hat eine enorme Anziehungskraft. Der **Vino Nobile di Montepulciano** reiht sich in die oberste Liga der Spitzenweine ein. Viele Weinhandlungen laden zur Verkostung und zum Kauf des Vino Nobile ein.

Pro Loco, Piazza Don Minzoni 1, www.prolocomontepulciano.it

Pitigliano

Wer auf Pitigliano zufährt, hat das Gefühl, die Stadt wächst gleichsam aus einem hohen Tuffsteinplateau heraus. Dicht gedrängt stehen die hohen Häuser direkt am Abgrund. Den besten Blick hat man von der Straße nach Manciano bei der Chiesa Madonna dell Grazie (SS74). Am besten kommt man bei Abendlicht hierher, dann erstrahlt die Stadt in ihrer ganzen Schönheit.

Der Palast der Adelsfamilie Orsini, der **Palazzo Orsini** (www.palazzo-orsini-pitigliano.it) an der Piazza della Repubblica, ist das imposanteste Gebäude im *centro storico.* Innen sind zwei Museen untergebracht, eines mit sakralen Kunstwerken wie der „Madonna mit Kind“ von Jacopo della Quercia und eines mit etruskischen und bronzezeitlichen Fundstücken aus der Region. Die Geschichte Pitiglianos ist stark mit dem Judentum verbunden. Im jüdischen Ghetto fanden im 16. Jh. Juden Zuflucht vor Verfolgung und Vertreibung. Deshalb erhielt die Stadt den Zusatz *Piccola Gerusalemme* („kleines Jerusalem“). Im jüdischen Museum **Museo Ebraico** (Via Zuccarelli, www.museidimaremma.it) wird die Lebensweise der jüdischen Bevölkerung anschaulich dargestellt. Gezeigt werden eine Bäckerei für koschere Backwaren, ein Schlachthaus, eine Färberei, ein Weinkeller und das rituelle Bad. Die Synagoge kann ebenfalls besichtigt werden, wobei Männer die traditionelle Kopfbedeckung Kippa tragen müssen. In der **Forno del Ghetto** (Via Zuccarelli 167) kann man leckere Backwaren wie ungesäuertes Brot kaufen.
Beim Bummel durch die engen, teilweise sogar im Sommer recht dunklen Gassen gibt

TOUR VIE CAVE

In der Umgebung von Pitigliano gibt es sogenannte *vie cave,* Wegesysteme, die die Etrusker in den Tuffstein geschlagen haben. Diese Etruskerstraßen sind zum Teil mit ausgeklügelten Entwässerungssystemen versehen und können erwandert werden. Eine einstündige Wanderung beginnt am Ende der Altstadt mit dem Abstieg bei der Porta di Sovana. Beim Felsenkeller der Cantina S. Giuseppe auf der schmalen Cave di Poggio Cani geht es nach rechts hinunter zur Straße, dieser 200 m nach rechts bis zum kleinen Parkplatz folgen. Von dort geht es mit der Beschilderung „Via Cave di S. Giuseppe" durch den engen, von Tuffsteinwänden gesäumten Hohlweg. Man passiert eine etruskische Nekropole und kommt schließlich zur Fontana dell'Olmo. Zurück nimmt man denselben Weg.

126 Area sosta Piazza P. Nenni, Pitigliano

GPS 42.63731, 11.67985

Einfache Plätze auf einem gemischten Parkplatz, zweckmäßig, 1 km ins Zentrum, Supermarkt fußläufig. **Lage/Anfahrt:** durch den Ort in Richtung Orvieto fahren, nach dem Krankenhaus *(ospedale)* rechts (Via S. Anna) und dann sofort links abbiegen, geradeaus zum Platz; **Platzanzahl:** 18; **Untergrund:** Asphalt; **Service:** Trinkwasser, Abwasser, Chemie-WC; **Sicherheit:** beleuchtet; **Preiskat.:** €€; **Geöffnet:** ganzjährig; **Kontakt:** Piazza P. Nenni, 58017 Pitigliano

Auf der Via Cava di San Giuseppe

es viel zu sehen. Regionale Produkte, antike Möbel und Weine suchen neue Besitzer. Der Weißwein Bianco di Pitigliano ist ein feiner, trockener Wein mit etwas herbem Abgang. Gelagert wird er häufig in den Tuffsteinkellern unterhalb der Stadt.

127 Agricampeggio Poggio del Castagno, Pitigliano

GPS 42.62004, 11.71096

Einfacher Platz auf einem Biohof mit vielen Tieren (Hunde, Katzen), sehr ruhige Lage, 8 km nach Pitigliano. **Lage/Anfahrt:** von der SR127 (bei GPS 42.62774, 11.70785) nach rechts abbiegen, 3,3 km zum Platz, letzte 300 m unbefestigt und schmale Zufahrt, für Fahrzeuge über 7 m schwierig; **Platzanzahl:** 4–6; **Untergrund:** Wiese; **Service:** Strom, Trinkwasser; **Sicherheit:** beleuchtet; **Preiskat.:** €€€; **Geöffnet:** ganzjährig; **Kontakt:** Poggio del Castagno, 58017 Pitigliano, www.poggiodelcastagno.net

Außerhalb der Stadt befindet sich das **Museo Archeologico all'Aperto „Alberto Manzi"** (Via Cava del Gradone an der SP127, www.museidimaremma.it/it/regione_dei_tufi.asp). Das weitläufige Freiluftmuseum ist zweigeteilt in die Stadt der Lebenden und die der Toten. In der einen sieht man Rekonstruktionen von Häusern aus der Bronze- und der Etruskerzeit, im anderen Teil eine etruskische Nekropole. Faszinierend ist der Spaziergang durch einen von den Etruskern in den Tuffstein geschlagenen Hohlweg. Unterwegs bietet sich immer wieder ein herrliches Panorama auf die Stadt.

I.A.T., Piazza Garibaldi 12, www.comune.pitigliano.gr.it

INFO BIANCO DI PITIGLIANO

In der Maremma rund um die Städte Pitigliano, Sorano, Scansano und Manciano liegt der DOC-Bereich für den Bianco di Pitigliano. Trebbiano Toscano ist die Hauptrebsorte, dazu kommen Anteile von Chardonnay, Grechetto, Pinot Blanco, Riesling und Sauvignon. Der Bianco di Pitigliano ist trocken, leicht spritzig und hat eine intensive strohgelbe Färbung. Der Bianco di Pitigliano Superiore hat dieselben Eigenschaften und ist weniger intensiv, die prickelnde Variante ist der Bianco di Pitigliano Spumante.

LITERATURTIPP

Ausführlichere Routenvorschläge findet man im Wohnmobil-Tourguide „Toskana und Elba" im Reise Know-How Verlag.

Gaby Gölz

Umbrien: Die Mitte Italiens von Assisi bis Orvieto

10 km
© Reise Know-How 2023
Appennino Umbro
Umbria
Sansepolcro
Anghiari
S. Giustino
Arezzo
Monterchi
Città di Castello
Palazzo d. Perro
Castiglion Fiorentino
Trestina
Pietralunga
Gúbbio
Niccone
Umbértide
Civitella Ranieri
Cortona
Mercatale
Tuoro sul Tras.
Passignano sul Tras.
Lago Trasimeno
Magione
Castiglione d. L.
Petrignano
Perúgia
Ipogeo d. Volumni
Ponte S. Giovanni
Bosco
Assisi
Basilica
Éremo d. Cárceri
Anfiteatro
Spello
Foligno
Abb.a di Sassovivo
Tempietto del Clitunno
S. Martino
Trevi
Montefalco
Tempio di Clitunno
Bevagna
Bastardo
Deruta
Castel del Piano
Marsciano
S. Venanzo
Todi
Massa Martana
Spoleto
Basilica S. Salvatore
S. Pietro in Valle
Firenzuola
Acquasparta
Carsulae
M. Croce di Serra 994
Montecastrilli
Lugnano
S. Gémini
Ferentillo
Orvieto
Ficulle
Monteleone d'Orvieto
Città d. Pieve
Chiusi
Tavernelle
Piegaro
Piazze
Castel Viscardo
S. Lorenzo Nuovo
Bolsena
Bagnorégio
Baschi
Prodo
Fabriano
Sigillo
Branca
Mengara
Gualdo Tadino
Valfábbrica
Nocera Umbra
M. Pennino 1571
Valtopina
Scheggia
Parco del Monte Cucco
Sassoferrato
Monastero di Fonte Avellana
Cagli
Pérgola
Gola d. Furlo
Riserva Naturale Statale Gola del Furlo
Parco Naturale Regionale Gola
Acqualagna
Piobbico
S. Angelo in Vado
S. Lorenzo in Campo
Bocca Trabária
Bocca Serriola
Arcévia
S. Croce
S. Vittore d. Chiusi
Forca di Cerro
Fca. Rua la Cama
Chiana
Nestore
Tévere
Teverone
Chiáscio
Chiani
Assino
Carpina
Biscúbio
Burano
Marroggia
Sovara
E78
E45
E35
A1
128
129
131
130
132
134
133
135
137
138
139
136

TOUREN-ÜBERBLICK

Routenempfehlung: Gubbio – Assisi – Spello – Bevagna – Montefalco – Spoleto – Todi – Orvieto
Länge gesamt: 185 km
Dauer: ca. 6 Tage
Reisezeit: April–Oktober

Den Titel „Das grüne Herz Italiens" trägt Umbrien zu Recht. Es liegt ziemlich genau in der Mitte Italiens und die Farbe Grün beherrscht die sanfte Hügellandschaft mit Wäldern, Wein- und Obstgärten. Nicht so bekannt wie die Toskana und ohne Meeresstrand, hat Umbrien noch seinen stillen Charme und ein besonderes Lebensgefühl bewahrt. Etrusker, Umbrer und Römer haben hier gut sichtbare Spuren hinterlassen. Einzigartige Kunstschätze der Malerei und Architektur begegnen einem in den mittelalterlichen Städten Gubbio, Spoleto und Orvieto. Das religiöse Zentrum ist Assisi mit seinen weltbekannten Basiliken, ausgemalt von begnadeten Künstlern zu Ehren des heiligen Franz von Assisi, Begründer des Franziskanerordens. Den besonderen Reiz der Fahrt durch Umbrien machen jedoch kleine Dörfer wie Spello, Bevagna, Montefalco und Todi, oft in malerischer Lage auf einem Bergkegel, aus. Hier sind die Stellplätze einfach, aber zentral und bieten eine wunderbare Gelegenheit, am italienischen Leben teilzunehmen. Ein Cappuccino oder Aperitif an der Piazza oder das Essen in einer Trattoria runden den Urlaub in Umbrien vortrefflich ab. Weine aus Umbrien sind ebenfalls nicht zu verachten und überall gibt es „enoteche", Weingeschäfte, die zum Probieren verführen. Genießer, Entdecker, Kultur- und Naturliebhaber sind in Umbrien genau richtig.

Blick über die Dächer von Gubbio

Im Vordergrund das Teatro Romano in Gubbio

Gubbio

Erste nachgewiesene Ansiedlungen in Gubbio stammen aus der mittleren Altsteinzeit. Später war es, wie die **Eugubinischen Tafeln** (3. bis 1. Jh. v. Chr.) belegen, ein bedeutendes Zentrum der Umbrer. Die sieben Bronzetafeln, teils in etruskischer, teils in lateinischer Schrift, wurden 1440 im römischen Theater in Gubbio gefunden und enthalten rituelle Vorschriften. Sie sind im Museo Civico im Palazzo dei Consoli zu sehen.

Das **Teatro Romano** mit einem Durchmesser von 70 m und einem Zuschauerraum für 6000 Menschen gehört zu den größten Italiens.

Entlang der Via dei Consoli fallen einem vielleicht die schmalen, etwas über dem Straßenniveau liegenden Türen, die **porte dei morti** (Totenpforten), in den Häuserwänden auf. Sie werden nur geöffnet, um Verstorbene aus dem Hause zu geleiten. Ein gutes Beispiel hierfür findet sich am gotischen **Palazzo del Bargello** aus dem 13. Jh., heute ist darin das **Armbrust-Museum** („Esposizione della balestra", Via dei Consoli 35, www.comune.gubbio.pg.it/musei-e-biblioteche) untergebracht.

Die schmale Via dei Consoli weitet sich zur Piazza Grande mit dem imposanten **Palazzo dei Consoli,** der zwischen 1332 und 1337 aus weißen Kalkquadern erbaut und mit Zinnen sowie einem zierlichen Turm geschmückt wurde. Auf der gegenüberliegenden Seite der Piazza steht der, nie ganz vollendete, **Palazzo Pretorio,** die dritte Seite rahmt der **Palazzo Ranghiasci-Brancaleoni** ein. Letzteren ließ der Graf Ranghiasci für seine englische Gattin erbauen. Die vierte Seite ist unverbaut und erlaubt einen weiten Ausblick über die Dächer der Stadt und die sie umgebende Landschaft.

Der **Duomo SS. Mariano e Giacomo** oberhalb der Piazza trägt an seiner Fassade Symbole der Evangelisten – den Adler für Johannes, den Ochsen für Lukas, den Löwen für Markus und den Engel für Matthäus. Das einschiffige Innere mit zehn Deckenbögen und den vielen großflächigen Gemälden wirkt monumental.

Den direkt benachbarten **Palazzo Ducale** (Via Sant'Ubaldo 1, www.musei.umbria.beniculturali.it/musei) mit seinem wunderschönen Innenhof ließ Frederico Montefeltro 1471 vom Baumeister Francesco di Giorgio Martini erbauen. Neben einigen wenigen Originalmöbeln gibt es bei der Besichtigung des Gebäudes Gemälde aus dem 13. bis 18. Jh. zu sehen.

Eine Ruhepause kann man sich in den **Giardini Ducale Pensili** direkt unterhalb des Palazzo Ducale gönnen, wo sich auch eine kleine Bar befindet. Im kleinen Park mit seiner Aussichtsterrasse „schwebt" man über den Dächern der Stadt.

Ein Ausflug hinauf zur **Basilica di Saint'Ubaldo** (Via Monte Ingino 5, www.umbriatourism.it/-/basilica-di-sant-ubaldo) lohnt sich schon wegen des reizvollen Panoramas. Entweder nimmt man den Serpentinenweg und steigt zu Fuß zwei Kilometer steil hinauf oder man wählt die Seilbahn *funicia* (Via S. Gerolamo, www.funiviagubbio.it), deren eiserne Körbe die Steigung in wenigen Minuten bewältigen.

Die Gegend um Gubbio ist reich an **Trüffeln,** besonders Sommertrüffel gibt es viele. In den Läden der Altstadt ist das Angebot an verarbeiteten Trüffelprodukten groß.

Centro servizio Turistico, Via della Repubblica 15, www.comune.gubbio.pg.it

INFO DIE UMBRER

Der Volkstamm der Umbrer besiedelte ab Anfang des ersten Jahrtausends v. Chr. die Landschaft, die heute seinen Namen trägt. Die Umbrer gründeten Siedlungen wie Assisi, Spoleto und Gubbio. 308 v. Chr. übernahmen die Römer das Gebiet in ihren Herrschaftsbereich.

INFO CORSO DEI CERI

Am 15. Mai findet ein großes Fest zu Ehren des Schutzheiligen Ubaldo statt. Im Zentrum steht hier der Wettlauf von drei Mannschaften, die jeweils ein vier Zentner schweres und sieben Meter hohes, achteckiges Gebilde aus Holz die sogenannten *ceri* (Kerzen), durch die Stadt tragen. Das Seltsame an diesem „Wettlauf" ist, dass der Sieger, die Mannschaft von Sant'Ubaldo, schon im Voraus feststeht. Trotzdem legen sich die Träger mächtig ins Zeug, um die Holzkerzen durch geschickte Wechsel möglichst schnell hinauf zur Basilica di Saint'Ubaldo zu bringen.

Seit Anfang des 14. Jh. ist der Palazzo dei Consoli das markante Zentrum von Gubbio

128 Area Comunale, Gubbio

GPS 43.35106, 12.56455

Plätze in zentraler, nachts ruhiger Lage, 850 m ins Zentrum, Fahrradverleih. **Lage/Anfahrt:** im Ort gut ausgeschildert; **Platzanzahl:** 74; **Untergrund:** Schotter; **Service:** Strom, Trinkwasser, Abwasser, Chemie-WC; **Sicherheit:** umzäunt, beleuchtet; **Preiskat.:** €, **Geöffnet:** ganzjährig; **Kontakt:** Via del Bottagnone, 06024 Gubbio, Tel. 0759277316, www.camperclubgubbio.it/come-raggiungerci

129 Agricampeggio Casella del Piano, Gubbio

GPS 43.32194, 12.60226

Stellplätze auf einem landwirtschaftlichen Betrieb in schöner Lage, allerdings ohne Schatten und mit der Straße in Hörweite. Mit Pool, abends gibt es warme Küche. Das Zentrum von Gubbio ist fünf Kilometer entfernt. **Lage/Anfahrt:** in San Marco von der SS219 nach rechts abbiegen, dann 1 Kilometer zum Platz, ausgeschildert; **Platzanzahl:** 5; **Untergrund:** Wiese; **Service:** Strom, Trinkwasser, Abwasser, Chemie-WC; **Sicherheit:** umzäunt, beleuchtet; **Preiskat.:** €€–€€€, **Geöffnet:** ganzjährig; **Kontakt:** Via Linosa 12, 06024 Gubbio, Tel. 0759229321, https://caselladelpiano.it

Assisi

Assisi gilt als einer der bedeutendsten Pilgerorte der Christen. Am 17. Juli 1228 legte Papst Gregor IX. den Grundstein für die **Basilica San Francesco** (www.sanfrancescoassisi.org). Sie ist unterteilt in die Basilica Inferiore und die Basilica Superiore.

Die **Basilica Inferiore** ist im romanisch-lombardischen Stil erbaut. Ein Freskenzyklus mit Szenen aus dem Leben des heiligen Franziskus und aus der Passionsgeschichte Christi kleidet die Wände des Langhauses aus. Interessant sind die unterschiedlichen Malweisen an den Gewölben um den Altar. Lorenzetti malte die Leiden Jesu, die Giotto-Schule das Leben Jesu und Cesare Sermei das Jüngste Gericht in der Apsis. Ursprünglich 1230 geheim unter dem Hauptaltar in einem Sarkophag beigesetzt, ruht Franziskus seit 1818 in der neu erbauten Krypta.

Der Freskenzyklus in der **Basilica Superiore** im umbrischen Stil der Spätromanik gehört zu den bedeutendsten Werken der italienischen Malerei. 28 Bildszenen zum Leben des Heiligen wurden ab 1296 von Giotto di Bondone und seinen Schülern ausgeführt. Typisch für den Stil Giottos ist die Beschränkung auf klares Kolorit und auf wenige, gut gruppierte Figuren. Herausragend sind hier die Bilder 3, 4 und 9 auf der rechten Seite des Langhauses. Bild 9 zeigt Franziskus mit nacktem Oberkörper, wie er auf allen Besitz verzichtet, bei Bild 3 ist er „Bruder“ aller Religionen, Kulturen und Völker, Bild 4 zeigt den Friedenstifter Franziskus, dem der Friede das höchste Ideal verkörpert. Der Einklang mit allen Geschöpfen und der Natur ist das Thema des allseits bekannten Bildes „Franziskus predigt den

Piazza del Comune mit dem Torre del Popolo, dem Minerva-Tempel und dem Drei-Löwen-Brunnen

TIPP AUSFLUG ZUR CHIESE SANTA MARIA DEGLI ANGELI

Die mit ihrer riesigen Kuppel weithin sichtbare Chiese Santa Maria degli Angeli wurde zwischen 1569 und 1679 um die Portiunkula-Kapelle, die als Ursprungsort des Franziskanerordens gilt, und die Capella del transito, die Sterbekapelle von Franz von Assisi, gebaut. Sie liegt 6 km von Assisi entfernt (Piazza Porziuncola 1, www.umbriatourism.it/-/basilica-di-santa-maria-degli-angeli).

Vögeln“ am Ausgang an der Giebelseite. Ein starkes Erdbeben im Jahr 1997 beschädigte die wertvollen Malereien schwer und sie mussten mit enormem finanziellen Aufwand renoviert werden.
Von den Basiliken führt die Via San Francesco zur **Piazza del Comune** mit dem **Palazzo dei Priori** und dem **Palazzo del Capitano del Popolo.** Direkt daneben fällt der Blick auf die Säulen des Tempio di Minerva. Er stammt aus dem 1. Jh. v. Chr. und wurde 1539 zur **Chiesa S. Maria Sopra Minerva** umgewidmet. Im 17. Jh. erfolgte die Umgestaltung des Innenraums in üppig barockem Stil. Die **Cattedrale di San Rufino** (Piazza San Rufino 3, www.umbriatourism.it/-/cattedrale-di-san-rufino) aus dem 12. Jh. wartet mit einer der schönsten Kirchenfassaden der umbrischen Romanik auf. Sie war Taufkirche von Kaiser Friedrich II. Über allem thront die Festung **Rocca Maggiore** von 1367. Der steile Aufstieg lohnt sich wegen der traumhaften Aussicht auf das Valle Umbra, eine Ebene, die sich von Assisi bis Spolento zieht. Die Rocca und die mittelalterliche Stadt erhob die UNESCO im Jahr 2000 zum Weltkulturerbe.

TOUR RADWEG ASSISI–SPOLETO

Der einfache, überwiegend flache Radweg ist für die ganze Familie geeignet. Seine Länge beträgt 51 km und der Höhenunterschied lediglich 100 m. Von Assisi bis Bevagna fährt man auf Nebenstraßen mit wenig Verkehr, und weiter bis Spoleto auf einem separaten Weg für Fahrräder. Die Strecke eignet sich ideal für die Besichtigungen der hübschen Städtchen und um Teilstücke hin- und zurückzufahren. Unter www.bonificaumbra.it/61-Itinerario-Pista-Ciclabile.html gibt es eine interaktive Karte und GPS-Daten.

Touristinfo, Piazza del comune, www.visit-assisi.it

Der religiöse Komplex mit der Basilika

130 Campeggio Fontemaggio, Assisi

GPS 43.06578, 12.63040

Terrassierter, einfacher Stellplatz in sehr schöner, ruhiger Lage, Schatten, gutes Restaurant, Minimarkt, 1 km auf steinigem Weg oder mit dem Bus nach Assisi. **Lage/Anfahrt:** in Assisi der Beschilderung (und nicht dem Navi) folgen; **Platzanzahl:** 30; **Untergrund:** Schotterwiese; **Service:** Strom, Trinkwasser, Abwasser, Chemie-WC, WLAN; **Sicherheit:** umzäunt, beleuchtet; **Preiskat.:** €€€–€€€€, **Geöffnet:** März–Anf. Januar; **Kontakt:** Via Eremo delle Carceri 24, 06081 Assisi, www.fontemaggio.it

131 Agriturismo All'antica Mattonata, Assisi

GPS 43.06651, 12.59960

Gepflegte Plätze unterhalb von Assisi mit schöner Sicht auf die Stadt und die Basilika, kein Schatten, Grillplatz, in der Saison Verkauf landwirtschaftlicher Produkte. Fußläufig in 25 Minuten oder mit Bus ins Zentrum. **Lage/Anfahrt:** ausgeschildert; **Platzanzahl:** 8; **Untergrund:** Schotter; **Service:** Strom, Trinkwasser, Abwasser, Chemie-WC, WLAN; **Sicherheit:** beleuchtet; **Preiskat.:** €€, **Geöffnet:** ganzjährig; **Kontakt:** Via Francesca 2, 06081 Assisi, Tel. 3384940829, www.allanticamattonata.com

Die verwinkelten Gassen von Spello

INFO **FRANZ VON ASSISI**

Ein Leben in Armut war Giovanni Francesco Bernardone, 1181 geborener Sohn eines wohlhabenden Buchhändlers, nicht in die Wiege gelegt. Nach seiner Zeit als Soldat im Krieg gegen Perugia, seiner Gefangenschaft und dem Freikauf durch seinen Vater zog er sich aus seinem alten Leben zurück, sagte sich von seinem Vater los und lebte als Einsiedler. Nach einer Pilgerreise 1209 nach Rom gründete er den Franziskanerorden und wurde später Mitbegründer des Klarissenordens. Ab 1215 breitete sich der Orden, der sich der Armut verschrieben hat, in ganz Europa aus. In seinem Werk „Sonnengesang" würdigt Franziskus die Schöpfung und fordert Sanftmut gegenüber Menschen, Tieren und der Natur. Am 3. Oktober 1226 verstarb Franziskus, nur zwei Jahre später wurde er heiliggesprochen und der Grundstein für die Basilica di Francesco in Assisi gelegt.

Spello

Bereits von den Umbrern gegründet und von den Römern 41 v. Chr. zur Kolonie *Julia Hispellum* ernannt, war Spello von 1583 bis 1860 Teil des Kirchenstaats. Zeugen dieser Epochen sind die Ruinen eines Amphitheaters aus der Römerzeit und der geschlossene Mauerring (teilweise aus der Römerzeit, teilweise aus dem Mittelalter) mit den mächtigen Stadttoren Porta Consolae und Porta Urbica sowie der Porta Venere, die als Triumphbogen erbaut wurde. Aus der Zeit als Teil des Kirchenstaats stammen unter anderem die Chiesa Sant'Andrea (13.Jh.) und die Chiesa Santa Maria Maggiore (12.–13. Jh.).

Dass sich Spello ganz zu Recht als „Stadt der Kultur und der Blumen" bezeichnet, wird bei einem Spaziergang klar. Überall in den schmalen Pflastergassen und auf den Treppenwegen grünt und blüht es üppig. Ein wahrer Augenschmaus!

INFO KIRCHENSTAAT

Der Kirchenstaat umfasste ab 756 das politische Herrschaftsgebiet des Papstes, das viel größer als die heutige Vatikanstadt war und sich in Mittelitalien zeitweise von Rom bis Ferrara erstreckte. 1870 wurde er durch Volksabstimmung Teil des Königreichs Italien. Vatikanstadt in Rom gilt seither als dessen Nachfolger.

Die Kultur kommt ganz besonders mit den Werken von Bernardino di Bette, wegen seiner geringen Körpergröße **Pinturicchio** („Malerchen") genannt, zum Ausdruck. 1508 malte er für die **Chiesa Sant'Andrea** (Via Cavour 30) das Wandbild „Maria mit Kind von Heiligen umgeben" und 1500 den Freskenzyklus in der Cappella Bagliono der **Chiesa S. Maria Maggiore** (Piazza Matteotti). Letztere ist vollständig mit den herrlichen Fresken ausgestaltet und kann bei einem Besuch der **Pinacoteca Civica e Diocesana** (Piazza Matteotti 18, https://smariamaggiore.com) besichtigt werden. Über enge, steile Treppenwege geht es hinauf zur fantastischen Aussicht vom Belvedere. 1832 zerstörte ein schweres Erdbeben das Städtchen, heute ist es von der Vereinigung „I borghi più belli d'italia" zu einem der schönsten Orte Italiens ernannt worden.

Überall fallen die blumengeschmückten Gassen auf

Info-Point, Via P.S. Fagotti 9, www.villadeimosaicidispello.it

Bei **L'Angelo del Tartufo** gibt es Trüffel in allen erdenklichen Zubereitungsarten, sogar Bier mit Trüffelaroma (Via Maddalena 36).

In der **Enoteca Hispellum** findet man außer Wein auch *prodotto tipici* in sehr großer Auswahl (Corso Cavour 35, http://prodotti-tipici-spello-italia.perugia-umbria.com/it).

132 Area sosta Camper, Spello

GPS 42.99412, 12.66744

Einfacher Platz neben Sportplätzen, Straße in Hörweite, kein Schatten, 400 m ins Zentrum **Lage/Anfahrt:** im Ort beschildert; **Platzanzahl:** 25; **Untergrund:** Schotter; **Service:** Trinkwasser, Abwasser, Chemie-WC; **Sicherheit:** beleuchtet; **Preiskat.:** €; **Geöffnet:** frei zugänglich.; **Kontakt:** Via Centrale Umbra, 06038 Spello

Mittelalterliches Bevagna

TIPP MERCATO DELLE GAITE

Im April und Juni werden in Bevagna große Mittelaltermärkte veranstaltet. Ein Besuch lohnt sich (www.ilmercatodellegaite.it)!

Bevagna

Wie bei den meisten Städten des Valle Umbra reichen auch die Wurzeln von Bevagna bis zur umbrischen Urbevölkerung zurück. Durch die Lage an der Via Flaminia erlangte es durch Handel Wohlstand, im Mittelalter hatte Bevagna das Privileg einer freien Stadt und Mitte des 15. Jh. kam es unter die Regentschaft des Kirchenstaats.

Noch beinahe vollständig von einer hohen Stadtmauer umgeben, besitzt Bevagna mit der **Piazza Silvestri** einen der schönsten mittelalterlichen Plätze Umbriens. Eine imposante Freitreppe führt hinauf zum 1270 aus Travertin gebauten **Palazzo dei Consoli** mit zweibogigen Fenstern im gotischen Stil.

Damit der Konsul direkt in die danebenliegenden Kirche S. Silvestro gelangen konnte, wurde der Palazzo 1560 durch einen Gewölbegang mit dieser verbunden. Seit 1886 hat das kleine Teatro Francesco Torti (https://teatrostabile.umbria.it/teatro/teatro-torti) im Palazzo eine Heimat gefunden. Es gilt es als eines der schönsten Theater Umbriens. Ihren Turm hat die **Chiesa di San Silvestro** im Laufe der Zeit eingebüßt, das Kircheninnere im schlichten, romanischen Stil ist vollständig erhalten geblieben.

Die **Chiesa di San Michele** (erbaut 1070) mit Travertinfassade aus dem 13. Jh. erhielt um 1950 – nach vielen Umbauten – wieder ihr mittelalterliches Aussehen (ausgenommen die Barockkapelle).

Vom Corso Giacomo Matteotti zweigt die schmale **Vicolo dell'Anfiteatro** ab. Sie folgt mit ihrer Bebauung der Rundung eines ehemaligen römischen Amphitheaters. Ebenfalls aus der Römerzeit sind noch wunderbare Mosaike einer römischen **Thermenanlage** (Via delle Terme Romane 2) aus dem 2. Jh. zu sehen.

Das **Museo Civico** (Corso Matteotti 72, www.sistemamuseo.it) im Palazzo Lepri zeigt neben archäologischen Fundstücken und einer Gemäldegalerie Interessantes zur Geschichte des Städtchens.

Pro Loco, Piazza Filippo Silvestri 1, www.prolocobevagna.it

Die **Torta al testo** ist eine regionale Spezialität in Umbrien. Das Fladenbrot lässt sich mit Wurst, Käse oder Gemüse füllen: der ideale Snack für zwischendurch. Kosten kann man diese z. B. in der **Osteria Miccheletto** (Largo Antonio Gramsci 1, www.micchelettopizzeria.com).

133 Camping Pian di Boccio, Bevagna

GPS 42.91264, 12.58598

Platz in sehr schöner, ruhiger Lage, teils uneben, Restaurant, Minimarkt, zwei Pools, 3,5 km nach Bevagna. **Lage/Anfahrt:** über SP 443 Richtung Gaglioli, ausgeschildert, teilweise steile Zufahrt; **Platzanzahl:** 5; **Untergrund:** Schotterrasen; **Service:** Strom, Trinkwasser, Abwasser, Chemie-WC; **Sicherheit:** umzäunt, beleuchtet; **Preiskat.:** €€€, **Geöffnet:** Ostern–Sept.; **Kontakt:** Loc. Pian di Boccio 10, 06031 Bevagna, www.piandiboccio.com

134 Area sosta Camper, Bevagna

GPS 42.93413, 12.60620

Einfacher, zentrumsnaher Platz, separater Teil eines gemischten Parkplatzes. **Lage/Anfahrt:** im Ort gut ausgeschildert; **Platzanzahl:** 20; **Untergrund:** Schotter; **Service:** Trinkwasser, Abwasser, Chemie-WC, WLAN; **Sicherheit:** beleuchtet; **Preiskat.:** €€; **Geöffnet:** frei zugänglich; **Kontakt:** Piazza Masci Minolfo, 06031 Bevagna

Montefalco

Wegen des herrlichen Panoramas über das Valle Umbra heißt Montefalco auch die „Aussichtsterrasse Umbriens“. Doch nicht nur die Aussicht und der gute Stellplatz lohnen einen Besuch. Das Städtchen beherbergt mit seinem **Museo Pinacoteca Chiesa di San Francesco** (Via Ringhiera Umbra 6, www.museomontefalco.it) Kunstschätze der umbrischen Malerei in seinen Mauern: Ein Freskenzyklus mit Szenen aus dem Leben des Heiligen Franziskus von Benozzo Gozzoli in der Chiesa (1335–1338) und weitere Werke der umbrischen Schule aus dem 14.–18. Jh. in der angeschlossenen Pinakothek sind von faszinierender Schönheit.

Ein weiterer Kunstgenuss sind die Fresken der umbrisch-sienesischen Schule von Lorenzetti und Melanzio in der **Chiese S. Agostino** (Corso Mameli) aus dem 13.–14. Jh.

An der **Piazza Comunale** stehen der repräsentative Palazzo Pambuffetti, der Palazzo San-

135 Area sosta Camper, Montefalco

GPS 42.89241, 12.64851

Stellplatz mit teilweise schöner Aussicht in ruhiger, zentrumsnaher Lage. **Lage/Anfahrt:** im Ort gut ausgeschildert; **Platzanzahl:** 40; **Untergrund:** Rasengitter; **Service:** Strom, Trinkwasser, Abwasser; **Sicherheit:** beleuchtet; **Preiskat.:** €; **Geöffnet:** frei zugänglich; **Kontakt:** Via G. Pascoli, 06036 Montefalco

Das Teatro Romano im Zentrum von Spoleto

ti-Gentili (beide 15. Jh.), der Palazzo Langeli, der Palazzo Cuppis (beide 16. Jh.) und der Palazzo Comunale (1270) mit einer Loggia aus dem 19. Jh. Die Piazza mit einigen Bars und Restaurant ist ein einladender Ort für den gemütlichen Ausklang eines interessanten Tages.

Pro Loco Montefalco, Via Ringhiera Umbra 25, www.promontefalco.com

Spoleto

Wer die Sehenswürdigkeiten von Spoleto erkunden will, muss zuerst steil durch schmale Gassen hinaufsteigen – oder sich bequem mit der Rolltreppe ab der Via Interna delle Mura hinauftragen lassen. Das Wahrzeichen der Stadt, die **Rocca Albornoz** (Piazza B. Campello) aus dem 14. Jh. liegt auf dem höchsten Punkt Spoletos und das Panorama von dort ist herrlich. Direkt dahinter überspannt die **Ponte delle Torri** mit einer Länge von 230 m und einer Höhe von 80 m die Tessinoschlucht. Schon **Johann Wolfgang von Goethe** schwärmte auf seiner italienischen Reise vom imposanten mittelalterlichen Bauwerk.

Der **Duomo S. Maria Assunta** (www.duomospoleto.it) steht majestätisch am Ende einer weitläufigen Treppe. Die helle Tafelfassade ist reizvoll mit acht Fensterrosen und einem goldglänzenden Mosaik (1207) verziert. Über einen Renaissanceportikus betritt man den barockisierten Innenraum. Fra Filippo Lippi schuf von 1467 bis 1469 die wunderbaren Fresken in der Apsis. Die noch heute erstaun-

136 Area sosta comunale, Spoleto

GPS 42.74620, 12.73220

Einfacher, gemischter Parkplatz direkt an der Straße, 1 km ins Zentrum, kein Schatten, eher als Parkplatz zur Besichtigung geeignet; **Platzanzahl:** 40; **Untergrund:** Schotter; **Service:** Trinkwasser, Abwasser, Chemie-WC; **Sicherheit:** beleuchtet; **Preiskat.:** kostenlos; **Geöffnet:** frei zugänglich; **Kontakt:** Via dei Filosofi SS 418, 06049 Spoleto

137 Agriturismo Orsini, Massa Martana

GPS 42.75488, 12.52938

Plätze bei einer kleinen Brauerei mit Pizzeria, teilweise Schatten. **Lage/Anfahrt:** Ausfahrt Massa Martana von der SS3, dann 3,5 km auf der SR316; **Platzanzahl:** 25; **Untergrund:** Wiese; **Service:** Strom, Trinkwasser, Abwasser, Chemie-WC, Sanitäranlage; **Sicherheit:** umzäunt; **Preiskat.:** €€€; **Geöffnet:** ganzjährig; **Kontakt:** SR 316, 06056 Massa Martana, Tel. 075889140, www.orsiniagriturismo.it/agricampeggio

lich kräftigen Farben zeigen verschiedene Szenen aus dem Leben Marias.

An der Piazza delle Liberta ist ein 3000 Zuschauer fassendes **Teatro Romano** aus dem 1. Jh. erhalten. Ebenfalls aus der Römerzeit sind der **Arco di Druso** und die **Casa Romana** (Via S. Agata 18). Der Arco di Druso wurde 23 n. Chr. zu Ehren von Drusus und Germanicus (Söhne von Kaiser Tiberius) errichtet. Die Casa Romana ist eine Villa aus dem 1. Jh. mit einigen gut erhaltenen Mosaiken.

Info-Point, Largo Ferrer 7, www.comune.spoleto.pg.it/turismoecultura, www.spoletocard.it

Todi

Auch die Geschichte Todis reicht bis ins 4.Jh. v. Chr. zu den Umbrern zurück. Unter dem Namen Tuder war es römisch und im 12. Jh. freie Stadt, in der viele prächtige Bauten entstanden. 1527 verlor es durch die Pest die Hälfte seiner Einwohner und erst der Anschluss an den Kirchenstaat brachte wieder Wohlstand. Umschlossen von einem gut erhaltenen Mauerring liegt Todi auf einem Hügel im Tibertal. Von ausgesprochener Schönheit und Harmonie zeigt sich dem Besucher die Piazza del Popolo. An ihrer oberen Schmalseite steht wuchtig oberhalb einer breiten Freitreppe der **Duomo S. Maria Annunziata** aus dem 13. Jh. Beim Betreten des Innenraums sollte man sich gleich umdrehen und das riesige Fresko „Das Jüngste Gericht“ von Ferraù Fenzoni bewundern. Der Maler mit dem Spitznamen „Il Faenzone“ malte es 1596.

Im 12. Jh. erlebte Todi einen steilen wirtschaftlichen Aufschwung. Zeugen dieses Wohlstands sind die Stadtpaläste Palazzo del Popolo, Palazzo del Capitano und Palazzo dei Priori an der **Piazza del Popolo.** Wahrscheinlich an Stelle eines römischen Tempels wurde

INFO WEIN IN UMBRIEN

Der bekannteste umbrische Wein kommt aus Orvieto. Im Mittelalter war dieser liebliche Weißwein das Lieblingsgetränk der Päpste. Noch heute gibt es den süß ausgebauten Wein, weit beliebter ist allerdings der trockene Orvieto. Der Colli Altotiberini, ein trockener Weißwein, wird aus den Rebsorten Trebbiano und Malvasia del Chianti gewonnen. Auch die Rot- und Weißweine des Colli del Trasimeno finden bei Liebhabern eine gute Akzeptanz. Einen besonders dunklen hochprozentigen Rotwein gibt es in Montefalco.

Strategisch günstig liegt Todi auf einem Hügel im Tibertal

138 Area sosta Porta Orvietana, Todi

GPS 42.78120, 12.40192

Separate Plätze auf einem Busparkplatz, direkt beim Schrägaufzug, der ins Zentrum führt. Auch stundenweises Parken möglich. **Lage/Anfahrt:** im Ort mit „P Porta Orvietana“ ausgeschildert; **Platzanzahl:** 20; **Untergrund:** Asphalt; **Service:** Trinkwasser, Abwasser, Chemie-WC; **Sicherheit:** beleuchtet; **Preiskat.:** €€; **Geöffnet:** ganzjährig; **Kontakt:** Viale di Montesanto, 06059 Todi

die **Chiesa San Fortunato** (Piazza Umberto I 6, www.visitodi.eu/scopri/art) erbaut. Ihr wertvollster Kunstschatz ist ein Fresko von Masolino da Panicale. Im schattigen **Parco delle Rocca** finden sich noch einige Reste der Befestigungsanlagen. Außerdem bietet er ein kühles Plätzchen für heiße Tage.
Die Renaissancekirche **Santa Maria della Consolazione** Viale Consolazione, www.visitodi.eu/scopri/art) mit einem Grundriss in Form eines griechischen Kreuzes und einer imposanten Kuppel liegt etwa 10 Minuten zu Fuß vom Zentrum entfernt. Begonnen wurde der Bau 1508, 1607 konnte er geweiht werden.

IAT, Piazza del Popolo 29, www.visitodi.eu

Das gotische Meisterwerk von Orvieto

Orvieto

Orvieto liegt in exponierter Lage in 325 m Höhe auf einem Tuffsteinfelsen.
Der **Duomo di Santa Maria Assunta** (www.umbriatourism.it/-/duomo-di-santa-maria-assunta-in-cielo) gilt als ein Juwel italienischer Architektur. 1290 wurde er auf Geheiß von Papst Nikolaus IV. begonnen, allerdings erst 300 Jahre später fertiggestellt. Die prächtige gotische Fassade mit bunten Mosaiken erhielt 1366 eine filigrane Fensterrose, die *orcagna*. Die Bildhauerarbeiten am Sockel der vier Pfeiler zeigen verschiedene biblische Szenen wie die Schöpfungsgeschichte, das Leben Jesu und die Höllenqualen für menschliche Sünder. Ein Kontrast zur üppigen Hauptfront bildet das schwarz-weiße Streifenmuster der übrigen Fassade. Das Dominnere mit seinen gestreiften Säulen, kunstvollen Kapitellen, den bunten Glasfenstern und der interessanten Holzdecke ist sehr harmonisch gestaltet. Einzigartig ist die Ausmalung der **Cappella di San Brizio** mit dem Freskenzyklus „Der Antichrist“ und „Das Ende der Welt“ von Luca Signorelli (1499). Es ist mit einer anatomisch genauen Darstellung

INFO DAS BLUTWUNDER VON BOLSENA

Ein Mönch aus Prag hegte Zweifel an der von der katholischen Kirche propagierten Verwandlung von Wein und Hostie in das Blut und den Leib Christi. Auf seiner Pilgerreise machte der Mönch Station in Bolsena. Als er dort Gott um ein Zeichen bat, tropfte plötzlich Blut aus der Hostie auf das Altartuch. Das vom Papst anerkannte Wunder ist die Grundlage für das allgemeine Kirchenfest Fronleichnam und der Anlass für den Dombau in Orvieto.

des menschlichen Körpers eines der bedeutendsten Werke der Frührenaissance. In der **Cappella del Corporale** wird das Altartuch von Bolsena, auf das während einer Messe Blut aus einer Hostie tropfte, aufbewahrt.

Gegenüber dem Dom steht der **Palazzo Faina,** in dem heute das **Museo Civico e Etrusco** (www.orvietoviva.com/museo-faina-orvieto) mit einer Sammlung griechischer Vasen und Skulpturen aus etruskischer Zeit beheimatet ist.

Der **Corso Cavour** mit seinen vielen kleinen Geschäften und dem **Torre del Moro** ist die Flaniermeile der Orvietaner.

Die **Via Ripa Medici** führt am mittelalterlichen Quartier bei der Piazza S. Giovanni entlang und bietet sich für einen Spaziergang an, da sie mit einem schöne Ausblick auf das Umland aufwartet.

TIPP AUSFLUG IN DIE UNTERWELT

Tief in den schaurig-schönen Untergrund der Stadt mit seiner großen Zahl an künstlichen Höhlen, Gängen, Zisternen und Kellern geht es bei einer Führung, die von der Piazza del Duomo startet (Piazza del Duomo 23, www.orvietounderground.it).

Touristinfo, Piazza Duomo 24

139 Area sosta Camper, Orvieto

GPS 42.72554, 12.12736

Stellplätze auf einem separaten Teil eines gemischten Parkplatzes, Zugverkehr in Hörweite, direkt an der Standseilbahn nach Orvieto, Parken auch stundenweise möglich. **Lage/Anfahrt:** von der SS205 Richtung Orvieto Scalo abbiegen, dann ausgeschildert; **Platzanzahl:** 55; **Untergrund:** Asphalt; **Service:** Strom, Trinkwasser, Abwasser, Chemie-WC, Sanitäranlage; **Sicherheit:** beleuchtet; **Preiskat.:** €€; **Geöffnet:** ganzjährig; **Kontakt:** Piazza della Pace, 05018 Orvieto

Gaby Gölz

Apulien: Entlang der südlichen Adriaküste

Péschici
Rodi Gargánico
Vico d. Garg.
S. M. di Merino
Vieste
Parco Naz. del Gargano
Testa del Gargano
Riserva Statale Foresta Umbra
S. Michele
Cagnano Varano
del Gargano
Mattinata
S. Marie di Pulsano
Monte S. Angelo
Manfredonia
Golfo di Manfredónia
S. Maria di Siponto
S. Leonardo
Zapponeta
Saline
Salapia
Margherita di Savoia
Barletta
Trinitapoli
S. Ferdinando di Púglia
Canne
Trani
Bisceglie
Dolmen il Pulo
Molfetta
Giovinazzo
Palese
Bari
Cerignola
Ándria
Canosa di P.
Corato
Terlizzi
Bitonto
Ruvo di Puglia
Castel d. Monte
Posta Piana
Ófanto
Palo d. Colle
Modugno
Rutigliano
Mola di B
Minervino Murge
Parco Nazionale Alta Murgia
Adelfia
Conversano
Lavello
Casamássima
Turi
Grotte di Castellana
Acquaviva d. Fonti
Quasani
Cassano d. Murge
Melfi
Venosa
Abba della Trinité
Spinazzola
Rapolla
Rionero in V.
Palazzo S. Gervásio
Grotte di Putignano
Altamura
Gravina di Púglia
Genzano di Lucánia
Santeramo in Colle
Gioia d. Colle
Forenza
Bradano
Castel di Lagopésole
Acerenza
Irsina
Sassi di Matera
Oppido Luc.
Matera
Mottola
Tolve
Váglio Basilic.
Laterza
Castellaneta
Bilioso
Potenza
Tricárico
Grassano
L. di S. Giuliano
Miglionico
Ginosa
Palagiano
Picerno
Albano di Lucánia
Pso. Croce d. Scrivano
Pignola
Trivigno
Salandra
Pomárico
Basilicata
Accettura
S. Mauro Forte
Ferrandina
Tavole Palatine
Metaponto
Bernalda
Brienza
Calvello
Laurenzana
Pisticci
Lido di Metaponto
Mársico Nuovo
Volturino 1836
Stigliano
Craco
Cavone
Sala Cons.
Corleto Pert.
Montalbano Jonico
Padula
Viggiano
Sáuro
Scanzano
Certosa S. Lorenzo
Montemurro
Aliano
Tursi
Eraclea
Agri
Dubrovnik

10 km
© Reise Know-How 2023
Ancona-Bar
Bar
Trieste-Durrës
Durrës
Venezia/ Trieste/ Ancona - Igomenitsa,Corfu, Patras
Igomenitsa, Corfu, Patras
Canale di Ótranto
Bari
Grotta Palazzese
Polignano a Mare
Monópoli
Egnázia
Castellana
Fasano
Villanova
Noci
Alberobello
Locorotondo
Cisternino
Ostuni
Lido Specchiolla
S. M. d. Casale
Zona dei Trulli
Martina Franca
Carovigno
Grotta S. Biagio
S. Vito dei Normanni
Bríndisi
Ceglie Messapica
Latiano
Mesagne
Torre S. Gennaro
Massafra
Grottaglie
S. Pietro Vernotico
Casalabate
Oria
S. Maria di Cerrate
Francavilla Fontana
Squinzano
S. Cataldo
S. Giorgio Iónico
Torre S. Susanna
S. Pancrázio Sal.
Ris.Nat. Le Cesine
Campi Sal.
Sava
Manduria
Lecce
M. Grande
C. S. Vito
T-Talsano
Lizzano
Murge Tarantine
Avetrana
Veglie
Rudiae
Marúggio
Melendugno
Copertino
Salento
Porto Cesáreo
Martano
Laghi Alimini
Nardò
Galatina
Maglie
Galatone
Cutrofiano
Poggiardo

TOUREN-ÜBERBLICK

Routenempfehlung: Peschici – Vieste – Castel del Monte – Alberobello – Locorotondo – Martina Franca – Ostuni – Lecce – Otranto – Gallipoli
Länge gesamt: 510 km
Dauer: 7–10 Tage
Reisezeit: ganzjährig, auch in der Winterzeit reizvoll, man findet immer wieder ganzjährig geöffnete Übernachtungsplätze. Im August dagegen ist es in Apulien, wie in ganz Italien, sehr voll.

Eine Reise nach Apulien gehört sicherlich zu den Höhepunkten einer Fahrt durch Bella Italia. Landschaftlich, kulturell und kulinarisch hat die Region am „Stiefelabsatz" einiges zu bieten. Die Sehenswürdigkeiten der Route gliedern sich in das Gargano, das Castel del Monte, die weißen Städte im Valle d'Itria und das Salento. Die Bandbreite der Küstenformationen reicht von steilen, von Wellen umtosten Felsklippen bis zu sanft ins Meer abfallenden Traumstränden. Die Städtchen Locorotondo, Martina Franca und Ostuni haben mit ihren strahlend weißgetünchten Mauern einen orientalischen Touch, Lecce dagegen erstrahlt im üppigsten Barock. Otranto und Gallipoli sind vom Mittelalter geprägt, mit etwas barockem Zierrat. Eine Besonderheit ist Alberobello, die Stadt der Trulli. Über tausend der weiß gestrichenen Natursteinhäuser mit rundem „Zipfelmützendach" gibt es allein im Zentrum zu sehen. Der Staufer Friedrich II. hinterließ mit dem Castel del Monte ein außerordentliches Zeugnis seiner Macht. In Form der Apulischen Krone entstand in seiner Zeit eine weithin sichtbare oktogonale Burg. Ganz im Norden liegt das felsige Gargano, oft als Sporn des italienischen Stiefels bezeichnet. Kulinarisch ist Fisch im Fokus der Genießer. Ob direkt vom Fischerboot für die Womoküche gekauft oder im Restaurant serviert: Er schmeckt.

In Apulien sind die Häuser weiß gekalkt

Peschici

In beinahe 100 m Höhe auf einem Kalksteinfelsen liegt das Städtchen Peschici hoch über dem kristallklaren Meer. In der *borgo storico* von Peschici ticken die Uhren scheinbar langsamer. Die eng verschachtelten Gassen mit den weiß getünchten Häusern, häufig mit orientalisch anmutenden Kuppeldächern, haben ein ganz einzigartiges Flair, besonders am Abend im Schein der schummrigen Straßenlaternen. Am Ende der Altstadt, hoch auf der Landzunge, steht das im Jahr 970 erbaute und unter Friedrich II. erweiterte **Castello Peschici.** Im 15. Jh. war es als Verteidigungsburg gegen Sarazenenüberfälle von Bedeutung. Heute genießt man die Aussicht von der Panoramater-

TIPP BOOTSAUSFLUG ZUR INSEL TREMITI

Vom Hafen in Peschici fährt ein Ausflugsboot in 1½ Stunden zur zauberhaften Insel Tremiti (www.navitremiti.com).

Spektakuläre Felsformationen an der Küste des Gargano

INFO DIE GARGANO-HALBINSEL

Die Halbinsel Gargano, der Sporn der als Stiefel bezeichneten Landmasse Italiens, ragt 55 Kilometer in das Adriatische Meer hinein und steigt zum Monte Gargano auf über 1000 m Höhe an. An der Küste wachsen überwiegend Oliven, das Innere ist auf einer Fläche von 11.000 ha mit dichten, schattigen Pinien- und Steineichenwäldern *(foresta umbra)* überzogen. Der Wald ist Teil des **Nationalparks Gargano** (www.parcogargano.it) mit guten Wandermöglichkeiten.

Lago di Varano und Lago di Lesina (je 50 und 60 km² groß) an der flachen Nordküste sind durch Landstreifen weitestgehend vom Meer getrennte Lagunen. Durch kleine Verbindungen mit der Adria ist das Wasser salzig, so bieten sie ideale Lebensbedingungen für Aale und Muscheln und sind Winterquartier für Zugvögel.

Steil, mit bizarr geformten Felsen, malerischen Meeresgrotten und eingeschnittenen Sandstränden verläuft die Ost- und Südküste. Dazwischen liegen die pittoresken Orte **Peschici** und **Vieste.** Die kurvige, 70 km lange Panoramastraße von Peschici über Vieste nach Mattinata bietet immer wieder grandiose Ausblicke und Fotomotive auf das endlos scheinende Meer, steile Felsenklippen und die tiefgrünen Wälder im Nationalpark. Das Gargano lebt vom Tourismus und hat sich mit seinen Angeboten gut auf Gäste eingestellt. So wird der Urlaub im Gargano eine interessante, abwechslungsreiche Zeit zwischen Relaxen an Traumstränden mit kristallklarem Wasser und schattigen Wanderungen durch märchenhafte Wälder im Landesinneren.

rasse über die Steilküste und das weite Meer. Unterhalb der Altstadt erstreckt sich der feine, sanft abfallende **Sandstrand.** Windgeschützt durch seine Lage zwischen massiven Klippen und versorgt mit Cafés, Verkaufsständen, Sonnenliegenverleih und Campingplätzen, bietet die Baia di Peschici sehr gute Voraussetzungen für erholsame Tage.

140 Camping Residence Bellariva, Peschici

GPS 41.94450, 16.0073

Gepflegter Camping- und Stellplatz mit direktem Zugang zum Strand, Schatten, Mini-Markt, Restaurant. Altstadt über Treppen ca. 15 Min. entfernt. **Lage/Anfahrt:** im Ort ausgeschildert; **Platzanzahl:** 50; **Untergrund:** Sand; **Service:** Strom, Trinkwasser, Abwasser, Chemie-WC, WLAN; **Sicherheit:** umzäunt, beleuchtet, bewacht; **Preiskat.:** €€–€€€€; **Geöffnet:** Apr.–Anf. Sept.; **Kontakt:** SS89, 71010 Peschici, Tel. 0884963423, www.villaggiobellariva.it

141 Area Sosta Le 2 Palme, Peschici

GPS 41.94445, 16.01138

Platz bei einem Privathaus, Strand 300 m, Altstadt über Treppen 500 m entfernt. **Lage/Anfahrt:** Bevor die SS89 ins Dorf ansteigt, rechts abbiegen, ausgeschildert; **Platzanzahl:** 24; **Untergrund:** Schotterrasen; **Service:** Strom, Trinkwasser, Abwasser, Chemie-WC; **Sicherheit:** umzäunt, beleuchtet; **Preiskat.:** €€–€€€; **Geöffnet:** ganzjährig; **Kontakt:** SS89, 71010 Peschici, Tel. 3471530402

INFO DIE STAUFER IN SÜDITALIEN

Namen wie Friedrich I. Barbarossa, Heinrich VI. und Friedrich II. stehen für das mächtigste Adelsgeschlecht im Mittelalter: die **Staufer.** Die Ruinen ihrer Stammburg stehen auf der Schwäbischen Alb im heutigen Baden-Württemberg. Durch geschickte Heirat und einige kriegerische Auseinandersetzungen konnten sie ihr Machtgebiet unter Heinrich VI. bis nach Sizilien ausdehnen. Sein Sohn Friedrich II., der Enkel Barbarossas, wuchs in Italien auf und wurde bereits mit vier Jahren zum König von Sizilien gekrönt. Er war sehr gebildet, sprach mehrere Sprachen und interessierte sich für Naturwissenschaften und die Falkenjagd. Seine Krönung zum Kaiser des römisch-deutschen Reiches erfolgte 1220. In seiner Herrschaftszeit entstanden so imposante Bauwerke wie das **Castel del Monte,** die **Burgen von Lucera, Barletta, Trani** und viele mehr. Als er 1250 starb, begann unter seinem Sohn Konrad IV. der Stern der Staufer zu sinken. Nach dessen Tod 1254 wurde der letzte männliche Staufer Konradin hingerichtet.

Vieste

Wer sich der Stadt nähert, ist begeistert von der imposanten Lage auf einem strahlend weißen Kalksteinfelsen. Von den türkisblauen Wellen der Adria umspült und bewacht vom **Pizzomunno,** einer 25 m hohen, spitzen Kalksteinnadel, thront die weiße Stadt über dem langen Strand, dem **Spiaggia del Pizzomunno,** beliebt bei Badeurlaubern und **Windsurfern,** die den häufig idealen Wind für ihre sportlichen Aktivitäten nutzen.

Die ersten Siedlungsspuren in der Nähe von Vieste stammen bereits aus der Bronzezeit. Die Staufer bauten im 11. Jh. das massige **Castello Svevo di Vieste** (Piazza Castello 11, www.turismovieste.it/il-castello-svevo) auf dem höchsten Punkt. Heute ist die Burg militärisches Sperrgebiet und nur zu wenigen Zeiten für Gäste zugänglich. Eine etwas andere Sicht auf den Pizzomunno bekommt man von der Aussichtsterrasse unterhalb der Festungsmauern.

Beim Bummel durch die schmalen, verwinkelten Gassen mit ihren hochaufragenden, weiß getünchten Häusern kommt man unweiger-

Blick über die Altstadtgassen bis zur Insel Sant'Eufemia mit dem Leuchtturm

Der Pizzomunno

Ein Trabucco ragt aus dem Wasser

lich zur dreischiffigen **Kathedrale Santa Maria Assunta** (Via Vescovado, www.turismovieste.it/la-cattedrale-di-vieste). Ursprünglich im 11. Jh. errichtet, musste sie einige Zerstörungen durch Sarazenenüberfälle und Erdbeben erleiden. Später wurde sie barockisiert.

INFO LEGENDE UM DEN PIZZOMUNNO

Ein junger Mann namens Pizzomunno hatte sich in das schöne Mädchen Cristalda verliebt. Die Liebenden trafen sich allabendlich am Strand. Diese traute Zweisamkeit beobachteten die an der Küste lebenden Sirenen. Ihre Eifersucht steigerte sich jeden Abend mehr. Schließlich lauerten sie Cristalda auf und zogen sie ins tiefe Meer hinab. Pizzomunnos Schmerz über das Verschwinden seiner großen Liebe war so stark, dass er zu Stein erstarrte und seither als Monolith am Strand auf Cristalda wartet.

INFO TRABUCCI

Entlang der Küste des Gargano gibt es einige ungewöhnliche Konstruktionen: Die Trabucci. Diese traditionellen Pfahlbauten aus Robinien- und Kastanienholz stehen an für den Fischfang strömungsgünstigen Stellen. Ein großes, rechteckiges Netz wird von dort aus horizontal ins Wasser gelassen und nach einiger Zeit (meist) mit reicher Fischbeute wieder herausgezogen. Um einen Eindruck von dieser Art Fischfang zu bekommen, besucht man am besten das von außen immer sehenswerte **Trabucco San Lorenzo** in Vieste. Dieses historische Trabucco betreibt ein Verein von Ehrenamtlichen, die in der Saison unregelmäßig Innenbesichtigungen mit Erklärungen anbieten (www.trabucchidelgargano.org).

Eine **Bootstour** entlang der Küste zu Meeresgrotten wie der Grotta di Contrabbandieri, der Grotta di Pomodori und der Grotta della Campana Piccola wird vom Hafen Vieste aus angeboten (www.grottemarinegargano.com).

142 Camping Euro 92, Vieste

GPS 41.85635, 16.17467

Gepflegter Campingplatz, teilweise Plätze mit Meerblick, Strand 50 m, kleiner Mini-Markt, Supermarkt und Zentrum 2,8 km, Restaurants in der Nähe. **Lage/ Anfahrt:** an der Küstenstraße Richtung Manfredonia ausgeschildert; **Platzanzahl:** 80; **Untergrund:** Sand; **Service:** Strom, Trinkwasser, Abwasser, Chemie-WC, WLAN; **Sicherheit:** umzäunt, beleuchtet, bewacht; **Preiskat.:** €€€–€€€€; **Geöffnet:** Ende Apr.–Ende Okt.; **Kontakt:** Lungomare Enrico Mattei 119, 71019 Vieste, Tel. 0884700968, www.euro92.it

143 Sosta Camper da Francesco, Mattinata

GPS 41.71076, 16.07215

Gepflegter Platz direkt am Meer, Zentrum 2,5 km, in der Saison Restaurant in der Nähe und Supermarkt 300 m. **Lage/Anfahrt:** an der SP53 Mattinata-Vieste ausgeschildert; **Platzanzahl:** 16; **Untergrund:** Schotterrasen; **Service:** Strom, Trinkwasser, Abwasser, Chemie-WC, Sanitäranlage; **Sicherheit:** umzäunt, beleuchtet; **Preiskat.:** €€€–€€€€; **Geöffnet:** ganzjährig; **Kontakt:** Via del Mare Litoranea, Mattinata-Vieste km 1,3, 71030 Mattinata, Tel. 3401715703, www.auliv.it

144 Camping Lido Salpi, Manfredonia

GPS 41.55563, 15.89503

Platz in sehr schöner, ruhiger Lage direkt am weiten Sandstrand, Schatten, Mini-Markt, Pizzeria. **Lage/Anfahrt:** an der Küstenstraße Richtung Zapponeta ausgeschildert; **Platzanzahl:** 60; **Untergrund:** Wiese, Sand; **Service:** Strom, Trinkwasser, Abwasser, Chemie-WC, WLAN; **Sicherheit:** umzäunt, beleuchtet; **Preiskat.:** €€–€€€; **Geöffnet:** ganzjährig; **Kontakt:** Riviera Sud km 6,2, 71043 Manfredonia, Tel. 0884571160

Die Stauferburg Castel del Monte

Castel del Monte

Schon bei der Anfahrt grüßt das Schloss weithin sichtbar die Besucher. Zwischen 1240 und 1250 vom Staufer Friedrich II. errichtet, ist seine Bestimmung bis heute nicht geklärt. War es Jagdschloss oder Aufbewahrungsstätte für den Staatsschatz? Stellt der oktogonale Bau aus hellgelbem und weißem Kalkstein mit seinen außenliegenden achteckigen Tür-

INFO DAS FALKENBUCH FRIEDRICHS II.

Der Staufer Friedrich II. (1194–1250) begeisterte sich für die Jagd mit dem Falken. Er studierte die Lebensweise der Tiere und zwischen 1241 und 1248 entstand das bedeutendste Lehrbuch über Falknerei und Vogelkunde im Mittelalter. Er brachte Informationen aus arabischen Quellen, eigene Beobachtungen und zahlreiche wunderschöne Illustrationen im Werk „De arte venandi cum avibus" („Von der Kunst, mit Vögeln zu jagen") zusammen. Eine Kopie, die der Sohn Friedrichs II. mit eigenen Zusätzen hat anfertigen lassen, befindet sich sogar in der Bibliothek des Heiligen Stuhls.

145 Sosta Camper Castel del Monte, Andria

GPS 41.07669, 16.27522

Separate Plätze am Rand eines gemischten Parkplatzes in Sichtnähe des Castells, Brötchen im Restaurant am Platz, einige freundliche herrenlose Hunde. **Lage/Anfahrt:** an der Zufahrtstraße (170dir) zum Castel nach 350 m rechts; **Platzanzahl:** 40, davon 8 mit Strom; **Untergrund:** Schotterrasen; **Service:** Strom, Trinkwasser, Chemie-WC, Toiletten; **Sicherheit:** umzäunt; **Preiskat.:** €; **Geöffnet:** März–Nov.; **Kontakt:** SS170dir, 76123 Andria, www.parcheggiocasteldelmonte.it

Alberobello – scherzhaft auch Zipfelmützendorf und Schlumpfhausen genannt

men die steinerne Krone Apuliens dar, findet er Vorbilder in der arabischen Bauweise oder ist die Zahl acht ein Symbol für die kaiserliche Vollkommenheit? Diese Fragen lassen sich bis heute nicht endgültig klären. Wer sich abends, wenn die Tagesgäste abgefahren sind, nochmals vom Stellplatz auf den Weg zum Kastell macht, kann sie spüren, die geheimnisvolle, mystische Stimmung dieses Orts.
Bei der Innenbesichtigung kommen Besucher in den achteckigen Innenhof und auf zwei Ebenen durch viele – ihrer wertvollen Marmorverkleidung beraubte – Räume. Seit 1996 gehört Castel del Monte zum UNESCO-Welterbe (www.casteldelmonte.beniculturali.it).

Alberobello

Aus welcher Richtung man auch nach Alberobello kommt, bereits bei der Anfahrt fallen einem die ungewöhnlichen, spitzen Gebäude auf. Weit über 5000 dieser Bauwerke aus Feldsteinen gibt es in der Region, allein in Alberobello sollen es mehr als 1500 sein. Die sogenannten **Trulli** zeichnen sich durch einen quadratischen, meist weiß getünchten Baukörper und ein spitzes Dach in Kegelform aus, gekrönt vom *pinnacolo* (der Spitze), weiß gekalkt und mit einer Kugel verziert. Der Anblick erinnert an eine Zipfelmütze. Die Trulli waren Wohnraum für Mensch oder Tier und als Abstellraum für Geräte sind sie heute noch häufig in Gebrauch. Wenn der Platzbedarf größer war, konnte man auch zwei oder drei Trulli miteinander verbinden. Der Name Trulli (Einzahl Trullo) kommt aus dem Altgriechischen und bedeutet Kuppel. Die Trulli von Alberobello stehen seit 1996 auf der Liste der **UNESCO-Welterbestätten.** Die **Zona dei Trulli** mit bis zu 300 Jahre alten Häusern

INFO WOHER KOMMEN DIE TRULLI?

Eine Legende rankt sich um die Entstehung der Trulli: Der König ließ alle festen Gebäude versteuern. Um das Geld für die Grundsteuer zu sparen, baute man die Häuser ohne Mörtel und gab so den Steuereintreibern vor, dass es sich nur um temporäre Unterkünfte und nicht um richtige, steuerpflichtige Wohnhäuser handele. Der Trick hatte Erfolg und machte Schule.

146 Area Sosta nel Verde, Alberobello

GPS 40.78254, 17.23421

Teil eines gemischten, teilweise unebenen Parkplatzes, mit Olivenbäumen unterteilt, sehr zentral, trotzdem ruhig, Trulli in 300 m, kleiner Laden in 50 m. **Lage/Anfahrt:** Richtung Zona dei Trulli fahren, dann ausgeschildert; **Platzanzahl:** 50; **Untergrund:** Schotter; **Service:** Strom, Trinkwasser, Abwasser, Chemie-WC; **Sicherheit:** umzäunt; **Preiskat.:** €€; **Geöffnet:** ganzjährig; **Kontakt:** Via Cadore, 70011 Alberobello, Tel. 3384915879, www.areasostaalberobello.it

147 Villaggio Camping Bosco Selva, Alberobello

GPS 40.77081, 17.23649

Kleiner Campingplatz mit Schatten, Brötchenservice, zu den Trulli 2,2 km. **Lage/Anfahrt:** an der Straße nach Locorotondo ausgeschildert; **Platzanzahl:** 50; **Untergrund:** Wiese; **Service:** Strom, Trinkwasser, Abwasser, Chemie-WC, WLAN; **Sicherheit:** umzäunt, beleuchtet; **Preiskat.:** €€€–€€€€; **Geöffnet:** Apr.–Mitte Nov.; **Kontakt:** Contrada Bosco Selva 27, 70011 Alberobello, Tel. 0804323726, http://campingboscoselva.it

TIPP CASTELLANA GROTTE

Ca. 15 km nordwestlich von Alberobello, nahe der Ortschaft Castellana, lohnt sich der Besuch der Tropfsteinhöhle Castellana Grotte. Spektakulär ist der Weg durch das in verschiedenen Farben leuchtende Karsthöhlensystem mit Stalagmiten und Stalaktiten. In der Grotte herrschen ganzjährig Temperaturen von 15 Grad (www.grottedicastellana.it).

teilt sich in die Viertel Rione Monti und Rione Aia Piccola. Das Viertel Aia Piccola ist das ursprünglichere der beiden. In vielen Häusern in Monti ist entweder ein Kunstgewerbe- oder Souvenirladen oder ein Restaurant untergebracht. Die übrigen werden als Unterkünfte an Touristen vermietet. Auf dem höchsten Punkt von Monti steht die **Trullo-Kirche Sant'Antonio** (Via Monte Pertica 24) von 1926. Mit der

21 m hohen, kegelförmigen Kuppel gleicht sie einem Riesentrullo. Etwas abseits hinter der imposanten **Chiesa dei Santi Medici Cosma e Damiano** (Piazza Antonio Curri) versteckt sich das größte und einzige Trullo, das über zwei Etagen reicht, das **Trullo Sovrano,** heute ein **Museum** mit vollständig eingerichtetem Interieur (Piazza Sacramento 10/11, www.trullosovrano.eu).

Pro Loco, Via Monte Nero1, www.prolocoalberobello.it, www.alberobello.com/it/visitare-alberobello

Locorotondo

Auf einem 410 m hohen Hügel im Valle d'Itria liegt es da: das strahlendweiße Städtchen Locorotondo. Sein Name leitet sich vom lateinischen *locus rotondus* („runder Ort") ab. Und das stimmt, den die Grenzen der Altstadt verlaufen kreisförmig um die Hauptkirche **San Giorgio Martire** (Piazza Fra Giuseppe Andrea Rodio), erbaut von 1790 bis 1825. Doch ist die neoklassizistische Kirche nicht der vorrangige Grund, warum Gäste gerne nach Locorotondo kommen. Es ist das heimelige, verzweigte Gassengewirr, das sich zu kleinen Plätzen weitet, auf denen der Blick nach oben zu den weißen Kalksteinfassaden mit den Spitzgiebeldächern schweift. Unter anderem gibt es den üppig verzierten **Palazzo Morelli** (Via Morelli) zu entdecken. Seine schmiedeeisernen Balkongeländer und das mit Voluten, Fratzen-Maske sowie dem Wappen der Morelli dekorierte Portal sind wunderschöne Beispiele barocker Architektur im 18. Jahrhundert. Ein wahres Kleinod ist die romanisch-gotische **Chiesa Madonna della Greca** (Largo Madonna della Greca) am nördlichen Rand der Altstadt. Die fein bearbeitete Rosette über dem Portal wurde im 20. Jh. in Anlehnung an die zerstörte mittelalterliche Vorgängerin angebracht. Im Innern setzen Renaissancekunstwerke wie das **Polyptichon Madonna delle Rose** und das **Relief von Georg dem Drachentöter** kunstvolle Akzente.

Pro Loco, Piazza Vittorio Emanuele 27

San Giorgio Martire in Locorotondo

Martina Franca

Ebenfalls im Valle d'Itria, umgeben von Olivenhainen, Obstplantagen und Weinbergen, liegt die bezaubernde Barockstadt Martina Franca. Gegründet wurde sie im 10. Jh., als nach einem Sarazenenangriff die Bewohner von Taranto hierher flüchteten. Sie gaben der Siedlung den Namen Martina. Der Prinz von Taranto Philip I. von Anjou gewährte den Bewohnern Freiheiten, worauf sie den Zusatz *franca* („frei") erhielt.

Zwischen den vier noch erhaltenen Stadttoren im Wirrwarr der schmalen Gassen gibt es viel auszumachen. Hinweise darauf, dass Martina Franca einst ein wichtiges Handelszentrum war, sind die prunkvollen Paläste und Kirchen im barocken Stil. Markantes Beispiel für ein Stadttor ist die **Porta di Santo Stefano** (Via Giuseppe Verdi). Sie wurde im 14. Jh. zunächst als Wehrturm erbaut und um 1764 prachtvoll barockisiert. Ganz in ihrer Nähe steht der barocke **Palazzo Ducale** (Piazza Roma 28). 1668 begonnen, erreichte er allerdings nie die geplante Größe von 300 Räumen. Erhalten sind die von Domenico Carella 1776 reich ausgemalten Zimmer – einfach nachfragen, meist kann man einen Blick hineinwerfen. Inzwischen sind darin ein Gericht und die Verwaltung untergebracht. Das Zentrum ist die **Piazza Plebiscito** mit der **Basilica di San Martino** (www.basilicasanmartino.org) von 1747. Die unzähligen, aufwendig gestalteten Details erkennt man besonders gut am Nachmittag, denn dann erstrahlt die Sandsteinfassade mit dem **Hochrelief San Martino e il povere** („St. Martin und der Arme") im Schein der Sonne. Neben der Basilika steht der **Palazzo dell'Universita** mit seinem sehenswerten Uhrenturm.

Puglia Promozione Agenzia Regionale, Piazza XX Settembre 3

Von geschwungehen Arkaden gesäumt: die Piazza Maria Immacolata in Martina Franca

Berühmt ist die Stadt nicht nur für ihr barockes Stadtbild, auch Liebhaber schmackhafter Wurst finden mit der **Capocollo** das Richtige. Das Fleisch von speziell gezüchteten Schweinen wird in eingedicktem Traubenmost mariniert, mit Kräutern aromatisiert, geräuchert und drei Monate gelagert. Bei **Capocollo di Martina Franca e Salumi Martellotta** kann der Genießer sich mit der Köstlichkeit versorgen (Via Mercadante 154, www.salumimartellotta.it).

Ostuni

Ostuni trägt den Beinamen „die weiße Stadt" zu Recht. Alle Häuser bis auf die Kirchen der Altstadt sind weiß getüncht, was ihm einen Hauch von Orient verleiht. Die Altstadt schmiegt sich ellipsenförmig um die Kathedrale. An der weitläufigen **Piazza Liberta** stehen der repräsentativ in einem ehemaligen Franziskanerkloster untergebrachte Palazzo Comunale und die **San-Oronzo-Säule** (18. Jh.). Von der Piazza beginnt ein steiler Aufstieg durch enge Gassen mit schönem Blumenschmuck hinauf zur **Cattedrale Santa Maria Assunta in Cielo** (Piazza Beato Giovanni Paolo II). Von 1437 bis 1495 dauerte der Bau des spätgotischen Gotteshauses. Die große Rosette mit dem Segen spendenden Jesus in der Mitte und das kunstvolle Deckengemälde ziehen die Blicke auf sich. Der **Bischofspalast** (1750) und der **Palazzo del Seminario** (1705) links und rechts an der angrenzenden Piazza sind durch den **Scoppa-Bogen** (1750) verbunden.
Für den Rückweg wählt man am besten die Variante: einfach drauf los. Über Treppenwege

148 Area Sosta Camper Paradiso di Puglia, Martina Franco

GPS 40.74098, 17.26627

Stellplatz bei einer Pizzeria, ruhige Lage mit schönem Garten, gutes Restaurant. Alberobello, Locorotondo und Martina Franca gut mit dem Fahrrad erreichbar. **Lage/Anfahrt:** Zufahrt von Alberobello (teilweise etwas schmal), zur Einfahrt großes Eisentor benutzen; **Platzanzahl:** 10; **Untergrund:** Schotter; **Service:** Strom, Trinkwasser, Abwasser, Chemie-WC, Toiletten, Außendusche; **Sicherheit:** umzäunt, beleuchtet; **Preiskat.:** €€€; **Geöffnet:** ganzjährig; **Kontakt:** Via Alberobello Zona C132, 74015 Martina Franca, Tel. 0804400576, www.paradisodipuglia.it

Ostuni – die weiße Stadt

149 Sosta Camper Getsemani, Villanova

GPS 40.78790, 17.58882

Gepflegter Platz, Schatten, Wein- und Olivenölverkauf, Strand 700 m, Bäcker 600 m, Busverbindung nach Ostuni (8 km). **Lage/Anfahrt:** von der SS 379 nach Villanova abbiegen, erster Kreisverkehr rechts zum Platz; **Platzanzahl:** 72; **Untergrund:** Schotter, Wiese; **Service:** Strom, Trinkwasser, Abwasser, Chemie-WC, Sanitäranlage; **Sicherheit:** umzäunt, beleuchtet; **Preiskat.:** €€–€€€; **Geöffnet:** ganzjährig; **Kontakt:** Via Consolato Veneziano 8, 72017 Villanova, Tel. 3384626789, www.sostacamperostuni.it

und winzige, verwinkelte Gassen immer bergab, erreicht man irgendwann wieder die Piazza Liberta. Hier gibt es reichlich Gelegenheit, einzukehren und das Leben und Treiben auf dem quirligen Platz zu beobachten.

Info-Point, Corso Mazzini 8, www.comune.ostuni.br.it

Eine kulinarische Besonderheit ist fave e cicoria. Das ist Saubohnen-Püree mit Zichorie – eine einfache, traditionelle Speise in Apulien und speziell in Ostuni. In der Trattoria **Fave e Fogghje** bekommt man dieses und weitere schmackhafte Gerichte serviert (Corso Cavour, Vico Antonie Fratti 25b, www.trattoriafaveefogghje.it).

Lecce

Der Sage nach gründete Malemnius, König der Messapier, bereits im Jahr 1211 v.Chr. hier eine Stadt. Wer heute nach Lecce kommt, trifft auf ein vom Barock des 16.–18. Jh. geprägtes Stadtbild. Die wunderschönen Barockfassaden der Palazzi und Kirchen sind ein Symbol der Macht und des Reichtums der Bürger. Der weiche, gelbliche Tuffstein ermöglicht unglaublich kunst- und fantasievolle Figuren-, Blattwerk- und Ornamentgestaltungen, die diesem Baustil den Namen **Lecceser Barock** gaben. Ein glanzvolles Beispiel dieses Stils ist die **Basilika Santa Croce** (Via Umberto I, https://basilicasantacrocelecce.it). Der Bau entstand zwischen 1549 und 1590. Säulen, Reliefs, Skulpturen, Blumenfriese, eine reich verzierte Fensterrose und Putten schmücken die Fassade. Im Innenraum setzt sich die prachtvolle Ausstattung fort. Der San Francesco di Paola geweihte Altar von Antonio Zimbalo ist eine Augenweide. Vergessen sollte man auch nicht, den Blick nach oben auf die vergoldete Kassettendecke (17. Jh.) zu richten.

Neben der Basilika erhebt sich der zwischen 1659 und 1695 unter Zimbalo erbaute **Palazzo di Celestini,** ebenfalls ein Meisterwerk der barocken Dekorationskunst.

Ein außerordentlich prächtiger Platz ist die **Piazza del Duomo.** Flankiert vom **Dom Santa Maria dell'Assunta** (www.cattedraledilecce.it), dem **Palazzo Vescovile** (Bischofspalast) und dem **Palazzo del Seminario** (Priesterseminar) ergibt sich ein unvergesslich schöner Gesamteindruck. Der Dom ist ein weiteres Meisterwerk des Architekten Zimbalo. Auf den Resten eines antiken Tempels zwischen 1659 und 1670 erbaut, erfreut er den Besucher nicht nur durch seine üppige Fassade mit Säulen und Heiligenstatuen, sondern auch mit dem in Gold und Weiß gehaltenen Innenraum.

Üppiges Barock in Lecce

⑮⓪ Agriturismo Arangea, Lequile

GPS 40.31301, 18.12067

Ruhiger Agriturismo-Platz auf einem Bauernhof mit Restaurant (saisonal geöffnet), Lecce 6 km. **Lage/Anfahrt:** von der Ringstraße SS694 nach Lequile (SS101) abfahren, über San Pietro in Lama zum Platz; **Platzanzahl:** 10; **Untergrund:** Schotter; **Service:** Strom, Trinkwasser, Abwasser, Chemie-WC, WLAN, Sanitäranlage; **Sicherheit:** umzäunt, beleuchtet; **Preiskat.:** €€€; **Geöffnet:** Feb.–Nov.; **Kontakt:** Via Vecchia Lecce-Copertino 20, 73010 Lequile, Tel. 3474266522, www.arangea.it

Die Stadttore Porta San Biagio (1774), Porta Rudiae (1703) und Porta Napoli (1548) sind Überreste der ehemaligen Stadtbefestigung.

Zum Schutz gegen Sarazenenangriffe entstand im 16. Jh. die quadratische Festungsanlage **Castello Carlo V** (Viale XXV Luglio, www.castellocarlov.it) mit vier Eckbastionen. Im Erdgeschoss zeigt das **Museo di Cartapesta** die für diese Gegend typischen Pappmaché-Figuren, da Holz immer Mangelware war.

Von der Zeit, als Lecce für die Römer ein wichtiger Militär- und Handelspunkt war, zeugt das einst 20.000 Zuschauer fassende antike **Amphitheater** (Piazza Sant'Oronzo, www.visiteanfiteatrolecce.it). Vermutlich aus dem 2. Jh. stammend, ist es heute in den Sommermonaten Spielort für Veranstaltungen.

Touristinfo, Piazza Duomo 2, https://infolecce.com

⑮① Agriturismo Tenuta Don Giovanni, Melendugno

GPS 40.27937, 18.338190

Gepflegter, ruhiger Platz auf einem Hof mit Olivenölverkauf, parzellierte Plätze, Pool, Restaurant (saisonal geöffnet). **Lage/Anfahrt:** den Ort auf der Via S. Foca umfahren, dann ausgeschildert; **Platzanzahl:** 10; **Untergrund:** Schotter; **Service:** Strom, Trinkwasser, Abwasser, Chemie-WC, WLAN, Sanitäranlage; **Sicherheit:** umzäunt; **Preiskat.:** €€€; **Geöffnet:** ganzjährig; **Kontakt:** Via San Foca km 0,5, 73036 Melendugno, Tel. 3355821318, www.tenutadongiovanni.net

Otranto

Im Süden des italienischen Stiefels, beinahe ganz unten am Absatz, liegt das ausgesprochen attraktive Städtchen Otranto. Hier ist Italien durch die Meerenge „Straße von Otranto" nur 80 Kilometer von Albanien entfernt.

Es macht sehr viel Vergnügen, durch die von einer massigen Stadtmauer mit Wachtürmen umgebene Altstadt zu streifen. Das gesamte *centro storico* rund um das in seinen Ausmaßen beeindruckende **Castello Aragonese** steht seit 2010 als Welterbe unter dem Schutz der UNESCO. Der bis auf eine Steinrosette und das Barockportal von 1764 schmucklose Baukörper der **Cattedrale Santa Annunziata** (Pi-

INFO CASTELLO ARAGONESE

Der Bau des Castello Aragonese im 16. Jh. war die Folge von **Sarazenenüberfällen.** 1480 erstürmten türkische Truppen unter Gedik Ahmed Pascha die Stadt. Als sich nach der Einnahme durch die Türken 800 Männer, darunter auch der greise Erzbischof Pendinelli, standhaft weigerten, zum Islam überzutreten, wurden alle massakriert. Ihre Gebeine fanden in der **Cappella dei Martiri** in der Kathedrale ihre letzte Ruhe. Bis heute wirkt das traumatische Geschehen für die Bewohner nach. 2013 sprach Papst Franziskus die Märtyrer heilig (www.comune.otranto.le.it/vivere-il-comune/territorio/da-visitare/item/castello-aragonese).

Blick vom Hafen auf das befestigte Otranto

azza Basilica 1) birgt im Innern einen kostbaren Mosaikfußboden. In nur zwei Jahren, von 1163 bis 1165, vom Mönch Pantaleone angefertigt, erzählen ca. 600.000 Steinchen Bildergeschichten um den verzweigten Lebensbaum. Biblische Erzählungen sowie allegorische und mythologische Szenen erstrecken sich über den gesamten Kirchenboden. Drastisch sind die Szenen der gefolterten Kreaturen in der Hölle. Obwohl der Boden täglich benutzt wird und auch die Kirchenbänke darauf stehen, ist er beinahe vollständig erhalten und von erstaunlicher Farbintensität.

Nur wenige Schritte entfernt lohnt sich ein Besuch der byzantinischen **Chiesa San Pietro** (Via S. Pietro 10). Die Innenausmalung mit im Original erhaltenen Fresken aus dem 12. und 13. Jh. sollte man nicht versäumen.

Die beinahe schon karibisch anmutenden Strände **Baia dei Turchi** (6 km nördlich von Otranto) mit kristallklarem, in türkis bis dunkelblau schimmerndem Meer und die **Spiaggia Alimini** (8 km nördlich) beim **Naturschutzgebiet Lago Alimini** gelten als die schönsten Strände Apuliens.

152 Camping Baia dei Micenei, Otranto

GPS 40.14308, 18.49528

Gepflegter Platz mit Parzellen für Womos, Minimarkt, Bar, 250 m zur Altstadt. **Lage/Anfahrt:** Umgehungsstraße Richtung Porto, dann rechts zum Platz; **Platzanzahl:** 9; **Untergrund:** Wiese, Sand; **Service:** Strom, Trinkwasser, Abwasser, Chemie-WC, WLAN; **Sicherheit:** umzäunt, beleuchtet, bewacht; **Preiskat.:** €€€–€€€€; **Geöffnet:** Ende März–Anf. Nov.; **Kontakt:** Via Orte 1, 73028 Otranto, Tel. 3454467629, www.baiadeimicenei.it

153 Area Oasy Park, Otranto

GPS 40.13806, 18.48911

Ruhiger Platz mit Aussicht, teilweise Schatten, Altstadt 350 m. **Lage/Anfahrt:** von der SS695 bei der Ausfahrt Colle della Martiri abfahren, ausgeschildert; **Platzanzahl:** 20; **Untergrund:** Schotter; **Service:** Strom, Trinkwasser, Abwasser, Chemie-WC, WLAN, Sanitäranlage; **Sicherheit:** umzäunt, beleuchtet, bewacht; **Preiskat.:** €€–€€€€; **Geöffnet:** ganzjährig; **Kontakt:** Via Renis 8, 73028 Otranto, Tel. 08366802226

Pro Loco, Via Basilica, trav. Via Lopez 2 A, www.prolocotranto.it, **Città di Otranto,** www.comune.otranto.le.it

Im eleganten Ambiente der etwas außerhalb des Orts gelegenen **Masseria Bandino** aus dem 17. Jahrhundert sind die Fischgerichte ganz besonders schmackhaft und der Service ist sehr zuvorkommend. Der richtige Ort für ein stilvolles Essen (SP358, https://masseria bandino.it).

TIPP BOOTSTOUREN ZU TRAUMHAFTEN BUCHTEN

Die Fahrten mit Michele von SeaSalento zu Naturschönheiten wie der Baia Morrone und der Baia del Mulino sind ein Erlebnis. Zum Abschluss der schönen Tour gibt es noch einen Aperitif (Abfahrt im Bootshafen bei der Piazza all'umanità migrante, Tel. 3208827660, https://seasalento.com).

TIPP FAHRT AN DER KÜSTE VON OTRANTO BIS SANTA MARIA DI LEUCA

Die SP358 führt immer an der Küstenlinie entlang, 54 km an die südliche „Absatzspitze" nach Santa Maria di Leuca. Die Fahrt auf der kurvigen, manchmal schmalen Straße, immer in Sichtweite der **spektakulären Felsenküste,** ist ein bleibendes Erlebnis. Auf der gesamten Strecke finden sich in der Nebensaison viele Stellmöglichkeiten, in der Saison sind einige Area-Sosta-Camper-Stellplätze geöffnet. Die **Grotte Zinzulosa** in der Nähe von Castro ist eine zugängliche Karstgrotte mit riesigen Stalagmiten und Stalaktiten. (https://grotta-zinzulusa.business.site).

Am Zugang zur Inselaltstadt liegt das Castello di Gallipoli

Gallipoli

Kalé polis, die „schöne Stadt": Unter diesem Namen wurde Gallipoli von den Griechen gegründet. Im 16. bis 18. Jh. war Lampenöl aus Oliven der Exportschlager von Gallipoli und brachte Wohlstand. Wie damals in unterirdischen Ölmühlen das Lampenöl hergestellt wurde, sieht man in der einzig vollständig restaurierten Museumsmühle aus dem 16. Jh. (Via de Pace 87, www.gallipolinelsalento.it/frantoio-oleario-ipogeo). Die ca. 21.000 Einwohner leben heute vom Wein- und Olivenanbau, vom Fischfang und dem Tourismus. Die Altstadt liegt auf einer **Kalkfelseninsel im Ionischen Meer.** Wenn man über die Brücke von der Neustadt her auf sie zugeht, wirkt sie durch das Castello aus dem 16. Jh. sehr wehrhaft. Jenseits der Befestigungsanlage taucht man ein in das pittoreske Gassengewirr. Patrizierpaläste aus dem gelblichen Tuffstein *pietra carparo* sind teils wunderbar restauriert, teils von morbidem Charme und lassen den früheren Wohlstand der Stadt ermessen. Doch auch

kleine Tante-Emma-Lädchen und Handwerksbetriebe gibt es noch mitten im *centro storico.*
Im typischen Lecceser Barock entstand die **Kathedrale Sankt Agatha** (https://cattedralegallipoli.it) zwischen 1630 und 1696. Die Fassade zieren verschiedene Heiligenstatuen, der Innenraum wird von dorischen Säulen unterteilt. Der griechische Brunnen **Fontana Greca** aus dem 3. Jh. v. Chr., nahe der Brücke zur Insel, wird als der älteste erhaltene Brunnen Italiens bezeichnet. Flachreliefs stellen Szenen aus der griechischen Mythologie dar.
Im Hafen legen täglich Fischerboote an und bieten ihren Fang direkt zum Verkauf an.
Im Zentrum lädt der kleine **Strand Purità** zum genussvollen Strandtag ein, 4,5 km südlich die **Spiaggia di Baia Verde** (Viale delle Dune) und nach weiteren 4 km die **Spiaggia di Punta della Suina** (SP239).

In **La Burrateria Gallipoli** im Zentrum sind Liebhaber von Burrata, ein dem Mozzarella ähnlicher Frischkäse, richtig. Ausgezeichnet angerichtete Burrata und leckere Foccacia gibt es auch bereits zur Mittagszeit (Corso Roma 18).

Infopoint, Piazza Imbriani, beim Kastell, www.castellogallipoli.it

TOUR SPAZIERGANG UM DIE ALTSTADT

Man kann bequem zu Fuß die gesamte Altstadtinsel auf der Ringstraße **Riviera** umrunden, am besten auf einem gemütlichen Abendspaziergang.

LITERATURTIPP

Ausführlichere Informationen zur Region findet man im Reiseführer „Apulien mit Gargano und Salento" im Reise Know-How Verlag.

154 Area Agricamper Torre Sabea, Gallipoli

GPS 40.07290, 18.00599

Platz an der Felsenküste ohne Bademöglichkeit, teils Schatten, Brötchenservice, kleines Restaurant, Supermarkt in der Nähe, 3 km in die Altstadt, Shuttleservice in die Stadt und zum Strand. **Lage/Anfahrt:** an der Küstenstraße SP108 Richtung Rivabella; **Platzanzahl:** 50; **Service:** Strom, Trinkwasser, Abwasser, Chemie-WC, WLAN, Sanitäranlage; **Sicherheit:** umzäunt, beleuchtet; **Preiskat.:** €€€–€€€€; **Geöffnet:** ganzjährig; **Kontakt:** SP108, 73014 Rivabella, Tel. 0833298273, www.torresabea.it

Gaby Gölz

Basilikata: Welterbe Matera und Ionisches Meer

TOUREN-ÜBERBLICK

Routenempfehlung: Melfi – Venosa – Matera – Metaponte – Policoro

Länge gesamt: 190 km

Dauer: 5–7 Tage

Reisezeit: ganzjährig, auch in der Winterzeit reizvoll. An der Küste sind die Temperaturen oft frühlingshaft und in Matera findet ein Weihnachtsmarkt statt.

Eingezwängt zwischen den Regionen Apulien, Kalabrien und Kampanien liegt die dünnbesiedelte Basilikata. Die Natur ist wild, teilweise unberührt und die Strände am Ionischen Meer bei Policoro und Metaponto wunderschön. Im UNESCO-Welterbe Matera finden sich die einzigartigen Höhlenwohnungen, die Sassi. Ein Tag reicht nicht aus, um das Labyrinth der Gassen und Treppenwege, die original eingerichteten Höhlen, die freskengeschmückten Felsenkirchen und die grandiosen Aussichten zu erkunden. Kleinere Städte wie Melfi und

Venosa sind ebenfalls einen Besuch wert. Hier scheinen die Uhren langsamer zu gehen. Man sollte sich Zeit nehmen, um durch die Straßen zu den Burgen und Kirchen zu bummeln. Die Orte Metaponto und Policoro sind griechische Gründungen und bergen sehenswerte Reste aus dieser Zeit. Besonders attraktiv ist der Hera-Tempel in Metaponto, bei dem noch 15 dorische Säulen in den Himmel ragen. Der kulinarische Genuss kommt auf dieser Reise ebenfalls nicht zu kurz. Weine vom Monte Vulture, das knusprige Brot aus Matera, der herrliche Caciocavallo und der Brotsalat Cialledda sind ebenso bodenständige wie schmackhafte Speisen.

Melfi

In der Hügellandschaft zu Füßen des erloschenen Vulkans **Monte Vulture** liegt Melfi in 530 m Höhe. Im geschichtsträchtigen Städtchen hinterließen seit der Antike Römer, Normannen und Langobarden ihre Spuren. Gelitten hat die Stadt unter den schweren Zerstörungen im Französisch-Spanischen Krieg 1528 und unter verheerenden Erdbeben wie denen von 1851 und 1930.

Wehrhaft steht das in seinen Ursprüngen normannische **Castello di Melfi** (Via Normanni) über der Stadt. Im Laufe der Jahrhunderte setzten die Staufer und das Haus Anjou durch Erweiterungen und Umbauten ihre Akzente am Baukörper. Interessant ist die Architektur mit dem unregelmäßigen, polygonalen Grundriss, den insgesamt zehn Türmen und vier Höfen. Geschichte wurde in den Mauern geschrieben, als Papst Urban II. beim dritten Konzil im Jahr 1089 an dieser Stelle den ersten Kreuzzug proklamierte und Kaiser Friedrich II. 1231 die erste schriftliche Gesetzessammlung *(constitutiones mephitanae)* verfasste. Interessante Einblicke in Fundstücke aus der Region gibt das **Archäologische Museum** (https://museomassimopallottino.beniculturali.it), das heute seinen Sitz in der Burg hat.

Im Gassenlabyrinth und auf den eng verwinkelten Treppenwegen der Stadt blitzt immer wieder der Turm der **Kathedrale Santa Maria Assunta** (Largo Duomo) durch. Der genaue Zeitpunkt ihrer Erbauung verliert sich im Dunkel der Geschichte, man vermutet aber, dass er bereits im späten 11. oder frühen 12. Jh. lag. Die Schäden vom schweren Erdbeben im Jahr 1694 nahm Bischof Spinelli zum Anlass, das Kirchenschiff innen und außen im spät-

Kathedrale Santa Maria Assunta

barocken Stil zu renovieren. Der 1153 unter Roger II. vollendete, 49 m hohe Glockenturm hat die Erdbeben überstanden und präsentiert sich heute noch im Originalbaustil. Im obersten Teil zieren ihn ein Löwe und ein Greif aus schwarzem Lavagestein und hellem Kalkstein.

Pro Loco, Piazza Umberto I, www.prolocomelfi.it

155 Parcheggio, Melfi

GPS 40.99435, 15.64950

Einfacher Parkplatz, auch für Schulbusse, praktisch und zentral, Burg und Altstadt nach kurzem, steilem Anstieg erreichbar. Sa. 4–14 Uhr Parkverbot wegen Markt. **Lage/Anfahrt:** über SS303 und Via Foggia; **Platzanzahl:** 5; **Untergrund:** Asphalt; **Service:** Trinkwasser, Abwasser, Chemie-WC; **Sicherheit:** beleuchtet; **Preiskat.:** kostenlos; **Geöffnet:** ganzjährig; **Kontakt:** Via Grosseto, 85025 Melfi

Eine gute Gelegenheit, Weine aus der Region zu kaufen, bietet sich in der **Enoteca Piaceri Divini** (Via Bagnitello).

TIPP DIE FELSENKIRCHE VON MELFI

Unterhalb der SS303 in Richtung Rapolla findet man die sehenswerte **Chiesa Rupestre di Santa Margherita.** Die von Mönchen im 13. Jh. in den Tuffstein gehauene Kirche ist mit prachtvollen Fresken ausgeschmückt. Besonders erwähnenswert ist das Fresko „Erinnerung an die Toten". Es soll dem Betrachter die eigene Vergänglichkeit vor Augen halten. Nach telefonischer Anmeldung kann die Kirche im Rahmen einer Führung besichtigt werden (SS303, GPS 40.98654, 15.65525, Tel. 3356393675, www.prolocomelfi.it/page/22).

Venosa

Den Geburtsort des berühmten römischen Dichters Horaz sollte man nach dem Motto *carpe diem* („Genieße/Nutze den Tag") besichtigen. Diese Textzeile stammt nämlich aus dessen Ode „An Leukonoe".

Die antike Stadt Venusia ist bereits seit dem Jahr 291 v. Chr. nachgewiesen. Ihre Lage an der **Via Appia** brachte ihr Wohlstand und ließ sie zu einer einflussreichen Stadt im römischen Reich werden.

Auf einem Bergrücken unterhalb des **Monte Vulture** in 415 m Höhe liegt die zu den *I borghi più belli d'Italia* (den schönsten Gemeinden Italiens) gehörende Stadt. Die beinahe 13.000 Einwohner leben hauptsächlich von der Landwirtschaft und hier vor allem vom Weinbau. Bekannt ist der **Rotwein Aglianico del Vul-**

Mit dieser Bronzestatue ehrt Venosa ihren größten Sohn, den Dichter Horaz

ture, den man sich unbedingt munden lassen sollte.

Die Bronzestatue des Dichters **Horaz** (Quintus Horatius Flaccus, 65–8 v. Chr.) steht auf der zentralen, nach ihm benannten Piazza Orazio Flacco. In der Via Orazio liegt laut Überlieferung sein Geburtshaus, **Casa di Quinto Orazio Flacco** (www.venosa.it/cms/casa-di-orazio). Ob dies so stimmt ist fraglich, haben doch Forschungen ergeben, dass es sich eher um die Thermen eines römischen Patrizierhauses handelt.

Das **Castello Aragonese** (Piazza Umberto I, www.museionline.info/castelli-italiani/castello-di-venosa) mit viereckigem Grundriss und zylindrischen Ecktürmen erbaute Herzog Pirro del Balzo zwischen 1460 und 1470 auf den Mauern einer romanischen Kathedrale. Der Umbau zur fürstlichen Residenz mit Renaissance-Loggia erfolgte im 17. Jh. unter Carlo Gesualdo. Der Stauferkönig Manfred, Sohn Friedrichs II., kam in einem Vorgängerbau der Burg 1232 zur Welt. Heute befindet sich darin neben der Bibliothek das **Archäologische Nationalmuseum** (https://museovenosa.beniculturali.it). Es zeigt Exponate von der Prähistorie bis ins Mittelalter.

Vermutlich auf eine Beneditktinergründung geht der Bau des niemals vollendeten mittelalterlichen Abteikomplexes der Heiligen Dreifaltigkeit, **Abbazia della Santissima Trinità** (SP 18 Ofantina 13, www.venosaturistica.com/complesso-della-santissima-trinita) zurück. Er besteht aus der „alten“ *(chiesa vecchia)* und der „unvollendeten“ *(chiesa incompiuta)* Kirche (s. S. 244). Die gesamte Anlage zählt zu den kunsthistorischen Höhepunkten in ganz Süditalien. Wer heute die Anlage besucht, kann sich ihrem Reiz mit den hoch in den Himmel ragenden Säulen und Bündelpfeilern nicht entziehen. Man entdeckt antike Steine des römischen Amphitheaters und sogar rö-

INFO CHIESA VECCHIA UND CHIESA INCOMPIUTA

Die Chiesa Vecchia ist auf den Mauern eines heidnischen Imene-Tempels erbaut und wurde 1059 von Papst Nikolaus II. geweiht. Ihre heutige Form erhielt sie im 11. Jh., als Graf Drago sie zur Familiengrablege bestimmte. Sehenswert ist das 1287 gestaltete Kirchenportal mit arabischen Stileinflüssen, die römische Säule Colonna dell'Amicizia, der aus dem Imene-Tempel stammende Mosaikfußboden, das klassisch-schlichte Grabmal der Alberada und die Freskenbilder aus dem 13. und 15. Jh. an den Kirchensäulen. Anfang des 12. Jh. stieg die Anzahl der Gläubigen an und die alte Kirche wurde zu klein. Das brachte den Orden 1130 dazu, im Anschluss an die Apsis der alten Kirche eine einzigartige, riesige Basilika zu planen. Nachdem die Wände der Längsseiten, der Querschiffe und der Apsis standen, wurden die Geldmittel des Benediktinerordens knapp. Als der Orden 1297 durch Papst Bonifatius gezwungen wurde, Venosa zu verlassen und das Gelände an den Ritterorden der Johanniter überging, wurden die Baumaßnahmen eingestellt. Erst im 14. Jh. kam das Portal und im 16. Jh. der Glockenturm dazu.

mische und jüdische Grabsteine wurden als Baumaterial verwendet. Daneben im **Parco Archeologico** sind die Grundmauern römischer Patrizierhäuser, der Therme und ein *domus* mit Mosaiken zu entdecken.
Das **Amphitheater** aus dem 1./2. Jh. n. Chr. fasste ursprünglich 10.000 Zuschauer. Da im frühen Mittelalter die Steine des Theaters für den Bau zahlreicher Kirchen und Paläste abgetragen wurden, ist von seiner einstigen beeindruckenden Größe nur noch wenig zu erahnen.

Pro Loco, Via Roma 24, www.venosaturistica.com/tourist-information

In der **Cantina di Venosa** gibt es die Weine der Region zu kaufen (Via Appia 86, www.cantinadivenosa.shop).

156 Area Sosta Camper Venusia, Venosa

GPS 40.95958, 15.82733

Parzellierte Plätze hinter einer Autowaschanlage, aber sonst von Natur umgeben, für Fahrzeuge bis 7,50 m Länge, Shuttlebus ins 1,5 km entfernte Zentrum. **Lage/Anfahrt:** an der SP168 Richtung Lavello abbiegen, Beschilderung „Autolavaggio Venusia" folgen; **Platzanzahl:** 18; **Untergrund:** Schotter; **Service:** Strom, Abwasser, Chemie-WC, WLAN, Toiletten; **Sicherheit:** umzäunt, beleuchtet; **Preiskat.:** €€; **Geöffnet:** ganzjährig; **Kontakt:** C. da Piani di camera, 85029 Venosa, Tel. 3803449309

Das eindrucksvolle Matera muss man gesehen haben

Matera

Zwei tiefe Schluchten hat der Fluss Gravina in den weichen Kalkstein gegraben. Seit der Jungsteinzeit siedelten hier in den natürlichen Karstgrotten der Hochebene Murge Menschen, daher gilt Matera als eine der ältesten Städte der Welt. Heute sind die in den Kalkstein getriebenen Wohnhöhlen, die *sassi*, ein Dorado für Entdecker. In einem unüberschaubaren Gewirr von verschlungenen Treppenwegen geht es bergauf und bergab, vorbei an den historischen Höhlen, in denen heute schicke Restaurants und Ferienwohnungen untergebracht sind. Orientierungspunkt ist dabei immer die alles überragende **Cattedrale della Madonna della Bruna es di Sant'Eustachio** (www.destinazionematera.info/Musei-e-Architettura/Cattedrale-della-Madonna-della-Bruna-e-di-SantEustachio.html) mit dem 52 m hohen Turm. 1270 wurde die aus regionalem Kalkstein erbaute, dreischiffige Kirche geweiht. Einen umfassenden Überblick über den Sasso Barisano erhält man von der Balustrade am Domplatz.

Die Grottenkirchen **Madonna delle Virtù** (Via Madonna delle Virtù, www.visitmatera.it/madonna-delle-virtu-e-san-nicola-dei-greci) und die darüber liegende **San Nicola dei Greci** aus dem 11. Jh. gehören zu einer Felsenanlage mit Kloster, Häusern und Zisternen. San Nicola dei Greci ist mit wertvollen Fresken aus dem 13. Jh. bemalt. In dem Komplex finden hochrangige Wechselausstellungen zeitgenössischer Kunstwerke statt.

Die **Piazza Vittorio Veneto** ist das repräsentative Zentrum zwischen Alt- und Neustadt. 1991 entdeckte man darunter den größten Wasserspeicher der alten Stadt, **Palombaro Lungo** (www.palombarolungo.it). Ein weitläufiges Netz von Kanälen versorgte die im 16. Jh. begonnene und ständig erweiterte Zis-

INFO DIE HÖHLEN VON MATERA

Nach der Zerstörung einer Siedlung durch die Sarazenen im Jahr 938 und der Besitznahme des Landes durch die Normannen 1043 entstanden die Wohnhöhlen **Sasso Barisano** und **Sasso Caveose** mit Wohnungen, Werkstätten, Kirchen und Ställen, die direkt in den Kalkstein geschlagen wurden. Das herausgehauene Steinmaterial wurde genutzt, um die Höhlen nach vorne zu verschließen. Nach den Normannen kamen die Staufer und schließlich die Herren von Anjou. 1663 wurde Matera zur Hauptstadt der Basilikata erhoben. Auf der Hochebene über den Sassi (wörtl. „Steine") wuchsen bald barocke Kirchen und prächtige Palazzi empor. Die Sassi hingegen wurden immer mehr Behausungen für die arme Bevölkerung. Hier lebten Bauern, Hirten und Tagelöhner in ärmlichen Verhältnissen. Der 1935 in den Süden verbannte Antifaschist Carlo Levi griff in seinem Roman „Christus kam nur bis Eboli" die Not der Menschen in den Sassi auf. Besonders nach dem Zweiten Weltkrieg verschlechterten sich die Verhältnisse in den Sassi dramatisch. 15.000 Menschen lebten damals in den feuchten Höhlen ohne fließendes Wasser und ohne Strom unter hygienisch unhaltbaren Bedingungen. In den dunklen Behausungen waren Menschen, Hunde, Ziegen, Schweine und Schafe auf engstem Raum zusammengepfercht. Die „nationale Schande" wurde 1952 nach einem Regierungserlass zwangsgeräumt und die Menschen mussten in moderne Hochhäuser umziehen. Die Sassi verfielen immer mehr, bis sie als Sehenswürdigkeit für Touristen entdeckt wurden und 1993 den Titel eines **UNESCO-Welterbes** erhielten.

Die Felsenkirchen Santa Maria di Idris und San Giovanni in Monterrone

terne mit dem dringend benötigten Wasser. Faszinierend ist ein Gang über Stahltreppen und Brücken bis hinab zum Grund des Wasserspeichers. Die hohen, abgerundeten Wände sind vollständig mit einem *cocciopesto* genannten, wasserdichten Verputz verkleidet. Beim Blick an die Decke sieht man die Öffnungen, durch die das Wasser an die Oberfläche geholt wurde. Sogar kreisrunde Rostflecken von verloren gegangenen Metalleimern kann man da oben entdecken.

Über die **Piazza del Sedile,** vorbei am Palazzo gleichen Namens aus dem 17. Jh., geht es über Treppen zum zweiten Teil der Sassi, dem **Sasso Caveoso.** Hier fallen die Felsenkirchen **San Giovanni in Monterrone** (Via Madonna dell'Idris, www.oltrelartematera.it/san-giovanni-in-monterrone) und **Santa Maria de Idris** (www.oltrelartematera.it/santa-maria-de-idris) sofort ins Auge. Man kommt kaum vorbei, ohne die beinahe komplett in einen markanten Felsen gehauenen Kirchen auf ein Foto zu bannen. Zunächst betritt man die

Chiesa Santa Maria de Idris aus dem 14. Jh., von dort führt ein schmaler Felsengang in die Chiesa San Giovanni. Hier sind zahlreiche Fresken aus dem 12. und 13. Jh. interessant.

Die vollständig eingerichtete **Casa Grotta** (Vico Solitario 11, www.casagrotta.it) gibt einen guten Eindruck vom beengten Leben in den Sassi der 1950er-Jahre. Den strengen Geruch, der damals hier herrschte, mag man sich gar nicht vorstellen.

Die byzantinische **Kirche Santa Barbara** (Via Casalnouva, www.isassidimatera.com/santa-barbara) liegt ganz am südlichen Rand im Rione Casalnuovo direkt über der Gravina. Datiert zwischen dem 10. und 11. Jh., sind nach der Restauration die wundervoll bemalte Ikonostase, die Fresken mit der Heiligen Barbara aus dem 14. Jh. und die Madonna mit Kind zu bewundern.

Das **Matera Olive Oil Museum,** kurz MOOM (Vico Caselnuovo 3, www.moom.bio) ist in einer in die Felsen geschlagenen Ölmühle aus dem 15.–16. Jh. untergebracht. Man bekommt eine sachkundige Führung und zum Schluss eine Ölkostprobe.

INFO REGIONALE SPEZIALITÄTEN IN DER BASILIKATA

Zu den regionalen Köstlichkeiten gehört der Hartkäse Caciocavallo in der typischen Birnenform, der aus Mozzarella di Bufala geflochtene Käse Trecia und das Pane di Matera. Das Brot aus besonders feinem Hartweizen zeichnet eine knackige Kruste und eine feine Krume aus. Der bäuerliche Salat Cialledda mit altbackenem, in Wasser eingeweichtem Brot und viel frischem Gemüse wird kalt serviert.

Cuccù, Tonpfeifen in Form eines buntbemalten Hahnes, sind ein beliebtes Mitbringsel aus Matera.

Caciocavallo frisch vom Markt

Immer wieder finden sich noch erstaunlich farbenkräftige Fresken in den Felsenkirchen

Auf dem Wanderweg durch die Gravina

TOUR WANDERUNG IN DIE MURGIA MATERANA

Im Zentrum bei der Info Matera erhält man Informationen zu Wanderungen durch den ebenfalls zum UNESCO-Welterbe gehörenden **Parco della Murgia Materana,** eine grandiose Felsenlandschaft mit ca. 150 Felsenkirchen entlang der Gravina. Eine spannende Strecke zu den Höhlen und Felsenkirchen auf der anderen Seite der Schlucht beginnt bei den Sassi an der Piazza Porta Postergola. Zunächst führt ein Weg in Serpentinen hinab zur Hängebrücke über den Fluss. Auf der anderen Seite schlängelt sich der Pfad wieder hinauf zum Belvedere. Von dort ist die Sicht auf die Stadt atemberaubend.

Geleitet durch einen bei der Info Matera erhältlichen Flyer mit Stadtrundgang stößt man auf fünf Aussichtspunkte mit einem jeweils anderen interessanten und fotogenen Panorama auf die Sassi und die Gravina.

Während der Besichtigung mit viel Auf und Ab sollte man unbedingt eine Erfrischungspause einlegen. Das hausgemachte Eis bei **Cremes Bureau** mit hochwertigen Rohstoffen, nicht zu süß und mit ausgezeichnetem Geschmack, ist dann genau richtig (Via delle Beccerie 61).

Info Matera, Piazza Vittorio Veneto, www.infosassidimatera.com

INFO MAGNA GRAECIA

Als Magna Graecia (Großgriechenland) werden die von Griechen gegründeten Siedlungen in Süditalien bis nach Sizilien bezeichnet. Am Ionischen Meer in der Basilikata und in Kalabrien gehören Metapont, Sibari und Heraklea Siris dazu.

157 Area Camper Kartodromo, Matera

GPS 40.67996, 16.62495

Plätze auf dem Rasen einer ehemaligen Kartbahn, Shuttleservice ins Zentrum und zum Belvedere inklusive, gelegentlich frisches Brot. **Lage/Anfahrt:** von der Küste kommend aus Richtung Palagiano an der SS7, ca. 3 km vor Matera; **Platzanzahl:** 50; **Untergrund:** Wiese; **Service:** Strom, Trinkwasser, Abwasser, Chemie-WC, Sanitäranlage; **Sicherheit:** umzäunt, beleuchtet; **Preiskat.:** €€€; **Geöffnet:** 8.Jan.–3. Advent; **Kontakt:** SS7 Via Appia km 582, 75100 Matera, Tel. 3391090996

158 Agricampeggio Nonna Rosa, Matera

GPS 40.67426, 16.64585

Kleiner Campingplatz bei einem Bauernhaus, direkt unterhalb einer hohen Wand eines ehemaligen Steinbruchs, Frühstück buchbar, Zentrum 7,5 km, Organisation von Exkursionen. **Lage/Anfahrt:** an der SS7 aus Richtung Palagiano, ca. 5 km vor Matera ausgeschildert; **Platzanzahl:** 10; **Untergrund:** Schotter; **Service:** Strom, Trinkwasser, Abwasser, Chemie-WC, WLAN; **Sicherheit:** beleuchtet; **Preiskat.:** €€€; **Geöffnet:** ganzjährig; **Kontakt:** SS7, 75100 Matera, Tel. 3356451250, www.nonnarosamatera.it

Parco Archeologico Metaponto

Viel ist von der antiken Stadt Metaponto heute nicht mehr zu sehen und doch ist ein Spaziergang über den **Parco Archeologico del Sud** (www.metapontoparcoarcheologico.it) lohnenswert. Andächtig spaziert man an den Ruinen des heiligen Bezirks mit den Grundmauern einiger Tempel, an der *area urbana* und damit an zweitausendjähriger Geschichte entlang und überlegt, was wohl alles noch unter der Erde verborgen ruht.

Die ursprünglich von der nordwestlichen Peleponnes stammenden Achaier, bzw. Achäer siedelten sich um 700 v. Chr. hier an. Die Menschen lebten vom Ertrag des fruchtbaren Hinterlands, insbesondere vom Getreideanbau – die Getreideähre auf den Münzen der

Reste des griechischen Hera-Tempels im Parco Archeologico Metaponto

159 Camping Village Internazionale, Lido di Metaponto

GPS 40.35866, 16.83363

Viele Dauercamper, Schatten, Strand 300 m, Restaurant in der Nähe. **Lage/Anfahrt:** in Lido der Beschilderung folgen; **Platzanzahl:** 20; **Untergrund:** Sand; **Service:** Strom, Trinkwasser, Abwasser, Chemie-WC, WLAN; **Sicherheit:** umzäunt, beleuchtet; **Preiskat.:** €€€; **Geöffnet:** Apr.–Okt.; **Kontakt:** Viale Magna Grecia, 75012 Lido di Metaponto, Tel. 0835741916

polis lässt darauf schließen. Im 6. Jh. v. Chr. kam Pythagoras mit seinen Anhängern nach Metapont und gründete eine philosophische Schule, die rund zwei Jahrhunderte dort existierte. Schicksalshaft war die Entscheidung der Stadt, sich im Punischen Krieg gegen die Römer auf die Seite von Karthago zu schlagen. Als Hannibal unterlag, begannen für Metapont schlechte Zeiten und es verlor im 3. Jh. v. Chr. auch durch die zunehmende Versumpfung seiner Ackerflächen an Bedeutung. Schließlich wurde die Stadt aufgegeben und ihre Steine als Baumaterial in der Region verwendet. Vom Theater aus der zweiten Hälfte des 4. Jh. v. Chr. sind z. B. heute nur noch sieben Sitzreihen zu sehen.

Der Lungomare von Metaponto

Die Grundmauern des antiken Heraclea

Einblick in die Bronze-, Griechen- und Römerzeit in der Region gibt es im **Museo Archeologico Nazionale** (Via Dinu Adamesteanu 21, https://museometaponto.beniculturali.it). Keramiken, Münzen, Plastiken, Werkzeuge und Schmuck zeigt die hochwertige Sammlung, leider ist die Beschriftung nur auf Italienisch.

Vom um 525 v. Chr. nördlich der Stadt angelegten **Hera-Tempel** (SS106, GPS 40.41451, 16.81721), auch unter dem Namen Tavole Palatine bekannt, stehen noch 15 der ehemals 32 dorischen Säulen. Der Eintritt in den kleinen Park mit Sitzbänken ist kostenlos.

Bei all den Sehenswürdigkeiten der Magna Graecia sollen die schönen Strände am **Lido di Metaponto** nicht in den Hintergrund treten. Eine gepflegte Strandpromenade mit vielen Restaurants erschließt den langgezogenen Sandstrand. Einen Adrenalinkick für Groß und Klein versprechen die Rutschen im **Acquazzurra Wasserpark** (SS106 Jonica km 445+500, www.acquazzurrapark.net).

Policoro

Policoro ganz im Süden der Basilikata ist eine moderne Stadt mit schöner Fußgängerzone und guten Einkaufsmöglichkeiten. Was aber im Sommer die Urlauber hierher lockt, ist der breite **Sandstrand** am kristallklaren Ionischen Meer. Die gute Infrastruktur mit vielen Bars, Restaurants, Liegestuhlverleih und Duschen bietet alles, was der Badegast für einen erholsamen Strandtag braucht.

Im Bosco Pantano liegt das WWF-Naturschutzgebiet **Oasi Policoro Herakleia** (Piazza Siris 1, www.wwf.it/dove-interveniamo/il-nostro-lavoro-in-italia/oasi/oasi-bosco-pantano-di-policoro). Der WWF pflegt verletzte Wildtiere und schützt die heimischen Meeresschildkröten. Auf geführten Touren erklären Biologen das Projekt.

Die antike Stadt **Heraclea,** die auch zur Magna Graecia gehörte, wurde auf den Ruinen der Stadt Siris im 4. und 3. Jh. v. Chr. gebaut. Auf einem Plateau über dem **Museo Archeologico Nazionale** (Via Colombo 8, https://museosiritide.beniculturali.it) gibt es zahlreiche Grundmauern einer Akropolis zu sehen. Leider fehlen Beschilderungen im Freigelände zu diesen so interessanten Ruinen völlig. Auch deshalb ist ein Besuch des mit umfangreichen Exponaten ausgestatteten Nationalmuseums unbedingt empfehlenswert.

LITERATURTIPP

Ausführlichere Informationen zur Region findet man im umfassenden Reiseführer „Basilikata" im REISE KNOW-HOW Verlag.

160 Area Camper Autogmanolio, Policoro

GPS 40.18799, 16.71354

Gepflegte, großzügige Plätze mit Schattendächern, Grillstellen, 300 m zum Strand, Auto-, Roller- und Fahrradverleih, geführte Touren buchbar. **Lage/Anfahrt:** im Ort ausgeschildert; **Platzanzahl:** 15; **Untergrund:** Asphalt; **Service:** Strom, Trinkwasser, Abwasser, Chemie-WC, WLAN; **Sicherheit:** umzäunt, beleuchtet, bewacht; **Preiskat.:** €€–€€€€; **Geöffnet:** ganzjährig; **Kontakt:** Via del Lido, 75025 Policoro, Tel. 0835981327, www.autogmanolio.com

Gaby Gölz

Kalabrien: Bergregion und Badeparadies an der Stiefelspitze

Maratea
Rotonda
Parco Nazionale
M. Pollino 2248
S. Lorenzo Bellizzi
Albidona
Mormanno
Práia a Mare
Grotta del Romito
Papasidero
Morano Calabro
Plátaci
Cerchiara di Cal.
Trebisacce
Orsomarso
del Pollino
Castrovillari
Scalea
Cassano allo Jònio
Verbicaro
Lungro
Sibari
Sybaris-Copia
Cirella
Firmo
Coscile
Spezzano Albanese
Marina di Schiavonea
Buonvicino
Diamante
Terranova da Sibari
Corigliano Calabro
Rossano
Roggiano Grav.
Belvedere Marittimo
Fagnano Castello
S. Demétrio Corone
S. Maria d. Pátire
S.Marco
Cariati
S. Marco Argentano
Cetraro
Bisignano
Acri
Sila Greca
Cropalati
Longobucco
Terme Luigiane
Marina di Guardia Piemontese
Luzzi
Abbª d. Sambucina
Bocchigliero
Crúcoli
Varco S. Máuro
Sila Grande
Campana
Cirò
Cirò Marina
Fuscaldo
Montalto Uffugo
Rose
1708
Parco Naz. della Sila
Umbriático
Santº di S. Francesco
L. di Cecita
M. Pettinascura
Páola
S. Fili
Rende
Botte Donato
Savelli
S. Lúcido
Cosenza
Spezzano d. Sila
1928
S. Giovanni in Fiore
Strongoli
Aprigliano
Sila
1881 Montenero
Rocca di Neto
Fiumefreddo Brúzio
Colle d'Ascione
L. Arvo
Lago Ampollino
Cotronei
Rogliano
Savuto
Petilia Policastro
S. Severina
Lago
Aiello Cal.
Parco Naz. della Sila
Amantea
Soveria M.
Sila Piccola
Mesoraca
Crotone
Cámpora San Giovanni
Taverna
Nocera Tirin.
Serrastretta
Sersale
Cutro
Cropani
Sambiase
Nicastro
Tiriolo
Soveria Simeri
Botricello
Ísola di Capo Rizzuto
Le Castella
S. Eufémia Lamézia
Catanzaro
Capo Rizzuto
Golfo di Santa Eufémia
Máida
Catanzaro Marina
Filadelfia
Girifalco
Roccelletta di Squillace
Golfo di Squillace
Squillace
Pizzo
Briático
Soverato
Tropea
Chiaravalle Centrale
Vibo Valentia
Dávoli
S. Nicola da Crissa
C. Vaticano
Mesiano
Mileto
Simbario
Serra S. Bruno
Badolato
Rombiolo
Soriano Cal.
Riserva Statale Marchesale
La Certosa
Nicotera
Passo P. Spada
M. Crocco 1276
Rosarno
Laureana di B.
Fabrízia
La Cattolica
Stilo
S. Ferdinando
Pso. Croce Ferrata
Monasterace
M.-Marina
Gioia Tauro
Cinquefrondi
Placánica
Riace
Punta Stilo
Caulónia
Polístena
10 km
© Reise Know-How 2023

TOUREN-ÜBERBLICK

Routenempfehlung: Sibari – Civita – Morano Calabro – Bergfahrt Morano Calabro nach Scalea – Scalea – Diamante/ Cirella – Tropea – Capo Vaticano
Länge gesamt: 297 km
Dauer: 7–10 Tage
Reisezeit: ganzjährig, auch im Winter sehr reizvoll, wenn es hier grün ist und viele Blumen blühen.

Wer kristallklares Wasser, weite, von bizarren Felsen unterbrochene Strände, südliche Vegetation, raue Bergregionen, herzliche Gastgeber und urige Altstädte sucht, ist in Kalabrien richtig. Ganz im Süden, an der „Stiefelspitze", liegt diese noch sehr ursprüngliche Region. Die Sonne scheint häufig an der ungefähr 800 Kilometer langen Küste des Tyrrhenischen und Ionischen Meers, sodass Kalabrien auch in der kalten Jahreszeit ein sehr angenehmes Reiseziel ist, ideal zum Radfahren und für Strandspaziergänge. Die Sommertage am Meer verbringt man mit Schnorcheln, Tauchen und Schwimmen im azurblauen Wasser. Abends besucht man eine traditionelle Trattoria, die Spezialitäten wie die mit Peperoncino gewürzte Salami, die rote Zwiebel cipolla rosso und dazu einen einfachen Landwein oder den edleren Cirò DOC servieren.

Der Parco Nazionale del Pollino ist der größte Nationalpark Italiens. Die Gebirgskette mit tiefen Schluchten, seltenen Pflanzen und wilden Tieren lässt sich am besten von Civita, Morano Calabro oder der Grotta del Romito aus erwandern. Einen guten Eindruck vom Nationalpark bekommt man auch auf der Bergfahrt von Morano Calabro nach Scalea. Abenteurer machen eine spannende Raftingtour auf dem Lao-Fluss. Stell- und Campingplätze gibt es reichlich, selbst im Winterhalbjahr sind viele geöffnet.

Fantastische Aussicht vom Capo Vaticano

Sybaris war die wichtigste und wohlhabendste Stadt der Magna Graecia

Parco Archeologico di Sibari

Wie die Städte Metaponte und Policoro in der Basilikata gehörte auch Sybaris, wie es damals hieß, zu den Städten der Magna Graecia (s. S. 248). Die Wurzeln der griechischen Achäer-Gründung reichen ins Jahr 720 v. Chr. zurück. Die Siedlung wuchs und wurde ein florierendes Handelszentrum. Bei kriegerischen Auseinandersetzungen mit der ebenfalls griechischen Kolonie Croton überflutete und zerstörte der Feind 510 v. Chr. die Stadt. Die Neugründung im Jahr 444 v. Chr. erhielt den Namen Thuri, römische Kolonie wurde sie als Copia um 90 v. Chr. Als die Landschaft im Mittelalter immer mehr versumpfte, verließen die Einwohner das Gebiet und die Gebäude verfielen. In den 1960er-Jahren stießen Archäologen bei Ausgrabungen in der Nähe der Flussmün-

161 Camping Onda Azzurra, Corigliano

GPS 39.70431, 16.52645

Platz in schöner, ruhiger Lage direkt am Meer, Mini-Markt, Pizzeria am Platz, großes Einkaufszentrum 5 km, viele „Überwinterer". **Lage/Anfahrt:** von der SS106 bei km 21 meerwärts abbiegen, ausgeschildert; **Platzanzahl:** 100; **Untergrund:** Wiese, Sand; **Service:** Strom, Trinkwasser, Abwasser, Chemie-WC, WLAN; **Sicherheit:** umzäunt, beleuchtet, bewacht; **Preiskat.:** €€–€€€€; **Geöffnet:** ganzjährig; **Kontakt:** C. da Foggia SS106 km 21, 87064 Corigliano Rossana, Tel. 0983851157, www.ondaazzurracamping.com

dung des Crati auf großflächige Mosaike, eine gepflasterte Straße, das Nordtor Sybaris sowie Teile der Stadtmauer und eines Amphitheaters. Von dieser spannenden Vergangenheit legen der **Parco Archeologico** (SS106, https://parcosibari.it) und das dazugehörige **Museo Archeologico** (Località Casa Bianca, Cassano all'Ionio, www.parcosibari.it) Zeugnis ab.

Der wunderschöne goldene Strand **Marina di Sibari** liegt im Golf von Taranto am azurblauen Ionischen Meer. Durch sein flach abfallendes Ufer und den feinen Sandboden ist der Strand besonders kinderfreundlich und deshalb bei Familien sehr beliebt. Auch Rentner genießen hier auf dem Campingplatz gerne die milden Winter.

Civita

Civita, auf einem 450 m hohen Bergplateau in den Bergen des Nationalparks Pollino gelegen, ist eine albanische Gründung. 1467 kamen die Albaner unter der Führung Skanderbegs hierher. Bis heute wurden unter den Arbëresh, wie sich diese ethnische Gruppe nennt, die albanische Sprache und der Glaube nach byzantinischem Ritus bewahrt. Das kleine **Museo Etnico Arbersh** (Piazza Municipio 8, http://meamemoria.it) bietet die Möglichkeit, anhand von Trachten und Bildern mehr über die Kultur der Arbëresh zu erfahren.

Obwohl sie zur römisch-katholischen Kirche gehört, erinnert die **Chiesa Madre Santa Maria Assunta** (Vico I Garibaldi 2) aus dem 17. Jh. stark an orthodoxe Kirchen. Anstatt katholischer Heiligenfiguren wurde die Ikonostase aufgestellt und die Messe nach orthodoxem Ritus gehalten.

Die Ponte del Diavolo überspannt die Raganello-Schlucht

INFO SAGE UM DIE PONTE DEL DIAVOLO

Der Sage nach bat ein Landbesitzer den Teufel, eine Brücke über die Schlucht zu bauen. Als Gegenleistung sollte er die Seele des ersten Benutzers erhalten. Der Teufel ging darauf ein und baute in einer stürmischen Nacht das Bauwerk. Als er jedoch auf seinen Lohn wartete, kam nur ein Schaf über die Brücke gelaufen. In seinem Zorn wollte er die Brücke zerstören, scheiterte jedoch an seiner eigenen Baukunst. Gesichert ist, dass 1998, in einer ebenfalls stürmischen Nacht, die Brücke einstürzte. 2005 war es dann nicht der Teufel, sondern Ingenieure, die sie wieder aufbauten.

Über einen Fußweg spaziert man hinab zur 260 m hohen **Ponte del Diavolo,** der Teufelsbrücke. Über die vom Flüsschen Raganello tief eingeschnittene Schlucht **Gole del Raganello** spannt sich die mittelalterliche, waghalsige Bogenkonstruktion.

⓰ Area di sosta Vorea, Frascineto

GPS 39.83839, 16.26269

Platz am Dorfrand in schöner, ruhiger Lage, Bäcker im Ort. Der Besitzer gibt Tipps zur Erkundung der Gegend. **Lage/ Anfahrt:** von der E45 bei Ausfahrt Frascineto abfahren, dann nicht in den Ort abbiegen, sondern auf der Umgehungsstraße bis nach Eianina fahren. Durch den Ort durch und rechts steil hinauf Richtung campo sportivo; **Platzanzahl:** 20; **Untergrund:** Wiese; **Service:** Strom, Trinkwasser, Abwasser, Chemie-WC, Sanitäranlage; **Sicherheit:** umzäunt; **Preiskat.:** €€; **Geöffnet:** ganzjährig (im Winter vorher anrufen); **Kontakt:** Via 1. Maggio 11, 87010 Frascineto, Tel. 3474602577

Morano Calabro

Morano Calabro gehört zu den *borghi più belli d'Italia,* eine Auszeichnung, die die schönsten Städte Italiens bekommen. Das Städtchen schmiegt sich malerisch an einen kegelförmigen Berg im Pollino-Gebirge. Dicht an dicht stehen die Häuser und kaum ein Sonnenstrahl dringt in die Häuserschluchten. Vorbei an Palazzi, über steile Treppenwege und enge, gewundene Gässchen sucht man sich seinen Weg hinauf bis zur Spitze mit dem **Castello Normanno-Svevo.** Von der ins 14. Jh. datierten und im 18. Jh. umgebauten Burg sind heute nur noch Ruinen erhalten. Eine kleine Ausstellung und natürlich die fantastische Aussicht auf das Pollino-Gebirge sind Grund genug, den steilen Aufstieg zu machen.

Das Kloster mit der spätgotischen **Chiesa San Bernardino** (Viale Gaetano Scorza) wurde 1452 im Auftrag von Prinz Sanseverino von

Bizarre Felsenkulisse im Pollino-Gebirge

Verschachteltes Morano Calabro

Bisignano errichtet. An den Innenwänden des vierbogigen Portikus finden sich stark beschädigte, allerdings immer noch sehenswerte Freskenreste aus dem Jahr 1499.
An ihrer mit grün-gelber Majolika-Keramik gedeckten Kuppel gut erkennbar ist die barocke **Chiesa Santa Maria Maddalena** (Viale Gaetano Scorza) von 1737.

IAT, Piazza Giovanni XXIII, www.comunemoranocalabro.it/Turismo. Führungen durch die Altstadt werden auch auf Deutsch angeboten (Anmeldung unter 3896417021 bei Mariella).

Die Küche des **L'Antico Borgo** serviert innovative Fischgerichte vom Feinsten. Das schöne Ambiente und der freundliche Service machen den Besuch zu einem bleibenden Erlebnis (Via Domenico Cappelli 53, www.ristoranteanticoborgo.com).

163 Area sosta Camper, Morano Calabro

GPS 39.84080, 16.13741

Platz am Ortsrand bei der Schule, ideal für den Besuch der Altstadt, Bar und Restaurant in der Nähe. **Lage/Anfahrt:** gleich am Anfang der Altstadt links hoch, hinter der Kirche wieder links, auf dem großen Parkplatz nach rechts hinauf zum Platz; **Platzanzahl:** 5; **Untergrund:** Pflaster; **Service:** Trinkwasser, Abwasser, Chemie-WC; **Sicherheit:** beleuchtet; **Preiskat.:** kostenlos; **Geöffnet:** ganzjährig; **Kontakt:** SP139, 87016 Morano Calabro

Bergfahrt von Morano Calabro nach Scalea

Eine Fahrstrecke mit herrlichem Panorama ist die SP241 zwischen Morano Calabro und Mormanno. Die Spitzkehren sind, mit Ausnahme von sehr großen Wohnmobilen, gut zu befahren. Unterwegs lädt der Lago del Pantano (GPS 39.87328, 16.00030) zu einem Picknick am See ein. Zur Weiterfahrt ans Tyrrhenische Meer ist eine zehnprozentige Steigung und das anschließende Gefälle um Mormanno herum zu bewältigen, bevor die SS504 durch das gebirgige Tal des Fiume Lao bis Scalea führt. Man kommt wegen der schmalen, kurvigen Strecke nur sehr langsam voran, die Aussicht auf Berge und tiefe Taleinschnitte ist jedoch spektakulär.

164 Agriturismo Donna Bianca, Mormanno

GPS 39.90147, 15.98428

Plätze mit Fernsicht zwischen Weinbergen und Olivenhainen, kleines Restaurant mit regionalem Menü. **Lage/Anfahrt:** 3 km nach der Einfahrt in die SS504, ausgeschildert; **Platzanzahl:** 12; **Untergrund:** Wiese; **Service:** Strom, Trinkwasser, Abwasser, Chemie-WC, Sanitäranlage; **Preiskat.:** €€€; **Geöffnet:** ganzjährig; **Kontakt:** Contrada Bianca Donna, 87026 Mormanno, Tel. 098181976, www.agriturismodonnabianca.it

Großartiges Panorama auf der Fahrt durch das Pollino-Gebirge

> **165 Agriturismo La Fontanella Cosenza, Papasidoro**
>
> GPS 39.90395, 15.93583
>
> Einfacher Platz in der Natur mit herrlicher Aussicht, Essen aus regionalen Zutaten im Bauernhaus erhältlich, 1 km zur Grotta del Romito, Rafting, Abenteuerpark, ideal, um zu entspannen oder aktiv die herrliche Natur zu genießen. **Lage/Anfahrt:** von der SP3 bei GPS 39.89135, 15.92939 auf schmale, kurvenreiche, mit Vorsicht zu befahrende Zufahrt abbiegen; **Platzanzahl:** 6; **Untergrund:** Wiese; **Service:** Strom, Trinkwasser, Abwasser, Sanitäranlage; **Preiskat.:** €€; **Geöffnet:** ganzjährig; **Kontakt:** Via Grotta del Romito 9, 87020 Papasidoro, www.pollinodavivere.it

Gar nicht einfach, sich im Gassengewirr von Scalea zurecht zu finden

Für einen lohnenden Abstecher biegt man bei der Bivio Avena Richtung **Grotta del Romito** (Via Grotta del Romito, www.grottaromito.com) ab. Ab dort sind es noch knapp 4 km auf schmaler, sehr kurvenreicher Straße zur interessanten Höhle. 1961 entdeckten Einheimische zwei in den Stein geritzte Wandmalereien, die Auerochsen darstellen. Diese und weitere Zeichnungen stammen aus der Altsteinzeit und sind die ältesten Zeugnisse menschlicher Kultur aus dieser Zeit in Italien. Die Tropfsteinhöhle ist im Rahmen einer Führung zu besichtigen.

Die junge Mannschaft am Stellplatz Agriturismo la Fontanella Cosenza (s. o.) nimmt Gäste gerne mit auf eine faszinierende **Raftingtour** auf dem Lao.

Scalea

Zwischen dem Vorgebirge des Pollino und dem türkisblauen Tyrrhenischen Meer liegt Scalea. Wer die terrassenförmige Lage des *centro storico* sieht, versteht, dass der Name vom Wort *scala* („Treppe") abgeleitet ist. Ein Spaziergang verspricht eine Zeitreise ins tiefe Mittelalter. Von der Piazza de Palma Maggiore führt eine Treppe steil empor, mitten hinein ins kühle, dunkle Labyrinth der Altstadt. Eng zusammengedrängt stehen die hohen Häuser und Palazzi an den schmalen, mit Grünpflanzen geschmückten Gassen. Immer wieder hängt Wäsche zum Trocknen an den Häusern, zieht der Essensduft aus geöffneten Fenstern, streifen Katzen umher und Musikfetzen lassen erahnen, dass hier Menschen leben. Irgendwann tauchen unterwegs der **Torre Cima-**

Die Küste zwischen Cirella und Scalea

INFO ZITRONATZITRONEN

Die Köstlichkeit Zitronatzitrone, kurz *cedro,* hat eine gelb-grüne bis goldgelbe, knorrige Schale und einen unvergleichlich intensiven, herben Duft. Aus der dicken Schale der bis zu 2 kg schweren Frucht stammt das Zitronat (Sukkade), das in jeden Weihnachtsstollen gehört. Außerdem findet man die Cedro in der Likör-, Granita-, Marmeladen-, Medikamenten- und Kosmetikherstellung. Um 300 v. Chr. soll durch Alexander den Großen die Frucht über Jerusalem nach Europa gebracht worden sein. Auf Hebräisch *etrog,* hat die *cedro* im Judentum rituelle Bedeutung beim Sukkot (Laubhüttenfest). In Kalabrien heißt ein über 70 km langer Küstenstreifen von Tortora bis Paola **Riviera dei Cedri.** In Santa Maria del Cedro ist das **Museo del Cedro** (Loc. Impresa, 87020 Santa Maria del Cedro, www.museodelcedro.com) mit angeschlossenem Verkauf von Cedro-Produkten in einem Palast aus dem 16. Jh. untergebracht.

longa – ein Teil der ehemaligen Befestigungsmauer aus dem 16. Jh. – die **Chiesa di Santa Maria d'Episcopio** (Vico Municipale III, www.explorescalea.it/chiesa-di-santa-maria-depiscopio) mit dem Bild „Die Beschneidung Jesu" von Paolo de Mattheis (18. Jh.) und schließlich ganz oben die überwucherten Ruinen des **Normannenkastells** (Via Castello, www.explorescalea.it/ruderi-castello-normanno) aus dem 11. Jh., auf. Auch auf dem Rückweg immer bergab, mal links, mal rechts, findet man seinen Weg bis zum Corso Mediterraneo. Dort fällt sofort der massige **Talao-Turm** ins Auge. Er bewachte und schützte ab dem 17. Jh. von diesem Felsen aus die Küste.

Im Juli und August tummeln sich am langen **Sandstrand** in den Strandclubs und bei Wassersportaktivitäten viele italienische Touristen. In der Vor- und Nachsaison geht es dort wesentlich entspannter und ruhiger zu.

Pro Loco, Piazza Maggiore de Palme 7, www.prolocoscalea.it

Wer einfach nur auf eine leckere und günstige Pizza ohne viel Aufhebens Wert legt, geht zur **Pizzeria Mediterranea.** Die Pizza ist von sehr guter Qualität, frisch und knusprig, das Personal sehr freundlich, das Ambiente sehr einfach (Corso Mediterraneo 379–381).

166 Area Sosta Lido Zio Tom, Scalea

GPS 39.79539, 15.7923

Einfacher Platz direkt am Strand, ruhige Lage, in der Saison kleine Bar, ins Zentrum mit Restaurant und Supermarkt 2 km, Plätze mit Meerblick gegen Aufpreis. **Lage/Anfahrt:** an der SS18 ausgeschildert; **Platzanzahl:** 50; **Untergrund:** Schotter; **Service:** Strom, Trinkwasser, Abwasser, Chemie-WC, WLAN, Sanitäranlage; **Sicherheit:** umzäunt; **Preiskat.:** €–€€€€€; **Geöffnet:** ganzjährig; **Kontakt:** Corso Mediterraneo 97, 87029 Scalea, Tel. 3334088719

Diamante/Cirella

Diamante ist berühmt für seine **murales,** Wandmalereien, die direkt auf die Häuserwände gemalt werden. Ein Spaziergang durch die Altstadt gleicht dem Aufschlagen eines Bilderbuchs mit immer wieder neuen Entde-

167 Martina Area Camper, Scalea

GPS 39.79985, 15.79152

Gepflegter Platz direkt am Strand, Zentrum 1 km. **Lage/Anfahrt:** an der Küstenstraße Corso Mediterraneo ausgeschildert; **Platzanzahl:** 80; **Untergrund:** Schotterterrasen; **Service:** Strom, Trinkwasser, Abwasser, Chemie-WC, Sanitäranlage; **Sicherheit:** umzäunt; **Preiskat.:** €€–€€€; **Geöffnet:** Juni–Sept.; **Kontakt:** Corso Mediterraneo 539, 87029 Scalea, Tel. 3897656529, www.martinascalea.com

Die Flaniermeile Lungomare in Diamante

Der Aufstieg nach Cirella Vecchio lohnt sich

ckungen. Anfang der 1980er-Jahre rief Nani Razetti das Kunstprojekt „Operation Murales" ins Leben und 80 Künstler beteiligten sich an dieser „Street-Art". Inzwischen haben über 200 Werke die Stadt verändert. Die Werke verschiedener Stilrichtungen von klassisch bis Pop-Art wurden 2021 zum vierzigjährigen Bestehen mit vier neuen, großflächigen Kunstwerken ergänzt. Dass Sonne, Wind und Regen die Werke im Laufe der Jahre verwittern lassen, gehört zur Idee der Aktion.

Doch nicht nur für die *murales,* sondern auch für seine Chilischoten ist das ehemalige Fischerdorf bekannt. Beim alljährlich im September stattfindenden **Peperoncino-Festival** (www.peperoncinofestival.org) feiert Diamante fünf Tage lang das „scharfe Früchtchen".

Die barocke Chiesa dell'Immacolata Concezione (Via Giosue Carducci 1) von 1645 birgt die im Ort sehr verehrte Altarfigur der Madonna dell 'Immacolata.

Das beliebte Feriendorf **Cirella** ist Teil der Gemeinde Diamante. Die „Neustadt" mit Restaurants, Bars und Einkaufsmöglichkeiten liegt pittoresk auf einem Felsvorsprung zwischen zwei weiten Sandstränden.

TOUR WANDERUNG IN EINE GEISTERSTADT

Cirella Vecchio, eine verlassene Ruinenstadt, thront wie ein Geisterdorf hoch auf einem Bergkegel über dem Meer. Durch Erdbeben und 1806 durch die französische Flotte unter Napoleon schwer beschädigt, sind heute noch imposante Mauern und die Kirche San Nicola mit Glockenturm zu finden. Die atemberaubende Aussicht auf das Gebirge, die Küste, die Insel Cirella und das mystische Flair der Ruinen lohnen die kurze Wanderung vom Parkplatz (GPS 39.71530, 15.81740).

Im **A Casa Mia** wird typisch kalabrische Küche ohne Schnickschnack serviert. Empfehlenswert ist die vielfältig bestückte Vorspeisenplatte (Corso G. Garibaldi 36).

169 Area Sosta Lido Alexander, Cirella

GPS 39.72147, 15.81065

Einfacher, beliebter Platz, direkter Strandzugang, Händler kommen auf den Platz, Cirella 600 m. **Lage/Anfahrt:** an der SS18 ausgeschildert; **Platzanzahl:** 30; **Untergrund:** Schotterrasen; **Service:** Strom, Trinkwasser, Abwasser, Chemie-WC, WLAN, Sanitäranlage; **Sicherheit:** umzäunt, beleuchtet, bewacht; **Preiskat.:** €€–€€€; **Geöffnet:** ganzjährig; **Kontakt:** SS18, Tirrena Inferiore 65, 87023 Cirella, Tel. 3407325250, www.lidoalexander.it

168 Area Sosta Lido Tropical, Diamante

GPS 39.69214, 15.81560

Platz direkt am Meer, Restaurant, Händler kommen auf den Platz, Zug und Straße in Hörweite, Stadt fußläufig. **Lage/Anfahrt:** an der Zufahrtsstraße Viale Glauco ausgeschildert; **Platzanzahl:** 100; **Untergrund:** Schotterrasen; **Service:** Strom, Trinkwasser, Abwasser, Chemie-WC, WLAN, Sanitäranlage; **Sicherheit:** umzäunt, beleuchtet; **Preiskat.:** €€–€€€; **Geöffnet:** ganzjährig; **Kontakt:** Viale Glauco 9, 87023 Diamante, Tel. 0985877268, www.lidotropical.it

Tropea

Tagsüber die Sonne und das azurblaue Meer genießen und abends durch die historische Altstadt streifen – so kann ein gelungener Urlaubstag in Tropea aussehen. Als Krönung bestellt man sich eine Pizza Cipolla mit den typischen milden, roten Zwiebeln **Cipolla Rossa di Tropea.** Die Einwohner sind stolz auf ihre leicht süßliche Zwiebel und verarbeiten sie sogar zu Marmelade. Aus dem benachbarten Pizzo stammt die Eisspezialität **Tartufo,** eine mit Schokoladensauce gefüllte und mit Schokolade überzogene Vanilleeiskugel.

Die bis an die Steilklippen reichende Bebauung, die historischen Gebäude aus dem 17. und 18. Jh., die schmale Gasse Via Boiano, der Largo Galluppi mit seinen Barockbauten und die Flaniermeile Corso Vittorio Emanuel-

Die Stadt Tropea klebt förmlich oberhalb einer Klippe

TIPP AUSFLUG AUF DIE VULKANINSEL STROMBOLI

Zur Insel mit den schwarzen Stränden und dem aktiven Vulkan Stromboli legen Ausflugsschiffe im Hafen von Tropea ab. Nach ein paar Stunden auf Stromboli nimmt das Schiff Kurs in Richtung der Sciara del Fuoco („Feuerwand"). Von einer günstigen Position im Meer kann man vom Schiff aus die qualmenden Vulkanschlote besonders gut beobachten (www.csttropea.it).

TIPP TAUCHEN UND SCHNORCHELN

Die Unterwasserwelt im besonders klaren Wasser ist bei Schnorchlern und Tauchern sehr beliebt. Verschiedene Veranstalter bieten in Tropea Ausflüge zu den schönsten Destinationen an. Ein Anbieter ist **Tropea Diving** (Viale R. Vallone, www.tropeadiving.it). Schnorcheltouren führt **Sea Life** (www.tropeasealife.it) durch.

le muss man gesehen haben. Zu den weiteren Sehenswürdigkeiten der Stadt zählt die im 12. Jahrhundert unter den Normannen erbaute **Kathedrale Maria SS. Di Romania** (Largo Duomo, https://tropea-tourism.com/la-chiesa-concattedrale-di-maria-santissima-di-romania). Ein Bogengang verbindet die Kirche mit dem benachbarten Bischofspalast.

Die **Wallfahrtskirche Santa Maria dell'Isola** (Via Lungomare) thront auf einem 40 m hohen Felsen direkt über dem Strand. Das Panorama von dort und der gepflegte Garten mit Kakteen und anderen mediterranen Pflanzen machen den schweißtreibenden Aufstieg über die vielen Treppenstufen wett.

Zur Geschichte der Stadt erzählt die Legende, dass ihre Gründung auf den antiken Helden Herkules zurückgeht. Er habe sich hier in der stimmungsvollen Landschaft von seinen anstrengenden Abenteuern erholt. Deshalb wurde sie einst „Herkuleshafen" genannt.

Pro Loco, Piazza Ercole, www.prolocotropea.eu

Für ein außerordentlich leckeres Tartufo sollte man das **Caffe del Corso** besuchen. Der zarte, sahnige Schmelz und die feinherbe Schokolade – einfach köstlich (Corso V. Emanuele 14).

Capo Vaticano

Die Gegend um das Capo Vaticano ist sicherlich der schönste Küstenabschnitt in Kalabrien. 120 m ragen die Felsen des Kaps über das kristallklare Tyrrhenische Meer empor und bieten ein wunderschönes Panorama bis zu den Äolischen Inseln Lipari und Stromboli. Einen Zusammenhang mit dem kirchlichen Vatikan gibt es übrigens nicht. Der Name leitet sich von *capo dei vaticinii* („Kap der Prophezeiungen") ab. In der Antike lebte hier in einer Höhle ein Orakel. Seefahrer besuchten es, bevor sie in See stachen, um sich die hier oft schwierigen Wetterbedingungen vorhersagen zu lassen. Oben auf dem Felsen, ganz

170 Camping Marina del Convento, Tropea

GPS 38.67800, 15.89341

Einfacher, sauberer Platz mit Strandzugang unterhalb der Stadt, Bar, Restaurant, Mini-Markt. **Lage/Anfahrt:** am Ortsrand ausgeschildert; **Platzanzahl:** 100; **Untergrund:** Schotterrasen; **Service:** Strom, Trinkwasser, Abwasser, Chemie-WC, WLAN; **Sicherheit:** umzäunt; **Preiskat.:** €€€; **Geöffnet:** Juni–Okt.; **Kontakt:** Lungomare Sorrentino, 89861 Tropea, Tel. 096362501, www.marinadelconvento.it

Das sagenumwobene Capo Vaticano

in der Nähe des **Leuchtturms** von 1870, gewährt eine **Aussichtsterrasse** eine weite Sicht über die gesamte Küstenlinie bis zur Straße von Messina. Daneben ist die üppige Landschaft mit Kakteen, Strelitzien und vielen anderen südländischen Pflanzen eine Augenweide. Unterhalb des Felsenkaps erstrecken sich lange Strände mit Campingplätzen und guter Infrastruktur.

LITERATURTIPP

Ausführlichere Informationen zur Region findet man im umfassenden Reiseführer „Kalabrien, Basilikata" im Reise Know-How Verlag.

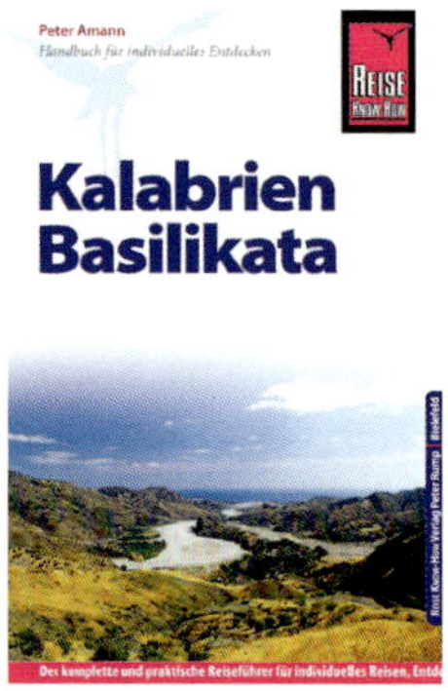

171 Camping la Scogliera, Capo Vaticano

GPS 38.62688, 15.82947

Platz in sehr schöner, ruhiger Lage direkt am Meer, Panorama bis zum Stromboli, Restaurant, Minimarkt, Juli und August Hundeverbot. **Lage/Anfahrt:** von der SP22 aus Richtung Tropea nach Tonicello abbiegen, dann ausgeschildert; **Platzanzahl:** 60; **Untergrund:** Schotterrasen; **Service:** Strom, Trinkwasser, Abwasser, Chemie-WC, WLAN; **Preiskat.:** €€–€€€; **Geöffnet:** ganzjährig; **Kontakt:** Contrada Punta Tono, 89866 Capo Vaticano, Tel. 0963663002, www.villaggiocamping lascogliera.com

Gaby Gölz

Sizilien: Ätnarundfahrt

Einmal auf den höchsten aktiven Vulkan Europas fahren! Einmal direkt an einem Kraterrand stehen! Die Rauchfahnen oder den Funkenflug aus einem der Schlote sehen! Mit dem Wohnmobil auf Straßen durch die bizarr geformte erkaltete Lava kurven! Am Fuß des Vulkans mit Blick auf den rauchenden Riesen übernachten, über die erkaltete Lava wandern, mit der Seilbahn die wunderbare Aussicht auf die Küste genießen oder mit einem Allradfahrzeug über die Lavabrocken hinauf zum Hauptkrater schaukeln! All diese Wünsche lassen sich am Ätna auf Sizilien erfüllen. So wird der Italienurlaub zu einem unvergesslichen Erlebnis. Doch nicht nur der Vulkan lohnt die Reise, es liegen auch reizvolle Städtchen an der sizilianischen Ostküste. Das malerische Taormina ist wegen seiner Lage hoch über der Küste und seinem antiken Teatro Greco eines der beliebtesten Ziele auf der Insel. Auf dem Streifzug durch die Gassen bieten sich viele interessante Fotomotive. Acireale, Randazzo und Catania liegen umgeben von Oliven- und Mandelhainen am Fuß des Vulkans und haben einige historische Kirchen und Gebäude zu bieten. Gute Weine werden am Ätna auf den mineralreichen Böden zwischen 450 m und 1100 m Höhe schon seit alters her angebaut.

Taormina ist schon lange ein beliebtes Urlaubsziel

TOUREN-ÜBERBLICK

Routenempfehlung: Taormina – Randazzo – Rifugio Sapienza – Zafferana Etnea – Bergstraße Mareneve – Acireale – Catania

Länge gesamt: 220 km

Dauer: ca. 6 Tage

Reisezeit: Besonders schön ist es im Frühling, wenn die Natur schon weiter ist als in Deutschland, aber auch Herbst und Winter haben wegen des wärmeren Klimas ihren Reiz. Im Winter sind sogar die Pisten präpariert und Skifahren ist möglich. Juli und August sind eher ungeeignet, da es doch sehr warm werden kann und auch der Besucherandrang sehr groß ist.

Taormina

Auf dem 200 m hohen Felssporn **Monte Tauro** liegt Taormina, das meistbesuchte Städtchen Siziliens. Es hat mit seiner Lage an der Bergflanke über der Bucht von Giardini Naxos und dem Ätna im Hintergrund ein ganz besonderes Flair. 1787 war Johann Wolfgang von Goethe auf seiner Italienreise einer der ersten Touristen, im 19. Jh. war Taormina bei europäischen Adligen als Winterdomizil beliebt und im 20. Jh. kamen internationale Filmstars wie Liz Taylor und Cary Grant hierher.

Taormina, um 1300 v. Chr. von den Sikulern gegründet, stand ab 358 v. Chr. unter griechischer und ab dem 3. Jh. v. Chr. unter römischer Herrschaft. Die Hauptattraktion von Taormina ist das **Teatro Greco** (Via Teatro Greco)

aus dem 2. Jh. v. Chr. Das mit einer Länge von 120 m zweitgrößte antike Theater Siziliens hat Platz für 5400 Zuschauer. Das Panorama mit dem Ätna im Hintergrund verleiht dem Theater eine traumhafte Kulisse. In den Sommermonaten finden hier alljährlich Veranstaltungen statt.

Es flaniert sich gut auf dem Corso Umberto zwischen **Porta Catania** und **Porta Messina,** vorbei an modischen Boutiquen, Bars und Restaurants. Die **Piazza IX Aprile** mit dem Torre dell'Orologio (12. Jh.) bietet von ihrer großen Terrasse eine traumhafte Aussicht auf die Küste und den Ätna. An der **Piazza del Duomo** steht das Wahrzeichen der Stadt: die Figur **Centauressa** auf dem 1635 errichteten Barockbrunnen. Die Centauressa hat den Oberkörper einer Frau und den Unterkörper eines Stiers. Der Stier ist das Symbol für den Monte Tauro, der Frauenkörper symbolisiert die antike Stadt. Der **Dom San Nicolo** (15. Jh.) bekam 1638 ein Hauptportal und eine Rosette im Renaissancestil.

Ein gotisches Meisterwerk mit arabischen und normannischen Elementen ist der **Palazzo Duchi di Santo Stefano** (Vico Spuches, www.taormina.it/taormina-palazzo-duchi), heute Ausstellungsraum für die Werke von G. Mazzullo. Auffallend ist der Schmuck aus Lava- und weißen Syrakussteinen entlang der Dachkante.

AAST, Piazza S. Catarina, Palazzo Corvaja, www.taormina.it, www.comune.taormina.me.it

Die Piazza IX Aprile ist ein beliebter Treffpunkt

172 Area Sosta Camper Sant'Antonio, Taormina

GPS 37.86132, 15.29403

Einziger Platz in Taormina, laute Lage unter der Autobahn, Shuttleservice in die Stadt, Besitzer sprechen deutsch. **Lage/ Anfahrt:** an der Svincolo Taormina Nord, ausgeschildert, steile Zufahrt; **Platzanzahl:** 10; **Untergrund:** Asphalt; **Service:** Strom, Trinkwasser, Abwasser, Chemie-WC, WLAN, Sanitäranlage; **Sicherheit:** beleuchtet; **Preiskat:** €€€; **Geöffnet:** Mitte März–Nov.; **Kontakt:** Contrada Sant'Antonio, 98039 Taormina, Tel. 3398048315

173 Parking Lagani, Giardini Naxos

GPS 37.82170, 15.26680

Gepflegter Stellplatz in ruhiger Lage, Plätze unterschiedlicher Größe, Strand 200 m, Bus nach Taormina. **Lage/Anfahrt:** von der SS114 in Recanati ausgeschildert; **Platzanzahl:** 30; **Untergrund:** Schotter; **Service:** Strom, Trinkwasser, Abwasser, Chemie-WC, Sanitäranlage; **Sicherheit:** umzäunt, beleuchtet; **Preiskat:** €€–€€€; **Geöffnet:** ganzjährig; **Kontakt:** Via Stracina 22, 98030 Giardini-Naxos, Tel. 094254120, www.parkinglagani.it

Randazzo

Randazzo liegt am Nordhang des Vulkans und hat viele seiner mittelalterlichen Bauwerke dem Stauferkönig Friedrich II. zu verdanken, der zusammen mit seiner Frau aus Furcht vor der Pest Palermo verlassen und sich hier niedergelassen hatte. In seiner Zeit wurden eine Stadtmauer und zahlreiche herrschaftliche Gebäude, meist aus Lavastein, errichtet. Von Zerstörungen durch Vulkanausbrüche wurde das Zentrum verschont. Nicht so viel Glück hatte Randazzo im Zweiten Weltkrieg, wo es massive Beschädigungen erleiden musste.

Flaniert man ziellos durch den Ort, findet man immer wieder neue malerische, blumengeschmückte Ecken, kleine Gässchen, prächtige Adelspaläste, mittelalterliche Bogengänge und sehenswerte Kirchen. Besonders reizvoll ist der Kontrast zwischen schwarzem Lavagestein und weißem Marmor bei der **Basilica di Santa Maria Assunta** (Piazza della Basilica 5, www.basilicasantamaria.it) aus dem 13. Jh. Aus dieser Zeit stammen auch die mächtigen Apsiden, die Portale und die Fenster im gotisch-katalanischen Stil.

In der **Chiesa di San Nicolò** (Piazza S. Nicolò 23) aus dem 14. Jh. finden sich Skulpturen von Antonello und Giacomo Gagini und ein Triptychon aus dem 15. Jh.

Auffallend bei der **Chiesa di San Martino** (Piazza S. Martino) aus dem 14. Jahrhundert ist der Campanile im normannischen Stil mit Zwillings- und Drillingsfenstern sowie Zinnen. Der **Palazzo Finocchiaro** gegenüber aus dem 16. Jahrhundert zeigt in seinem Baustil gut den Übergang von der Gotik zur Renaissance.

INFO DER ÄTNA

Umgangssprachlich wird der Ätna „Mongibello" genannt – eine Kombination aus dem lateinischen *(mons)* und dem arabischen *(djebel)* Wort für Berg, also „Bergberg". Er hat vier Gipfelkrater und ist ca. 3350 m hoch. Die Höhe ist nicht konstant, sondern hängt von vorangegangenen Eruptionen ab.

Zu den einschneidendsten Ausbrüchen zählen der von 1669, der mehr als zwei Drittel der Stadt Catania zerstörte, die Eruption von 1928, die das gesamte Dorf Mascali begrub und die von 1969, als einer der Gipfelkrater, der *bocca nuova* („neuer Mund"), entstanden ist. Doch auch in jüngster Zeit kommt der Vulkan nicht zur Ruhe: 1992 kam der Lavastrom erst kurz vor Zafferana Etnea zum Stehen, 2002/2003 entstanden neue Vulkankegel unterhalb des Gipfels und 2011 war der Ascheflug so stark, dass der Flughafen von Catania vorübergehend gesperrt werden musste.

Der Ausstoß von Lava erfolgt meist aus den Flanken des Bergkegels. Durch die dünnflüssige Lava entstehen Grotten, die für europäische Vulkane einmalig sind, und Gänge, die mehrere Hundert Meter Länge erreichen können, so die Grotta del Labirinto und die Grotta del Gelo.

So zerstörerisch und – wegen des hohen Kohlendioxidausstoßes – umweltschädlich ein Ausbruch auch ist, entsteht durch die rasche Zersetzung der Lava doch fruchtbares Land für den Orangen-, Wein- und Zitronenanbau. Seit 2013 gehört der Ätna zum UNESCO-Welterbe.

Ein atemberaubendes Panorama: der schneebedeckte, rauchende Ätna

174 Agriturismo Etna Wine, Passopisciaro

GPS 37.87439, 15.02519

Stellplätze auf einem Weingut, schöner Blick auf den Ätna, Pool, Restaurant, Weinverkauf. **Lage/Anfahrt:** in Passopisciaro 700 m auf der SS120 Richtung Randazzo, dann links abbiegen, ausgeschildert; **Platzanzahl:** 10; **Untergrund:** Schotterrasen; **Service:** Strom, Trinkwasser, Abwasser, Chemie-WC, Sanitäranlage; **Sicherheit:** umzäunt, beleuchtet; **Preiskat.:** €€; **Geöffnet:** ganzjährig; **Kontakt:** SS120 km 191, 95012 Passopisciaro, Tel. 095931548, www.etnawine agriturismo.com

Rifugio Sapienza

Rifugio Sapienza, 1930 erbaut als eine Schutzhütte des italienischen Alpenvereins, liegt an der Südflanke des Ätna. Inzwischen wurde hier kräftig erweitert und so entstanden ein Hotel mit Restaurant, Souvenirläden, ein großer Parkplatz und die Talstation der Bergbahn *Funivia dell'Etna*. Umgeben ist Sapienza von der unwirtlichen und doch so reizvollen Natur der Lavaströme. Die letzten Eruptionen von 2001 und 2002 zerstörten große Teile der Infrastruktur einschließlich der Seilbahnstation. Über die SP92 kurvt man mit dem Wohnmobil durch bizarr geformte Lavafelder auf 1935 m Höhe zum Rifugio Sapienza. Unterwegs bietet sich immer wieder die Gelegenheit anzuhalten, um die Lavafelder oder ein teilweise von der erstarrten Lava eingeschlossenes Haus genauer zu betrachten. Oben angekommen nimmt man die Kabinenbahn und schwebt bequem hinauf zur **Bergstation Rifugio Piccolo** in 2500 m Höhe. Dort warten speziell ausgerüstete Allradbusse auf die Abenteurer und bringen sie, begleitet von **Bergführern** (www.funiviaetna.com), je nach Wetterlage nur in die Nähe oder direkt bis zum Hauptkrater. Wenn bei starkem Wind die Seilbahn nicht verkehrt, kann man direkt vom Parkplatz „Rifugio Sapienza“ in wenigen Minuten zum Nebenkrater Silvestri (entstanden 1893) oder zum Krater von 2001 spazieren. Über schwarze Vulkanasche, vorbei an rotbraunen, erstarrten Lavabrocken, geht es steil hinauf zum Kraterrand. Das Panorama von oben ist bei klarem Wetter traumhaft.

Vulkanfeeling gibt es auf der einfachen Wanderung zum Nebenkrater Silvestri

INFO WANDERN IM VULKANGEBIET

Das Ätnagebiet darf ohne Bergführer nur bis zu einem Bereich von ungefähr 2500 m Höhe betreten werden, über die genaue Lage sollte man sich immer aktuell informieren, z. B. auf www.volcanoetna.com. Sicherer ist es auf jeden Fall, sich mit einem offiziellen Führer auf Tour zu begeben. Es gibt allerdings auch Regionen, die grundsätzlich für Wanderer gesperrt sind. Bei einer geplanten Wanderung ist unbedingt auf die passende, auch wärmende Kleidung zu achten. Das Wetter kann am Berg sehr schnell wechseln, Nebel, Wind, Regen, Hagel und von Oktober bis April auch Schnee können schlagartig die Wanderbedingungen ändern. Auch an scheinbar ruhigen Stellen kann es plötzlich zu Explosionen mit giftigen Gasen und Steinschlag kommen. Nicht zu vergessen: Auf den riesigen Lavafeldern ist die Orientierung manchmal schwierig. Ebenfalls ist das Risiko einer Höhenkrankheit gegeben. Wer Herz- oder Lungenprobleme hat, sollte besser nur bis Piano Sapienza oder Provenzana fahren.

175 Camping Mons Gibel, Belpasso

GPS 37.60825, 14.99734

Sehr schön angelegter Platz, Lage gut und ruhig, Pool, Grill. **Lage/Anfahrt:** an der SP4/II Richtung Belpasso ausgeschildert; **Platzanzahl:** 100; **Untergrund:** Schotterrasen; **Service:** Strom, Trinkwasser, Abwasser, Chemie-WC, WLAN; **Sicherheit:** umzäunt, beleuchtet; **Preiskat.:** €€–€€€; **Geöffnet:** ganzjährig; **Kontakt:** Via Nicolosi, SP4/II, 95032 Belpasso, Tel. 3898850103, https://monsgibelcampingpark.it

176 Stellplatz Rifugio Sapienza

GPS 37.69903, 15.00229

Offizielle Plätze auf dem riesigen Parkplatz beim Rifugio, 9–20 Uhr gebührenpflichtig. **Lage/Anfahrt:** den Hinweisschildern zum Rifugio Sapienza folgen; **Platzanzahl:** 30; **Untergrund:** Asphalt; **Service:** keiner; **Sicherheit:** beleuchtet; **Preiskat.:** €€; **Geöffnet:** ganzjährig; **Kontakt:** SP92, Piazzale Rifugio Sapienza

Zafferana Etnea

Zafferana ist ein angenehmes kleines Städtchen mit annähernd 8000 Einwohnern am Fuße des Ätna. Die charmante Geschäftsstraße mit dem schwarz-weißen Gehwegbelag, die blitzsaubere **Piazza Umberto I,** der Park mit Belvedere und die gepflegten Geschäfte lohnen einen Besuch. Hier kann man seine Vorräte auffüllen, bevor man über die Straße Mareneve wieder hinauf auf den Vulkan zum Piano Provenzana fährt. Bei Ausbrüchen des Ätna in den Jahren 1991 und 2006 hatte die Stadt Glück und die Lava stoppte kurz vor den Häusern.

i **Pro Loco,** Via Giuseppe Garibaldi

177 Area Sosta Camper Spuligni, Zafferana Etnea

GPS 37.69895, 15.11457

Plätze in ruhiger Ortsrandlage mit schöner Aussicht zum Ätna. **Lage/Anfahrt:** Zafferana in Richtung A18 verlassen, bei den letzten Häusern links, schmale Gasse bis zum Ende fahren; **Platzanzahl:** 80; **Untergrund:** Schotterrasen; **Service:** Strom, Trinkwasser, Abwasser, Chemie-WC, Sanitäranlage; **Sicherheit:** umzäunt, beleuchtet; **Preiskat.:** €€; **Geöffnet:** ganzjährig; **Kontakt:** Via Strada 14/Contrada Spuligni, 95019 Zafferana Etnea, Tel. 3288762525

Bergstraße Mareneve

Die Straße mit dem bezeichnenden Namen Mareneve (frei übersetzt: vom Meer in den Schnee) bringt Touristen hinauf zum Piano Provenzana. Sie steigt in zahlreichen Kehren an der Nordflanke empor und überquert dabei die riesigen Lavaströme von 1928 und 1981. Unterwegs kann man einen kurzen Abstecher zum **Rifugio Citelli** (1750 m) mit einer bewirtschafteten Berghütte in toller Panoramalage machen.

Piano Provenzana (https://pianoprovenzana.com) ist Ausgangspunkt für Gipfelbesteigungen und Touren mit Allradbussen bis auf ca. 2900 m Höhe. Die Station Provenzana mit ihren gesamten Anlagen fiel in der Nacht vom 26. auf den 27. Oktober 2002 nach einer Eruption einem Lavastrom zum Opfer. Die touristischen Infrastrukturen wurden damals komplett zerstört, sind inzwischen aber wieder vollständig wiederaufgebaut.

TOUR MIT ERFAHRENEN BERGFÜHRERN AUF DEM ÄTNA UNTERWEGS

Die Bergführer der **Gruppo Guide Etna Nord** bieten Touren unterschiedlicher Schwierigkeitsgrade und Längen an. Besonders empfehlenswert ist die Tour durch die schönste Höhle am Ätna, die **Grotta del Gelo** in 2000 m Höhe. Auf der anspruchsvollen Strecke wandert man über eine bizarre Lavalandschaft und hinein in die große Höhle mit ewigem Eis (www.guidetnanord.com).

INFO VEGETATION AM ÄTNA

Am 3323 m hohen Vulkan lassen sich vier Vegetationszonen ausmachen. Bis ca. 1000 m Höhe wurden die ursprüngliche Macchia und die Steineichenwälder verdrängt und auf dem mineralreichen Boden Wein, Oliven und Mandeln angebaut. Bis ca. 2000 m beherrschen Eichen, Kastanien und Buchen die Landschaft. Zwischen 2000 und 3000 m gedeihen Ginster, niedriges Buschwerk und der Sizilische Dorntragant. Im Gipfelbereich überleben nur noch wenige Flechten im kargen Gestein.

178 Azienda Costa Sovere, Mascali

GPS 37.76469, 15.14119

Familiärer Platz in sehr schöner Panoramalage, einfache Ausstattung, steile Zufahrt für Fahrzeuge bis 7 m Länge und genügend Bodenfreiheit, viele Tiere, Abendessen möglich. **Lage/Anfahrt:** Anfahrt über SP155 ausgeschildert; **Platzanzahl:** 9; **Service:** Strom, Trinkwasser, WLAN, Sanitäranlage; **Preiskat.:** €€; **Geöffnet:** ganzjährig; **Kontakt:** SP155, Via Andronico 21, 95016 Mascali

Acireale

Acireale thront in 160 m Höhe auf einem Lavaplateau über der Riviera dei Ciclopi. Ihren Zusatz „Reale“ und somit den Titel einer königlichen Stadt verlieh ihr König Philipp IV. von Spanien 1642. Das heutige Stadtbild ist stark durch die nach dem zerstörerischen Erdbeben von 1693 errichteten Barockbauten geprägt. Ein harmonisches Gesamtbild ergibt die **Piazza del Duomo** mit der Chiesa San Pietro e Paolo, der Cattedrale Maria Santissima Annunziata und dem barocken Rathaus. Die **Chiesa San Pietro e Paolo** mit einer barocken Fassade aus weißem Syrakus-Stein mit korinthischen Säulen entstammt einem Entwurf von Pietro Paolo Vasta von 1741. Der zunächst geplante zweite Glockenturm wurde nie vollendet. Der einschiffige Innenraum beherbergt mit Bildern von Vasta und Giacinto Platania einen Kunstschatz. Bei der Renovierung im 19. Jahrhundert erhielt die **Cattedrale Maria Santissima Annunziata** eine neugotische Fassade, das reichdekorierte Barockportal blieb erhalten. Zwei weitere barocke Prachtstücke stehen ebenfalls an der Piazza: ein schmucker **Barockpalast** aus dem 17. Jh. (heute Rathaus) und der originelle sechseckige **Travertinkiosk.** In üppig-barockem Stil ist die Fassade der Kirche **San Sebastiano** in der Via R. Settimo gehalten.

Berühmt ist Acireale nicht nur für seine barocken Prachtbauten, sondern auch für seine überschäumende Lebensfreude während des

TIPP COSTA DEI CICLOPI

Bizarr geformte Inseln, die Isole dei Ciclopi, liegen direkt vor der Küste bei Acireale: Aci Trezza und Aci Castello. Die Bezeichnung „Zyklopeninseln" stammt aus der griechischen Mythologie. Demnach nahm Polyphem, einer der riesenhaften Zyklopen, Odysseus und seine Gefährten gefangen. Nachdem es Odysseus gelungen war, den Riesen zu blenden und zu fliehen, schleuderte dieser ihnen mehrere Felsbrocken nach, die ins Meer fielen. Jedoch kein Wutausbruch eines Riesen, sondern ein Lavastrom des Ätna hat die Inseln entstehen lassen. Heute gehören sie wegen ihrer einzigartigen Unterwasserfauna zum Naturschutzgebiet Riserva Naturale Marina Isole Ciclopi, Infos zu Bootsfahrten und Tauchgängen finden sich unter www.isoleciclopi.it.

Acireale erstrahlt in üppig barockem Stil

Das Castello Ursino in Catania wurde im 13. Jahrhundert errichtet

Karnevals und als Wiege des sizilianischen Marionettentheaters. Das **Teatro-Museo dell'Opera dei Pupi** (Via Nationale per Catania 195, www.operadeipupi.com) gibt Einblicke in die Tradition des Puppenspiels.

Catania

Catania ist mit ca. 315.000 Einwohnern die zweitgrößte Stadt Siziliens. Im 8. Jh. v. Chr. von griechischen Siedlern gegründet, entwickelte es sich im 3. Jh. zu einem der wichtigsten Handelszentren des Mittelmeerraums. 1669 waren ein Vulkanausbruch und 1693 ein schweres Erdbeben schuld an der beinahe vollständigen Zerstörung der Stadt. Der Wiederaufbau erfolgte im barocken Baustil. Die Verwendung von Lavagestein als Baumaterial ist in Catania überall sichtbar: an Palästen, Wohnhäusern, Kirchen, als Straßenbelag und am Hafen. Auch das antike Theater und das römische Amphitheater sind aus dem schwarzen Stein gebaut.

Das Wahrzeichen, ein aus dem Lavastein gehauener Elefant, der auf seinem Rücken einen ägyptischen Obelisken aus Granit trägt, steht an der zentralen Piazza Duomo. Die ursprünglich als normannische Wehrkirche erbaute **Cattedrale S. Agatha** bekam im 17. Jh. vom Baumeister Vaccarini eine prächtige Barockfassade. Im Innern ruht der berühmteste Sohn der Stadt, der Komponist Vincenzo Bellini.

Auch für die barocke Gestaltung des **Palazzo degli Elefanti,** heute Rathaus, an der Nordseite der Piazza Duomo zeichnet Vaccarini verantwortlich. Gegenüber gelangt man durch die **Porta Uzeda** zur lebhaften **La Pescheria,** dem Fisch- und Lebensmittelmarkt. Ein buntes, quirliges Treiben, Geruche, Geschrei, Gedrängel: Hier trifft der Besucher auf das pralle sizilianische Marktleben.

Der Mittelpunkt der Piazza Stesicoro sind die Reste eines römischen **Amphitheaters** aus dem 2. Jh. Aus Marmor- und Lavagestein gebaut, gehört es mit 7000 Sitzplätzen zu den größten auf Sizilien.

Das **Castello Ursino** (Piazza F. di Svevia) ist ein mächtiger, quadratischer Festungsbau aus der Zeit des Staufers Friedrich II. Bis zum Jahr 1669 stand es direkt am Meer. Bei dem gewaltigen Ausbruch des Ätna floss Lava ins Wasser und erkaltete zu einer neuen Landmasse. Seitdem liegen 500 m zwischen Meer und Burg. Heute ist darin das städtische **Museum** mit Gemälden und archäologischen Fundstücken beheimatet.

179 Camping Jonio, Catania

GPS 37.53282, 15.12012

Gepflegter Platz am Felsstrand, Restaurant, Bus ins Zentrum. **Lage/Anfahrt:** von der SS114 Richtung Zentrum, ausgeschildert; **Platzanzahl:** 120; **Untergrund:** Schotterrasen; **Service:** Strom, Trinkwasser, Abwasser, Chemie-WC, WLAN; **Sicherheit:** umzäunt, beleuchtet; **Preiskat.:** €€€–€€€€; **Geöffnet:** ganzjährig; **Kontakt:** Via Villini a Mare 2, 95126 Catania, Tel. 095491139, www.campingjonio.com

Olfaktorisch ein ganz besonderes Erlebnis: der Besuch der Fischmarkts in Catania

180 LUA Beach, Catania

GPS 37.48722, 15.08519

Schöner Stellplatz mit Strandzugang, allerdings ist Baden dort verboten. Pool, 1 km zur Altstadt, im Sommer Stranddisco. **Lage/Anfahrt:** an der SS114, ausgeschildert; **Platzanzahl:** 30; **Untergrund:** Wiese; **Service:** Strom, Trinkwasser, Abwasser, Chemie-WC, Toiletten, kalte Dusche; **Sicherheit:** umzäunt, beleuchtet; **Preiskat.:** €€–€€€; **Geöffnet:** ganzjährig; **Kontakt:** Viale Presidente Kennedy 2, 95121 Catania, Tel. 3515412425

Das **Teatro Massimo Bellini** (Via Giuseppe Perrotta 12, www.teatromassimobellini.it) gilt zu Recht als eines der schönsten Theater im südlichen Europa. Das Innere des Gebäudes im Stil der Neorenaissance kann man im Rahmen einer Aufführung oder bei einem begleiteten Rundgang bewundern.
Catania ist sehr lebhaft und der Verkehr teilweise etwas chaotisch, das Zentrum um die Piazza Duomo und die Fußgängerzone Via Etna jedoch laden zum Verweilen ein.

APT, Via Domenico Cimarose 10

LITERATURTIPP

Ausführlichere Routenvorschläge und Informationen zur Region findet man im Wohnmobil-Tourguide „Sizilien" im Reise Know-How Verlag.

Gaby Gölz

Sizilianische Barockstädte

Ein Höhepunkt jeder Sizilienreise ist sicherlich der Besuch von Siracusa. Beeindruckende Bauwerke des Altertums wie das größte erhaltene griechische Theater der Antike und das „Ohr des Dionysos" sind Bauwerke, die Touristen ehrfürchtig staunen lassen. Dazu lockt die charmante Altstadt Ortigia in herrlicher Lage auf einer Halbinsel. So mancher prächtige barocke Palazzo versteckt sich hier im dichten Gassengewirr. Hier, an der Südspitze Siziliens, finden sich auch die wunderschönen Barockstädte Noto, Modica, Ragusa und Scicli. Die von der UNESCO als Welterbe anerkannten Städte entstanden alle nach der zerstörerischen Naturgewalt des Erdbebens von 1693. Die Ruinen von Noto Antica kann man auf einer kleinen Wanderung durch die schöne Natur erkunden. Kleine Badebuchten, deren feinsandige Strände nach den Besichtigungen zu einem Badestopp und zur Entspannung einladen, findet man zwischen Marina di Modica und Punta Braccetto. Zur Vogelbeobachtung und für Wanderungen durch die Sumpflandschaft sollte ein Besuch im Riserva Naturale di Vendicari eingeplant werden. Die Stell- und Campingplätze liegen häufig direkt am Meer und haben Strandzugang. Der kulinarische Genuss kommt mit der zarten

TOUREN-ÜBERBLICK

Routenempfehlung: Siracusa – Avola – Noto – Riserva Naturale di Vendicari – Modica – Ragusa – Scicli
Länge gesamt: 130 km
Dauer: ca. 6 Tage
Reisezeit: ganzjährig, außer vielleicht im August, da ist es sehr heiß und voll. Besonders empfehlenswert ist das ruhige Winterhalbjahr, wenn auf Sizilien die Temperaturen deutlich wärmer als in Deutschland sind.

Schokolade aus Modica, dem vollmundigen Rotwein Nero d'Avola und den süßen Mandelkreationen von Avola auch nicht zu kurz.

Siracusa

Ab dem 10. Jh. v. Chr. besiedelten die Sikuler die Halbinsel Ortigia, bis ins 5. Jh. v. Chr. dehnten sich die städtischen Strukturen bis auf das Festland aus. In der Antike war Siracusa eine der bedeutendsten Städte des Südens, einige Zeit sogar einflussreicher als Athen. Beeindruckend für Besucher sind die antiken Zeugnisse und die reizvolle Altstadtatmosphäre auf der Halbinsel Ortigia.
Wer über die Ponte Nuovo Ortigia betritt, stößt nach wenigen Schritten auf die Überreste des ältesten dorischen **Apollontempels** Siziliens von 570 v. Chr. Er wurde im Laufe der Zeit auch als christliche Kirche, Moschee und Kaserne genutzt. Erhalten sind Fundamente, einige Säulen und Teile der Cellamauer – ein Stück antiker Geschichte, umgeben vom Trubel der

Die Halbinsel Ortigia in Siracusa

Eine Sage rankt sich um die Fonte Aretusa

Straßenverkäufer, die ihre Waren lautstark anbieten. Über den mit wunderschönen Barockpalästen gesäumten Corso Matteotti spaziert man zur Piazza Archimede, deren Mittelpunkt der elegante **Artemisbrunnen** im Jugendstil ist.
Der **Duomo S. Maria delle Colonne** (Piazza Duomo) wurde auf einem antiken Athene-Tempel errichtet, dessen dorische Säulen noch gut erkennbar sind. Ebenfalls an der Piazza steht der **Palazzo del Senato.** 1629–1633 vom Architekten Vermexio erbaut, beherbergt er seit jeher die Verwaltung. Gegenüber erhebt sich der **Palazzo Beneventano del Bosco,** der sein heutiges Aussehen 1788 erhielt.
Die **Fonte Aretusa** (Largo Aretusa) ist eine mit Papyrusstauden bewachsene Süßwasserquelle. Der Sage nach hat sich die Nymphe Arethusa in diese Quelle verwandelt, um sich den Nachstellungen eines Jägers zu entziehen. Papyrusstauden, die in der Antike zur Papierherstellung verwendet wurden, wachsen in Europa nur auf Sizilien.
Das ehemalige Staufer-Kastell **Maniace** (1239) liegt an der Spitze der Halbinsel. Die wehrhafte Festung hat einen viereckigen Grundriss mit vier runden Ecktürmen und wurde zum Schutz der Hafenanlagen erbaut.
Im Rahmen einer Führung lohnt sich der Besuch der weitläufigen **Catacombe di S. Giovanni** (Via S. Giovanni alle Catacombe 1, www.beniculturali.it/luogo/catacomba-di-san-giovanni). Mit weit über 1000 Gräbern zählen sie zu den eindrucksvollsten Katakomben des frühen Christentums.
Jenseits der Halbinsel ist der **Parco Archeologico** (Via del Teatro Greco, https://parchiarcheologici.regione.sicilia.it) mit dem antiken **Teatro Greco** aus dem 5. Jh. v. Chr. das Highlight. In einer architektonischen Meisterleistung wurde das 140 Meter durchmessende Theater aus dem Felsen geschlagen. Viele antike Dramen erlebten hier ihre Uraufführung und auch heute noch finden im Sommer Vorstellungen statt.

181 Area Sosta Claudcar, Siracusa

GPS 37.07231, 15.23277

Gepflegter Stellplatz 3 km von Siracusa entfernt, Shuttlebus, Supermarkt und Pizzeria in der Nähe. **Lage/Anfahrt:** an der SS124 ausgeschildert; **Platzanzahl:** 10; **Untergrund:** Schotterrasen; **Service:** Strom, Trinkwasser, Abwasser, Chemie-WC, WLAN, Sanitäranlage; **Sicherheit:** umzäunt; **Preiskat.:** €€; **Geöffnet:** ganzjährig; **Kontakt:** Via per Floridia 43, 96100 Siracusa, Tel. 3405356119, www.sostacamperclaudcar.it

182 Camping Rinaura, Siracusa

GPS 37.03862, 15.24975

Campingplatz in schöner Lage unter alten Bäumen, Pool, Restaurant in der Nähe, Siracusa 6 km. **Lage/Anfahrt:** auf der SS115 Richtung Canicattini abbiegen, dort ausgeschildert; **Platzanzahl:** 10; **Untergrund:** Wiese; **Service:** Strom, Trinkwasser, Abwasser, Chemie-WC, WLAN; **Sicherheit:** umzäunt, beleuchtet, bewacht; **Preiskat.:** €€€–€€€€; **Geöffnet:** ganzjährig; **Kontakt:** SS115 km4, 96100 Siracusa, Tel. 0931721224, www.campingrinaura.it

Im selben Bereich befinden sich die **Latomia del Paradiso,** die Steinbrüche des antiken Syracusa. Gigantische Bauwerke entstanden aus dem hier von Sklaven abgebauten Kalkstein. Das sogenannte **Ohr des Dionysos** ist eine 23 m hohe und 65 m lange künstliche Grotte. Der Legende nach ließ der Tyrann Dionysos sie von Sklaven herausbrechen. Durch die einzigartige Akustik der Grotte konnte er so angeblich die dort Gefangenen belauschen. Auf einem separaten Gelände steht das **römische Amphitheater** (Via Luigi Bernabò Brea 14) aus dem 3. Jh. Die Gänge für Gladiatoren und Tiere sind noch deutlich erkennbar. Das **archäologische Museum Paolo Orsi** (Viale Teocrito 66, https://parchiarcheologici.regione.sicilia.it) besitzt mit 18.000 Exponaten eine umfangreiche Sammlung archäologischer Funde von der Frühgeschichte bis zur Spätantike.

Infopoint SOS Siracusa, Piazza Minerva 4

Avola

Das im 17. Jh. erbaute „neue" Avola wurde symmetrisch angelegt, das Zentrum bildet die hübsche **Piazza Umberto** mit der 1741 geweihten barocken **Chiesa Madre San Nicolo.** Das 1693 vollständig bei einem Erdbeben zerstörte Avola Vecchia, das „alte" Avola, lag 8 km von der heutigen Stadt entfernt. Verheerende Erdbebenschäden waren der Grund für die Umsiedlung.

Mehr noch als für barocke Gebäude ist Avola für seine Mandeln und den **Rotwein Nero d'Avola** bekannt – ein edler Tropfen, den man sich nicht entgehen lassen sollte. Avola gilt als Zentrum des Mandelanbaus. In den örtlichen Konditoreien bekommt man die herrlichen Kuchen und süßen Teilchen **Dolce di Mandorle.** Rezepte für Gerichte mit Mandeln sind unter https://consorziomandorlaavola.it/category/ricette zu finden.

183 Area Sosta Oasi Pacaru, Avola

GPS 36.91502, 15.148330

Gepflegter Stellplatz, Pool, Meer 200 m, Zentrum 500 m. **Lage/Anfahrt:** in Avola Richtung Meer, dann ausgeschildert; **Platzanzahl:** 18; **Untergrund:** Wiese; **Service:** Strom, Trinkwasser, Abwasser, Chemie-WC; **Sicherheit:** beleuchtet, bewacht; **Preiskat.:** €€€–€€€€; **Geöffnet:** Mai–Okt.; **Kontakt:** Viale Papa Giovanni Paolo II, 96012 Avola, Tel. 3476004188, www.oasipacaru.it

Die **Enoteca Cantina Pachinese Vino** hat eine Auswahl regionaler Weine und ausgewählter Feinkostprodukte. Idealerweise kann man alles bei einer Weinverkostung mit Häppchen testen (Via Siracusa 40/42, Tel. 0931821839).

TOUR WANDERUNG DURCH DIE CAVA GRANDE DEL CASSIBILE

Ungefähr 8 km nordwestlich von Àvola Vecchia bildet der Fluss Cassìbile die **Cava Grande del Cassibilie,** eine 250 m tiefe und ca. 10 km lange Schlucht. Man braucht gutes Schuhwerk und etwas Kondition, um vom Belvedere zu den drei glasklaren Wasserbecken mit kleinen Wasserfällen hinab- und wieder hinaufzusteigen. Auf halber Strecke quert ein Weg. Auf diesem geht es vorbei an Platanen und Steineichen zu den in den Felsen geschlagenen Höhlengräbern der Sikuler aus dem 11. bis 9. Jh. v. Chr. (Parkplatz bei GPS 36.96768, 15.09403, Anfahrt von Avola über die kurvenreiche SP4, an der Abzweigung zur Cava ausgeschildert).

Noto

Wie Àvola Vecchia wurde auch das ursprüngliche Noto bei dem Erdbeben 1693 beinahe vollständig dem Erdboden gleichgemacht. Die neue, in barockem Stil geometrisch angelegte und klar gegliederte Stadt entstand 6 km entfernt am Ufer des Asinaros. 2002 erklärte die UNESCO Noto zum Weltkulturerbe.

Durch das imposante Stadttor Porte Reale (1843) betritt man auf dem Corso Vittorio Emanuele das barocke Zentrum. Auf dieser von prächtigen Bauten gesäumten Geschäftsstraße erreicht man zunächst den 1734 erbauten monumentalen Gebäudekomplex mit der **Chiesa di San Francesco d'Assisi all'Immacolata** (www.siracusaturismo.net) und dem angrenzenden ehemaligen Franziskanerkloster. Typisch für den Orden ist die schlichte Fassade und der von Pilastern gegliederte einschiffige Innenraum. Für einen prächtigen Gesamteindruck sorgt die breite Freitreppe hinauf zur Kirche.

Pompös steht an der Piazza Municipio das vom Barockarchitekten Sinatra erbaute Rathaus, der **Palazzo Ducezio** (www.notosicilia.it/cosa-vedere/palazzo-ducezio). Sehenswert ist die mit viel Stuck, Gold und prächtigen Spiegeln im Stil Ludwigs XV. verzierte Sala Specchi. Durch die Arkadenfassade des Rathauses fällt der Blick auf den **Dom Santi Nicola e Corrado** (www.notosicilia.it/cosa-vedere/basilica-di-san-nicolo), der sich beherrschend oberhalb einer breiten Freitreppe erhebt. Im

Jahr 1770 vollendet und seit 1844 Bischofssitz, prägt die prachtvolle Fassade mit den Doppeltürmen das Erscheinungsbild. Aufmerksame Betrachter entdecken am **Portal** viele Details, die Szenen aus dem Leben des Stadtpatrons Corrado Confalonieri darstellen. Die Schäden durch den Einsturz der Vierungskuppel 1996 sind inzwischen vollständig beseitigt.

Ein besonderer Anziehungspunkt ist der **Palazzo Nicolaci** (Via Corrado Nicolaci 20) mit den von detailgetreu gearbeiteten Figuren getragenen Balkonen. Die prunkvollen Räume mit sehenswerten Deckengemälden kann man besichtigen.

Am Ende der leicht ansteigenden Via Nicolaci, die an Fronleichnam von einem riesigen Blumenteppich bedeckt ist, steht die **Chiesa di Montevergine** mit ihrer konvexen Fassade. Sie wurde im Jahr 1762 fertiggestellt. Von ihrem Turm aus hat man einen wunderbaren Blick über die Dächer von Noto.

184 Area Sosta Antico Trappeto, Noto

GPS 36.88365, 15.08531

Stellplatz in schöner, relativ ruhiger Lage (Straße), 2,1 km ins Zentrum, in der Saison Shuttlebusse, 5 km zum Strand. **Lage/ Anfahrt:** von der SS115 Richtung Pachino (SP19) abbiegen. In der Linkskurve vor der Tankstelle links abbiegen, ausgeschildert; **Platzanzahl:** 39; **Untergrund:** Wiese; **Service:** Strom, Trinkwasser, Abwasser, Chemie-WC, Sanitäranlage; **Sicherheit:** umzäunt, beleuchtet; **Preiskat.:** €€; **Geöffnet:** Apr.-Sept., andere Zeiten nach Anmeldung; **Kontakt:** Contrada Faldino, 96017 Noto, Tel. 3288065260, www.anticotrappetonoto.it

Noto gilt als Hauptstadt des Barocks auf Sizilien

Einige einladende Straßencafés und das Teatro Comunale von 1870 säumen die Piazza XVI Maggio.

Info-Point, Corso V. Emanuele 135, www.notoinforma.it, www.notosicilia.it

TIPP AUSFLUG NACH NOTO ANTICA

Das alte Noto liegt etwa 15 km nordwestlich der neuen Stadt und ist auf schmalen Straßen zu erreichen. Die Ruinen der alten Stadt, die vom Erdbeben 1693 zerstört wurde, liegen in einer Landschaft von einzigartiger Schönheit. Teilweise wiederaufgebaut sind das Stadttor und Teile der Normannenburg. Das sich selbst überlassene Gelände mit seinen von Pflanzen überwucherten Gebäuderesten strahlt eine ganz besondere Atmosphäre aus (Anfahrt von Noto über die SS287. Nach ca. 10 km biegt man auf die SP64 ab und folgt dieser bis zum alten Stadttor mit dem kleinen Parkplatz bei GPS 36.94643, 15.02297).

Reste des verlassenen Noto Antica

185 Oasi-Park Falconara, Lido di Noto

GPS 36.86995, 15.12856

Gepflegter Stellplatz in schöner Lage, Bäcker und Gemüsehändler kommen zum Platz, 1,3 km zum Strand, 7,5 km nach Noto, Shuttlebus wird angeboten. **Lage/Anfahrt:** von der SP34/35 nach 4,3 km rechts Richtung Lido di Noto (SP59) abbiegen, nach 200 m rechts, ausgeschildert; **Platzanzahl:** 48; **Untergrund:** Schotterrasen; **Service:** Strom, Trinkwasser, Abwasser, Chemie-WC, WLAN, Sanitäranlage; **Sicherheit:** umzäunt, beleuchtet; **Preiskat.:** €€–€€€; **Geöffnet:** ganzjährig; **Kontakt:** SP59, 96017 Noto, Tel. 3396121174, www.oasiparkfalconara.com

Riserva Naturale di Vendicari

Die Riserva Naturale di Vendicari ist eine Sumpflandschaft an der Mündung des Flusses Tellaro und eines der wichtigsten Natur- und Vogelschutzgebiete Siziliens. In dem mit Binsen, Schilf und Riedgras bewachsenen, 1450 ha großen Gebiet werden bis zu 200 verschiedene Vogelarten gezählt. Für Zugvögel ist das Gebiet einer der wichtigsten Rastplätze im Mittelmeerraum. Von August bis Oktober kann man Grau- und Seidenreiher sowie Flamingos beobachten, von November bis März Kormorane, Wasserhühner und Brandenten.

ⓘ www.riserva-vendicari.it

186 Agriturismo Agrimaccari, Noto

GPS 36.76450, 15.07342

Stellplatz in sehr schöner, ruhiger Lage, Pool. Organisierte Aktivitäten, Shuttleservice, Abendessen auf Vorbestellung. **Lage/Anfahrt:** an der SP19 hinter Vendicarie Richtung Marzamemi ausgeschildert; **Platzanzahl:** 8; **Untergrund:** Schotter, Wiese; **Service:** Strom, Trinkwasser, Abwasser, Chemie-WC, WLAN, Sanitäranlage; **Sicherheit:** umzäunt; **Preiskat.:** €€€–€€€€; **Geöffnet:** ganzjährig; **Kontakt:** Vico Agliastro, 96017 Noto, Tel. 3468678668, www.agrimaccari.com

TOUR WANDERUNGEN IN VENDICARI

Drei farblich markierte Wanderwege durchziehen das Reservat, unterwegs gibt es immer wieder kleine, einladende Badebuchten. Die **grüne** Tour erkundet die **Cittadella dei Maccari,** eine byzantinische Siedlung aus dem 6.–7. Jh. Von ihr sind noch eine Nekropole und eine Kirche erhalten. In der anderen Richtung führt die **blaue** Strecke zur **antiken Stadt Eloro.** Eloro wurde durch die Griechen vom nahe gelegenen Syrakus aus im 8. Jh. v. Chr. gegründet. Über die **orange** Markierung geht die Wanderung zur alten **Tonnara** (ein ehemals Thunfisch verarbeiteter Betrieb) und zum **Svevaturm** (www.vendicari.net/what-to-do-in-vendicari/hiking-vendicari).

Das Vogelschutzgebiet Vendicari ist ein Paradies für Vögel

Der Duomo S. Giorgio in Modica

Modica

Die Stadt Modica mit 53.000 Einwohnern liegt an einer y-förmigen Schlucht des Fiumare di Modica. Die Stadtgründung geht auf die Sikuler zurück, die ihr den Namen Motyka gaben. Auch Griechen und Römer haben sich hier niedergelassen, sichtbare Spuren ihrer Kulturen finden sich heute jedoch nicht mehr. Im 9. Jh. wurde die Stadt von den Arabern eingenommen, bevor sie im 11. Jh. unter die Herrschaft der Normannen kam. Auch die Stadt Modica wurde bei dem schrecklichen Erdbeben vom 9. Januar 1693 verwüstet und im barocken Stil wiederaufgebaut. Trotz zweier Überflutungen 1833 und 1902 besitzt Modica eines der schönsten barocken Stadtbilder Siziliens und gehört ebenso wie die anderen Städte im Val di Noto zum UNESCO Welterbe.

An der lebhaften Geschäftsstraße Corso Umberto mit ihren zahlreichen Straßenlokalen steht die dreischiffige **Säulenbasilika S. Pietro.** Der ursprüngliche Bau geht vermutlich auf das 14. Jh. zurück. Die breite Freitreppe wird von großen Statuen, die die zwölf Apostel darstellen, flankiert. 250 Treppenstufen muss man erklimmen, um hinauf zum **Duomo S. Giorgio** (Corso S. Giorgio, www.scoprimodica.it/cosa-vedere/le-chiese/san-giorgio) zu gelangen. Die Säulen und Gesimse aus Kalkstein mit ihrem sich immer wieder verändernden Schattenspiel verleihen dem wuchtigen Gebäude eine überraschende Leichtigkeit. Besondere Schätze im Innern sind die Reliquien des heiligen Georg und der prachtvolle Flügelaltar (1610) von Filippo Paladiri. Eine weitere sehenswerte Kirche ist die barocke **S. Maria di Betlem** (Via Marchese Tedeschi).

In Modica gibt es eine lange, bis heute anhaltende Tradition der **Schokoladenherstellung.** Produziert wird sie auf traditionelle Art, wobei auf das Conchieren (Erwärmen bei ständigem Rühren) verzichtet wird. Die Geschmacksrichtung mit Peperoni war hier schon lange im Handel, bevor sie im übrigen Europa bekannt und beliebt wurde.

Ragusa Ibla

Eine sehr gute Schokoladenmanufaktur ist **Sabadi** gleich beim Dom. Im weltweit ersten Reifekeller für Schokolade verfeinert Sabadi hier Schokoladen mit Duftnoten von Tabak, Tee, Blumen und Gewürzen (Corso San Giorgio 103–105, www.sabadi.it).

Touristinfo, Coros Umberto I 1431, www.scoprimodica.it

Ragusa

Ragusa teilt sich in zwei Bereiche: die höher gelegene Oberstadt **Ragusa Superiore** und die sich an einen Berghang schmiegende Altstadt **Ragusa Ibla.** In der Oberstadt, gegründet im 18. Jh., leben die meisten Einwohner. Hier befindet sich die Verwaltung und auch die Kathedrale, in Ibla dagegen sind die Gassen schmal, verwinkelt und mit einigen schönen Barockbauten bestückt.

Das Erdbeben von 1693 hat auch in Ibla eine Schneise der Verwüstung geschlagen und die arabischen und normannischen Gebäude vollständig vernichtet. Die barocke Erneuerung ist hier überall sichtbar. Der alles überragende **Duomo S. Giorgio** wurde von 1744 bis 1775 erbaut. Majestätisch steht er am Ende einer breiten Freitreppe, seine Fassade ist durch elegante Säulen gegliedert. Die Kuppel bekam er erst 1820 aufgesetzt. Links neben dem Altar steht der Schutzpatron der Stadt, der Drachentöter Georg. Die wunderschöne, von hohen Palmen gesäumte **Piazza Duomo** ist von einigen pittoresken Palästen umstanden.
Mächtig steht der **Palazzo Arezzo di Donnafugata** am Corso XXV Aprile. Er war der Stadtpalast des Grafen von Donnafugata und fällt mit seinem holzverkleideten Balkon auf. Hier konnten nach arabischem Vorbild die Frauen das Geschehen auf der Straße verfolgen, ohne selbst gesehen zu werden. Der Palast war Kulisse im Film „Der Leopard“ von Visconti nach dem gleichnamigen Buch von Giu-

⑱⑦ Camping Baia del Sole, Marina di Ragusa

GPS 36.78186, 14.56723

Campingplatz in Strand- und Stadtnähe, ruhige Lage, Schatten, Bäcker kommt zum Platz. **Lage/Anfahrt:** an der SP63 ausgeschildert; **Platzanzahl:** 80; **Untergrund:** Schotterrasen; **Service:** Strom, Trinkwasser, Abwasser, Chemie-WC; **Sicherheit:** umzäunt, beleuchtet; **Preiskat.:** €€–€€€; **Geöffnet:** ganzjährig; **Kontakt:** Via San Scrofani 5, 97010 Marina di Ragusa, www.campingbaiadelsole.it

seppe di Lampedusa. Das **Portale San Giorgio** aus dem 13. Jh. ist der anmutige Rest einer 1693 zerstörten gotischen Kirche. Die Schatten spendende Palmenallee und die hübschen Blumenrabatten des **Giardino Ibleo** bieten sich als Ruhepunkt nach der Besichtigung an.

An der langgezogenen Piazza Duomo in Ibla lohnt sich unbedingt eine Pause im Eiscafé **Gelati Divini.** Es bietet eine riesige Auswahl klassischer und außergewöhnlicher Eissorten von bester handwerklicher Qualität an (Piazza Duomo 20, www.gelatidivini.it).

Touristinfo, Piazza della Repubblica, www.visitragusa.it

Die Piazza Duomo in Ragusa Ibla

Scicli

Scicli hat bei Weitem nicht dem Bekanntheitsgrad der Nachbarstädte Modica oder Ragusa und ist mit seinen 26.000 Einwohnern auch um einiges kleiner. Dennoch ist dieses lebhafte Städtchen mit seinem kompakten barocken Zentrum unbedingt einen Besuch wert. Die Palazzi Fava, Mormino-Penna, Mormino-Massari und Penna-Mussolacono aus dem 18. und 19. Jahrhundert prägen mit ihren schönen barocken Fassaden das Bild der zentralen **Piazza Italia.**

Im Innern der Hauptkirche **Chiesa Madre** wird die Madonna de Milici aus Pappmaschee aufbewahrt. Der Legende nach hat sie die christliche Stadt vor einem türkischen Angriff gerettet. Eine jährliche Prozession erinnert daran.

Die **Via F. Mormino Penna** ist die schönste Straße der Stadt. Die malerische Kulisse bilden der Stadtpalast und die vielen barocken Gebäude entlang der Fußgängerzone. Hervorzuheben ist der spätbarocke **Palazzo Spadaro** (www.ilovescicli.it/palazzo-spadaro-scicli-baroni) aus dem 18. Jahrhundert mit seinen acht konvexen Balkonen. Besonders der prächtige Ballsaal mit Deckengemälde ist sehenswert.

Im interessanten **Museo del Costume** (Via Francesco Mormina Penna 65, www.museodelcostume.org) sind einige prunkvolle Kleider und Accessoires aus dem 18. und 19. Jh. ausgestellt.

Einen Spaziergang über die Via F. Mormino Penna in Scicli sollte man nicht versäumen

188 Camping La Spiaggetta, Sampieri

GPS 36.72185, 14.73215

Parzellierte Plätze in schöner Lage mit eigenem Strand, Straße teilweise in Hörweite, Bar. **Lage/Anfahrt:** bei km 4,IV von der SP65 abbiegen, ausgeschildert; **Platzanzahl:** 100; **Untergrund:** Schotterrasen; **Service:** Strom, Trinkwasser, Abwasser, Chemie-WC, WLAN; **Sicherheit:** umzäunt, beleuchtet; **Preiskat.:** €€–€€€; **Geöffnet:** ganzjährig; **Kontakt:** Via Miramare 50, 97018 Sampieri, Tel. 0932939737, www.la-spiaggetta.it

189 Camping Club Piccadilly, Donnalugata

GPS 36.74759, 14.66331

Platz in ruhiger Lage mit direktem Strandzugang, fliegende Händler kommen zum Platz, organisierte Ausflüge und Pkw-Verleih. **Lage/Anfahrt:** von der SP65 bei km VI meerwärts abbiegen; **Platzanzahl:** 60; **Untergrund:** Schotterrasen; **Service:** Strom, Trinkwasser, Abwasser, Chemie-WC; **Sicherheit:** umzäunt, beleuchtet; **Preiskat.:** €€–€€€; **Geöffnet:** ganzjährig; **Kontakt:** Via Mare Adriatico/Contrada da Spinasanta, 97018 Donnalugata, Tel. 0932938704

Eine für die Region typische historische Küche und viele Kochutensilien kann man im **Museo della Cucina Iblea** (Via Spadaro 25) besichtigen. Die barocke **Chiesa Bartolomeo** (Via S. Bartolomeo, https://prolocoscicli.it/scicli/chiesa-di-san-bartolomeo) besitzt die älteste Krippe Siziliens aus dem Jahr 1773 mit 40 Holzfiguren.

Überragt wird der Ort Scicli von der **Chiesa di San Matteo** (Via San Matteo 9) und an der SP4 von den Ruinen des ursprünglich aus der Normannenzeit stammenden und seitdem mehrfach erweiterten **Castello dei Tre Cantoni.** Das Burgschloss ist leider wegen Renovierungsarbeiten auf unbestimmte Zeit nicht für Besucher zugänglich.

Pro Loco, https://prolocoscicli.it

LITERATURTIPP

Ausführlichere Routenvorschläge und Informationen zur Region findet man im Wohnmobil-Tourguide „Sizilien" im Reise Know-How Verlag.

Peter Höh

Sardiniens Ostküste: Von Olbia bis zur Costa Rei

10 km
© Reise Know-How 2023
L. di Liscia
S. Antonio
Golfo Aranci
Golfo di Olbia
Nur. Maiori
Calangiánus
Olbia
Í. Tavolara
Í. Molara
C. Coda di Cavallo
astelsardo
Tempio Pausánia
N.S. de Tergu
Sédini
Nur. Sas. Ladas
S. Pietro di Simbránoss o.d. Immágini
Pérfugas
M. Limbara
1362
Telti
Lóiri
S131 d.c.n.
Berchidda
Monti
Padru
San Teodoro
Nulvi
Mártis
Ósilo
Chiaramonti
Tula
L. del Coghinas
E840
Óschiri
S.S. Trinitá di Saccárgia
S. Antioco di Bisarcio
Ploaghe
S. Michele di Salvénero
Budoni
971
Alà dei Sardi
Nur. Ruju
Posada
la Caletta
Pattada
Buddusò
S. Pietro di Sorres
Ozieri
Lodè
Siniscóla
C. Comino
Thiesi
Mores
Osidda
Torralba
Nur. S. Antine
N.S. de Cabu Abbas
S. Nicolo di Trullas
Bultei
Bitti
131d.c.n.
Lula
S. Andria Priu
Benetutti
Bonorva
Bono
Pozzomaggiore
Orune
Nur. M. Muradu
Bolótana
Nur. S. Barbara
Tirso
Cedrino
Orosei
Marina di Orosei
Grotta di Ispinigoli
Nuoro
Sorg. su Cologne
Nur. Arvu
Sindia
S.M. di Corte
Macomér
Orotelli
Orani
Oliena
Dorgali
Golfo di Orosei
Ottana
Mamoiada
Orgósolo
131dir
Sédilo
Sardegna
Parco Naz. del Golfo di Orosei
Nur. Losa
Abbasanta
Zuri
Santu Lussúrgio
Ghilarza
Gavoi
Talóro
Nur. Abini
Fonni
Pso. di Caravai
Genna Cruxi
L. Omodeo
Paulilátino
Nur. Fruscus
Mílis
Monti del Gennargentu
Urzulei
C. di M. Santu
Sórgono
Busachi
Tonara
S. Mauro
P. La Marmora
1834
Parco Naz. del Gennargentu
Baunei
Fordongiánus
Villanova Strisáili
Samugheo
Aritzo
Arbatax
Tortolì
Meana Sardo
Simáxis
Flumendosa
S. Giusta
Láconi
Seúlo
Seui
Lanusei
Gáiro
Barí Sardo
Arboréa
Sénis
Nurallao
Nur. Accodulazzo
Sádali
Áles
Ísili
Mannu
Barúmini
S. Vittoria
L. del Flumendosa
Pelau
Nurri
Uras
Nur. Su Nuraxi
Collinas
Mandas
Perdasdefogu
Tertenía
Villamar
Escalaplano
S. Gavino Monreale
Sanluri
Nur. Piscu
Lago Mulárgia
Salto di Quirra
Guspini
Guasila
Senorbì
Pranu Mutteddu
Ballao
S. Nicolò Gerrei
Samassi
Villacidro
Nuraminis
S. Andrea Frius
S. Vito
Villaputzu
Serramanna
Muravera
Dolianova
P. Serpeddi
1067
Nur. S'Oro
Villasor
Monastir
Burcei
S. Priamo
Domusnóvas
Decimomannu
Sestu
Sinnai
C. Ferrato
Siliqua
Uta
Cast. di Acquafredda
Quartu S. Elena
Cágliari
Castiádas
C. Poetto
M. is Caravius
1116
Capoterra
Narcao
Villasimíus
Livorno

TOUREN-ÜBERBLICK

Routenempfehlung: Olbia – San Teodoro/Budoni – Posada – Orosei – Dorgali/Cala Gonone – Supramonte – Baunei/Santa Maria Navarrese – Tortoli/Arbatax – Barisardo – Muravera – Costa Rei
Länge gesamt: ca 330 km
Dauer: 4–6 Tage (1–2 Wochen sind zu empfehlen)
Reisezeit: ganzjährig, für Badeurlaub zwischen Mai und Okt., in der Vor- und Nachsaison ein attraktives Ziel für Outdooraktivitäten wie Trekking, Climbing und Biking. Im Winter sind nur sehr wenige Camping- und Stellplätze geöffnet. Auf Teilstrecken wie der Supramonte-Überquerung sind im Winter Winterreifen Pflicht, da auch mit Schnee zu rechnen ist.

Die einst von den Griechen Olbia – „die Glückliche" – genannte Hafenstadt ist das Einfallstor für fast alle Sardinienurlauber, auch für Wohnmobilisten. Sardiniens geschützte Ostküste ist die Badeküste schlechthin. Wer also Sonne, Meer und Strand ins Zentrum seiner Urlaubssehnsüchte stellt, der ist auf dieser Seite der Insel genau richtig. Sie bietet aber auch all jenen, die an Natur, Küche und Kultur interessiert sind, einen üppigen Strauß an Möglichkeiten. Die Gelegenheiten für einen Sprung ins blaue Meer sind aber ebenso zahl- wie abwechslungsreich und einen Tag zwischen Strand und Strandbar zu verbummeln, fällt leicht. Der touristische Hotspot an der Ostküste sind die Traumstrände der Baronie, die mit denen der Karibik keinen Vergleich zu scheuen brauchen, außer dass an ihnen Schirmpinien statt Palmen Schatten spenden. Je weiter man auf der „Orientale Sarda" Richtung Süden fährt, desto mehr ebbt der Besucherstrom ab. Das mächtige Supramontemassiv, dass sich bei Dorgali wie ein Querriegel in den Weg legt, bricht auch den Besucherstrom. Im Golfo di Orosei, wo Kalkfelsen lotrecht ins Meer abbrechen, findet sich eine der spektakulärsten Steilküsten im gesamten Mittelmeerraum. Wer das Gebirgsmassiv auf der alten „Orientale" überklettert, erlebt eine einsame, majestätische Bergnatur. Auf der anderen Seite liegt die kleine, aber wunderschöne Region Ogliastra zwischen Bergen und Meer. Die Städtchen Barisardo und Muravera sind noch mehr von der Landwirtschaft als vom Fremdenverkehr geprägt. Die Route endet an der Costa Rei, einem zehn Kilometer langen Bilderbuchbadestrand, an dem dann wieder der Badetourismus Urständ feiert.

Cala Mariolu – Traumbucht im Golfo di Orosei

Olbia

Das prosperierende Verkehrsdrehkreuz der Insel hat an klassischen Sehenswürdigkeiten so viel nicht zu bieten. Wichtigstes architektonisches Denkmal ist die romanische **Chiesa San Simplicio** (Piazza Terranova Pausania), eines der ältesten sakralen Bauwerke der Insel. Im alten Hafen erwartet das **Museo Archeologico** (Molo Brin, www.helloolbia.com/museo-archeologico-olbia) auf Besucher. An der Molo Brin bieten große, kostenlose Parkflächen die Gelegenheit, einen kleinen Bummel durch das historische Zentrum zu machen und in einer der Bars beim kleinen Frühstück erst einmal anzukommen, oder beim letzten Abendessen im Restaurant ein letztes Mal die Aromen Sardiniens zu genießen.

Ob man nun von der oder auf die Fähre geht, also am Anfang oder am Ende seiner Sardinienreise steht, Olbia bietet mit seinen zahlreichen Geschäften und Shoppingzentren die ideale Gelegenheit, die Reisevorräte aufzufüllen.

Fast immer an der Küste entlang führt die Straße **Costa Orientale** von Olbia bis zur Costa Rei. Zwar gibt es eine bis auf einige kurze Abschnitte fertiggestellte Schnellstraße, die etwas landeinwärts verläuft, Urlauber sollten aber nicht die Rennstrecke, sondern die alte *orientale* fahren, die kurvenreicher ist, dafür aber fast immer direkt an der Küste entlangführt und zu großen und kleinen Badepausen einlädt.

Der Reigen der Badestrände beginnt praktisch direkt an der Stadtgrenze von Olbia.

Immer aufregend – die Einfahrt in den Hafen von Olbia

190 Agriturismo Mieleamaro

GPS 40.894517, 9.556900

Stellplätze auf ebener Naturwiese. **Lage/Anfahrt:** von der SS 125 beim Horse-Center Olbia (km 309,95) abbiegen, dann ca 40 m über eine einspurige Piste; **Platzanzahl:** ca. 10; **Untergrund:** Naturwiese; **Service:** Strom, Trinkwasser, Abwasser, Chemie-WC, WLAN, Hunde erlaubt; **Sicherheit:** ohne besondere Sicherung; **Preiskat.:** €€; **Geöffnet:** ganzjährig (im Winter nach Voranmeldung); **Kontakt:** Loc. Le Saline, Via Chentu Accas 86, Tel. 3491093275, www.agriturismomiele amaro.com

Ufficio Turistico (Stadt-Information), Piazza Terranova Pausania (im Rathaus Ecke Corso Umberto I/Molo Brin), www.olbiaturismo.it

San Teodoro/Budoni

Die beiden ehemaligen Fischerorte sind heute dank ihrer herausragenden Strände und der Nähe zu Olbia ein Hotspot für Badetourismus und entsprechend beliebt – wegen ihres Nachtlebens besonders auch beim jüngeren Publikum. Sehenswürdigkeiten besitzen sie keine, dafür kilometerlange, von Schatten spendenden *pinetas* gesäumte **Traumstrände** wie den legendären La-Cinta-Strand und eine entsprechend ausgebaute touristische Infrastruktur.

191 Camper Sardegna, Porto San Paolo

GPS 40.872617, 9.627000

Leicht abfallender, umzäunter Platz ohne Schatten mit Parkbuchtmarkierungen in ruhiger Lage am Ortsrand, mit Bar. In unmittelbarer Nachbarschaft findet man zwei Restaurants, einen Obst- und Gemüseladen, eine Campinggas-Station und eine Autowerkstatt. **Lage/Anfahrt:** gut ausgeschildert, Beschilderung „Camper Sardegna“ folgen; **Platzanzahl:** ca. 20; **Untergrund:** Asphalt; **Service:** Strom, Trinkwasser, Abwasser, Chemie-WC, WLAN, Hunde erlaubt, Sanitäranlage; **Sicherheit:** videoüberwacht, mit Schranken und Chipkarten gesichert, nachts beleuchtet; **Preiskat.:** €€–€€€; **Geöffnet:** ganzjährig; **Kontakt:** Via Limbara, Tel. 3293262032, www.campersardegna.net

Für Wohnmobilisten ideal ist der Strandzugang Sa Capannizza südlich von Budoni (GPS 40.69972, 9.72027) mit großem Parkplatz direkt am Strand mit Strandbar.

„Beachlive at its best" am Strand La Cinta

192 Camping La Cinta

GPS 40.781540, 9.673270

Großer, ebener und direkt am La-Cinta-Strand gelegener Platz mit lockerem Baumbestand und Blick auf die vorgelagerte Tavolara. Sehr beliebt, deshalb im Juli/Aug. schnell ausgebucht. **Lage/ Anfahrt:** gut ausgeschildert; **Platzanzahl:** ca. 150; **Untergrund:** ebene Naturwiese; **Service:** Strom, Trinkwasser, Abwasser, Chemie-WC, WLAN (in Gemeinschaftsbereichen); **Sicherheit:** umzäunt mit Einfahrtsschranke, 24-Stunden-Security; **Preiskat.:** €€; **Geöffnet:** Mai–Okt.; **Kontakt:** Via del Tirreno, Tel. 0784865777, www.campingsanteodoro.com

Der Strand an der Mündung des Riu Posada

Posada

Das Städtchen Posada hockt malerisch an den Flanken der von einer Festung gekrönten Landnase **Punta la Batteria** im Mündungsgebiet des Riu Posada. Nördlich und südlich erstrecken sich wunderbare Strände von Horizont zu Horizont. Einzige klassische Sehenswürdigkeit ist das im 11. Jh. von den Genuesern erbaute **Castello di Fava** von dessen Zinnen alle, die die Mühen des Aufstiegs nicht scheuen, einen grandiosen Panoramablick hinab auf die Küste und das Meer genießen. Einen ähnlich schönen Blick hat man aber auch vom Restaurant des **Hotels Sa Rocca** (Via Eleonora D'Arborea 28, www.hotelsarocca.com).

TIPP PARCO OASI DI BIDEROSA

Der 800 ha große **Naturpark Oasi di Biderosa** an der SS 125, ca. 10 km nördlich von Orosei bei km 236,5, umfasst ein großes Waldgebiet und fünf gänzlich unberührte Strände. Der Einlass ist auf 140 Autos (jedoch keine Wohnmobile) täglich begrenzt. Womos parken am Eingang bei der Forststation. Dort gibt es auch Eintrittskarten, besser reserviert man sich die aber vorab (Coop Le Ginestre, Via A. Toscanini 32, Tel. 3331798335, www.oasibiderosa.it).

193 Camping Ermosa

GPS 40.630937, 9.739034

Sympathischer, kleiner Campingplatz in ruhiger Lage, direkt am Flüsschen Rio Santa Caterina und nur wenige Schritte vom Sandstrand entfernt. Ebene Wiese mit lichtem Baumbestand, Pizzeria/Restaurant, Spiel- und Tennisplatz, Obst- und Gemüseverkauf. Am Strand Surf-, und Kiteschule mit Verleih. **Lage/Anfahrt:** von der SS 125 „Orientale Sarda" einspurige Asphaltstraße Richtung Küste; gut ausgeschildert; **Platzanzahl**: ca. 120; **Untergrund:** ebene Naturwiese; **Service:** Strom, Trinkwasser, Abwasser, Chemie-WC, WLAN, Hunde erlaubt; **Sicherheit:** Umzäunung, Einfahrtsschranke; **Preiskat.:** €–€€; **Geöffnet:** Mai–Sept.; **Kontakt:** Loc. Su Tiriarzu, Tel. 0784853010, www.campingermosa.com

194 Spiaggia Berchida

GPS 40.47991, 9.80837

Unmittelbar hinter dem Dünengürtel gelegenes, sehr großes, aber völlig schattenloses, leicht abfallendes Gelände. In der Saison mit Strandbar. **Lage/Anfahrt:** von der SS 125 bei Km 242 dem Schild „Agriturismo Su Meriacru“ folgen, dann die staubige Geländepiste 3 km bis zum Ende fahren; **Platzanzahl:** ca. 80; **Untergrund:** leicht abfallendes Naturgelände; **Service:** Strom, Trinkwasser, Abwasser, Chemie-WC, Hunde erlaubt, Sanitäranlage; **Sicherheit:** offener, unbewachter Parkplatz; **Preiskat.:** €€€; **Geöffnet:** ganzjährig; **Kontakt:** Spiaggia di Berchida, 08029 Siniscola, www.berchida.it

Die kleine, familiäre **Trattoria La Scarpetta** von Melina und ihrem Mann bietet neben echter sardischer Gastfreundschaft auch eine ebensolche Küche. Die Auswahl ist übersichtlich, aber durchweg ausgezeichnet und zu zivilen Preisen zu haben. Mit kleiner Außenterrasse (Via A. Gramsci 45).

Orosei

Das freundliche Städtchen Orosei liegt in der fruchtbaren Mündung des Riu Tirso etwas landeinwärts der Küste, etwa 3 km von **Marina di Orosei** und dem **Strand** entfernt. Es zeichnet sich durch ein intaktes **mittelalterliches Zentrum** aus, das man auf einem markierten *Itinerario storico* entdecken kann. Das Zentrum atmet noch die Zeit der sardischen Lite-

Das Museo Guiso liegt mitten in der historischen Altstadt

raturnobelpreisträgerin Grazia Deledda, in deren Romanen Orosei eine wichtige Rolle spielt.

Ufficio Turistico, Piazza del Popolo 12, www.oroseiproloco.it

196 Stellplatz Osalla Beach Garden

GPS 40.344745, 9.686296

Weitläufiges Gelände mit verschiedenen Bereichen in der *pineta* direkt am Strandsee Stagno Petrosu. Ebenes Wiesen-/Schottergelände in ruhiger Ecke für ca. 30 Womos, mit Bar, Restaurant, Picknick-Einrichtungen, Spielplatz, Verleih von Strandutensilien. Zum Strand geht es über eine Hängebrücke. 4 km bis nach Orosei. **Lage/Anfahrt:** ab Orosei ausgeschildert; **Platzanzahl:** 30; **Untergrund:** Wiese, Schotter; **Service:** Strom, Trinkwasser, Abwasser, Chemie-WC, Sanitäranlage, Hunde erlaubt; **Preiskat.:** €€; **Geöffnet:** Ostern–Okt.; **Kontakt:** Tel. 3407874624

TIPP NOSTRA SIGNORA DEL MARE

Eine farbenprächtige Bootsprozession am letzten Sonntag im Mai mit blumengeschmückten Fischerbooten auf dem Cedrino erinnert an die wundersame Errettung Oroseis vor einem verheerenden Gewittersturm. Die Prozession endet an dem Pilgerkirchlein Santa Maria an der Flussmündung in einem großen Fest.

195 Camping Sa Prama

GPS 40.439865, 9.781037

Kleiner, familiärer Platz in Cala Liberotto im schönen Pinienwald in leichter, terrassierter Hanglage unmittelbar hinter einer bildschönen Strandbucht. Sehr beliebt bei Familien mit kleinen Kindern, da der Badestrand direkt vom Platz aus erreichbar ist. Treff am Abend ist die Pizzeria des Platzes. **Lage/Anfahrt:** gut ausgeschildert; **Untergrund:** natürlicher Waldboden; **Service:** Strom, Trinkwasser, Abwasser, Chemie-WC, WLAN, Hunde erlaubt; **Sicherheit:** umzäunt mit Einfahrtsschranke; **Preiskat.:** €€–€€€; **Geöffnet:** Mitte April–Mitte Nov.; **Kontakt:** Cala Liberotto, Tel. 07849107, www.campingsaprama.it

197 Agriturismo Codula Fuili

GPS 40.260362, 9.616532

Hoch über dem Golf von Orosei mit umwerfender Aussicht. Nachts vollkommen still und dem Sternenhimmel nah. Für Kinder sind die Tiere des Hauses interessant, z. B. die Kühe Teresa und Pandela, die die Milch fürs Frühstücksmüsli liefern. Besonders schön ist es auf der Panoramaterrasse. **Lage/Anfahrt:** von der SP 28 nach Cala Gonone beim Hinweisschild abbiegen, dann ca. 2 km über eine schmale, asphaltierte Straße am Agriturismo Nuraghe Mannu vorbei bis zum Ende; **Platzanzahl:** 6; **Untergrund:** terrassiertes Schotter-/ Wiesengelände mit vereinzelten Büschen und Bäumen; **Service:** Strom, Trinkwasser, Sanitäranlage, WLAN (am Restaurant), Hunde erlaubt; **Preiskat.:** €€€; **Geöffnet:** ganzjährig; **Kontakt:** Loc. Pranos, Tel. 3287340863, www.codulafuili.com

TOUR WANDERUNG ZUR CALA DI LUNA

Start ist die Cala Fuili am Südende von Cala Gonone, wo die asphaltierte Straße endet. Stufen führen hinunter zum Strand. Der Wanderweg ist mit einem grünen Pfeil und der Aufschrift „per Cala di Luna" markiert. Die Strecke ist einfach zu finden und bei trockener Witterung auch für weniger Geübte machbar. Das richtige Schuhwerk, Kondition und Trittsicherheit sind jedoch angesichts des Untergrunds und steiler Abschnitte vonnöten. Vorsicht ist besonders bei Nässe geboten, weil die Felsen und der Untergrund dann sehr rutschig werden. Ein Weg dauert ca. 2,5 Stunden. Zurück kommt man auch mit einem der Ausflugsschiffe. Dazu sollte man sich aber schon vorab im Hafen von Cala Gonone nach den Konditionen und Fahrzeiten erkundigen und ggf. ein Ticket kaufen.

Die Cala Fuili bei Cala Gonone

Dorgali/Cala Gonone

Die kleine Bergstadt **Dorgali** ist berühmt für ihren **Cannonau-Wein,** ihren **Pecorino-Käse** und ihr traditionelles (Kunst-)Handwerk, besonders für **Web- und Lederarbeiten.** Die Durchfahrt durch den wie am Hang klebenden Ort ist für Wohnmobile gesperrt, diese müssen Umfahrungen benutzen. **Cala Gonone** erreicht man kurz hinter Dorgali durch einen Tunnel und endlos viele zur Küste hinabführende Serpentinen. Hier starten die **Ausflugsboote** (z. B. www.calagononecrociere.it) zu den legendären **Paradiesbuchten** im Golfo di Orosei wie die Cala di Luna und **Höhlen** wie die Grotta del Bue Marino. Hier trifft sich auch die Trekking- und Climbingszene, die die lotrechten Felswände und der legendäre Trekkingpfad „Selvaggio Blu" anlockt.

198 Stellplatz Camping Car Palmasera

GPS 40.27954, 9.62995

Weitläufiger, von Bäumen beschatteter, terrassierter Platz in leichter Hanglage. Mit Bar, Ristorante und Grillplatz. **Lage/Anfahrt:** ausgeschildert; Platzanzahl: 120; **Untergrund:** feste Wiese/Erde; **Service:** Strom, Trinkwasser, Abwasser, Chemie-WC, WLAN, Hunde erlaubt, Sanitäranlagen; **Sicherheit:** Umzäunung mit Eingangsschranke; **Preiskat.:** €€–€€€; **Geöffnet:** Ostern–Okt.; **Kontakt:** Viale Bue Marino, Tel. 336818111, www.campingcarpalmasera.com

Supramonte

Bei Dorgali beginnt eine der schönsten Bergstrecken Sardiniens, die rund 40 Kilometer quer über das **Supramonte-Massiv** führt und sich durch **schönste Bergnatur** bis nach **Santa Maria Navarrese** schlängelt, wo man wieder die Küste erreicht. Auf dem **Passo di Silene** (1010 m) findet man, wie auf jeder Passhöhe, die obligatorische Bar, aber auch einen Stellplatz für Wohnmobile: ein idealer Standort für Trekkingtouren durch die wildromantische, von Karst zerfressene Bergwelt, z. B. hinab zur **Gola di Gorruppu** (www.gorropu.info), einer der tiefsten Schluchten Europas.

In der **Coop Gruthas** gibt es besten Ziegenkäse direkt vom Erzeuger (SS 125, km 176, www.gruthas.it).

199 Stellplatz Gorropu, Silana

GPS 40.15283, 9.511253

Ebener, schattenloser Kiesplatz auf einer Passhöhe (1010 m). **Lage/Anfahrt:** direkt auf Passhöhe in Sichtweite der Straße SS125; **Platzanzahl:** 25; **Untergrund:** Kies/Schotter; **Service:** Strom, Trinkwasser, Abwasser, Chemie-WC, Hunde erlaubt, Sanitärgebäude; **Sicherheit:** ohne Umzäunung, frei zugänglich; **Preiskat.:** €€; **Geöffnet:** April–Okt.; **Kontakt:** Loc. Silana, SS125, km 182,5, Tel. 3405739613, www.campingsilana.com

Baunei/Santa Maria Navarrese

In dem Bergstädtchen führt eine Serpentinenstraße hinauf auf das **Alto Piano Su Golgo,** eine unbesiedelte, von Felsbrocken und Steineichen bedeckte Hochebene. Die Straße endet an dem einsamen, von uralten wilden Olivenbäumen umgebene **Pilgerkirchlein San Pietro di Golgo.** Auf der Hochebene findet man neben spektakulären Naturphänomenen wie der *Voragine Su Golgo,* einem sagenhaften, 295 m tiefen Karstschlund, auch zwei Hirten-Restaurants und vor allem die in einsamer Natur gelegene Bar Su Porteddu , auf deren Parkplatz man mit dem Wohnmobil über Nacht stehen kann (s.u.). Der Badeort der Gemeinde ist das eher beschauliche **Santa Maria Navarrese** mit seinen schönen Stränden, Hotels und einem Hafen.

TOUR CALA GOLORITZE

Am Stellplatz Bar Su Porteddu (s. u.) beginnt der Pfad hinab zur Cala Goloritze (hin ca. 1,5 Std., zurück ca. 2 Std.). Der Zugang ist in der Saison auf 250 Pers./Tag beschränkt, daher ist es ratsam, sich vorab am Infopoint im Hafen von Arbatax (s. S. 309) ein Ticket zu reservieren (Via Lungomare Porto Arbatax, Tel. 3398992939, www.arbatax.eu).

200 Stellplatz Bar Su Porteddu

GPS 40.083345, 9.678297

Naturbelassener Platz zwischen Felsen und Steineichen mit E-Bike-Verleih und Bar mit kleinen Speisen. **Lage/Anfahrt:** ab dem Abzweig zum Ristorante Golgo 1,2 km über eine Geländepiste; **Platzanzahl:** ca. 25; **Untergrund:** fester, teils ebener, teils leicht abfallender Naturboden; **Service:** Hunde erlaubt, Sanitäranlage; **Sicherheit:** ungesicherter Parkplatz; **Preiskat.:** €€; **Geöffnet:** Ostern–Okt.; **Kontakt:** Loc. Su Sinniperu, Tel. 3207481158

201 Stellplatz Camper-Service Costa Orientale

GPS 39.98339, 9.68592

Direkt am Strand Spiaggia Tancau gelegener, ebener, im vorderen Bereich asphaltierter Parkplatz, im hinteren Bereich naturbelassener lichter Eukalyptushain. **Anfahrt:** gut ausgeschildert, Beschilderung „Area Attrezzata Tancau“ folgen; **Platzanzahl:** ca. 60; **Untergrund:** Asphalt/Wiese; **Service:** Strom, Trinkwasser, Abwasser, Chemie-WC, Hunde erlaubt, Sanitäranlage; **Preiskat.:** €€–€€€; **Geöffnet:** April–Nov.; **Kontakt:** Via Tancau, Tel. 3339042522, www.areaattrezzatacostaorientale.it

Paradiesisch – der Strand Musculedda zwischen Tortoli und Torre di Bari

Tortoli/Arbatax

Tortoli ist das Wirtschafts- und Verwaltungszentrum der Region und zu den Einkaufszeiten entsprechend belebt. An der schnurgeraden Straße nach Arbatax reihen sich Supermärkte, Tankstellen und Geschäfte aneinander: ideal, um die Vorräte aufzufüllen. Touristisch interessant sind die Ortsteile Porto Frailis und Arbatax. In **Porto Frailis** findet man einen nicht allzu großen, aber schönen **Sandstrand** mit Bars und Restaurants sowie den Camping Telis, in **Arbatax** die berühmten **roten Felsen,** einen großen Hafen und einen kleinen Bahnhof, an dem die historische Schmalspurbahn *Trenino Verde* startet. Den **kilometerlangen Strand** von Arbatax findet man hinter dem Industriehafen am fischreichen **Stagno di Tortoli,** an der die Fischereigenossenschaft ihren Sitz hat. (Schild „Coop Pescheria" folgen). Der wichtigste und schönste Strand von Tortoli ist der **Lido di Orri** mit seinen zahlreichen Strandbars und Restaurants, der südlich der Stadt liegt.

TIPP BOOTSAUSFLUG ZUR STEILKÜSTE

Die als Nationalpark geschützte Steilküste am Golfo di Orosei ist eines der eindrucksvollsten Naturspektakel Sardiniens. Ihre Schönheit kann man nur per Boot bewundern, da sie von Land nur an wenigen Stellen und mittels anstrengender Fußmärsche zu erreichen ist. Ab Marina Arbatax werden Tagesausflüge mit dem Boot angeboten. Besonders empfehlenswert ist dabei eine Mini-Kreuzfahrt mit Sergio und seiner Helios. Sie umfasst neben viel guter Laune, Badestopps und der Besichtigung der Grotta del Fico auch Essen und Trinken, darunter ein direkt an Bord zubereitetes, opulentes Mittagessen (MY Helios, Marina Arbatax, Tel. 3687546384, www.heliosturismo.com).

202 Camping Telis

GPS 39.92467, 9.70792

Sehr schönes, gepflegtes, parkartiges Terrassengelände mit fast tropisch üppiger Vegetation direkt am Meer. Am Platz ist ein schmaler Fels- und Kiesstrand vorhanden. Mit Spielplatz, Pool, Bar, Restaurant und Fitness-/Wellness-Zentrum. **Anfahrt:** von Tortoli Richtung Arbatax, dann Abzweig nach Porto Frailis, ab Abzweig gut ausgeschildert; **Service:** Strom, Trinkwasser, Abwasser, Chemie-WC, WLAN, Hunde erlaubt; **Sicherheit:** landseitig eingezäuntes Gelände, mit Einlassschranke; **Preiskat.:** €€–€€€; **Geöffnet:** ganzjährig; **Kontakt:** Baia di Porto Frailis, www.campingtelis.com, Tel. 0782667140

203 Stellplatz Area Camper Tanca Orri

GPS 39.90371, 9.68218

Leicht terrassiertes Naturgelände mit lichtem Baumbestand, Bar und Pizzeria am Lido di Orri. **Lage/Anfahrt:** ausgeschildert; gleich am Beginn des Lido di Orri; **Platzanzahl:** ca. 80; **Untergrund:** Naturwiese; **Service:** Strom, Trinkwasser, Abwasser, Chemie-WC, Hunde erlaubt, Sanitäranlagen; **Sicherheit:** umzäunt, am Eingang Videoüberwachung; **Preiskat.:** €€–€€€; **Geöffnet:** April-Okt.; **Kontakt:** Loc. Lido di Orri, Tel. 3487351779

204 Stellplatz Area Attrezzata, Baia Cea

GPS 39.868993, 9.680958

Ebener Platz unter Eukalyptusbäumen direkt am Strand, idyllisch gelegene Bar/Restaurant, Vermietung von Sonnenschirmen und Strandliegen. **Lage/Anfahrt:** vom Lido di Orri der schmalen Straße Richtung Barisardo folgen, Zufahrt zum Platz über ca 200 m langen, einspurigen Feldweg; **Platzanzahl:** ca. 70; **Untergrund:** Naturboden; **Service:** Strom, Trinkwasser, Abwasser, Chemie-WC, Hunde erlaubt, Sanitäranlage; **Sicherheit:** umzäunt; **Preiskat.:** €€–€€€€; **Geöffnet:** Juni–Okt.; **Kontakt:** Tel. 3200727533, www.baiacea.it

Barisardo

Das kleine, von fruchtbaren Gärten umgebene und von Landwirtschaft geprägte Städtchen Barisaro liegt nicht direkt am Meer. Touristischer Magnet ist die vier Kilometer entfernte, kleine Küstensiedlung **Marina di Bari,** wegen ihres malerisch über dem endlosen Strand thronenden Sarazenenturms meist **Torre di Bari** genannt. Der Strand wird auf seiner gesamten Länge von einem breiten Streifen schattenspendenden Kiefernwalds gesäumt, in dem sich gleich mehrere einladende Strandbars verstecken. Eine Handvoll Häuser und Hotels, eine Bar/Pizzeria, ein idyllisch gelegener Campingplatz und ein gepflegter Womo-Stellplatz nur 200 m vom Strand entfernt – das ist Torre di Bari.

205 Stellplatz Torre di Bari

GPS 39.831217, 9.677650

Großer, ebener Platz in ruhiger Lage und von Eukalyptusbaumreihen unterteilt. Zum Strand sind es nur 200 Meter. Padrone Signore Vitale legt Wert darauf, dass er auch *campeggio* ist. Man kann also auch mit dem Zelt bei ihm übernachten. Mit Grillbereich, Bar/Restaurant, Spielplatz. **Lage/Anfahrt:** ausgeschildert; **Platzanzahl:** ca. 50; **Untergrund:** befestigte, geschotterte Wiese; **Service:** Strom, Trinkwasser, Abwasser, Chemie-WC, WLAN, Hunde erlaubt, Sanitäranlage; **Preiskat.:** €€–€€€€; **Geöffnet:** ganzjährig; **Kontakt:** Tel. 3285555848, www.campingtorredibarisardo.com

Muravera

Die kleine, authentisch gebliebene Stadt an der Mündung des Riu Flumendosa ist vor allem für ihre **Zitrusfrüchte** berühmt, denen auch die große **Sagra degli agrumi,** das Zitrusfrüchtefest im Mai, gewidmet ist. Der schönste Strand, die **Spiaggia San Giovanni,** liegt etwas südlich der Stadt, der Wohnmobil-Stellplatz nördlich bei Porto Corallo.

Im **Restaurant Da Gianni** direkt am Strand gibt es sehr gute Küche. Bei den Einheimischen ist es ebenfalls sehr beliebt, deshalb sollte man zumindest am Wochenende einen Tisch reservieren. (Marina Gio, Loc. Marina di San Giovanni, Tel. 3339860200, www.facebook.com/ristorantemarinagio).

206 Camper Service Bellavista

GPS 39.438104, 9.632441

Weitläufiger, schön und ruhig über dem Strand gelegener, weitgehend naturbelassener Platz mit lichtem Baumbestand. Grill-/Picknickplatz, Spielplatz, Kiosk, Bar und Pizzeria/Restaurant. **Lage/Anfahrt:** an der Straße nach Porto Corallo; **Platzanzahl:** ca. 60; **Untergrund:** Wiese; **Service:** Strom, Trinkwasser, Abwasser, Chemie-WC, Hunde erlaubt, Sanitäranlage; **Sicherheit:** Einfahrtsschranke; **Preiskat.:** €€; **Geöffnet:** April-Okt.; **Kontakt:** Porto Corallo Loc. Prumari, Tel. 3455050069, www.bellavistacamperservice.com

TIPP DIE BROTSPEZIALITÄT SU CRIVAXIU

In dem kleinen Weiler Camisa zwischen Muravera und der Costa Rei gibt es das wohl beste Brot Sardiniens – die Brotspezialität **Su Civraxiu,** in der **Forno Artigianale Su Civraxiu** (Loc. Camisa, www.sucivraxiu-camisa.it) handgemacht und im Holzofen gebacken. Es lohnt sich, extra deswegen dorthin zu fahren, auch wenn es das Su Civraxiu inzwischen in manchem Supermarkt gibt. Jenes reicht geschmacklich um Längen nicht an das herrlich knusprige Erzeugnis dieser kleinen Handwerksbäckerei heran.

Costa Rei

Mit dem Erreichen der Costa Rei ist man mitten drin im sommerlichen, mediterranen Strandgetümmel. Die Costa Rei ist mit ihrem 10 Kilometer langen Sandstrand wahrlich ein königlicher Badeort und perfekt für einen Urlaub, in dem Sommer, Sonne und Strandvergnügen im Mittelpunkt stehen. Bei **Monte Nai** im Süden ist der Strand überwiegend von Ferienhauskolonien beherrscht, im ruhigeren Norden zu Füßen des **Capo Ferrato** dagegen von Campingplätzen.

LITERATURTIPP

Ausführlichere Routenvorschläge und Informationen zur Region findet man im Wohnmobil-Tourguide „Sardinien" im Reise Know-How Verlag.

207 Camping Capo Ferrato

GPS 39.242948, 9.569323

Kleines, weitgehend ebenes Gelände mit lichtem Eukalyptus- und Mimosenbestand in zauberhafter Lage am Südende der Costa Rei bei den Klippen Scoglio di Peppino direkt hinter dem Strand. Das Restaurant zählt zu den besten Campingrestaurants Italiens, die Sanitärgebäude sind mit Natursteinbecken und Privatbädern ausgestattet. Der Platz ist sehr beliebt, besonders bei Familien mit kleineren Kindern. Denn Patrizia, Herz und Seele des Platzes, organisiert für ihre großen und kleinen Gäste immer Neues, z. B. in der Vor- und Nachsaison die „Sardischen (Mitmach)Wochen". **Lage/Anfahrt:** gut ausgeschildert am südlichen Ortseingang von Costa Rei ca 200 m Geländepiste bis zum Eingang; **Platzanzahl:** ca. 80; **Untergrund:** Naturboden, Wiese; **Service:** Strom, Trinkwasser, Abwasser, Chemie-WC, WLAN, Hunde erlaubt; **Sicherheit:** umzäunt, mit nachts verschlossener Eingangsschranke; **Preiskat.:** €€–€€€; **Geöffnet:** Anf. April–Mitte Okt.; **Kontakt:** Loc. Monte Nai, Tel. 070991012, www.campingcapoferrato.it

Peter Höh

Sardiniens Westküste: Von Porto Torres bis zur Costa Verde

dell´ Asinara
Stintino
Castelsardo
Témpio Pausánia
Aggius
Nur. Maiori
Calangiánus
Olbia
Porto Tórres
Pozzo S. Nicola
N.S. de Tergu
Sédini
Nur. Sas. Ladas
M. Limbara
1362
Telti
S. Pietro di Simbrános o.d. Immágini
Pérfugas
Monte d'Accoddi
Sorso
Nulvi
Berchidda
Monti
Lóiri
S. Michele di Plaianu
Mártis
Ósilo
rgentiera
Sássari
Chiaramonti
Tula
L. del Coghinas
Padru
Santa Maria la Palma
S.S. Trinitá di Saccárgia
S. Antioco di Bisarcio
Óschiri
Olmedo
Ossi
Ploaghe
Alà dei Sardi
Nur. Palmavera
Necrop. Anghelu Ruiu
S. Michele di Salvénero
Nur. Ruju
Tramaríglio
Grotta di Nettuno
Fertília
Pattada
Buddusò
C. Cáccia
Alghero
Sant. di Valverde
Íttiri
S. Pietro di Sorres
Ozieri
Villanova Monteleone
Thiesi
Mores
Osidda
11
Torralba
Nur. S. Antine
N.S. de Cabu Abbas
Bultei
Bitti
Romana
S. Nicolò di Trullas
S. Andria Priu
Benetutti
Lula
Pádria
Bonorva
Bono
Orune
Montresta
Pozzomaggiore
C. Marárgiu
Nur. M. Muradu
Nur. S. Barbara
Bolótana
Nuoro
Sorg. su Col
Bosa
Síndia
S.M. di Corte
Macomér
Orotelli
Oliena
Tresnurághes
Suni
Orani
Mamoiada
Ottana
Orgósolo
Cúglieri
Sédilo
Sardegna
M. Ferru
1050
Santu Lussúrgio
Nur. Losa
Abbasanta
Zuri
Ghilarza
Gavoi
Fonni
Nur. Abini
S. Caterina di Pittinuri
Cornus
Paulilátino
L. Omodeo
Pso. di Caravai
Urzulei
C. Mannu
Nur. S´Urachi
Mílis
Nur. Frúscus
Monti del Gennargentu
Sórgono
Putzu Idu
Riola Sardo
Busachi
Tonara
1834
P. La Marmora
Parco Naz. Gennarge
Í. di Mal di Ventre
Stagno di Cábras
Cábras
Fordongiánus
S. Mauro
Villanova Strisáil
Samugheo
Aritzo
S. Giovanni di Sinis
Tharros
Oristano
Simáxis
Meana Sardo
12
S. Giusta
Flumendosa
Capo S. Marco
Arboréa
Láconi
Seúlo
Seui
Gáiro
Golfo di Oristano
Sénis
Nurallao
Sádali
Capo d. Frasca
Arboréa
Áles
Nur. Accodulazzo
S. António di Santadi
Barúmini
Ísili
S. Vittoria
L. del Flumendosa
Terralba
Úras
Nur. Su Nuraxi
Nurri
S.M. di Neápoli
Collinas
Mandas
Perdasdefo
Campidano
Villamar
Escalaplano
Montevécchio
S. Gavino Monreale
Sanluri
Nur. Piscu
Lago Mulárgia
Salto di
Costa Verde
Árbus
Guspini
Guasila
Senorbì
Pranu Mutteddu
Ballao
S. Nicolò Gerrei
C. Pécora
1236
M. Linas
Samassi
Villacidro
Nuraminis
S. Andrea Frius
Fluminimaggiore
Serramanna
S. Vito
Tempio di Ántas
Dolianova
Murave
Buggerru
Villasor
Monastir
P. Serpeddi
1067
Nur. S´Oro
Gr. di S. Giovanni
Domusnóvas
Burcei
Iglesias
Decimomannu
Sestu
Sinnai
Gonnesa
Siliqua
Uta
10 km
© Reise Know-How 2023

TOUREN-ÜBERBLICK

Routenempfehlung: Porto Torres – Stintino – Alghero – Bosa – Halbinsel Sinis – Cabras – Oristano – Arborea – Costa Verde – Buggeru – Iglesias
Länge gesamt: ca 370 km
Dauer: 6–8 Tage (1–2 Wochen sind zu empfehlen)
Reisezeit: ganzjährig. Für Badeurlaub zwischen Mai und Okt., in der Vor- und Nachsaison ein attraktives Ziel für Outdoor-Aktivitäten wie Trekking, Climbing, Biking. Im Winter sind nur sehr wenige Camping- und Stellplätze geöffnet. Auf Teilstrecken sind im Winter Winterreifen Pflicht, da auch mit Schnee zu rechnen ist.

Die dem offenen Meer zugewandte Westküste Sardiniens ist ursprünglicher als der Osten. Sie ist rauer und weniger besucht, die Orte sind noch nicht vom Tourismus geprägt, die Küstennatur auf großen Abschnitten kaum oder gar nicht berührt und geschützt. Die Wellen sind höher, der Wind weht stetiger. Wer die unverfälschte Natur und Kultur der Insel sucht, wird sie auf dieser Seite eher finden als auf der anderen. Sie bietet spektakuläre Steilküsten ebenso wie große und kleine Badeparadiese. Der Wind ist in der heißen Sommerzeit eine willkommene, kühle Brise und im Herbst und Winter bietet sich ein eindrucksvolles Naturspektakel, wenn die schwere See gegen die Klippen anrennt. Und die Westküste hat noch einen nicht zu unterschätzenden Vorzug: Im Westen geht die Sonne unter und auch, wenn es im Grunde jeden Tag das Gleiche ist, ist es doch immer einzigartig und jedes Mal die Seele berührend, wenn die Sonne im Meer versinkt.

Wildromantische Steilküste bei Bosa

Porto Torres

Wer die Westküste Sardiniens besuchen möchte, braucht nicht den Umweg über Olbia zu nehmen, sondern kann gleich mit der Fähre in Porto Torres ankommen. Die kleine Hafenstadt hat sich sichtbar gemausert, seit in ihrem Hafen immer mehr Fähren aus Frankreich und Genua ankommen. Ihre bedeutendste Sehenswürdigkeit und gleichzeitig eines der bedeutendsten sakralen Bauwerke der Insel ist die **Basilika San Gavino** (www.basilicasangavino.it). Das im 11. Jh. errichtete Gotteshaus ist die größte und eine der schönsten Kirchen der Insel sowie eines der bedeutendsten romanischen Baudenkmäler Italiens. Auch die Römer, die die Stadt einst als *turris libyssonis* gründeten, haben ihre Spuren hinterlassen, wie zu sehen im weitläufigen **Parco Archeologico** und im **Antiquarium Turritano** (Via Ponte Romano 99, www.facebook.com/antiquariumturritano), das die hier gemachten Bodenfunde ausstellt.

208 Agriturismo Margherita

GPS 40.81220, 8.35830

Ebenes Naturgelände in ruhiger Alleinlage. Wer im Agriturismo zu Abend isst, steht gratis, mit Spielplatz, Verkauf von eigenen Produkten. **Lage/Anfahrt:** ca. 2 km außerhalb von Porto Torres an der SP42 in Richtung Alghero; **Platzanzahl:** 15; **Untergrund:** naturbelassenes, ebenes Wiesengelände; **Service:** Strom, Trinkwasser, Abwasser, Chemie-WC, Hunde auf Anfrage; **Sicherheit:** ungesichert; **Preiskat.:** €–€€; **Geöffnet:** ganzjährig; **Kontakt:** Strada Provinciale 42, Dei Due Mari 134D, Tel. 079516055

Ufficio Turismo, Via Bassu, in der Stazione Marittima, www.comune.porto-torres.ss.it

Wer an die Westküste will, nimmt die Fähre nach Porto Torres

TIPP ABSTECHER ZU SARDINIENS EINZIGER PYRAMIDE

Der prähistorische **Altarberg Monte d'Accoddi** liegt direkt an der Straße SS131 Richtung Sassari (bei Kilometer 222,3) und ist das einzige Bauwerk seiner Art im gesamten Mittelmeerraum. Er wurde im Jahr 3500 vor Christus in der Ozieri-Kultur angelegt und während der Filigosa-Kultur um 2700 vor Christus auf neun Meter erhöht. Zu dieser Zeit wurde er auch mit einem zweiten Altar überbaut, zu dem eine 42 Meter lange, aufgeschüttete Erdrampe hinaufführt. Freigelegt wurde der Altarberg erst in den 1950er-Jahren.

Stintino

Obwohl der kleine, ehemalige Fischerort in der landschaftlich eher monotonen, von Ackerbau und Brachland geprägten Nurra liegt, ist er doch eines der beliebtesten Ziele für italienische Touristen. Der Grund hat einen Namen: **La Pelosa,** „die Haarige“, ist ein eher kleiner, aber paradiesisch schöner Strand, der dank seines fast unwirklichen Lichtes häufig für Werbeclips als Kulisse dient. Der sommerliche Ansturm ist so enorm, dass an La Pelosa sehr strenge Regeln gelten (Zugangsbegrenzung, Verbot eigener Badetücher usw.). Von Stintino starten auch Ausflugsboote zur vor der Küste liegenden ehemaligen **Gefängnisinsel Asinara.** Stintino selbst liegt fotogen auf einer Landzunge zwischen zwei kleinen Fischer- und Sportboothäfen.

TIPP BOOTSAUSFLUG ZUR NATIONALPARK-INSEL ASINARA

Früher war Asinara eine **Gefängnisinsel,** auf der hochrangige Mafiosi und die Topterroristen der Roten Brigaden einsaßen, heute ist sie Nationalpark. Auf ihr leben die berühmten, wilden weißen Esel. Zu und zwischen den ehemaligen Gefängnissen auf der Insel verkehrt ein kleiner Elektrozug. In Fornelli, La Reale und Cala d'Oliva gibt es Fahrradverleihe. Es gibt unterschiedliche, ausgewiesene Wander(rund-)wege. Verschiedene Touren – auch als Passagier im Geländewagen und per Schiff – bietet z. B. der Veranstalter Asinara 4x4 (Via Vincenzo Monti 19, www.asinara4x4.com). Anfahrt per Personenfähre von Stintino z. B. mit Scopri Sardegna (https://alcor.scopri sardegna.com).

Traumstrand La Pelosa – „die Haarige“ bei Stintino

209 Stellplatz Area La Pineta

GPS 40.86896, 8.23631

Großer, ebener Platz in Pozzo San Nicola direkt hinter dem Restaurant Perla del Golfo. Durch Baumreihen etwas parzelliert. Wenn das Einfahrtstor geschlossen ist, an der Klingel rechts daneben klingeln. **Lage/Anfahrt:** am Kreisverkehr Richtung Stintino fahren, dann etwa 4 km nach dem Ortsausgang rechts halten; **Platzanzahl:** 60; **Untergrund:** Schotter, Rasen; **Service:** Strom, Trinkwasser, Abwasser, Chemie-WC, Sanitäranlage, WLAN, Hunde erlaubt; **Sicherheit:** videoüberwacht; **Preiskat.:** €€–€€€; **Geöffnet:** ganzjährig; **Kontakt:** Pozzo San Nicola, SP 34, km 22, 07040 Stintino, Tel. 3470881433, www.stintinocamper.it

Vom Capo Falcone zum Capo Caccia

Die gesamte Außenküste zwischen dem Capo Falcone bei Stintino und dem Capo Caccia ist wild, weitgehend unzugänglich und menschenleer. Nur an wenigen Stellen führen befahrbare Straßen bis ans Meer. Eine dieser Stellen ist das **Capo dell'Argentiera,** das „Silberkap". Hier, wo man einst Silber fand, liegt heute die Geistersiedlung Argentiera. Zwischen den verfallenen Anlagen hat sich die einfache **Bar/Trattoria Il Veliero** (Via della Laveria 1) mit guter, preiswerter Küche angesiedelt.

Das weit ins Meer vorspringende, gewaltige Felsenkap Capo Caccia birgt in seinem Bauch eine der meistbesuchten Attraktionen der Region: die Tropfsteinhöhle **Grotta di Nettuno** (SP55, https://grottadinettuno.it). Man erreicht den Höhleneingang entweder über eine lange, steile, in den senkrechten Fels gemeißelte Treppe oder mit dem Ausflugsboot

Die Anfahrt zum Eingang der Grotta di Nettuno ist nur bei ruhiger See möglich

ab Alghero. Bei hohem Wellengang bleibt die Höhle geschlossen. Am Ende der Straße zum Capo Caccia stehen nur eine kleine Wendeplatte und sehr wenige Parkplätze zur Verfügung.

Alghero

Die „schöne Spanierin" Alghero gilt vielen als Sardiniens schönste Stadt. Mit 44.000 Einwohnern hat sie auch eine respektable Größe. Dank ihres Flughafens ist sie ganzjährig viel besucht und vom Tourismus geprägt. Architektur, Küche und Kultur sind nicht sardisch, sondern spanisch. Genauer gesagt katalanisch, denn die Katalanen herrschten lange Zeit über die Hafenstadt, die näher an Spaniens Küste liegt als an der italienischen. Das historische Zentrum erinnert mehr an Palma de Mallorca, in Restaurants wird Paella und Aragosta Catalana angeboten und die Straßenschilder sind dreisprachig. Eigentlich ist Alghero ein Muss an der Westküste. Allerdings finden sich altstadtnah kaum Parkmöglichkeiten für Wohnmobile. Es gibt einen großen, kostenpflichtigen (und kostspieligen) Parkplatz auf der Piazzale del Pace (GPS 40.562448, 8.317101). Am besten besucht man die Stadt zu Fuß, per Rad oder mit dem Bus von einem der Stell-, und Campingplätze aus.

Alghero lädt zum ausgiebigen Bummeln, Shoppen und Spazierengehen ein. Die Seele der von einer mächtigen Festungsmauer umgebenen Altstadt ist die **Piazza Civica.** Von ihr geht die Hauptschlagader, die von zahlreichen Souvenirläden gesäumte Fußgängerzone **Via Carlo Alberto** ab. Sie endet auf der **Piazza Ginnasio,** an der die **Chiesa San Michele** mit ihrer glänzenden Majolika-Kuppel steht. Wenige Schritte entfernt liegt das **Museo Archeologico** (Via Carlo Alberto 72 https://musealghero.it/museo-archeologico). An der belebten **Piazza Sulis** mit ihren vielen Straßencafés und

Die Piazza Civica ist das Herz von Algheros Altstadt

210 Stellplatz Paradise Park

GPS 40.59079, 8.25568

Großer, ebener, parzellierter Naturplatz in schönem Olivenhain, ca. 400 m vom Strand entfernt. Sehr gute Ausstattung mit Restaurant/Pizzeria, Grill, Spielplatz u. a. Busanbindung nach Alghero, zum nächsten Strand und Supermarkt. **Lage/Anfahrt:** SS127bis von Fertilia Richtung Capo Caccia, dann am Abzweig zum Strand Le Bombarde links; **Platzanzahl:** ca. 150; **Service:** Strom, Trinkwasser, Abwasser, Chemie-WC, WLAN (an der Rezeption), Hunde erlaubt, Sanitäranlage; **Sicherheit:** umzäunt, mit viedeoüberwachter Eingangsschranke; **Preiskat.:** €€–€€€; **Geöffnet:** Mai–Sept.; **Kontakt:** Loc. Le Bombarde, 07041 Alghero, Tel. 079936033, www.paradisepark.it

Restaurants endet die Altstadt. Wenige Schritte davon entfernt findet sich das **Museo del Corallo** (Via XX. Settembre 8, https://museialghero.it/museo-del-corallo). Das wichtigste sakrale Bauwerk Algheros ist die **Cattedrale Santa Maria** (Piazza Duomo 2) mit **Diözesan-Museum** (Via Maiorca 1, www.algheroturismo.eu/inserimenti/museo-diocesano). Die Schokoladenseite der Stadt ist die **seeseitige Bastion,** auf der man wunderbar flanieren kann, besonders schön am Abend zum Sonnenuntergang.

Ufficio Informazioni Turistiche, Via Cagliari 2, www.algheroturismo.eu

211 Camping La Mariposa

GPS 40.57926, 8.31222

Stadtnaher Platz auf schmalem Streifen zwischen Strand und vielbefahrener Straße, begrenzte Anzahl von guten Stellmöglichkeiten. Bar, Fahrrad-, Roller- und Kanuverleih. Nur 1,5 km Fußweg zur Altstadt, deshalb begehrt und oft voll. **Lage/Anfahrt:** gut ausgeschildert **Platzanzahl:** ca. 130; **Service:** Strom, Trinkwasser, Abwasser, Chemie-WC, WLAN, Hunde erlaubt; **Sicherheit:** umzäunt; **Preiskat.:** €€–€€€ **Geöffnet:** Ende April–Anfang Okt.; **Kontakt:** Via Lido 22, 07041 Alghero, Tel. 079950480, www.lamariposa.it

TIPP ABSTECHER ZU WEINGUT UND NEKROPOLE

Nördlich von Alghero liegen die **Tenute Sella & Mosca, Sardiniens größtes Weingut** mit Enothek und Museum. Berühmt sind Weißweine wie der Monteoro und der Terre Bianche, aber auch der Spumante Torbato brut. Der bekannteste Rote des Hauses ist der aus der Cannonau-Traube gewonnene, schwere Anghelu Ruju, benannt nach einer steinzeitlichen Grabanlage (Loc. I Piani, www.sellaemosca.com). Ebendiese, die **Nekropole Anghelu Ruju** (www.necropoliangheluruju.it), ist eine der größten Nekropolen im Mittelmeerraum. Das labyrinthische Höhlensystem umfasst 37 Gräber aus der Ozieri- (3400–2700 v. Chr.) und der nachfolgenden Bonnanaro-Kultur und kann besichtigt werden.

Bellissima Bosa – die Altstadt von Bosa zwischen Römerbrücke und Castello

Bosa

Die knapp 50 Kilometer von Alghero nach Bosa fährt man auf einer der schönsten Küstenstraßen der Insel. Hier kann man noch Geier kreisen sehen, die in den Klippen der unbesiedelten Küste nisten. Das einzige Gebäude an der Straße zwischen Alghero und Bosa ist das **Casa del Vento,** ein Ristorante in grandioser Lage über der Steilküste mit Blick auf die Küste und einem kleinen Womostellplatz (s. S. 322).

Das am breiten Riu Temo gelegene Bosa ist der exakte Gegenentwurf zu Alghero. Zwar lebt man inzwischen auch vom Tourismus, aber der Charakter der Stadt und ihrer Bewohner ist davon noch wenig berührt. Das malerische Städtchen, dessen farbenfrohe Häuser sich an die steilen Flanken eines von einer Festung gekrönten Hügels schmiegen, ist ursardisch. Am Anfang der Einkaufs- und Flaniermeile Corso Vittorio Emanuele II ragt die **Cattedrale del'Immacolata** mit sehenswerten Deckengemälden und Schnitzereien auf. Am Corso erzählen das **Casa Deriu** (Corso Vittorio Emanuele 59, https://tacsvt.it/museo-casa-deriu) und die **Pinacoteca Atza** (Corso Vittorio Emanuele 74, https://tacsvt.it/pinacoteca-antonio-atza) von zwei berühmten Söhnen der Stadt. Einen herrlichen Blick über die Dächer der Altstadt und das Temo-Tal eröffnet sich von den Zinnen des im 12. Jh. von Genuesen erbauten **Castello Malaspina** (www.castellodibosa.com). Die kulturhistorisch bedeutsamste Kirche von Bosa, **San Pietro Extramuros** (www.castellodibosa.com), steht, wie der Name schon sagt, einsam außerhalb der Stadt am Temoufer. Das 1073 aus rotem Trachytgestein erbaute Gotteshaus ist einer der ältesten Sakralbauten Sardiniens. Bosas **Badestrand Bosa Marina** liegt etwa 3 Kilometer flussabwärts an der Mündung des Riu Temo.

212 Stellplatz Casa del Vento

GPS 40.328226, 8.434958

Der kleine, naturbelassene Platz befindet sich in einzigartiger, ruhiger Lage beim Ristorante Casa del Vento (s. S. 321) zwischen den Felsen. **Lage/Anfahrt:** SP 49, bei km 8; **Platzanzahl:** ca. 10; **Untergrund:** naturbelassene, von Macchia und Felspartien umrahmte Wiese, leicht uneben; **Service:** Strom, Trinkwasser, Abwasser, Chemie-WC, Hunde erlaubt, Sanitäranlage; **Sicherheit:** frei zugänglich auf dem Gelände des Restaurants; **Preiskat.:** €€; **Geöffnet:** Febr.–Mitte Nov.; **Kontakt:** Capo Marrargiu, 08013 Bosa, Tel. 3471822074

Der **Malvasia di Bosa** gilt als einer der besten aus der Rebsorte Malvasia hergestellten Weine Italiens. Der Wein der Familie Columbu z. B. wird international gerühmt. Kosten und kaufen kann man diese edlen Tropfen in der kleinen, rustikalen Probierstube **Su Caminu** in der Altstadt (Via Carmine 104, www.malvasiacolumbu.com).

213 Stellplatz S'Abba Druche

GPS 40.31495, 8.46505

Einer der landschaftlich am schönsten gelegenen Plätze auf Sardinien mit drei schönen Sandstränden zwischen Felsenklippen. Weitläufiges, terrassiertes Naturgelände direkt am Strand. Bar, Restaurant, Spielplatz, Kanu-Verleih. Nach Bosa sind es 3 km. **Lage/Anfahrt:** Abzweig von der SP 49, bei Km 38,8. Von der Rezeption ca. 800 m unbefestigte Piste bis zur Küste; **Platzanzahl:** ca. 100; **Untergrund:** zum Meer hin ebene, mit Büschen und Bäumen teilweise parzellierte Wiese, nach hinten ansteigendes, terrassiertes Gelände; **Service:** Strom, Trinkwasser, Abwasser, Chemie-WC, WLAN, Hunde erlaubt, Sanitäranlagen; **Sicherheit:** 24 Std. Platzaufsicht. **Preiskat.:** €€; **Geöffnet:** April–Okt.; **Kontakt:** SP49, 08013 Bosa, Tel. 3384440948, www.abbadruche.it

I.A.T. Ufficio Informazioni e di Accoglienza Turistica Bosa, Piazza Carmine

Halbinsel Sinis

Lange lag die abgelegene Halbinsel im Abseits der Touristenströme und war ein Mekka für Wildcamper. Das hat sich geändert. Fast die ganze Außenküste steht unter Naturschutz. Zu ihren Besonderheiten zählen die einzigartigen sog. **Reiskornstrände,** die aus reiskorngroßen Quarzkörnchen bestehen. (Jede Entnahme ist strikt verboten und wird sehr hart bestraft!) Auch wenn das Wildcampen ein Ende hat, die Halbinsel ist nach wie vor eine abgelegene Region und gleich drei sehr einfache Stellplätze vermitteln nach wie vor das Gefühl, wild zu stehen. Im Süden der Halbinsel liegt der Weiler **San Giovanni di Sinis** mit seinem frühchristlichen Kirchlein gleichen Namens. Der im 5. Jh. in byzantinischer Kuppelbauweise begonnene und im 9. Jh. mit einem Lang- und einem Querschiff versehene Sakralbau ist eines der ältesten Gotteshäuser Sardiniens. Den äußersten Südzipfel von Sinis nimmt die antike Römerstadt **Tharros** ein (www.tharros.sardegna.it). Die ausgedehnte Ruinenstadt zeigt mit ihren Straßen, Badehäusern, Tempeln, und Villen plastisch, wie die Römer einst lebten.

214 Agricampeggios Da Giuliano / Tanca Is Muras da Angelo / Monte Muras Serrano

GPS 39.962888, 8.403754

Gleich drei direkt nebeneinanderliegende, in ihrer Beschaffenheit praktisch identische Stellplätze in sanfter Hanglage, direkt am Strand mitten im Nirgendwo. Das Geheimnis: Drei Brüder betreiben je einen der Plätze. **Lage/Anfahrt:** ab Parkplatz von Is Arenas ca. 1 km unbefestigte Piste; **Platzanzahl:** jeweils ca. 60–80; **Untergrund:** sehr große, teils ebene, teils sanft abfallende, weitgehend schattenlose Wiesen, im oberen Teil leicht terrassiert, im unteren Teil am Strand eben; **Service:** Strom, Abwasser, Chemie-WC, Hunde erlaubt, Sanitäranlage; **Preiskat.:** €–€€; **Geöffnet:** Mai–Ende Okt.; **Kontakt:** Loc. Mari Ermi, 09170 Cabras; Da Giuliano: Tel. 3402809261, Da Angelo: www.agricampeggiotancaismuras.it, Da Serrano: www.agricampingmontemuras.com

> **INFO PROZESSION IM LAUFSCHRITT: LA CORSA DEGLI SCALZI**
>
> Bei der eindrucksvollen Prozession **La Corsa degli Scalzi** an jedem ersten Sonntag im September tragen etwa 500 junge, ganz in weiß gekleidete Männer barfuß und im Laufschritt die Holzstatue des Heiligen San Salvatore von der Kapelle San Salvatore auf Sinis über 12 km nach Cabras. Die Prozession erinnert an den Tag, an dem die Einwohner von Cabras ihren Heiligen in höchster Eile vor herannahenden Sarazenen in Sicherheit bringen mussten. Im Anschluss an den Lauf gibt es während der **Sagra di San Salvatore** eine Woche lang Musik, Tanz und opulentes Essen mit viel Fisch und Vernaccia-Wein (www.corsadegliscalzi.it).

Immerhin war sie die größte und bedeutendste phönizisch-römische Hafen- und Handelsstadt Sardiniens, gegründet zwischen dem 11. und dem 8. Jh. v. Chr. Im 11. Jh. n. Chr. musste sie wegen ständiger Sarazenenüberfälle aufgegeben werden.

Cabras

Das kleine Fischerdorf Cabras liegt direkt am Ufer der mit 2300 ha größten Lagune der Region, dem **Stagno di Cabras.** Der Strandsee *(stagno)* ist eines der fischreichsten Gewässer Italiens. Sein Fischreichtum macht Cabras zum Mekka aller Liebhaber von Meeresküche. In Cabras wird auch aus dem Rogen der Meeräsche *(muggine)* die als „Sardischer Kaviar" bekannte Spezialität **Bottarga di Muggine** hergestellt.

Cabras geriet in die internationalen Schlagzeilen, als man auf der Halbinsel Sinis eine spätnuraghische Nekropole mit riesigen, bis zu 2,50 m hohen Skulpturen entdeckte und diese 2014 der Öffentlichkeit präsentierte. Bislang wurden 38 Statuen ausgegraben. Zu bestaunen sind die „Giganten vom Monte Prama", die wohl ältesten freistehenden Großplastiken Europas, im **Museo Civico G. Marongiu** (Via Tharros 121, www.museocabras.it).

Im schlichten Gastraum der familiären **Trattoria Zia Belledda** kommen Köstlichkeiten aus Lagune und Meer frisch auf den Tisch, zubereitet nach alten Hausrezepten (Via Amsicora 43).

Im **Laboratorio Artigianale von Giovanni Spanu** bekommt man handwerklich hergestellte Bottarga di Muggine der höchsten Qualität (Via Carducci 20, www.spanubottarga.com).

Oristano

Die Provinzhauptstadt ist das wirtschaftliche Zentrum der fruchtbaren Tirsomündung und der Arborea. Die Stadt und das Leben sind mehr von der Landwirtschaft als vom Tourismus geprägt. In Sardiniens „Goldenem Zeitalter" im 11. Jh., als die Insel in vier Judikate gegliedert und frei von Fremdherrschaft war, war sie Regierungssitz des Judikats Arborea, über das die in ganz Sardinien als Nationalheldin verehrte Eleonora di Arborea herrschte. Ihr Standbild erhebt sich auf der zentralen **Piazza Eleonora di Arborea** mit dem **Palazzo Communale** aus dem 17. Jh. und dem **Justiz-**

Oristano – Sardiniens Nationalheldin wacht über die nach ihr benannte Piazza Eleonora di Arborea

palast. Wenige Schritte entfernt ragt die imposante Kuppel des **Duomo di Oristano** über die Dächer der Altstadt auf. Im **Antiquarium Arborense** (Piazza Corrias, www.antiquariumarborense.it) sind Funde der Vor- und Frühzeit aus der Region zusammengetragen, besonders die aus der nahen phönizisch-römischen Stadt Tharros. Dank der ertragreichen Erde und den fischreichen Strandseen in der Umgebung besitzt Oristano eine reiche Küchentradition und viele ausgezeichnete Restaurants. Das größte Fest der Stadt ist das seit 1600 ausgetragene, eindrucksvolle **Reiterfest Sartiglia di Oristano** (s. r.).

Oristanos Amüsierviertel ist der Vorort **Marina di Torre Grande** mit schönem Sandstrand sowie zahlreichen Strandbars und Restaurants. Im Vorort Santa Giusta steht mit der 1135 errichteten **Basilika di Santa Giusta** (Via Manzoni 2) eine der größten und schönsten pisanischen Landkirchen Sardiniens.

An der Ecke Viale Cimitero/Via Dorando Petri gibt es einen großen Parkplatz mit kostenloser kommunaler Ver- und Entsorgungsstation, auf dem man sein Womo abstellen und in die ca. 5 Fußminuten entfernte Altstadt spazieren kann.

INFO SARTIGLIA DI ORISTANO

Bei dem seit dem 17. Jh. immer am Faschingssonntag und -dienstag begangenen, farbenprächtigen und stark ritualisierten Turnier **Sartiglia di Oristano** versuchen in historische Kostüme gekleidete und faszinierend maskierte Reiter, im Galopp einen vor dem Dom aufgehängten, fünfzackigen Stern mit einer Lanze zu durchbohren. Vom Ge- oder Misslingen hängt, so will es der Volksglaube, das Wohl und Wehe der Stadt und ihrer Bewohner ab. Das Fest wird im Urlaubsmonat August in einer etwas kleineren Variante für Touristen wiederholt (www.sartiglia.info).

Ufficio Turismo, Piazza Eleonora 18, www.gooristano.com

215 Stellplatz Torre Grande

GPS 39.90778, 8.52028

Stellplatz auf dem Gelände des ehemaligen Campingplatzes Torre Grande. **Lage/ Anfahrt:** großer, ebener, von Eukalyptusbäumen bestandener Platz; **Platzanzahl:** ca. 100; **Untergrund:** naturbelassener fester Waldboden; **Service:** Strom, Trinkwasser, Abwasser, Chemie-WC, WLAN, Hunde erlaubt; **Sicherheit:** umzäunter Platz mit überwachter Eingangsschranke; **Preiskat.:** €€–€€€; **Geöffnet:** Mai–Sept.; **Kontakt:** Viale Stella Maris 10, 09170 Torre Grande, Tel. 3470419665

Arborea

Das in der Mussolini-Ära erbaute Städtchen liegt inmitten von ebenen, streng rechtwinklig angeordneten Feldern und Weiden. Das einst malariaverseuchte Sumpfland wurde entwässert und so zu der fruchtbarsten Region der Insel. Die inselweit in jedem Laden zu bekommende Arborea-Milch wird hier produziert. Der in Anlage und Architektur italienisch geprägte Ort hat mit der **Spiaggia di Arborea** einen kilometerlangen, von einer Schatten spendenden *pineta* gesäumten Strand, an den sich nur wenige Touristen verirren.

Die eigentlich für den Verkehr gesperrte, aber dennoch von allen benutzte, einspurige **Notbrücke Ponte Marceddi** führt von der kleinen, einsam am großen Stagno di San Giovanni gelegenen Fischersiedlung **Marceddi** über den Strandsee – Benutzung auf eigene Gefahr, aber sonst wird ein großer Umweg für die Weiterreise fällig.

216 Camping S'Ena Arrubia

GPS 39.816763, 8.553425

Einladendes Plätzchen in schönster Natur direkt am Strand, Bar/Restaurant und Pool. **Lage/Anfahrt:** schmale Asphaltstraße, gut ausgeschildert; **Service:** Strom, Trinkwasser, Abwasser, Chemie-WC, WLAN, Hunde erlaubt; **Sicherheit:** umzäunt mit Eingangsschranke; **Preiskat.:** €€–€€€; **Geöffnet:** Mitte Mai–Anf. Okt.; **Kontakt:** Strada 29 Ovest, 09092 Arborea, Tel. 0783809011, www.senarrubia.it

Spuren der Bergbaugeschichte am Weg zum Piscinas-Strand

Das unscheinbare, aber weithin bekannte **Ristorante Da Lucio** in Marceddi ist unbedingt einen Besuch wert. Freunde frischer Meeresküche sind hier im Paradies, denn im Da Lucio kommt das ganze Füllhorn an Früchten des Meeres in der denkbar frischesten Form auf den Tisch (Via Lungomare 40, Marceddì, Tel. 0783867130, www.ristorantedalucio.it, Tischreservierung erbeten).

Costa Verde

Die oft als „Sahara Sardiniens" bezeichnete Costa Verde ist eines der bedeutendsten Naturschutzgebiete nicht nur Sardiniens, sondern ganz Italiens. An ihren so endlosen wie einsamen Stränden legen Meeresschildkröten ihre Eier ab. Spaziert man vom Parkplatz am **Strand von Scivu** den Pfad hoch über dem Strand nach Süden, ist es, als wäre man nicht mehr auf dieser Welt. Die bis auf wenige Wochen im Sommer vollständige Einsamkeit, das unglaubliche Zusammenspiel der Farben, die bizarr gewachsenen Strandwachholder, der goldgelbe Sand, die roten Porphyrklippen und das tiefblaue Meer – einfach unvergesslich. Einzige Bauwerke entlang der gesamten Costa Verde sind die alten Stallanlagen für die Minenpferde, heute das **Hotel Le Dune Piscinas** (Via Bau 1, 09031 Arbus, www.ledunepiscinas.com), inmitten der Sandwüste an der Mündung des Riu Piscinas. Man muss nicht besonders betonen, dass in dieser einmaligen, paradiesischen Natur besondere Verhaltensregeln und Einschränkungen gelten. Die Einfahrt ist nur an zwei Stellen möglich. Den nördlichen Teil erreicht man über eine Stichstraße, die über die verlassene **Bergarbeitersiedlung Ingurtosu** durch die Kulisse von Abraumhalden und Relikten der alten Minen ins Tal des Riu Piscinas hinabführt. Ein zweiter Zugang ist eine 12 Kilometer lange Stichstraße, die ganz im Süden zum Scivu-Strand hinausführt. Die mögliche Anfahrt über eine sehr schlechte, kilometerlange Piste entlang der Küste über Marina di Arbus ist nicht zu empfehlen, da man auf ihr an Furten zwei Bäche durchqueren muss, die je nach Wasserstand nur mit geländegängigen Fahrzeugen oder auch gar nicht passierbar sind.

Das **Restaurant Il Corsaro** besticht mit seiner spektakulären Alleinlage direkt über den Dünen und dem Strand mit herrlichem Meerblick, besonders zum Sonnenuntergang, und ausgezeichneter Meeresküche (Nero, Loc. Portu Maga, www.hotelcorsaronero.com).

217 Camping Sciopadroxiu

GPS 39.52481, 8.47376

Von Eukalyptus beschattete Terrassen und ein freies Rasengelände inmitten der Costa-Verde-Natur. **Lage/Anfahrt:** Straße hinab nach Ingurtosu und Piscinas, bis zur Talsohle asphaltiert, dann Geländepiste. Die Auffahrt zum Camping ist steil, aber befestigt; **Untergrund:** Naturboden; **Service:** Strom, Trinkwasser, Abwasser, Chemie-WC, WLAN, Hunde erlaubt; **Sicherheit:** ungesichertes Naturgelände, nachts dezent beleuchtet; **Preiskat.:** €€–€€€; **Geöffnet:** März–Okt.; **Kontakt:** Loc. Piscinas, 09031 Arbus, Tel. 3405724310, www.campingsciopadroxiu.com

218 Agriturismo Sa Perda Marcada

GPS 39.506005, 8.541572

Ein Agriturismo im besten Sinne, in stiller Alleinlage und dank der ausgesprochen gastfreundlichen Familie ein echter Wohlfühlort. Exzellente, authentische Küche. Ab vier Personen bietet Elena Kochkurse an, bei denen man u. a. in die Geheimnisse der sardischen Pasta eingeweiht wird (Info/Anmeldung s. Website). **Lage/Anfahrt:** direkt beim Abzweig nach Scivu durch großen Torbogen 300 m auf unbefestigtem Weg bergauf. Große, ebene, naturbelassene Terrasse mit schöner Aussicht und einzelnen, schattenspendenden Bäumen; **Platzanzahl:** ca. 6; **Service:** Strom, Trinkwasser, Hunde erlaubt; **Sicherheit:** keine besonderen Einrichtungen, aber direkt beim Agriturismo gelegen; **Preiskat.:** €; **Geöffnet:** ganzjährig; **Kontakt:** SS126, 09031 Arbus, Tel. 0709758714, www.saperdamarcada.it

Buggeru

Schon bei der Anfahrt durch die menschenleeren, nur von struppiger Macchia überzogenen Berge der Nurra nimmt man überall Relikte wahr, die aus der langen Geschichte des Bergbaus stammen. Schon die Phönizier schürften hier nach Erzen. Die goldene Zeit endete mit der Schließung der letzten Mine vor einigen Jahren. Ebenso wie die ganze Region und auch die Nachbarorte Nebida und Masua mit ihren verfallenen Minenanlagen und Abraumhalden ist auch die in einen schluchtartigen Einschnitt eingezwängte Bergarbeitersiedlung Buggeru vom Bergbau geprägt. Lange Jahre verharrte sie in einer Art Dämmerschlaf. Erst in jüngster Zeit hielt der Tourismus in bescheidenem Maße Einzug und mit ihm neue Einkommensquellen. Die wichtigste Attraktion von Buggeru ist die alte, hoch über dem Ort gelegene und für Besucher erschlossene **Mine Galleria Henry** (www.visitbuggerru.it/prenotazioni-galleria-henry). Der schönste Strand des Orts, die **Cala Domestica,** liegt einige Kilometer südlich vom Ort.

TIPP PANORAMAWEG IN NEBIDA

Folgt man vom Parkplatz an der Corso Pan di Zucchero in Nebida zu Fuß der Beschilderung „Belvedere", gelangt man auf dem Panoramaweg **Passeggiata panoramica di Nebida** zu der einzigartigen **Felsenbar 906 Operaio,** untergebracht in einem alten Bergbaurelikt, denn das Gebäude diente einst als Sprengstoffbunker, die Toilette als Lager für die Zünder. Von der Terrasse hat man einen sensationellen Ausblick auf die Steilküste und den Pan di Zucchero, einen gewaltigen, aus dem Meer aufragenden Felsmonolithen in Form eines Zuckerhuts.

219 Stellplatz Cala Domestica

GPS 39.37246, 8.38208

Große, schattenlose, ebene Naturwiese mit einzelnen Buschgruppen in idyllischer Lage, Bar/Kiosk. **Lage/Anfahrt:** breite, asphaltierte Stichstraße, ca. 1,5 km das Bachtal abwärts bis zum Ende; **Platzanzahl:** mind. 50; **Untergrund:** naturbelassene Wiese; **Service:** Trinkwasser, Abwasser, Chemie-WC, Hunde erlaubt; **Sicherheit:** Einfahrtsschranke; **Preiskat.:** €€; **Geöffnet:** Juni–Sept.; **Kontakt:** Località Cala Domestica, 09010 Buggerru, Tel. 3466360780

Iglesias

Wie alles im Südwesten Sardiniens, hat das Städtchen Iglesias seine Existenz dem Bergbau zu verdanken. Hier residierten die reichen Minenbesitzer und Silberbarone. Mit dem Ende der Bergbauepoche versank auch Iglesias in einen Dornröschenschlaf. Heute zeigt es sich als freundliches und beschauliches Städtchen mit italienischem Flair, das zum ausgiebigen Bummel durch die Gassen der Altstadt einlädt. Zentrum ist die Piazza Municipio mit **Palazzo Comunale** (19. Jh.), dem **Bischofspalast** (18. Jh.) und **der Kathedrale Santa Chiara** (13. Jh.). Auch die Museen von Iglesias stehen ganz im Zeichen der Bergbaugeschichte der Stadt. Das Bedeutendste ist das **Museo dell'Arte Mineraria** im Istituto Tecnico Minerario (Via Roma 47, www.museoartemineraria.it).

TIPP TEMPIO DI ANTAS UND GROTTA SU MANNAU

An der SS125 von Fluminimaggiore nach Iglesias liegen zwei interessante Ausflugsziele. Die sehenswerte Tropfsteinhöhle **Grotta Su Mannau** (GPS 39.40812, 8.49361, www.sumannau.it) ist idyllisch in einem Bachtal gelegen. Es gibt am Parkplatz eine nette Bar. Wenige Kilometer weiter biegt von der SS125 die Straße zum römische Heiligtum **Tempio di Antas** (GPS 39.391727, 8.499578, https://startuno.it/tempio-di-antas) ab, das ebenfalls idyllisch in der stillen Natur liegt. Das im 3. Jh. v. Chr. auf einem punischen Tempel aus dem 6. Jh. v. Chr. errichtete Gebäude gehörte wahrscheinlich zu der bedeutenden Römerstadt Metallica, die bisher noch nicht entdeckt wurde.

Rings um Iglesias liegen mehrere stillgelegte Minen, darunter die **Galleria Villamarina/Miniera Monteponi** (www.facebook.com/galleriavillamarina), einst eine der größten Blei- und Zinkminen Europas.

Ufficio Turismo, Piazza Municipio (im Rathaus), www.visitiglesias.it

220 Stellplatz Agriturismo Le Scuderie di Morimenta

GPS 39.25735, 8.45857

Sehr schön gelegene Stellplätze, die sich in einem ebenen Hain mit Olivenbäumen, Wacholderbüschen und Mimosen befinden. **Lage/Anfahrt:** an der SS126 bei km 26,85, ausgeschildert; **Untergrund:** fester Naturboden; **Platzanzahl:** ca. 10; **Service:** Strom, Trinkwasser, Abwasser, Chemie-WC, WLAN, Hunde erlaubt, Sanitäranlage; **Sicherheit:** keine besonderen Einrichtungen; **Preiskat.:** €€; **Geöffnet:** ganzjährig; **Kontakt:** Agriturismo Le Scuderie di Morimenta, Loc. Morimenta, SS 126, Km 26,85, 09010 Gonnesa, Tel. 078136713, www.agriturismolescuderie.eu

LITERATURTIPP

Ausführlichere Routenvorschläge findet man im Wohnmobil-Tourguide „Sardinien" im Reise Know-How Verlag.

Gaby Gölz

Praktische Reisetipps

Aktivitäten

Angeln

Angeln und Meeresfischen ist in Italien sehr beliebt. Man benötigt hierzu einen Angelschein, der – ohne eine Prüfung ablegen zu müssen – in Trafiken, Touristeninformationen und speziellen Anglersportgeschäften ausgestellt wird. Die anfallenden Gebühren müssen mittels Gebührenmarken entrichtet werden, die man wiederum bei Postämtern erhält. Örtliche Vorschriften können davon abweichen.

Golf

Viele Golfplätze und Driving Ranges in Italien stehen auch Urlaubsgästen zur Verfügung. Es lohnt sich also, die Golfausrüstung mit ins Wohnmobil zu packen. Umfassende Infos hierzu gibt es auf www.enit.de/reisethemen/aktivurlaub/golf.

Radfahren/Mountainbiking

Radfahren ist eine der beliebtesten Sportarten in Italien. An Wochenenden begegnet man auf den Straßen häufig großen Radlergruppen. Es besteht keine gesetzliche Helmpflicht, dennoch sollte man aus Sicherheitsgründen nie ohne Helm unterwegs sein. Schöne Radtouren findet man auf den Portalen Komoot oder Outdooractive. Auch die italienische Zentrale für Tourismus Enit bietet auf ihrer Website Anregungen zu Radtouren in allen Regionen Italiens an (www.enit.de/reisethemen/aktivurlaub/fahrrad).

Wandern

Italien bietet abwechslungsreiche Wandermöglichkeiten: Von alpinen Touren im Norden über mehrtägige Touren in den Abruzzen bis hin zu ausgedehnten Strandspaziergängen am Mittelmeer. Die örtlichen Tourismusbüros unterbreiten gerne Wandervorschläge.

Karpfen heißt auf italienisch „carpa"

Herrchen und Hund genießen die Wanderung in der Toskana

Wandern im Gipfelbereich des Ätna ist nur in Begleitung eines Führers möglich

Wassersport

Italien ist ein Eldorado für Wassersportler. Ob Schwimmen, Segeltörns, Surfen oder Kite-Surfen – an der 8000 km langen Küstenlinie findet jeder das Passende. (www.enit.de/reisethemen/aktivurlaub/wassersport und www.enit.de/reisethemen/badeurlaub-meer).

Wintersport

Wintersport ist nicht nur in den italienischen Alpen möglich, auch am Ätna auf Sizilien kann man mit seinen Skiern die Abfahrtspisten hinabwedeln. Detaillierte Informationen findet man auf www.enit.de/reisethemen/aktivurlaub/wintersport.

Italien bietet das ganze Spektrum für Aktivitäten in und auf dem Wasser

Diplomatische Vertretungen

Deutsche Vertretung

Botschaft der Bundesrepublik Deutschland, Via San Martino della Battaglia 4, 00185 Rom, Tel. +39 06492131, www.rom.diplo.de

Österreichische Vertretung

Botschaft der Republik Österreich, Via Pergolesi 3, 00198 Rom, Tel. +39 068440141, www.bmeia.gv.at

Schweizer Vertretung

Botschaft der Schweiz, Via Barnaba Oriani 61, 00197 Rom, Tel. +39 06809571, www.eda.admin.ch

Einkaufen

Für Konsumenten galt Italien viele Jahre lang als Vorbild für **liberale Geschäftsöffnungszeiten.** Doch auch hier gibt es Regeln, die man beachten sollte. So ist z. B. die Siesta den Italienern heilig. Sie beginnt meist um 13 Uhr und endet zwischen 15.30 und 16.30 Uhr. In dieser Zeit sind die meisten kleineren Läden, Banken und Behörden geschlossen. Einzelhandelsgeschäfte *(negozio)* haben in der Regel Montag bis Samstag von 9 Uhr bis 13 Uhr und von 15 bzw. 16 Uhr bis 20 Uhr geöffnet. Bäckereien *(panificio* bzw. *forno)* und Lebensmittelgeschäfte *(alimentari)* öffnen morgens deutlich früher. In den Touristengebieten sind in der Saison alle Geschäfte abends häufig länger offen und viele Läden, besonders Lebensmittelgeschäfte, sind meist auch am Sonntagvormittag geöffnet. Einkaufszentren und große Supermärkte sind in der Regel durchgängig von 9 Uhr bis 20 Uhr, zum Teil bis 22 Uhr und am Sonntagvormittag, geöffnet.

In den kleineren *alimentari* kauft man gute, **regionale Produkte.** Hier ist es hilfreich, ein paar Brocken Italienisch zu sprechen, damit man sich mit den freundlichen Verkäufern verständigen kann. Große Supermärkte *(supermercato)* bieten alles, was zur Füllung des bordeigenen Kühl- und Vorratsschrankes benötigt wird. Sehr wichtig in Italien: Unbedingt den **Kassenbon mitnehmen!** Der *scontrino* (Kassenzettel) ist der Nachweis, dass die Ware bzw. die Dienstleistung in der Kasse verbucht wurde und dafür Steuern entrichtet werden. Gewissenhafte Geschäftsleute und Laden-

„Lastwagen"

besitzer drängen den Kunden den Kaufbeleg richtiggehend auf. Man sollte ihn mitnehmen, denn es kann vorkommen, dass Beamte der *guardia di finanza* (Finanz- und Zollpolizei) den Beleg sehen wollen. Wird dieser nicht vorgelegt, werden zum Teil erhebliche Strafen ausgesprochen.

Lebensmittel

In Italien gibt es ein reichhaltiges Angebot an frischem Obst und Gemüse. Auch die gängigen haltbaren Lebensmittel wird man in jedem *alimentari* finden. Natürlich stehen hier vor allem die vielen verschiedenen Pastasorten im Vordergrund. Hausgemachte Soßen *(sugo)* und Pestos gibt es passend dazu ebenfalls in großer Auswahl.

Aus dem Heimatland Lebensmittel nach Italien mitzubringen, ist völlig unnötig. Nur wer **spezielle Nahrungsmittel** benötigt, sollte diese dabeihaben. Bio-Produkte sind in den großen Supermärkten immer stärker präsent.

Das Angebot auf dem Wochenmarkt ist vielfältig und günstig

In nahezu jeder Stadt und jedem größeren Dorf findet einmal pro Woche ein **Markt** statt, auf dem zahlreiche Händler aus der Region ihre Waren anbieten. Die Termine dieser Markttage kann man in den örtlichen Tourismusinformationen erfragen. Ein Besuch lohnt schon allein wegen der Atmosphäre.

In den **Küstenorten** findet man am frühen Morgen Fischer, die frischen **Fisch** *(pesce)* direkt vom Boot verkaufen. In den **Tourismusgebieten** werben Läden mit *prodotti tipici,* regionaltypischen Lebensmitteln, die man auch als Mitbringsel verschenken kann. Besonders erwähnenswert sind hier grüne und schwarze Oliven bzw. das daraus gewonnene Olivenöl. In fast jeder Bäckerei kann man sich leckere *focaccia* (Fladenbrote) kaufen. Oft nur mit Olivenöl beträufelt und mit Salz und Rosmarin gewürzt, sind sie eine äußerst delikate Zwischenmahlzeit. Wer Süßes mag, sollte sich einen *panforte* gönnen, eine Delikatesse aus kandierten Früchten, Mandeln und Gewürzen. Ebenso lecker (und kalorienreich) sind *tartufi* (Trüffelpralinen) oder *cannoli* (sizilianische Cremerollen). Jede Region hat ihre eigenen Spezialitäten.

Weltberühmt ist Italien auch wegen seiner **Weine.** Chianti classico, Brunello und Vino Nobile sind internationale Spitzenweine, ebenso der Primitivo aus Süditalien oder der Nero D'Avola aus Sizilien. Sehr gut sind auch die einfachen Landweine, die überall angeboten werden.

Auf dem Wochenmarkt gibt es nicht nur Lebensmittel

Souvenirs

Italien ist in punkto Reiseandenken sehr verführerisch. Die Anzahl der Souvenirs bemisst sich meist an der noch freien Ladekapazität des Wohnmobils.

Terrakotta wird in Italien fast überall angeboten, das Zentrum der Herstellung liegt aber in Impruneta, südlich von Florenz.

Lederwaren ersteht man in Siena und **Schmuck** kauft man stilecht auf der Ponte Vecchio in Florenz, wo sich seit dem Mittelalter die Goldschmiede angesiedelt haben. Beliebte Mitbringsel sind die hervorragenden italienischen Weine, Limoncello, Aperitifs, Dessertweine, Olivenöl, Parmaschinken, Parmesankäse und Kaffee (hier vor allem Espresso). Die Aufzählung ließe sich noch beliebig fortsetzen ...

Preise

Die Inflationsrate lag 2022 in Italien auf vergleichbarem Niveau wie in Deutschland. Man sollte bei Lebensmitteln im Durchschnitt von einem etwas höheren Preisniveau als in Deutschland ausgehen. Allerdings gibt es inzwischen auch deutsche Discounter mit angepasstem Warenangebot. Wein kauft man entweder in einem gut sortierten Supermarkt oder direkt bei einer der unzähligen Kellereien, die am Weg liegen. *Prodotti tipici* bekommt man im Supermarkt oder in einem der „normalen" Lebensmittelgeschäfte oft günstiger und in besserer Qualität als in den Souvenirgeschäften.

In Städten mit viel Tourismus und in der Hochsaison zahlt man in Lokalen oft überhöhte Preise. Man sollte deshalb solche Restaurants besuchen, in denen auch die Einheimischen verkehren, denn hier stimmt das Preis-Leistungs-Verhältnis zumeist.

Senioren ab 65 Jahren bekommen bei Eintrittspreisen zu Sehenswürdigkeiten häufig einen Preisnachlass. Eine Frage nach dem *prezzo ridotto* lohnt sich oft.

Einreisebestimmungen

Ein **Personalausweis** ist für Deutsche, Österreicher und Schweizer als Ausweispapier ausreichend. Für das Wohnmobil benötigt man neben Führerschein und Fahrzeugschein auch eine **grüne Versicherungskarte.** Es ist anzuraten, eine **Vollkaskoversicherung** abzuschließen, da der Schadensausgleich der italienischen Haftpflichtversicherungen oft nicht dem tatsächlichen Schaden entspricht. Ein **Euroschutzbrief** ist bei Reisen mit dem eigenen Fahrzeug empfehlenswert. Weiterhin sind der Abschluss einer privaten Auslandskrankenversicherung, einer Haftpflichtversicherung und einer Wohnmobilinhaltsversicherung ratsam.

Innerhalb der EU können folgende **Warenmengen** zollfrei ein- und ausgeführt werden: 800 Zigaretten oder 200 Zigarren bzw. 1000 g Schnitttabak, 110 l Bier, 90 l Wein oder 20 l Spirituosen unter 22 Vol.-%, 10 l Spirituosen über 22 Vol.-% sowie 10 kg Kaffee.

Bei der Durchreise durch die Schweiz gelten folgende zollfreie Höchstmengen pro Person über 17 Jahren: Privatwaren mit einem Gesamtwert unter 5000 CHF, bis zu 1 kg Fleisch- und Wurstwaren, 5 l alkoholhaltige Getränke bis 18 % Vol., 1 l alkoholhaltige Getränke über 18 % Vol. und 250 Zigaretten.

Haustiere brauchen den blauen EU-Heimtierpass, eine gültige Tollwutimpfung und einen Chip zur Identifizierung. Die Einfuhr von kupierten Hunden ist verboten, sie werden an der Grenze zurückgewiesen.

Essen

Beim Essen denkt man zuallererst an Pizza und Pasta, darin sind die Italiener eindeutig Weltmeister. Doch ist es viel zu kurz gegriffen, will man die italienische Küche nur darauf reduzieren. Essen ist in Italien nicht nur „Sattwerden", essen ist Kultur. Ein gemeinschaftliches Essen mit der Familie oder im

Pecorino wurde ursprünglich aus reiner Schafsmilch hergestellt

Zum Aperitif werden kleine Knabbereien gereicht

So sieht das „dolce vita" aus

Freundeskreis wird regelrecht zelebriert, vor allem an Festen oder hohen Feiertagen. Ein mehrgängiges Menü dauert Stunden, angefangen von den Antipasti über Pasta, Fisch- oder Fleischgerichte bis zum Käsedessert oder den *dolci* (süße Nachspeisen), ein Espresso zum Abschluss schafft wieder Ordnung im Magen. Eine generell gültige kulinarische Beschreibung der italienischen Küche ist unmöglich, die Unterschiede von Nord nach Süd sind zu groß. Die Südtiroler Küche ist stark alpenländisch geprägt, der Süden kocht mit viel Fisch, Gemüse und Olivenöl. Essen gehen in Italien bedeutet nicht nur, teure *ristorante* aufzusuchen. Selbst die kleinste, einfache *osteria* auf dem Dorf kann einmalige Spezialitäten auftischen. Am besten fragt man vor Ort die Einheimischen nach einer Empfehlung.

Ferien und Feiertage

Ein ganz besonderer Feiertag in Italien ist *ferragosto,* der (wie Mariä Himmelfahrt) am 15. August begangen wird. Der „Tag des Augustus" wird als der Sommertag mit den heißesten Temperaturen gefeiert. Um diesen Termin herum nehmen die meisten Italiener ihren Haupturlaub, überall steigen die Preise und Camping- oder Wohnmobilstellplätze, vor allem am Meer, sind fast ausnahmslos ausgebucht. Auf www.schulferien.org findet man den Schulferienkalender von Italien.

Feiertage

1. Januar: Neujahr – *Capodanno*
6. Januar: Heilige Drei Könige – *Epifania*
März bzw. April: Ostern –*Pasqua*
25. April: Tag der Befreiung Italiens – *Anniversario della Liberazione d'Italia*
1. Mai: Tag der Arbeit – *Festa del Lavoro*
2. Juni: *Festa della Repubblica*
15. August: Mariä Himmelfahrt – *Assunzione di Maria,* auch *Ferragosto* genannt
1. November: Allerheiligen – *Ognissanti*
8. Dezember: Maria Empfängnis – *Immacolata Concezione*
25. Dezember: Weihnachten – *Natale*
26. Dezember: 2. Weihnachtstag – *Giorno di Santo Stefano*
Der **Pfingstmontag** ist als *Festa del Santo Patrono* nur in Südtirol Feiertag.

Gasversorgung

Im Allgemeinen sollte ein **Gasvorrat** von zwei 11-kg-Flaschen für einen Urlaub im Sommer ausreichen. Wer allerdings den Beginn des Frühlings oder den späten Herbst für seinen Urlaub aussucht, wird ab und zu die Heizung anstellen wollen und bei einem längeren Aufenthalt mit seinen zwei Gasflaschen eventuell nicht über die Runden kommen.

Deutsche Gasflaschen können in Italien gefüllt und hin und wieder auch getauscht werden. Am besten fragt man beim Campingplatz- oder Stellplatzbetreiber nach dem nächstgelegenen Gashändler. Zum Befüllen benötigt man das vierteilige Gasflaschen-Befüllset (erhältlich im Campinghandel zum Preis von 20–25 €).

Da in Italien im Haushalt sehr viel Flaschengas genutzt wird, ist es kein Problem, Gasflaschen *(bombola del gas)* zu kaufen. Beinahe in jedem Dorf findet sich ein Händler. Es gibt 10-kg-, 15-kg- und 20-kg-Flaschen. Die 10-kg-Flasche hat einen Durchmesser von 27 cm und eine Höhe von 58,7 cm, die 15-kg-Flasche misst 31,5 x 65,4 cm und die 20-kg-Flasche 31,5 x 80,7 cm.

Die **Anschlüsse** der italienischen Gasflaschen passen nicht an die in Deutschland und Österreich üblichen Druckregler. Deshalb sollte man unbedingt ein Adapterset (Europa-Flaschenset, vierteilig, ungefähr 20 €) auf die Reise mitnehmen, mit dem sich italienische Gasflaschen ohne Schwierigkeiten anschließen lassen.

Bei fest eingebauten Gastanks und Tankflaschen kann es aus steuerlichen Gründen beim Tanken von LPG an manchen Tankstellen zu Problemen kommen.

Geld

Geldautomaten, an denen man (meist gebührenpflichtig) mit Debit- (Giro-) oder Kreditkarte Geld abheben kann, gibt es in Italien fast überall und fast alle sind mit einer deutschsprachigen Benutzerführung versehen.

Das Zahlen per **Kreditkarte** ist in Italien die gebräuchlichste Art, seine Rechnung zu begleichen. Im Supermarkt, an der Tankstelle und im Restaurant ist das „Plastikgeld“ die normale Zahlungsweise.

Bei **Verlust der Debitkarte (Girocard)** oder der **Kreditkarte** gibt es für Kartensperrungen eine **deutsche Zentralnummer** (unbedingt vor der Reise klären, ob die eigene Bank diesem Notrufsystem angeschlossen ist). **Aber Achtung:** Mit der telefonischen Sperrung sind die Karten zwar für die Bezahlung/Geldabhebung mit der PIN gesperrt, nicht jedoch für das Lastschriftverfahren mit Unterschrift. Man sollte daher auf jeden Fall den Verlust zusätzlich bei der Polizei zur Anzeige bringen, um gegebenenfalls auftretende Ansprüche zurückweisen zu können.

In **Österreich** und der **Schweiz** gibt es keine zentrale Sperrnummer, daher sollten sich Besitzer von in diesen Ländern ausgestellten Debit- oder Kreditkarten vor der Abreise bei ihrem Kreditinstitut über den zuständigen Sperrnotruf informieren.

Generell sollte man sich immer die **wichtigsten Daten** wie Kartennummer und Austellungsdatum **separat notieren,** da diese unter Umständen abgefragt werden.

Deutscher Sperrnotruf: von Italien aus Tel. +49 116116 oder Tel. +49 3040504050 (aus dem Festnetz). Weitere Infos: www.kartensicherheit.de, www.sperr-notruf.de.

Gesundheit

Für die Reise nach Italien sind keine besonderen Vorsorgemaßnahmen nötig. Eine **normale Reiseapotheke** ist völlig ausreichend. Wer regelmäßig spezielle Medikamente einnehmen muss, sollte diese aber selbstverständlich mitnehmen. **Apotheken** *(farmacia)* gibt es fast überall und man erhält dort meist eine gute Beratung. In größeren Ortschaften findet sich die gleiche Dichte an niedergelassenen **Ärzten** wie in Deutschland.

Für gesetzlich Versicherte gibt es die **europäische Krankenversicherungskarte** (European Health Insurance Card, kurz EHIC). Sie gilt für akut notwendige medizinische Leistungen beim Arzt, Zahnarzt oder im Krankenhaus sowie für die notwendige Behandlung bereits vorhandener oder chronischer Krankheiten bei vorübergehendem Auslandsaufenthalt. Bei den allermeisten Ärzten und Apotheken muss man trotz der EHIC die Rechnung zuerst selbst bezahlen. Zu Hause reicht man den Beleg bei der Krankenkasse ein. Wer privat versichert ist, genießt für 1 bis 3 Monate Auslandsaufenthalt europaweiten Versicherungsschutz.

Ein **Krankenrücktransport** wird von den deutschen Krankenkassen nicht übernommen. Deshalb ist es ratsam, eine Auslandskrankenversicherung abzuschließen. Oft schließen auch Kfz-Schutzbriefe einen Krankenrücktransport ein. Prüfen Sie auf jeden Fall rechtzeitig vor Ihrer Abreise, ob ein ausreichender Krankenversicherungsschutz vorhanden ist!

Haustiere

Es stellt kein Problem dar, wenn man seinen treuen Begleiter auf eine Reise nach Italien mitnehmen möchte. Vor der Reise sollten Sie jedoch unbedingt daran denken, die **Tollwutimpfung** Ihres Vierbeiners auffrischen zu lassen. Zudem muss auf jeden Fall der **europäische Heimtierausweis** mitgeführt werden (innerhalb der EU ist dies Pflicht) und der Hund oder die Katze müssen mittels Chip oder Tätowierung **gekennzeichnet** sein.

Hunde- und Katzenfutter gibt es in Italien reichlich zu kaufen, allerdings nicht unbedingt dieselbe Marke, die Ihr Vierbeiner von zu Hause gewohnt ist.

Die meisten **Campingplätze** lassen Tiere zu. In öffentlichen Verkehrsmitteln besteht generell Leinen- und Maulkorbzwang. In vielen Restaurants sind Tiere nicht willkommen, dafür findet man am Meer häufig Strandabschnitte für Hundebesitzer.

Informationen

Informationen vor Ort

In allen großen Städten und in einigen Kleinstädten finden sich Tourismusbüros. Sie sind meist von den Gemeinden oder der Region organisiert. Eine spezielle Form der Touristeninformationen ist **Pro Loco** (lateinisch: „für den Ort"). Hierbei handelt es sich um eine Initiative der Bevölkerung, die sich die Pflege der örtlichen Traditionen zur Aufgabe gemacht hat. Diese Büros werden von Ehrenamtlichen geleitet und haben häufig sehr unregelmäßige Öffnungszeiten. Ob offiziell oder ehrenamtlich, die Damen und Herren der Touristinfos sind engagiert und, obwohl sie meist kein Deutsch und häufig nur wenig Englisch können, sehr bemüht. Adressen und Websites von Touristeninformationen finden sich in den entsprechenden Kapiteln in diesem Buch.

Internet

Aus der Vielzahl der im Internet zu findenden Adressen zum Thema Italien hier eine interessante Auswahl:

www.enit.de: Website des italienischen Fremdenverkehrsamts

www.italia.it: Italien online entdecken. Sehr umfassende Website, allerdings nur auf Italienisch, Englisch oder Spanisch.

www.touringclub.it: Website des Touring Club Italiano mit Camper-Infos, nur in italienischer Sprache

www.camping.it: Hier finden sich Informationen zu Campingplätzen.

www.camperweb.it: Hier gibt es Infos zu Wohnmobilstellplätzen in ganz Italien, auch auf Deutsch.

www.auswaertiges-amt.de: Reise- und Sicherheitshinweise zu Italien

Karten

Straßenkarten

Empfehlenswert ist die im Reise Know-How Verlag erschienene Landkarte „Italien" im Maßstab 1:900.000. Sie wurde auf Polyart (ein umweltfreundliches Material) gedruckt, ist wasser- und reißfest, beschreibbar, GPS-tauglich und hat eingezeichnete Höhenlinien sowie ein Ortsregister.

Weitere empfehlenswerte Karten sind die Italien-Regional- und Straßenkarten von Hallwag Kümmerly+Frey (www.swisstravelcenter.ch).

Wanderkarten

Vom österreichischen Kompass-Verlag (www.kompass.de) gibt es zahlreiche Wanderkarten für Italien (Maßstab 1:50.000).

Panne/Unfall

Wer trotz aller Vorsicht in einen Unfall verwickelt wird, sollte auf keinen Fall irgendwelche Schuldanerkenntnisse unterschreiben und auf jeden Fall die Polizei hinzuziehen (Tel. 112). Wenn auch noch Personenschaden entstan-

den ist, bitte unbedingt unter Tel. 118 den **Notarzt** benachrichtigen.
Unbedingt Fotos machen und die Kfz-Nummer, die Versicherungsnummer und die Versicherungsgesellschaft des gegnerischen Fahrzeugs notieren. Die Angaben stehen auf einem Aufkleber an der Windschutzscheibe und sind in Italien Pflicht. Formblätter für die Unfallaufnahme gibt es u. a. bei den Automobilklubs ADAC/ÖAMTC und beim Schweizer ACS.
Bei einer Panne gelten die gleichen **Vorsichtsmaßnahmen** wie in Deutschland: Warnweste anziehen, Warndreieck aufstellen, Insassen aussteigen lassen. Wenn eine Reparatur nicht mehr möglich ist und das Wohnmobil abgeschleppt werden muss (Pannenhilfe des italienischen Automobilklubs ACI), findet man im internationalen Kundendienstverzeichnis des Fahrzeugherstellers die örtlichen Vertragswerkstätten. Grundsätzlich ist das Pannenfahrzeug aber auch bei einer freien Werkstatt gut untergebracht, denn gerade diese zeichnen sich durch Improvisationstalent aus.
Bei der Beschaffung von Ersatzteilen, besonders wenn sie angeliefert werden müssen, hilft ein **Schutzbrief.** Dieser wird inzwischen nicht nur vom ADAC angeboten, auch größere Wohnmobilhersteller und Kraftfahrzeugversicherungen haben diesen Service mittlerweile in ihrem Programm.

Notrufnummern

Polizei-Notruf: Tel. 112 (einheitliche Notrufnummer in ganz Europa)
Polizei (Polizia di stato, Verkehrspolizei): 113
Feuerwehr (Vigili del Fuoco): Tel. 115
ACI (italienischer Automobilklub): Tel. 803116 (Nummero Verde, kostenlose Rufnummer bei Unfällen, Pannen, medizinischen Notfällen, Rücktransport von Menschen und Fahrzeugen)
Rettungs- bzw. Krankenwagen (Soccorso Pubblico di Emergenza): Tel. 118 (in italienischer Sprache)
ADAC-Notruf: Tel. +49 (0) 89222222 bei Fahrzeugschäden, +49 (0) 89767676 bei Personenschäden, auch Auslandshelfer-App
ÖAMTC-Schutzbrief Nothilfe: Tel. +4312512000 oder ÖAMTC-App
ACS-Notruf Schweiz: Tel. +41 (0) 442833377 (Fahrzeugschäden), +41 (0) 313370677 (medizinischer Notfall) oder ACS-App

In Italien kann man den ersten Frühlingsblühern entgegen fahren

Reisezeit

Italien ist ganzjährig ein lohnendes Reiseziel. Vom Wintersport in den Südtiroler Alpen bis zum Überwintern unter der süditalienischen oder sizilianischen Sonne ist alles möglich. Hier kann man auch den Frühling vorziehen, wenn es ab Februar und März überall blüht. Die Sommer sind überwiegend trocken und heiß. Detailliertere Empfehlungen zu den besten Reisezeiten sind bei den einzelnen Touren aufgeführt.

Sicherheit

In den Touristenhochburgen Italiens ist es wie überall auf der Welt: Man muss sich vor Diebstählen und Wohnmobileinbrüchen schützen. Zwar kann man sich nicht hundertprozentig schützen, mit einigen wenigen Mitteln und Vorsichtsmaßnahmen aber doch die Wahrscheinlichkeit eines Diebstahls weitgehend eingrenzen. Generell sollte man sein **Geld** nicht in der Hosentasche oder im Brustbeutel verwahren, sondern besser in Gürteln bzw. Waden- oder Bauchtaschen, die man unter der Kleidung verstecken kann. **Kameras** oder **Handtaschen** sollten nicht an der zur Straße gewandten Seite getragen werden – Rollerfahrer könnten sie im Vorbeifahren wegreißen. Und dass man Schmuck am besten gar nicht mitnimmt, ist sicher hinreichend bekannt.

Das **Wohnmobil** kann man mit einer Alarmanlage schützen, allerdings sind lärmende Alarmanlagen in Italien häufig und die Reaktion der Italiener ist dementsprechend gleichgültig. Hilfreich sind Maßnahmen, die schon von außen darauf hinweisen, dass das Wohnmobil nicht so einfach zu knacken ist. Bewährt haben sich z. B. Bügel über der Wohnteiltür und Blockaden der Lenkung sowie der Türen im Fahrerhaus. Ein im Fahrerhaus wachender Hund trägt sicher ebenfalls dazu bei, dass sich niemand dem Wohnmobil in unehrlicher Absicht nähert.

Die beste Sicherheit ist aber, möglichst **wenig Wertvolles** mitzunehmen und seine Wertgegenstände immer bei sich zu haben. Wenn man einen Badestopp einlegt, sollte man das Wohnmobil möglichst **in Sichtweite** parken. Aber bitte keine Panik! Die allermeisten Italiener sind anständige, rechtschaffene Menschen, die Ihnen nichts Böses wollen und ein freundliches „buongiorno“ gerne erwidern.

Bei einem Diebstahl oder Einbruch ins Wohnmobil ist grundsätzlich die **Polizei** (Tel. 112) zu verständigen. Von ihr erhält man ein Polizeiprotokoll, das die gestohlenen Gegenstände auflistet (meist hat die Polizei mehrsprachige Formulare), sonst leistet die Versicherung später keinen Ersatz. Die Polizisten sind überwiegend äußerst freundlich und hilfsbereit.

Von Ausweisen, Fahrzeugpapieren und Bankkarten sollte man bereits zu Hause **Fotokopien** anfertigen. So ist es einfacher, sich im Ernstfall beim Konsulat Ersatz zu beschaffen.

Straßen

Die **Autobahnen** *(autostrada)* sind überwiegend vier-, oft auch sechsspurig ausgebaut und im Allgemeinen in gutem Zustand. **Staatsstraßen** *(strada statale,* Abk.: SS bzw. in manchen Karten auch S) sind meist gut ausgebaut. Die Bandbreite reicht jedoch von autobahnähnlichen bis zu schmalen, kurvigen Bergstra-

Nicht jede Stadtdurchfahrt ist für Wohnmobile geeignet

ßen. **Regionalstraßen** tragen die Bezeichnung SR *(strada regionale)*, **Provinz- oder Landesstraßen** *(strada provinciale)* werden mit dem Kürzel SP ausgewiesen. **Kommunalstraßen** *(strada communale,* Abk.: SC) sind kleine, enge Straßen, manchmal ohne Asphaltbelag. Mit dem Wohnmobil sind sie nur mit Vorsicht zu befahren, da es auch vorkommen kann, dass sie abrupt und ohne Wendemöglichkeit enden.

Zu den Straßenbezeichungen SS und SP gibt es noch **Zusatzbezeichnungen.** Der Zusatz „bis" bedeutet in der Übersetzung „zusätzlich". Gemeint ist eine Alternativstrecke zur eigentlichen Straße mit derselben Straßennummer. Der Zusatz „dir" bezeichnet eine Zubringerstraße. So führt die „SS75dir" z. B. zur „SS75". An den Straßenrändern findet man in regelmäßigen Abständen kleine weiße Tafeln mit der Bezeichnung der Straße und der Nummer (z. B. „SS75").

Maut in Italien

Das Mautsystem in Italien gliedert sich in zwei Systeme. Beim **geschlossenen System** zieht man bei der Auffahrt auf die Autobahn ein Ticket, mit dem man bei der Abfahrt bei einem Kassierer oder einem Automaten abrechnet. Bitte das Ticket sorgfältig verwahren. Bei Verlust wird der Maximalbetrag verlangt! Sollte die automatische Ticketabgabe nicht funktionieren, findet sich an jedem Automaten ein Hilfeknopf.

Bei kürzeren Autobahnabschnitten wird oft das **offene System** angewandt. Hier muss kein Ticket gezogen werden, sondern an der Zahlstelle wird ein Pauschalbetrag abgerechnet.

Seit an Autobahnmautstellen Bankkarten und Kreditkarten akzeptiert werden, hat die Viacard an Bedeutung verloren. Beim ADAC und ÖAMTC wird sie nicht mehr verkauft. Für Fahrzeuge bis 3,5 t bietet der ADAC eine **Mautbox** an, die außer in Italien auch in Frankreich,

Spanien und Portugal verwendet werden kann. Siehe dazu www.adac.de. Darüber hinaus bietet der ADAC zusammen mit der DKV Mobility für Wohnmobile über 3,5 t seit 2022 eine XXL-Mautbox an, die in zehn europäischen Staaten, darunter auch in Italien, einsetzbar ist (www.ADAC-XXL-Mautbox.de).
Für die dritte Variante Telepass braucht man eine Mautbox Telepass, erhältlich gegen Gebühr unter www.tolltickets.com/country/italien.

Hinweisschilder

Auf Staatsstraßen (SS), Landestraßen (SP) und Kommunalstraßen (SC) wird durch blaue Hinweisschilder mit weißer Aufschrift hingewiesen. Autobahnen haben grüne Schilder mit weißen Schriftzeichen. Braune Schilder mit weißer Aufschrift weisen den Weg zu Sehenswürdigkeiten und Naturparks.
Kleine Täfelchen am Straßenrand dienen als **Kilometermarkierungen.** Die arabische Zahl gibt die Kilometer-, die römische die 100-Meter-Abstände an.

Strom

Die Netzspannung beträgt 230 Volt Wechselstrom. Mit den flachen Eurosteckern hat man keine Probleme. Für die runden Stecker wird ein Adapter benötigt. Auf Campingplätzen und an Wohnmobilstellplätzen sind ausschließlich die dreipoligen CEE-Steckdosen angebracht. Es empfiehlt sich, ein Verlängerungskabel mitzuführen, um die manchmal langen Strecken zum Verteilerkasten zu überbrücken.

Tanken

Das italienische Tankstellennetz ist dicht. Häufig findet man Tankstellen, an denen man mit einem Preisunterschied zwischen den Varianten „Service" und „Selfservice" *(„fai da te")* wählen kann. Zu beachten ist, dass während der **Siesta** und an Sonn- und Feiertagen die meisten Tankstellen geschlossen haben. Ganztägig geöffnete Tankstellen findet man

Tankstelle in Malcesine

an Fernstraßen und in großen Städten. Immer häufiger sind die Tankstellen nicht mehr mit Personal besetzt, es muss mit Kreditkarte bezahlt werden. Allerdings wird die Menüführung am Bezahlautomaten nicht überall auf Deutsch angezeigt.
Um die günstigste Tankstelle in der Region zu finden, empfiehlt es sich, die nützliche App „Prezzi Benzina – GPL e Metano“ (kostenlos für Android und iOS) zu installieren.

Telefonieren

Vorwahlnummern

Nach Italien: Man wählt die Landesvorwahl 0039 und dann die vollständige Teilnehmernummer inklusive der „0“. In Italien sind die ehemaligen Vorwahlen heute fester Bestandteil jeder indivduellen Rufnummer, man muss sie also auch bei Ortsgesprächen mitwählen. Handynummern beginnen dagegen nicht mit einer „0“.
Nach Deutschland: Man wählt die Landesvorwahl 0049, die Ortskennziffer ohne die „0“ und die Teilnehmernummer.
Nach Österreich: Telefongespräche nach Österreich funktionieren genauso wie Telefonate nach Deutschland. Natürlich muss die österreichische Landesvorwahl 0043 verwendet werden.
In die Schweiz: Für Telefongespräche in die Schweiz wählt man die Landesvorwahl 0041 und dann ebenfalls die Ortskennziffer ohne die „0“ und die Teilnehmernummer. (Innerhalb der Schweiz wird wie in Italien auch bei Ortsgesprächen immer die komplette Telefonnummer mit der vollständigen Ortsvorwahl gewählt!)

Smartphone

Mit dem Smartphone in Italien zu telefonieren, ist problemlos möglich. Ein Funkloch im Handynetz ist hier sehr unwahrscheinlich. Es gibt in der EU **keine Roaminggebühren** mehr, damit ist das Telefonieren und Surfen mit dem Handy im EU-Ausland so günstig wie zu Hause – es sei denn, man nutzt das Handy im Ausland über einen längeren Zeitraum hinweg, dann können je nach Anbieter Nutzungsobergrenzen gelten.
Für den Fall eines Diebstahls sollte man die Sperrhotline des Netzanbieters notiert und vom Handy getrennt aufbewahrt haben. Die Geräteidentifikationsnummer wird angezeigt, wenn man *#06# eingibt.

Übernachten

Alle im Buch aufgeführten Stell- und Campingplätze wurden von der Autorin bzw. den Autoren besucht und getestet. Die angegebenen Öffnungszeiten beruhen auf der bestmöglichen Recherche.

Campingplätze

In Italien gibt es weit über zweitausend Campingplätze. Auf dem Portal der italienischen Campinganlagen, www.camping.it, kann man sich nach Regionen gelistet Campingplätze anschauen, auch in deutscher Sprache. Der Standard reicht vom einfachen Ein-Stern-Platz bis zum Komfortplatz und Glamping mit vier Sternen. Sauberkeit und die Funktionstüchtigkeit lassen sich allerdings nicht unbedingt an der Sternezahl festmachen. Alle Campingplätze haben Wasserhähne mit Schlauchanschluss zur Wassertankbefüllung und die Möglichkeit zur Chemie-WC-Entsorgung. Die Entleerung des Grauwassertanks ist manchmal schwierig oder nicht direkt möglich.

Stellplätze

Italien ist das Land der Wohnmobilfahrer. An Wochenenden fahren Familien mit ihren Mobilen an die Strände oder in die Berge, dementsprechend ist auch die Infrastruktur ausgebaut. Sehr viele Städte und Gemeinden weisen Stellplätze *(area di sosta camper* oder *area attrezzata camper)* aus. Die Platzqualität reicht von einem separaten Platzteil auf einem Großparkplatz bis hin zu eigens für Wohnmobile eingerichteten Plätzen mit Tischen und Strom- sowie Wasserversorgung. Das Auffinden der Plätze ist nicht immer leicht, häufig ist die **Beschilderung** lückenhaft oder beginnt erst in der Innenstadt, manchmal ist sie im Schilderwald kaum auszumachen. Es gibt jedoch auch Orte, in denen man hervorragend zum Stellplatz geleitet wird. In aller Regel werden Schilder mit einem Wohnmobilpiktogramm verwendet. Auch Hinweistafeln mit der Aufschrift „aera di sosta camper" (Wohnmobilstellplatz) sind gebräuchlich.

Immer mehr Winzer und Landwirte bieten Stellplätze, sog. **Agricamppecio,** an. Sie liegen häufig ruhig in schöner Natur und sind an einen Direktverkauf oder ein Restaurant angeschlossen.

Die Preise werden häufig saisonal gestaffelt. In der Regel sind die Augustwochen zwei- bis dreimal so teuer wie die übrigen Zeiten. In den Wintermonaten gibt es besonders auf Sizilien Pauschalangebote bei längerem Aufenthalt.

Im Frühling gibt es noch viel Platz auf den Campingplätzen

Wo geht es denn hier weiter?

Freies Stehen

In der Nebensaison findet man entlang der Küste immer wieder Möglichkeiten, auf normalen Parkplätzen einmal mit dem WoMo zu übernachten. Dies wird auch überwiegend von der örtlichen Polizei toleriert, sofern man keine Markise ausfährt, keine Auffahrkeile unterlegt und keine Tische und Stühle rausstellt. Die zunehmende Anzahl von Campingbussen und Wohnmobilen in den letzten Jahren sorgt allerdings auch für immer mehr Verbotsschilder.

Verhaltenshinweise

Fotografieren und Filmen

Fotografieren und Filmen ist nicht in allen Sehenswürdigkeiten erlaubt. Auf die Einhaltung von Verboten wird streng geachtet.

Rauchen

Italien besitzt eines der strengsten Nichtrauchergesetze Europas. Rauchen ist in allen öffentlichen Räumen verboten. Das Verbot wird auch in Restaurants und Bars eingehalten. Man sollte auch die Verbotstafeln mit der Aufschrift „vietato fumare!“ („Rauchen verboten!“) beachten!

Trinkgeld

Coperto, der Gedeckzuschlag, ist in Italien obligatorisch und liegt in etwa zwischen 1 € und 4 € – je nach Exklusivität des Restaurants. Zudem ist ein Trinkgeld in Höhe von 10 % des Rechnungsbetrags gebräuchlich, wenn man mit dem Service zufrieden ist. Dies wird entweder auf dem Tisch liegen gelassen oder in die Mappe gelegt, in der die Rechnung gereicht wird.

Verkehrsregeln

Die italienische Fahrweise erscheint auf den ersten Blick lässig, temperamentvoll und oft etwas waghalsig. Der Verkehr in den Städten wirkt oftmals chaotisch. Es wird in zweiter Reihe geparkt, gedrängelt und gehupt. Man sollte sich durch die Beobachtung solchen Verhaltens jedoch nicht täuschen lassen: In Italien herrschen **strenge Verkehrsregeln,** auch wenn man sie hin und wieder nicht wahrnimmt. Man sollte sich auf keinen Fall zu Verkehrsübertretungen verführen lassen, denn die Strafen sind oft drakonisch. Im Jahr 2010 wurde der Bußgeldkatalog noch einmal kräftig angehoben, seitdem können Geldbußen über 70 € auch im Heimatland vollstreckt werden (Achtung: zzgl. Verfahrenskosten!). Parkverstöße, Telefonieren mit dem Handy am Steuer, Fahren ohne Licht außerorts und Geschwindigkeitsüberschreitungen werden mit besonders hohen Geldbußen belegt.

Die **Höchstgeschwindigkeit** für Wohnmobile unter 3,5 t Gesamtgewicht beträgt innerorts 50 km/h, außerorts 90 km/h, auf Schnellstraßen 110 km/h und auf Autobahnen 130 km/h. Bei Regen besteht auf allen Autobahnen ein Tempolimit von 110 km/h und auf Schnellstraßen von 90 km/h.

Für Wohnmobile über 3,5 t gilt innerhalb geschlossener Ortschaften ebenfalls 50 km/h, außerorts und auf Schnellstraßen 80 km/h, auf Autobahnen 100 km/h. Stationäre Radarkontrollen gibt es überall. Die Promillegrenze liegt in Italien bei 0,5 ‰. Bei starker Smogbelastung werden zeitlich begrenzte Fahrverbote ausgesprochen und Umweltzonen eingerichtet.

Von Deutschland abweichend gelten in Italien außerdem noch folgende Bestimmungen:

Alle nach hinten **über das Fahrzeug hinausragenden Dachlasten** und Ladungen (vor allem Fahrradträger oder Träger für Motorroller) müssen mit einer 50 x 50 cm großen, rot-weiß gestreiften Warntafel (bei Ladungen, die die gesamte Fahrzeugbreite abdecken, zwei Tafeln) gekennzeichnet sein.

Tagsüber muss auf Autobahnen und außerhalb geschlossener Ortschaften das **Abblendlicht oder Tagfahrlicht** eingeschaltet sein.

Privates **Abschleppen** auf Autobahnen ist verboten.

An schwarz-gelb markierten Bordsteinen sowie an gelb gekennzeichneten – z. B. für Taxi und Busse reservierten – Parkflächen besteht **Parkverbot.**

Wenden, Zurücksetzen und **unerlaubte Spurwechsel** im Mautstellenbereich werden mit hohen Bußgeldern und oft auch mit Fahrverboten geahndet.

Eine **durchgehende Fahrbahnrandlinie** darf nur in Notfällen überquert werden.

Im **Kreisverkehr** fahrende Fahrzeuge haben **nicht automatisch Vorfahrt.** Wenn keine Vorfahrtsbeschilderung vorhanden ist, gilt rechts vor links.

Übersetzung einiger wichtiger Straßenschilder

Caduta (di) sassi – Steinschlag
Deviazone – Umleitung
Galleria – Tunnel
Inizio zona tutelata – Beginn der Parkverbotszone
Rallentare – langsam fahren
Parcheggio – Parkplatz
Passo – Pass
Senso unico – Einbahnstraße
Sbarrato – gesperrt

Tenere la destra – rechts fahren
Tornante – Serpentine
Tutte le direzioni – alle Richtungen
Uscita – Ausfahrt
Zona di silenzio – Hupverbot

Parken

Gelb oder **schwarz-gelb markierte** Bordsteine bedeuten Parkverbot, **blaue Bordsteinlinien** weisen darauf hin, dass hier das Parken gebührenpflichtig ist, an **weißen Markierungen** kann frei geparkt werden.
Es ist äußerst ratsam, in größeren Städten die an der **Peripherie** angelegten Parkplätze oder die ausgewiesenen Wohnmobilstellplätze aufzusuchen und zu Fuß, mit dem Fahrrad oder mit öffentlichen Verkehrsmitteln auf Besichtigungstour zu gehen. Beim Übernachten auf größeren Parkplätzen muss man auf die Schilder, die die **Markttage** aufzeigen, achten, damit man am nächsten Morgen nicht von Verkaufsständen eingebaut wird.

> **INFO STRASSENVERHÄLTNISSE UND MÜLLPROBLEME IN SÜDITALIEN UND AUF SIZILIEN**
>
> Süditalien und Sizilien sind traumhaft schöne Regionen, die eine Reise wert sind. Über zwei Dinge sollte man vor der Fahrt dorthin jedoch Bescheid wissen: Die Straßenverhältnisse und das Müllproblem.
> Die Straßen im Süden und auf Sizilien sind teilweise in schlechtem Zustand. Wegen großer Schlaglöcher kommt man, besonders bei Regen, nur langsam vorwärts.
> Immer wieder ist bei Reisenden im Süden und auf Sizilien der achtlos weggeworfene Müll ein Thema. Am Straßenrand und auf Rastplätzen häufen sich immer wieder Mülltüten, Plastikbehälter und sogar Hausrat. Traurig muss man zur Kenntnis nehmen, dass die traumhafte Landschaft als Müllplatz herhalten muss.

Ver- und Entsorgung

Die Ver- und Entsorgung *(carrico e scarrico)* ist in Italien kein Problem. Überall gibt es in erreichbarer Nähe Ver- und Entsorgungsstationen *(area attrezzata)*. Auch viele Raststationen an den Autobahnen bieten diesen Service an. Die Palette reicht dabei von sehr einfach bis luxuriös. *Aqua potabile* heißt Trinkwasser, *aqua non potabile* ist kein Trinkwasser und sollte nicht im Wassertank des Wohnmobils landen. Zur Grundausstattung des Wohnmobils sollten ein ungefähr 10 m langer Schlauch und ein Halbzoll- sowie ein Dreiviertelzollanschluss gehören. Für Wasserzapfstellen ohne Schlauchanschluss bewährt sich eine Gießkanne, um den Wasservorrat aufzufüllen.

Eine Ver- und Entsorgungsstation findet sich immer

Anhang

Register

R

S

T

U, V

W

X, Y

Bildnachweis

Vorspann: ©Michael Moll: S. 1 (oben); ©Gaby Gölz: S. 1 (unten)

Tour 1: ©Michael Moll: S. 7, 9, 10, 11, 12, 13, 14, 15, 16, 17, 21; ©Ingo Bartussek (AS): S. 18; ©Sebastian Rothe (AS): S. 20

Tour 2: ©Michael Moll: S. 23, 34, 35, 36, 38; ©Comofoto (AS): S. 25; ©andreas hennings/ EyeEm (AS): S. 26; ©Yasonya (AS): S. 27; ©2021 Michael Lutz (AS): S. 28; ©Freesurf (AS): S. 29; ©isaac74 (AS): S. 33

Tour 3: ©Michael Moll: S. 39, 42, 43, 44 unten, 45, 46, 48, 49, 50, 51, 52; ©Ruzica Popovic (AS): S. 44 oben; ©vesta48 (AS): S. 47; ©fottoo (AS): S. 53; ©francescodemarco (AS): S. 54; ©stevanzz (AS): S. 55; ©Evgeni Fabisuk (AS): S. 56

Tour 4: ©Michael Moll: S. 57, 57, 61, 62, 65, 66, 68, 69, 72, 74, 73; ©Frank Krautschick (AS): S. 60; ©lamio (AS): S. 63; ©Jay (AS): S. 64; ©Torval Mork (AS): S. 67; ©a_medved-kov (AS): S. 70

Tour 5: ©Michael Moll: S. 75 oben, 83, 85, 86, 87; ©Jan Gerbach: S. 75 unten, 77, 82, 81; ©h.j.schunk (AS): S. 78; ©Amin (AS): S. 79; ©xbrchx (AS): S. 80; ©pierrick (AS): S. 84

Tour 6: ©Michael Moll: S. 96, 97, 98, 99, 100; ©mikesch112 (AS): S. 89 oben; ©pierrick (AS): S. 89 unten; ©Alessio (AS): S. 91, 92; ©LIANEM (AS): S. 93; ©ClaraNila (AS): S. 94; ©marcovar-ro (AS): S. 95; ©Louise McGilviray (AS): S. 101; ©EleSi (AS): S. 102, 103

Tour 7: ©Michael Moll: S. 105, 107, 108, 110, 111, 112, 114, 115, 116, 120, 119; ©ALEX OFTT (AS): S. 117; ©Erika (AS): S. 118; ©Florian Villeseche (AS): S. 109

Tour 8: ©Michael Moll: S. 121, 125, 127, 128, 129, 130; ©Sergii Figurnyi (AS): S. 123; ©an-drzej2012 (AS): S. 126 oben; ©Marco Saracco (AS): S. 126 unten; ©Olena Zn (AS): S. 132; ©ValerioMei, stock.adobe.c3om: S. 134

Tour 9: ©Michael Moll: S. 137, 144, 146, 148; ©Jan Gerbach: S. 145, 147, 149, 150; ©Davi-de_69 (AS): S. 139; ©miccolino (AS): S. 140; ©Vasil (AS): S. 141; ©monticellllo (AS): S. 142

Tour 10: Alle Bilder ©Gaby Gölz

Tour 11: Alle Bilder ©Gaby Gölz

Tour 12: Alle Bilder ©Gaby Gölz

Tour 13: Alle Bilder ©Gaby Gölz

Tour 14: Alle Bilder ©Gaby Gölz

Tour 15: Alle Bilder ©Gaby Gölz

Tour 16: Alle Bilder ©Gaby Gölz

Tour 17: ©Gaby Gölz: S. 269, 271, 272, 273, 274, 275, 276, 277, 278, 279, 280; ©Camping Jonio: S. 281

Tour 18: Alle Bilder ©Gaby Gölz

Tour 19: Alle Bilder ©Peter Höh

Tour 20: Alle Bilder ©Peter Höh

Praktische Reisetipps A–Z: ©Gaby Gölz: S. 331, 332, 333, 334, 335, 336, 337, 338, 340, 342, 344, 347, 348, 350; ©Tatiana Gorshenina (AS): S. 345

Anhang: Alle Bilder ©Gaby Gölz

Umschlag: ©Gaby Gölz: unten links, unten rechts; ©Peter Höh: oben rechts, unten Mitte; ©rudi1976 (AS): Mitte links; ©RoMiEg (AS): oben links

Bei allen Fotografen mit dem Zusatz (AS) stammen die Bilder von stock.adobe.com.

Das ist
noch nicht alles!
Mehr Reise Know-How gibt es hier:
www.reise-know-how.de
Reiseführer | CityTrip | MeinTrip | InselTrip

Zugspitze. Foto: Aneta Niemitz

Wohnmobil-Tourguide | Kauderwelsch | Landkarten | Soul Places

SOUL PLACES

Inspirierend, einzigartig, aus dem Reise Know-How Verlag – jetzt überall, wo es Bücher gibt

IMPRESSUM

Womo & weg: Italien – Die schönsten Touren von den Alpen bis Sizilien

erschienen im
Reise Know-How Verlag Peter Rump GmbH,
Osnabrücker Str. 79, 33649 Bielefeld

© Reise Know-How Verlag Peter Rump GmbH

1. Auflage 2023
ISBN 978-3-8317-3695-9

Alle Rechte vorbehalten.

Printed in Germany

Druck und Bindung:
mediaprint solutions GmbH, Paderborn

Herausgeber: Klaus Werner
Autoren: Gaby Gölz, Peter Höh, Michael Moll
Layout: amundo media GmbH (Inhalt),
Reise Know-How Verlag (Umschlag)
Lektorat: amundo media GmbH
Karten: world mapping project,
amundo media GmbH

Alle Angaben in diesem Buch sind gewissenhaft geprüft. Preise, Öffnungszeiten usw. können sich jedoch schnell ändern. Für eventuelle Fehler übernehmen Verlag wie Autoren keine Haftung.